Inhalt

* Das Kapitel enthält Inhalte aus dem Fach *Mensch-Natur-Technik* zum Erreichen einheitlicher Lernvoraussetzungen für den Chemieunterricht der Klassenstufe 7/8.

Chemie *plus*

Gymnasium
Klassen 7/8
Thüringen

VOLK UND WISSEN

Autorinnen und Autoren: Dr. Barbara Arndt, Dr. Karin Arnold, Ilona Betcher, Prof. Dr. Volkmar Dietrich (†), Andrea Hein, Dr. Uwe Lüttgens, Ralf Malz, Dr. Dagmar Pennig, Hannes Rehm

herausgegeben von: Dr. Karin Arnold, Prof. Dr. Volkmar Dietrich

Beratung: Dr. Gabi Krause (Eisenberg)

Redaktion: Dr. Dagmar Pennig, Dr. Claudia Seidel

Illustrationen: Wolfgang Mattern, Hans Wunderlich

Grafik: Marina Goldberg

Karikaturen: Joachim Gottwald

Layoutkonzept: Wolfgang Lorenz

Umschlaggestaltung: Ulrike Kuhr, Corinna Babylon

Layout: Jürgen Brinckmann, Karla Detlefsen, Marina Goldberg, Sabine Matthes

Das Buch setzt die neue EU-Verordnung zur Einstufung und Kennzeichnung von Chemikalien um (Globally Harmonised System of Classification and Labelling of Chemicals, GHS).

www.cornelsen.de

1. Auflage, 8 Druck 2024

Alle Drucke dieser Auflage sind inhaltlich unverändert
und können im Unterricht nebeneinander verwendet werden.

© 2011 Cornelsen Verlag/Volk und Wissen Verlag, Berlin
© 2016 Cornelsen Verlag GmbH, Mecklenburgische Str. 53, 14197 Berlin

Druck: GZH d.o.o., Zagreb

ISBN 978-3-06-011966-0

PEFC-zertifiziert
Dieses Produkt
stammt aus
nachhaltig
bewirtschafteten
Wäldern und
kontrollierten Quellen
PEFC
PEFC/01-31-1188   www.pefc.de

Stoffe – Stoffumwandlungen

Die Welt besteht aus vielen unterschiedlichen Stoffen. Gesteine und Mineralien bildeten sich in Urzeiten. Noch heute zeugen Lava speiende Vulkane davon. Explodieren im Universum Sterne oder stürzen Kometen ab, entstehen dabei immer viele verschiedene Stoffe.

→ Lassen sich Stoffe eindeutig erkennen und unterscheiden?
→ Was sind Stoffgemische?
→ Was geschieht bei Stoffumwandlungen?

Chemie – Chancen und Gefahren

Chemie ist in unserem Leben allgegenwärtig.
Zahnpasta, Kosmetika, Medikamente, Plastiktüten, CDs, aber auch das Fahrrad und die Inlineskates sind nur einige Beispiele für Produkte der Chemie.
Trotzdem denken viele Menschen bei dem Wort „Chemie" sofort an Umweltschäden: die Verschmutzung von Luft, Boden und Gewässern oder an Unfälle in Chemiebetrieben.
Wie denkst du darüber?

Speisen werden erst durch ihre Zubereitung in der Küche wohlschmeckend.

Metalle, Glas, Porzellan, Gummi, Baustoffe, Kunststoffe, Farbstoffe und Treibstoffe werden in der Industrie durch chemische Vorgänge hergestellt.

Neuartige Produkte wie Klebstoffe schaffen die Voraussetzung für neue technische Anwendungen.

Medikamente verhindern oder heilen zahlreiche Krankheiten, wenn sie verantwortungsbewusst eingenommen werden.

Interessante und aufregende Freizeitbeschäftigungen werden dank neuer Werkstoffe und Fasern möglich.

Abgase der Verbrennung von Kohle und Erdgas und Abgase von Kraftfahrzeugen enthalten Schadstoffe. Sie bilden mit Wasser den „sauren Regen", der zur Bodenversauerung und zum Waldsterben führt.

Bei ungünstiger Wetterlage kann durch die Abgase Smog entstehen. Durch moderne Abgasreinigungsanlagen wie **Rauchgasentschwefelungsanlagen** in Kraftwerken oder Abgaskatalysatoren bei Kraftfahrzeugen können viele Schadstoffe aus den Abgasen entfernt werden.

Waldschäden durch „sauren Regen"

Abgastest an einem Auto

Verkehrskontrolle bei Smog

Umweltschäden entstehen bei der Havarie von Erdöltankern. Dabei zeigt sich häufig, dass menschliches Fehlverhalten zu solchen Katastrophen geführt hat. Zur Minderung der Schäden werden Produkte der chemischen Industrie eingesetzt.

Kenntnisse auf dem Gebiet der Chemie helfen, die Geschehnisse um uns zu verstehen, mit Stoffen verantwortungsvoll umzugehen sowie Gefahren und Ursachen von Störfällen zu erkennen.

Rauchgasentschwefelungsanlage

Der brennende Öltanker „Aegean Sea" vor La Coruña (Nordwestspanien)

Ausbreitung eines Ölteppichs

Kampf gegen Ölschäden am Strand nach einer Tankerhavarie

Umgang mit Chemikalien

Aufbewahren von Chemikalien Alle Chemikalien, die im Chemieunterricht verwendet werden, müssen in besonderen Chemikalienflaschen aufbewahrt werden und eindeutig beschriftet sein. Keinesfalls dürfen Chemikalien in Lebensmittelbehältnisse abgefüllt oder darin aufbewahrt werden, da es dadurch leicht zu Verwechslungen und zu gesundheitlichen Schäden kommen kann. Das gilt vor allem auch für die chemischen Stoffe, die euch im Haushalt und Alltag begegnen. Sie dürfen grundsätzlich nur in den dafür zugelassenen Gefäßen verwendet und aufbewahrt werden.

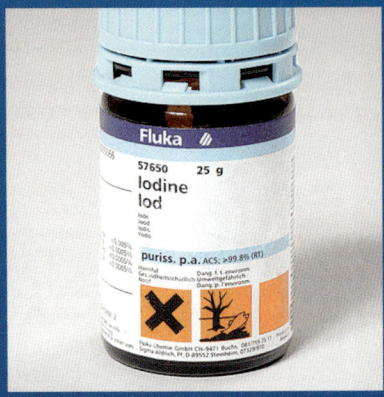

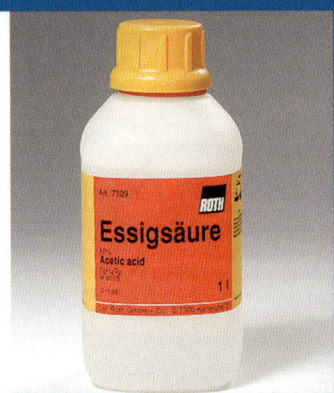

Essigsäure

($w = 60\,\%$)

Verursacht schwere Verätzungen der Haut und schwere Augenschäden. (H314)

Gefahr

Dampf nicht einatmen. (P260)
BEI KONTAKT MIT DEN AUGEN: Einige Minuten lang behutsam mit Wasser spülen. Vorhandene Kontaktlinsen nach Möglichkeit entfernen. Weiterspülen. (P305 + P351 + P338)
Bei anhaltender Augenreizung: Ärztliche Hilfe hinzuziehen. (P337 + P313)
Schutzhandschuhe und Augenschutz tragen. (P280)
Bei Exposition oder Unwohlsein: Sofort Arzt hinzuziehen (wenn möglich, dieses Etikett vorzeigen). (P309 + P311)

Chemikalienflasche mit alter Kennzeichnung

Chemikalienflasche mit neuer Kennzeichnung nach GHS

Gefahrstoffe Von einigen Stoffen, die im Chemieunterricht wie auch im täglichen Leben verwendet werden, können Gefahren ausgehen. Stoffe, die giftig sind, können durch Einatmen oder Verschlucken zu schweren Gesundheitsschäden oder gar zum Tod führen. Andere Stoffe sind z. B. schon durch Funken leicht entzündbar und können unter bestimmten Bedingungen sogar explodieren. Ätzende Stoffe zerstören die Kleidung, die Schuhe, die Haut oder die Augen, aber auch die Oberfläche von Gegenständen. Alle gesundheitsschädlichen und gefährlichen Stoffe werden als **Gefahrstoffe** bezeichnet.

Der Umgang mit Gefahrstoffen wird durch die **Gefahrstoffverordnung** geregelt. Behälter mit Gefahrstoffen müssen gekennzeichnet sein.

Für Gefahrstoffe sind Sicherheitsetiketten vorgeschrieben. Seit Anfang 2009 gilt in der Europäischen Union eine neue Verordnung zur Einstufung und Kennzeichnung von Chemikalien – das GHS (Globally Harmonised System of Classification and Labelling of Chemicals). Das GHS sieht vor, dass Gefahrstoffe mit neuen Gefahrenpiktogrammen, Gefahrencodes und Gefahrenbezeichnungen gekennzeichnet werden müssen. Für die alte Verordnung mit den orangefarbenen Gefahrensymbolen gelten aber Übergangsfristen. Deshalb findest du auch weiterhin auf Chemikalienflaschen die alte Kennzeichnung.

Gefahrenpiktogramme bzw. Gefahrensymbole sind dir sicher schon im Alltag aufgefallen, z. B. an einer Tankstelle, auf Farbdosen, Haushaltsreinigern oder Grillanzündern. Das Gefahrenpiktogramm bzw. Gefahrensymbol ermöglicht eine erste schnelle Information über den Stoff. So lässt sich daran erkennen, ob ein Stoff z. B. giftig, reizend oder umweltgefährlich ist.

GHS01	GHS02	GHS04	GHS03	GHS06	GHS08	GHS05	GHS07	GHS09
explosionsgefährlich	leicht entzündlich	Gase unter Druck	brandfördernd (oxidierend)	giftig	gesundheitsgefährdend	ätzend	gesundheitsschädlich	umweltgefährdend

Gefahrenpiktogramme und Gefahrencodes nach GHS – geordnet nach abnehmendem Gefahrenpotenzial

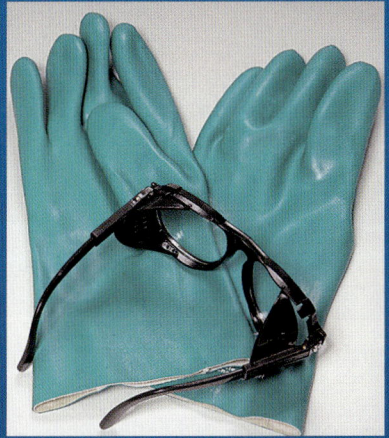

Schutzhandschuhe und Schutzbrille

Feuerlöschmittel

Auf die besonderen Gefahren beim Umgang mit dem Stoff weisen auf dem Etikett nach der neuen GHS sogenannte **H-Sätze** (engl. hazard – Gefahr) hin. Sicherheitsratschläge werden durch **P-Sätze** (engl. precaution – Sicherheit) angegeben. Im Anhang des Buches sind die Gefahrenpiktogramme sowie H- und P-Sätze zur genaueren Information zusammengestellt. ↑ S. 228 ff.

Entnahme von Chemikalien Beim Ausgießen einer Flüssigkeit aus einer Flasche wird die Flasche stets so gehalten, dass die Hand das Etikett umfasst, damit herunterlaufende Flüssigkeitstropfen das Etikett nicht beschädigen können. Vor dem Öffnen eines Behälters sind stets die Gefahrenhinweise zu lesen.

Ausgießen einer Flüssigkeit aus einer Chemikalienflasche

Entnehmen von Chemikalien mit einem Spatel

Chemikalien dürfen nicht mit den Fingern angefasst werden. Sie werden mit einem Spatel oder Spatellöffel entnommen. Grundsätzlich dürfen keine Geschmacksproben vorgenommen werden.
Um sich und andere Personen nicht zu gefährden, muss mit Chemikalien sehr sorgfältig und äußerst sparsam umgegangen werden.

Info

Entsorgung von Chemikalien
Chemikalienreste können die Umwelt unterschiedlich stark belasten. Deshalb dürfen z. B. keine wassergefährdenden Stoffe, wie Öl- oder Benzinreste, ins Abwasser gelangen.
Feste und flüssige Chemikalienreste werden in entsprechend beschriftete Sammelbehälter bzw. Entsorgungsgefäße gegeben. In der Regel sind die Sammelbehälter aus Kunststoff oder Glas. Die so gesammelten Chemikalien werden wieder aufbereitet oder an Entsorgungsunternehmen abgegeben.

Sammelbehälter für Chemikalienreste

Methode

Regeln beim Experimentieren

Zahlreiche Einrichtungen im Fachraum Chemie dienen der Sicherheit beim Experimentieren. Jeder, der den Fachraum betritt, sollte den Standort und die Bedienung dieser Einrichtungen kennen.

→ NOT-AUS-Schalter
→ Feuerlöschmittel: Löschsand, Feuerlöschdecke, Feuerlöscher, Wasserdusche
→ Erste-Hilfe-Einrichtungen: Verbandskasten, Augendusche, Trage
→ Telefon-Notruf: 110 Polizei, 112 Feuerwehr

Aus Sicherheitsgründen wird der Chemieraum nur mit einer Lehrkraft betreten. Essen und Trinken sind im Chemieraum verboten.

Experimente im Chemieunterricht haben eine ähnliche Bedeutung wie in der Forschung. Deshalb muss jedes Experiment gründlich vorbereitet, sorgfältig durchgeführt und ausgewertet werden. Beachte dabei die folgenden Regeln:

Wichtige Grundregeln

1 Halte stets Ordnung und Sauberkeit.
2 Fächle bei Geruchsproben Gase oder Dämpfe mit der Hand zur Nase. Führe Geruchsproben nur nach Aufforderung durch.
3 Erhitze Flüssigkeiten im Reagenzglas äußerst vorsichtig. Bewege das Reagenzglas beim Erwärmen. Es kann zum plötzlichen Herausspritzen von Flüssigkeit kommen (Siedeverzug).
4 Richte die Öffnung des Reagenzglases dabei nie auf andere Mitschüler. Schaue nie in ein offenes Reaktionsgefäß.
5 Binde langes Haar mit einem Band zusammen.

Vor dem Experimentieren

1 Lies die gesamte Versuchsanleitung und erfasse die Zielstellung des Experiments.
2 Informiere dich über mögliche Gefahren und notwendige Sicherheitsmaßnahmen.
3 Stelle die erforderlichen Geräte und Chemikalien bereit.
4 Setze eine Schutzbrille auf.

Während des Experimentierens

1 Beginne erst mit dem Experiment, wenn es die Lehrkraft erlaubt.
2 Halte dich genau an die Durchführungsschritte.
3 Beobachte während des Experimentierens genau.
4 Notiere alle Wahrnehmungen und Messwerte.

Nach dem Experimentieren

1 Gib alle Chemikalienreste in die gekennzeichneten Sammelbehälter.
2 Baue die Versuchsapparatur sorgfältig ab, säubere die Geräte und räume sie weg.
3 Melde Beschädigungen an den Geräten der Lehrkraft.
4 Verlasse nur einen sauberen Arbeitsplatz. Prüfe, ob die Gas- und Wasserhähne geschlossen sind.
5 Werte die Beobachtungen aus und formuliere das Ergebnis. Fertige, wenn gefordert, ein Protokoll an.

1 Erhitzen einer Flüssigkeit

2 Geruchsprobe

Umgang mit dem Brenner

Ein unentbehrliches Arbeitsgerät beim Experimentieren ist der Brenner. Er wird zum Erhitzen von Stoffen benötigt. Der nach seinem Konstrukteur benannte **Bunsenbrenner** ist der Grundtyp aller Brenner. Im Chemieunterricht wird häufig der **Teclu-** oder der **Kartuschenbrenner** verwendet. Das Arbeiten mit dem Brenner ist nicht ungefährlich. Unverbranntes Gas darf nicht entweichen, da es mit Luft explosive Gemische bilden kann.

Häufig ist die Flamme schwer zu erkennen, sodass du dich verbrennen kannst.

Bei einem unachtsamen Umgang mit dem Brenner besteht die Gefahr von Bränden.

Der Brenner steht auf einem Brennerfuß, an dem sich Stellschrauben zur Regulierung der Gas- und Luftzufuhr befinden. Das Gas strömt durch eine Düse in das Brennerrohr, wird mit Luft gemischt und am oberen Rohrende entzündet.↑1 Durch Verstellen der Stellschraube für die Luftzufuhr können verschiedene Flammen eingestellt werden. Ist die Luftzufuhr geschlossen, bildet sich eine **leuchtende Flamme** mit

2 Leuchtende, nicht leuchtende und rauschende Flamme

einer Temperatur bis etwa 1000 °C. Wird die Luftzufuhr wenig geöffnet, entfärbt sich die Flamme. Das Gas-Luft-Gemisch verbrennt mit **nicht leuchtender Flamme**. Hauptsächlich wird mit dieser Flamme gearbeitet. Wird die Luftzufuhr weit geöffnet, ist in der Flamme ein heller blauer Innenkegel erkennbar, und sie beginnt zu rauschen. In der **rauschenden Flamme** herrscht eine Temperatur bis zu 1500 °C.

Ist die Luftzufuhr zu groß oder die Gaszufuhr zu gering, kann die Flamme „zurückschlagen". Dabei brennt sie im Innern des Brennerrohres. Die Gaszufuhr muss dann sofort geschlossen werden.

Das **Bedienen des Brenners** erfolgt in einer bestimmten Reihenfolge:

Entzünden des Brenners

1 Setze vor dem Bedienen des Brenners die Schutzbrille auf.
2 Schließe die Luft- und Gaszufuhr.
3 Öffne den Gashahn am Tisch und dann am Brenner.
4 Entzünde das ausströmende Gas sofort an der Brennermündung.
5 Reguliere die Flammengröße.
6 Öffne die Luftzufuhr nach Bedarf.

Regulieren der Flamme

1 Reduziere die Luftzufuhr des Brenners.
2 Drossle die Gaszufuhr.

Löschen des Brenners

1 Schließe die Luft- und Gaszufuhr am Brenner.
2 Schließe den Gashahn am Tisch.
3 Stelle den Brenner erst nach dem Abkühlen weg.

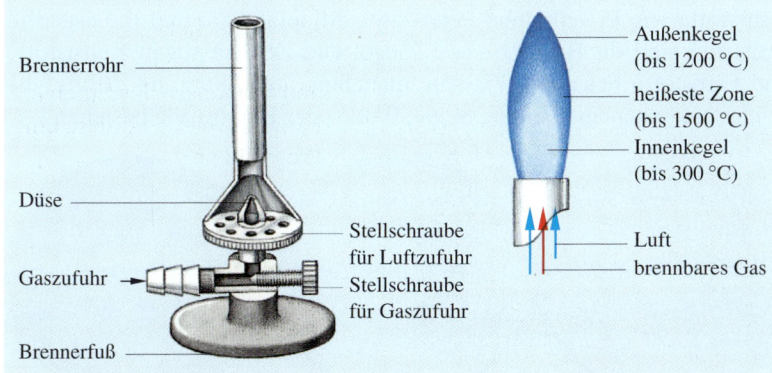

Brennerrohr

Düse

Gaszufuhr

Brennerfuß

Stellschraube für Luftzufuhr
Stellschraube für Gaszufuhr

Außenkegel (bis 1200 °C)
heißeste Zone (bis 1500 °C)
Innenkegel (bis 300 °C)

Luft
brennbares Gas

1 Teclubrenner und Temperaturen in der rauschenden Flamme

Stoffe um uns

Auf einem Markt werden vielfältige Waren angeboten. Ein Besuch ist immer ein Erlebnis. Es gibt Marktstände mit Bekleidung, Blumen, duftenden Gewürzen, Süßigkeiten, aber auch mit Schmuck aus Gold, Silber, Kupfer und Messing.

Alle auf dem Markt angebotenen Waren bestehen aus Stoffen. Was sind Stoffe und wodurch unterscheiden sie sich?

1

Gegenstand	Stoff, aus dem der Gegenstand besteht
Tasse	Porzellan, Glas, Steingut
Zange	Stahl
Bleistifte	Holz, Graphit
Fußball	Leder, Gummi, Luft
Brille	Glas, Metall, Kunststoff
Buch	Pappe, Papier
Hammer	Holz, Metall, Gummi
Inlineskates	Kunststoffe, Metall

Körper und Stoff Täglich kommst du mit vielen Gegenständen in Berührung. Du fährst Fahrrad oder Skateboard, lässt Drachen steigen und Modellflugzeuge fliegen, benutzt einen Computer, hörst Musik mit dem CD-Player und liest Bücher.

Wie dir bereits bekannt ist, bezeichnet die Physik alle Gegenstände, die dich umgeben, als **Körper**. Sie alle haben eine bestimmte Form oder Gestalt, ein Volumen und eine Masse. Auch du selbst hast einen Körper. Bei einigen Gegenständen gehört das Wort „Körper" direkt zum Namen, wie z. B. Heizkörper, Flugkörper, Fremdkörper und Sprengkörper.

In der Chemie interessiert man sich aber nicht so sehr für die Gegenstände oder Körper, sondern für die Materialien, aus denen diese bestehen. Fensterrahmen bestehen aus Holz oder Kunststoff, Nägel und Schrauben aus Stahl, ein Zeichenblock aus Papier. Die meisten Gegenstände bestehen aus mehreren Materialien: ein Skateboard aus Holz, Eisen und Kunststoff, der Drachen aus Holz und Papier.

In der Chemie werden die Materialien, aus denen die Gegenstände bestehen, als **Stoffe** bezeichnet. Aus dem MNT-Unterricht kennst du schon die Nährstoffe wie Eiweiße und Fette sowie Mineralstoffe und Ballaststoffe. Weiterhin sind dir Baustoffe wie Ziegel und Zement sowie Kunststoffe und Farbstoffe bekannt. Textilien, manchmal auch kurz als „Stoffe" bezeichnet, können aus Leinen, Seide, Wolle oder Baumwolle bestehen.

2 Olympiamedaillen aus Gold, Silber und Bronze

Gleichartige Gegenstände können aus verschiedenen Stoffen bestehen. Andererseits können unterschiedliche Gegenstände aus dem gleichen Stoff bestehen.

Zucker, Kakaopulver, Kochsalz, Speiseessig, Haushaltsreiniger, Grillfolie, Nagellackentferner sind Beispiele für Stoffe, die uns im Alltag begegnen. Stoffe, mit denen im Chemieunterricht experimentiert wird, heißen **Chemikalien**. Worauf beim Umgang mit diesen Stoffen zu achten ist, damit du deine Gesundheit nicht gefährdest oder die Umwelt nicht belastest, kannst du auf Seite 10 nachlesen.

Bearbeiten von Stoffen Stoffe können in unterschiedliche Formen gebracht werden. Glas wird bei hoher Temperatur weich und lässt sich zu Flaschen, Gläsern oder Fensterscheiben formen.

Eisen, Kupfer oder Aluminium können zu Drähten, Blechen, Stangen und Rohren verarbeitet werden. Daraus stellt man Haushaltsgefäße, Maschinenbauteile oder andere Gegenstände her.

Beim Spritzgießen wird geschmolzener Kunststoff in eine gekühlte Stahlform gepresst. Nach dem Abkühlen wird die Form geöffnet und der gefertigte Gegenstand ausgeworfen. Auf diese Weise entstehen Schalen, Schüsseln oder Becherformen.

Bei Veränderungen ihrer Form verändern sich diese Stoffe, aus denen die Gegenstände bestehen, nicht.

Alle Gegenstände bestehen aus Stoffen.

Stoffe in der Natur In der belebten und unbelebten Natur gibt es viele unterschiedliche Stoffe. Einige von ihnen wie Wasser, Kalk oder Quarz kommen häufig vor. Andere Stoffe, z. B. Gold, Titan und Diamant, sind wesentlich seltener.

Manche Stoffe aus der Natur werden von den Menschen direkt genutzt. Sand, Gesteine und Holz dienen als Baumaterial. Mit dem Baustoff Gips werden Abdrücke und Modelle, z. B. vom Zahnarzt, gefertigt. Aus Ton lassen sich verschiedene Gefäße formen, die durch Brennen in speziellen Öfen hart werden.

Viele andere Stoffe, die in der Natur vorkommen, nennt man Rohstoffe. Sie werden verarbeitet, um daraus für den Menschen wichtige und notwendige Stoffe zu gewinnen. Aus Erdöl und Erdgas entstehen z. B. Kunststoffe, Farben, Medikamente, Klebstoffe und Benzin und aus Erzen Metalle.

Rohstoffe stehen aber nicht in unbegrenzter Menge zur Verfügung. Deshalb muss mit ihnen sparsam umgegangen werden.

3 Gleichartige Gegenstände aus verschiedenen Stoffen

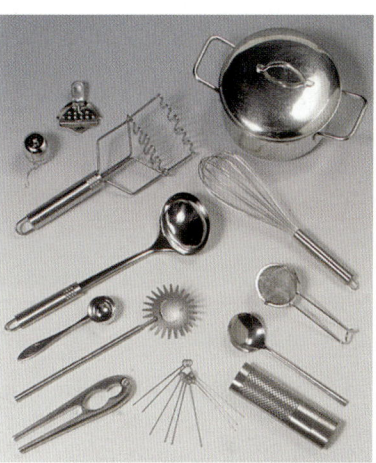
4 Verschiedene Gegenstände aus dem gleichen Stoff

Aufgaben

1 Ordne nach Körper und Stoff: Säge, Becher, Silber, Glas, Schere, Erdgas, Ziegel, Eisen.

2 Schreibe fünf Stoffe auf, mit denen du morgens im Bad in Berührung kommst.

3 Gib Beispiele für gleichartige Gegenstände an, die aus verschiedenen Stoffen bestehen.

4 Stelle Stoffe zusammen, die bei der Herstellung einer Federmappe und eines Autos verwendet werden.

Selbst untersucht Ermitteln von Eigenschaften

1 Erkunde Eigenschaften von Stoffen mit den Sinnesorganen.

Schutzbrille! Bestimme Farbe, Glanz, Form und Geruch verschiedener Stoffe, z. B. von Eisen, Speiseessig, Holzkohle, Kreide, Kupfer, Kochsalz, Zucker. Betrachte die festen Stoffe mit einer Lupe. Poliere die Oberfläche von Eisen und Kupfer.
Vergleiche die Stoffe. Stelle die Ergebnisse in einer Tabelle zusammen. Beschreibe das Aussehen der Stoffe. Zeichne, was du siehst.
Entsorgung: Stoffe getrennt einsammeln, werden wieder verwendet.

2 Prüfe mit einem Magneten.

Schutzbrille! Halte einen Magneten an verschiedene Stoffe, z. B. Holz, Papier, Glas, Eisen, Kupfer, Messing, Aluminium.
Notiere das Verhalten der Stoffe gegenüber dem Magneten. Fertige ein Protokoll an.
Entsorgung: Stoffe getrennt einsammeln, werden wieder verwendet.

3 Bestimme die Härte von Stoffen.

Schutzbrille! Versuche mit dem Fingernagel, mit einem Stück Aluminiumblech, mit einer Glasscherbe sowie mit einem Stahlnagel folgende Stoffe zu ritzen: Holz, Eisen, Gips, Kupfer, Wachs, Speckstein, Porzellan, Zink.

Notiere deine Beobachtungen. Ordne die Stoffe nach ihrer Härte.
Entsorgung: Stoffe getrennt einsammeln, werden wieder verwendet.

4 Untersuche, ob feste Stoffe den elektrischen Strom leiten.

Schutzbrille! Baue die Versuchsapparatur nach der Experimentieranordnung auf. Prüfe Kupfer, Styropor, Kreide, Stahl, Holz, Graphit, Aluminium, Zink, Zinn nacheinander auf elektrische Leitfähigkeit.

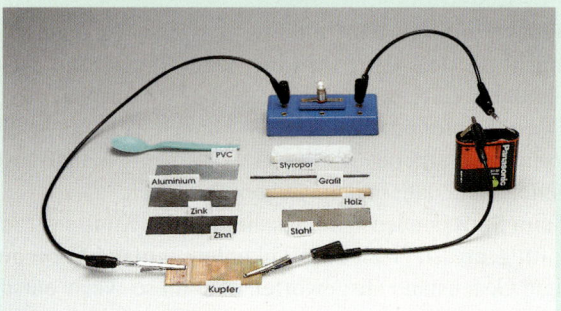

Gib in einer Tabelle an, welche Stoffe den elektrischen Strom leiten und welche nicht.
Entsorgung: Stoffe getrennt einsammeln, werden wieder verwendet.

5 Prüfe das Verhalten der Stoffe in Wasser.

Schutzbrille! Fülle sechs Reagenzgläser zu einem Viertel mit Wasser. Gib in je ein Reagenzglas mit dem Spatel bzw. mit einer Tropfpipette eine kleine Portion Kochsalz, Gips, Zucker, Holzkohle, Speiseöl, Brennspiritus (GHS 02). Verschließe die Reagenzgläser mit Stopfen und schüttle. Beobachte.

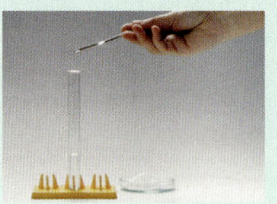 

Notiere deine Beobachtungen. Deute das Ergebnis. Ordne die Stoffe. Verwende dabei die Begriffe „gut löslich", „schwer löslich" und „nahezu unlöslich".
Entsorgung: Ölreste und Brennspiritus in den Sammelbehälter für Abwasser, feste Stoffe in den Sammelbehälter für Hausmüll geben.

Protokollieren von Experimenten

Zum chemischen Experimentieren gehört, wie du schon weißt, auch die Anfertigung eines Versuchsprotokolls. Nur so ist es möglich, das Experiment unter gleichen Bedingungen zu wiederholen und die ermittelten Ergebnisse zu überprüfen.

1 Notiere bzw. formuliere die Aufgabenstellung.

2 Notiere die Geräte, Materialien und Chemikalien.

3 Beschreibe die Durchführung des Experiments.
Fertige eine Skizze zum Versuchsaufbau an.
Gib Sicherheitsmaßnahmen an.
Dies ist nur dann erforderlich, wenn es sich bei den Chemikalien um Gefahrstoffe handelt oder wenn Verletzungsgefahren bestehen.

4 Notiere deine Beobachtungen.
Beschreibe alle Auffälligkeiten und zeichne Messwerte auf.

5 Werte die Beobachtungen aus und beantworte die Aufgabenstellung.
Lege Entsorgungsmaßnahmen für die verwendeten Chemikalien fest.

l Schüler führen eine Leitfähigkeitsprüfung durch.

	Name:	Klasse:	Datum:

Aufgabe: Untersuche die elektrische Leitfähigkeit von Tinte, Kochsalzlösung, Zuckerlösung, Essig, Tee, Fruchtsaft und destilliertem Wasser.

Geräte: Glühlampe (4,5 V) mit Fassung, Batterie (4,5 V) oder Stromversorgungsgerät, zwei Graphitstäbe, Verbindungskabel mit Krokodilklemmen, Bechergläser

Chemikalien/ Materialien: Tinte, Kochsalzlösung, Zuckerlösung, Essig, Tee, Fruchtsaft, destilliertes Wasser

Durchführung: Die Messapparatur wird nach der Versuchsskizze aufgebaut. Die Flüssigkeiten werden nacheinander auf elektrische Leitfähigkeit geprüft.

Versuchsaufbau:

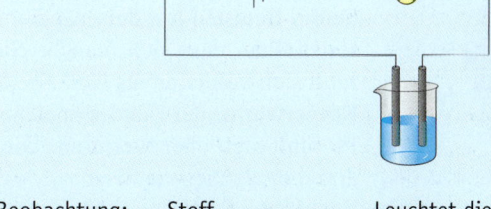

Beobachtung:

Stoff	Leuchtet die Glühlampe auf?
Tinte	nein
Kochsalzlösung	ja
Zuckerlösung	nein
Essig	ja
Tee	nein
Fruchtsaft	ja
destilliertes Wasser	nein

Auswertung: Kochsalzlösung, Essig und Fruchtsaft leiten den elektrischen Strom. Zuckerlösung, Tinte, Tee und destilliertes Wasser leiten den elektrischen Strom nicht.

Entsorgung: Flüssigkeiten in den Sammelbehälter für Abwasser geben.

Eigenschaften von Stoffen erkennen

Die sinnvolle und richtige Nutzung eines Stoffes setzt die Kenntnis seiner Eigenschaften voraus.
Jeder Stoff besitzt bestimmte Eigenschaften. Wie lassen sich die Eigenschaften von Stoffen feststellen?

1

2 Schwefel

3 Kupfer

4 Bergkristall

Mit Sinnesorganen wahrnehmbare Eigenschaften Mit den Augen sind mehrere Eigenschaften wie die Farbe, der Glanz und die Kristallform der Stoffe erkennbar. ↑E.1 S.16

So ist z. B. die **Farbe** von Schwefel gelb und die von Kupfer rot. Holzkohle sieht schwarz und Eisen silbrig aus.

Neben ihrer Farbe haben manche Stoffe noch einen typischen **Glanz**, der häufig erst nach dem Polieren der Oberfläche erkennbar wird.

Einige Stoffe sind kristallin. Oft lässt sich die **Form der Kristalle** nur mit einer Lupe erkennen. Allein aus dem Aussehen eines Gegenstands kann der Stoff, aus dem er besteht, nicht ermittelt werden. Eine durchsichtige Scheibe kann aus Glas, aber auch aus Kunststoff (Plexiglas®) bestehen.

Auch am **Klang** können Stoffe unterschieden werden. Stoßen Kunststoffbecher aneinander, so klingt das anders als bei Glasbechern.

Durch Betasten mit den Händen ist neben der Oberflächenbeschaffenheit feststellbar, dass sich manche Stoffe wärmer anfühlen als andere. Eisen fühlt sich kühler an als Holz. Eisen ist ein guter Wärmeleiter und leitet die Körperwärme der Hand schnell ab. Holz leitet dagegen die Wärme schlecht. Es fühlt sich eher warm an. Die **Wärmeleitfähigkeit** von Holz ist also geringer als die von Eisen.

Zahlreiche Stoffe wie Speiseessig, Knoblauch, Benzin und Parfüm besitzen einen typischen **Geruch**. Eine Geruchsprobe darf nur sehr vorsichtig vorgenommen werden, da manche Stoffe gesundheitsschädigend sind. Durch leichtes Zufächeln mit der Hand gelangen nur kleine Stoffportionen in die Nase. ↑2 S.12

Stoffe lassen sich auch am **Geschmack** unterscheiden. So schmeckt Zucker süß, Zitronensaft sauer, eine Salzgurke salzig und bestimmte Mandeln bitter. *Achtung!* Im Chemieunterricht dürfen Stoffe aus Sicherheitsgründen niemals gekostet werden!

Farbe, Glanz, Kristallform, Klang, Wärmeleitfähigkeit und Geruch sind Eigenschaften der Stoffe, die mit den Sinnesorganen wahrnehmbar sind.

5 Mehl

6 Backpulver

7 Gips

Ermitteln von Eigenschaften mit Hilfsmitteln Wie du sicher schon bemerkt hast, sehen manche Stoffe fast gleich aus, z. B. Zucker und Kochsalz oder Mehl, Backpulver und Gips. Die Sinnesorgane reichen also nicht immer aus, um einen Stoff eindeutig zu bestimmen. Zum Feststellen weiterer Eigenschaften werden Hilfsmittel und Messgeräte benötigt. An welchen Eigenschaften lassen sich Stoffe noch erkennen?

Gegenstände werden, wenn sie aus Eisen, Nickel oder Cobalt bestehen oder diese Stoffe enthalten, vom Magneten angezogen (**Magnetismus**). ↑E.2 S.16

Durch Ritzen der Oberfläche können Stoffe auf ihre Härte untersucht werden. Speckstein, Ton und Wachs sind weiche Stoffe, die schon mit dem Fingernagel ritzbar sind. Stoffe wie Glas und Werkzeugstahl sind hart und nur durch härtere Stoffe als sie ritzbar. ↑E.3 S.16

Die **elektrische Leitfähigkeit** von Stoffen lässt sich mit einem Leitfähigkeitsprüfer oder nach Experiment 4, Seite 16 ermitteln. Zum Beispiel leiten Zink, Eisen, Graphit sowie viele andere Stoffe den elektrischen Strom. Glas, Porzellan und die meisten Kunststoffe leiten ihn nicht, sie isolieren. Aus diesem Grund werden Kunststoffe als Kabelumhüllung und als Gehäusematerial genutzt.

Wichtig ist auch die Prüfung der Stoffe auf ihre **Brennbarkeit**. Ist ein Stoff brennbar, so sind Angaben über die Farbe der Flamme, die Rußbildung oder über den auftretenden Geruch bedeutsam.

Eine weitere typische Eigenschaft vieler Stoffe ist ihre **Löslichkeit** in Wasser oder in anderen Flüssigkeiten. ↑E.5 S.16 In Drogerien gibt es eine Vielfalt an Badezusätzen. Diese Stoffe lösen sich alle gut in Wasser. Wird in ein Glas Tee ein Stück Zucker gegeben, so ist der Zucker bald nicht mehr zu sehen. Er ist aber noch vorhanden, denn der Tee schmeckt süß. Der Zucker hat sich gelöst. Es ist eine Lösung entstanden. In diesem Beispiel ist der Zucker der zu lösende Stoff und das Wasser des Tees das Lösemittel. Fett oder Speiseöl sind dagegen in Wasser nahezu unlöslich.

EXPERIMENT 6 [L]
Brennbarkeit von Stoffen.
Schutzbrille! Feuerfeste Unterlage!
Brennspiritus (GHS 02) und Petroleumbenzin (GHS 02) werden auf ihre Brennbarkeit untersucht.

Eisenschale   Brennspiritus oder Petroleumbenzin

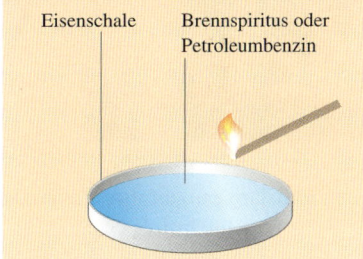

Aufgaben

1 Warum dürfen im Chemieunterricht keine Geschmacksproben durchgeführt werden?

2 Die Griffe von Pfannen bestehen häufig aus anderen Stoffen als die Pfanne selbst. Nenne Stoffe, aus denen Pfannen und Griffe bestehen können. Begründe.

3 Vergleiche die Eigenschaften von Puderzucker, Mehl und Gips. Nenne Unterscheidungsmöglichkeiten.

4 Werden Öl und Wasser zusammengegossen, dann sammelt sich das Öl nach einiger Zeit auf dem Wasser. Deute diese Beobachtung.

Methode

Bearbeiten eines Projekts

In den Naturwissenschaften gibt es viele spannende Themen, die als Projekt bearbeitet werden können. Die Seiten „Selbst erforscht" bieten euch Anregungen und Materialien zu solchen Themen.

Bei der Bearbeitung eines Themas in Form eines Projekts geht es darum, dass ihr das Thema weitgehend selbstständig bearbeitet. Auf dieser Seite erfahrt ihr, wie ihr bei der Arbeit am Projekt am besten vorgeht.

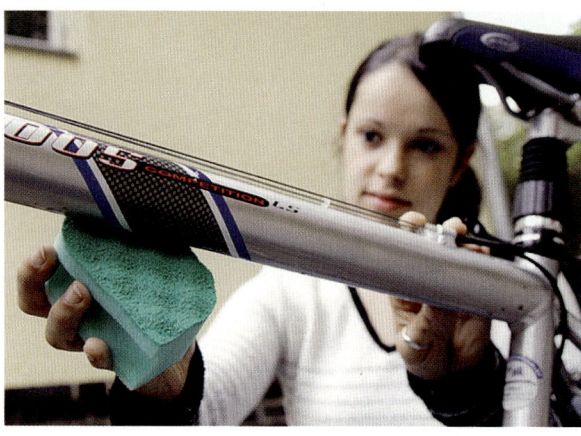

Lena und Tim putzen ihre Fahrräder. Dazu benutzen sie Scheuerschwämme. Nach dem Trocknen stellen sie entsetzt Kratzer im Lack fest. Was haben die beiden nicht beachtet? Hätten sie den Schaden vermeiden können?

1 *Findet und formuliert ein geeignetes Problem.* Sammelt eure Ideen, diskutiert darüber. Entscheidet zusammen mit eurem Lehrer oder eurer Lehrerin, welches Problem ihr bearbeiten wollt. Problem: Sind die im Handel angebotenen Putzmaterialien für jeden Reinigungszweck geeignet?

2 *Stellt einen Arbeitsplan auf.* Sammelt Fragen und leitet daraus ab, was ihr untersuchen wollt. Bildet Arbeitsgruppen. Überlegt, welche Materialien und Medien genutzt sowie welche Methoden angewendet werden sollen. Entwerft einen Zeitplan. Mögliche Fragen: Was sind harte bzw. weiche Stoffe? Wie lässt sich die Härte eines Stoffes experimentell bestimmen? Was ist beim Reinigen von Brillengläsern bzw. beim Umgang mit Fotolinsen zu beachten? Welche Härte hat Widia®?

3 *Arbeitet nach dem Plan.* Jede Arbeitsgruppe bearbeitet den ausgewählten Themenbereich. Führt Experimente durch, fragt Experten, nutzt verschiedene Quellen, z. B. Bücher, das Internet sowie die Informationen im Lehrbuch.

4 *Präsentiert die Ergebnisse.* Stellt die Ergebnisse eurer Klasse vor. Achtet darauf, dass die Darstellung in logischer Form erfolgt, damit eure Mitschülerinnen und Mitschüler die gewonnenen Ergebnisse und Erkenntnisse verstehen. Überlegt, wie ihr eure Ergebnisse in der Öffentlichkeit präsentieren möchtet. Mögliche Beispiele für eine Projektpräsentation: Poster für den Fachraum, Power-Point-Präsentation, Vorträge, Internetseite, Zeitungsartikel.

Härteskala nach Mohs		
Härte-grad	Testmineral	Einfacher Test
1	Talk	
2	Gips	Fingernagel ritzt bis Härte 2.
3	Kalkspat (Calcit)	Kupfermünze ritzt bis Härte 3.
4	Flussspat (Fluorit)	
5	Apatit	Spitze eines Taschenmessers ritzt bis Härte 6.
6	Feldspat (Orthoklas)	Mineralien ab Härte 6 ritzen Fensterglas.
7	Quarz	
8	Topas	Ab Härte 8 wird Glas geschnitten.
9	Korund	
10	Diamant	

Info

Härte Die Ritzhärte eines Stoffes wird nach der von FRIEDRICH MOHS (1773 bis 1839) aufgestellten Härteskala geprüft. Für jeden Härtegrad ist im MOHS-Kasten ein Mineral vorhanden. Es wird geprüft, welches Mineral eine vorgegebene Probe ritzt und welches von der Probe geritzt wird.

7   Bestimme die Siedetemperatur von Brennspiritus.

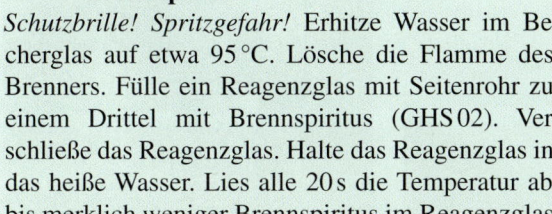

Schutzbrille! Spritzgefahr! Erhitze Wasser im Becherglas auf etwa 95 °C. Lösche die Flamme des Brenners. Fülle ein Reagenzglas mit Seitenrohr zu einem Drittel mit Brennspiritus (GHS 02). Verschließe das Reagenzglas. Halte das Reagenzglas in das heiße Wasser. Lies alle 20 s die Temperatur ab, bis merklich weniger Brennspiritus im Reagenzglas ist.

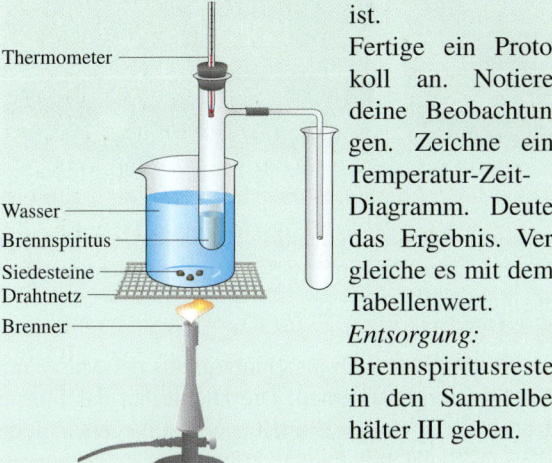

Fertige ein Protokoll an. Notiere deine Beobachtungen. Zeichne ein Temperatur-Zeit-Diagramm. Deute das Ergebnis. Vergleiche es mit dem Tabellenwert. *Entsorgung:* Brennspiritusreste in den Sammelbehälter III geben.

Thermometer

Wasser
Brennspiritus
Siedesteine
Drahtnetz
Brenner

8   Bestimme die Dichte von Eisen.

Schutzbrille! Wiege einige Eisenschrauben und notiere ihre Masse. Fülle einen Messzylinder mit genau 50 ml Wasser. Gib die abgewogenen Eisenschrauben vorsichtig in den Messzylinder. Notiere den Wasserstand.

Fertige ein Protokoll an. Ermittle das Volumen der Stoffportion Eisen. Berechne die Dichte von Eisen und vergleiche das Ergebnis mit dem Tabellenwert. ↑S. 22 Nenne mögliche Fehlerquellen. *Entsorgung:* Eisenschrauben einsammeln, werden wieder verwendet.

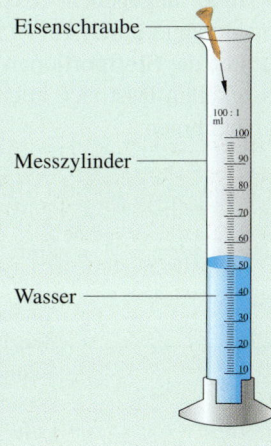

Eisenschraube

Messzylinder

Wasser

9   Bestimme die Schmelztemperatur von Kerzenwachs.

Schutzbrille! Spritzgefahr! Baue die Versuchsapparatur auf. Erhitze das Wasser im Becherglas, bis das Kerzenwachs im Reagenzglas geschmolzen ist. Lies dabei alle 30 s die Temperatur ab und schreibe sie auf. Nimm danach das Reagenzglas aus dem Wasser, lass es abkühlen und notiere dabei wieder alle 30 s die Temperatur.

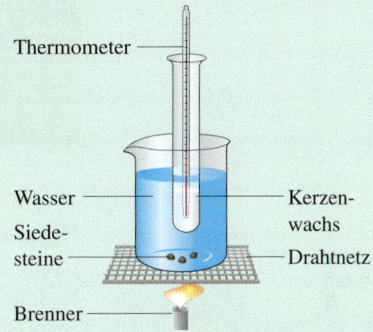

Thermometer

Wasser
Siedesteine
Brenner

Kerzenwachs
Drahtnetz

Fertige ein Protokoll an. Zeichne ein Temperatur-Zeit-Diagramm. Wähle auf der *x*-Achse für eine Zeit von je 30 s einen Abstand von 1 cm. Deute das Ergebnis. Vergleiche es mit dem Tabellenwert. *Entsorgung:* Kerzenwachs in den Sammelbehälter für Hausmüll geben.

10   Bestimme die Dichte von Brennspiritus.

Schutzbrille! Wiege einen leeren Messkolben und notiere seine Masse. Fülle den Messkolben vorsichtig bis zur Eichmarke mit Brennspiritus (GHS 02). Wiege den Kolben erneut und notiere seine Masse. Ermittle die Masse der Brennspiritusportion aus den beiden Wägungen. Berechne die Dichte von Brennspiritus.

Fülle 50 ml Brennspiritus (GHS 02) in einen Messzylinder. Tauche in die Flüssigkeit eine Senkspindel. Lies an der Flüssigkeitsoberfläche mithilfe der Skala die Dichte ab.

Vergleiche mit Tabellenwerten für Alkohol. Diskutiere Abweichungen.

Entsorgung: Brennspiritus in den Sammelbehälter III geben.

Messbare Eigenschaften

Gewichtheben – einmal anders. Der Mann auf dem Foto muss sich sichtlich mehr anstrengen als das Mädchen.
Warum ist das so? Hat das etwas mit den Eigenschaften der Stoffe zu tun?

1

Definitionsgleichung
für die Dichte

$$\varrho = \frac{m}{V}$$

ϱ Dichte
m Masse einer Stoffportion
V Volumen einer Stoffportion

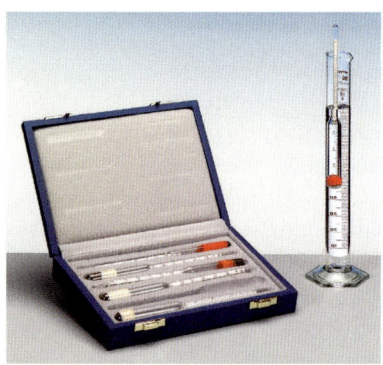

2 Dichtebestimmung mit einem Aräometer

Eigenschaften, die sich durch Messwerte ausdrücken lassen, sind zum genauen Erkennen und zum Unterscheiden von Stoffen besonders geeignet. Welche Eigenschaften sind das?

Dichte Die Dichte von Stoffen lässt sich als Quotient aus der Masse und dem Volumen einer Stoffportion bestimmen. Die Dichte hat das Formelzeichen ϱ (Rho) und wird meist in der Einheit g/cm^3 angegeben. Jeder Stoff hat seine charakteristische Dichte. Die Dichte ist von der Temperatur und dem Druck abhängig. Da sich fast alle Stoffe bei einer Temperaturerhöhung ausdehnen, vergrößert sich dabei das Volumen. Die Masse bleibt aber konstant. Dadurch verringert sich die Dichte beim Erwärmen. Gase können leicht zusammengedrückt werden. Das Volumen wird verringert, die Dichte vergrößert sich.
Um die Dichte von Stoffen miteinander vergleichen zu können, wird die Dichte von festen und flüssigen Stoffen meist bei einer Temperatur von 25 °C und einem Druck von 1013 hPa sowie für Gase bei Normbedingungen (0 °C und 1013 hPa) angegeben. Experimentell hast du bereits Dichtebestimmungen durchgeführt. ↑E.8,10 S.21 Dazu mussten jeweils die Massen und Volumina der Stoffportionen ermittelt werden.
Die Dichte von Flüssigkeiten lässt sich aber auch direkt mit einer Senkspindel (Aräometer) bestimmen.

Dichte verschiedener Stoffe bei 25 °C (* bei 0 °C) und 1013 hPa			
Stoff	Dichte in g/cm^3	Stoff	Dichte in g/cm^3
Aluminium	2,70	Alkohol	0,79
Diamant	3,51	Benzin	etwa 0,7
Eisen	7,86	Schmieröl	0,9
Gold	19,32	Wasser	1,00
Schaumstoff	0,015	Luft	0,00129*
Kork	0,25	Sauerstoff	0,00143*

Schmelztemperatur Die Temperatur, bei der ein fester Stoff nach Zufuhr von Wärme flüssig wird, heißt **Schmelztemperatur**. So schmilzt Eis bekanntlich bei 0 °C. Die Schmelztemperatur von Kerzenwachs hast du experimentell ermittelt. ↑E.9 S.21 Dabei konntest du beobachten, dass während des Schmelzvorgangs die Temperatur unverändert bleibt. Erst wenn das Wachs vollständig geschmolzen ist, steigt die Temperatur weiter an.
Die Temperatur, bei der ein flüssiger Stoff wieder in den festen Zustand übergeht, wird als **Erstarrungstemperatur** bezeichnet. Schmelz- und Erstarrungstemperatur eines Stoffes stimmen überein.

3 Bleigießen

4 Kochen von Wasser

Schmelz- und Siedetemperaturen einiger Stoffe bei Normdruck in °C		
Stoff	Schmelz-temperatur	Siede-temperatur
Aluminium	660	2 450
Brennspiritus	−114	78
Eisen	1 540	3 000
Kochsalz	800	1 465
Magnesium	650	1 110
Quecksilber	−39	357
Sauerstoff	−219	−183
Schwefel	119	445
Silber	961	2 212
Stearinsäure (Kerzenwachs)	69	291
Traubenzucker	146	Zersetzung ab 200
Wasser	0	100

Siedetemperatur Wird einem flüssigen Stoff Wärme zugeführt, so erhöht sich seine Temperatur so lange, bis sich im Innern der Flüssigkeit Gasblasen bilden, die nach oben steigen. Die Flüssigkeit siedet. Die dazu erforderliche Temperatur heißt Siedetemperatur. Während des Siedens ändert sich die Temperatur der Flüssigkeit nicht. ↑E.7 S.21
Schmelz- und Siedetemperatur sind für die meisten Stoffe charakteristisch. ↑Tabelle. Sie hängen vom Luftdruck ab. Um diese Temperaturen verschiedener Stoffe vergleichen zu können, werden sie in Tabellen bei einheitlichem Druck (Normdruck $p_n = 1 013$ hPa) angegeben.
Einige Stoffe haben bei Normdruck keine Schmelz- oder Siedetemperatur, da sie sich beim Erwärmen zersetzen.

Dichte, Schmelztemperatur und Siedetemperatur sind messbare Eigenschaften, an denen die Stoffe erkannt werden können.

Aufgaben

1 Wasser siedet z. B. im Schnellkochtopf erst bei 120 °C. Warum ist das so? Welche Auswirkungen hat das auf das Garen von Lebensmitteln?

2 Du erhältst die Aufgabe, Eisen zu schmelzen. Begründe, warum du dafür keinen Kupfertiegel verwenden kannst.

3 Welches Volumen hat 1 kg Luft?

4 Kork schwimmt auf dem Wasser, Eisen geht unter. Begründe.

5 Die Erstarrungstemperatur eines Stoffes entspricht seiner Schmelztemperatur. Erläutere diese Feststellung. Nenne Beispiele.

6 Warum ist Aluminium besonders für den Flugzeugbau geeignet?

Steckbriefe von Stoffen

Das Foto zeigt Stoffportionen von weißer Tafelkreide, Kalk und Gips.
Was ist welcher Stoff?
Wie können diese Stoffe eindeutig voneinander unterschieden werden?

1

Steckbrief Eisen

Farbe: silbergrau
Glanz: mattglänzend
Zustandsform bei Zimmertemperatur: fest
Wärmeleitfähigkeit: gut
Elektrische Leitfähigkeit: gut
Magnetisches Verhalten:
wird vom Magneten angezogen
Löslichkeit in Wasser: unlöslich

Stoffe identifizieren Nicht nur bei der Polizei müssen Gegenstände oder Personen beschrieben werden. Auch in der Chemie werden genaue Angaben über Stoffe benötigt, um diese verwechslungsfrei erkennen zu können. Für die eindeutige Beschreibung eines Stoffes sind mehrere seiner typischen Eigenschaften anzugeben, die unabhängig von Form und Größe der Stoffportion sind. Jeder Stoff hat eine ihn kennzeichnende **Eigenschaftskombination**, die sich zu einem Steckbrief zusammenfassen lässt. Damit kann ein Stoff erkannt und von anderen unterschieden werden.
Wie viele und welche Eigenschaften ermittelt werden müssen, um einen Stoff identifizieren zu können, ist von Fall zu Fall verschieden. In der Chemie werden heute sehr aufwendige Techniken mit präzise arbeitenden Geräten und Apparaturen genutzt, um unbekannte Stoffe durch ihre Eigenschaften eindeutig zu charakterisieren.

Jeder Stoff besitzt eine für ihn typische Eigenschaftskombination. Das Erkennen von Stoffen erfolgt durch den Vergleich von Eigenschaften.

Steckbrieflich gesucht Ständig werden neue Stoffe entdeckt oder künstlich hergestellt. Sie alle müssen benannt werden. Hier sind drei Steckbriefe von Stoffen. Um welche Stoffe könnte es sich dabei handeln?

Steckbrief 1

Farbe: farblos bis milchig trüb
Geruch: keiner
Zustandsform bei Zimmertemperatur: fest, körnig
Löslichkeit in Wasser: nicht löslich
Elektrische Leitfähigkeit: nicht leitfähig
Dichte: 2,65 g/cm^3
Schmelztemperatur: 1 470 °C
Siedetemperatur: 2 590 °C

Steckbrief 2

Farbe: weiß
Geruch: keiner
Zustandsform bei Zimmertemperatur: fest, kristallin
Löslichkeit in Wasser: gut löslich
Elektrische Leitfähigkeit: nicht leitfähig
Dichte: 2,16 g/cm^3
Schmelztemperatur: 800 °C
Siedetemperatur: 1 465 °C

Steckbrief 3

Farbe: grau
Geruch: keiner
Zustandsform bei Zimmertemperatur: fest
Oberfläche: mattglänzend
Härte: leicht ritzbar
Elektrische Leitfähigkeit: leitfähig
Dichte: 11,34 g/cm^3
Schmelztemperatur: 327 °C
Siedetemperatur: 1 740 °C

Selbst untersucht Stoffe bei unterschiedlichen Temperaturen

11 Untersuche das Verhalten von Stoffen beim Erhitzen.

Schutzbrille! Halte nacheinander über einer feuerfesten Unterlage ein Magnesiastäbchen und eine Porzellanscherbe mit einer Tiegelzange in die Brennerflamme.

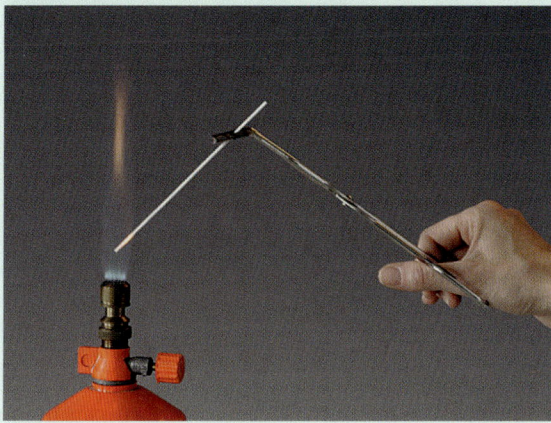

Halte danach ein Glasrohr in die Brennerflamme. Erhitze es möglichst stark.
Gib jeweils eine Probe von Mehl und Kochsalz in ein Reagenzglas. Erhitze erst vorsichtig, dann kräftig.

Beschreibe deine Beobachtungen. Ordne die Stoffe nach bleibenden oder vorübergehenden Veränderungen beim Erhitzen.
Entsorgung: Porzellanscherbe und Magnesiastäbchen getrennt einsammeln, werden wieder verwendet; übrige Stoffe nach dem Abkühlen in den Sammelbehälter für Hausmüll geben.

12 Ermittle den Temperaturverlauf beim Erhitzen von Wasser.

Schutzbrille! Spritzgefahr! Erhitze etwa 250 ml Wasser mit einem Brenner. Notiere die Temperatur jeweils nach einer Minute. Setze deine Beobachtungen auch noch etwa 3 min nach Eintreten des Siedens fort.

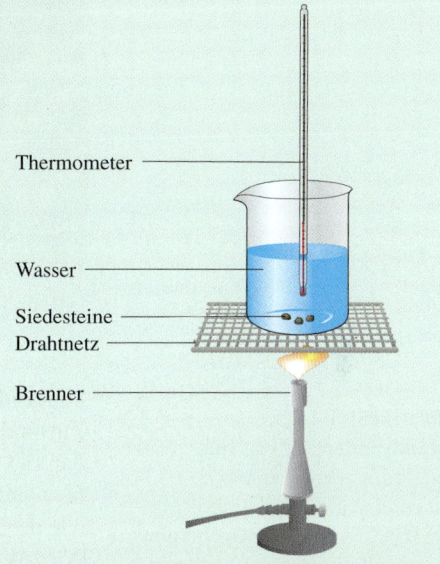

Thermometer

Wasser

Siedesteine
Drahtnetz

Brenner

Fertige ein Protokoll an. Beschreibe deine Beobachtungen. Zeichne ein Temperatur-Zeit-Diagramm.
Entsorgung: Reste des Wassers in den Sammelbehälter für Abwasser geben.

13 Untersuche Aggregatzustandsänderungen von Kerzenwachs.

Schutzbrille! Spritzgefahr! Gib in ein Reagenzglas etwas Kerzenwachs und erhitze es mit kleiner Flamme, bis sich der Aggregatzustand geändert hat.
Gieße es dann zum Abkühlen vorsichtig in eine mit kaltem Wasser gefüllte Abdampfschale.
Beschreibe deine Beobachtungen. Erläutere die Begriffe „Schmelzen" und „Erstarren".
Entsorgung: Kerzenreste in den Sammelbehälter für Hausmüll geben.

Aggregatzustände von Stoffen

Über Nacht erhielten Bäume und Sträucher ein ganz anderes Aussehen. Es ist eine Freude, die „überzuckerten" Zweige in der Natur zu sehen.
Was ist geschehen?

1 Raureif an Zweigen

EXPERIMENT 14 [L]
Zustandsänderung von Iod.
Schutzbrille! Abzug! Dämpfe nicht einatmen! Einige Iodkristalle (GHS 07|09) werden im Becherglas mit einer Uhrglasschale abgedeckt und im Wasserbad erwärmt.
Auf das Uhrglas wird kaltes Wasser getropft.

Zustandsformen des Wassers Wie du bereits weißt, tritt Wasser in drei Zustandsformen auf: **fest** (Eis), **flüssig** (Wasser) und **gasförmig** (Wasserdampf). Diese Zustandsformen werden als **Aggregatzustände** bezeichnet. In welchem Aggregatzustand ein Stoff vorliegt, hängt von Bedingungen wie der Temperatur und dem Druck ab.
Wird Wasser bis zur Siedetemperatur erhitzt, verdampft es. Es bildet sich Wasserdampf (gasförmiges Wasser). Dabei findet ein Übergang vom flüssigen zum gasförmigen Aggregatzustand des Wassers statt. ↑E.12 S.25 Wird Wasserdampf abgekühlt, kondensiert er zu Wasser. Bei weiterer Abkühlung erstarrt es zu Eis.

Aggregatzustandsänderungen Wird Kerzenwachs erhitzt, schmilzt es. Es geht dabei vom festen in den flüssigen Aggregatzustand über. Beim Abkühlen geht das Kerzenwachs vom flüssigen in den festen Aggregatzustand über. Es erstarrt. ↑E.13 S.25
Wird festes Iod erhitzt, entsteht sofort violetter Ioddampf. ↑E.14 Iod geht beim Erhitzen unter Umgehung des flüssigen Aggregatzustandes direkt in den gasförmigen Aggregatzustand über. Dieser Vorgang wird als **Sublimation** bezeichnet. Beim Abkühlen geht Ioddampf direkt vom gasförmigen in den festen Aggregatzustand über. Dieser Vorgang heißt **Resublimation**. Auch beim Wasser kannst du diesen Vorgang beobachten. An kalten Tagen bilden sich oft Eisblumen an Glasscheiben. Sie entstehen dadurch, dass der in der Luft enthaltene Wasserdampf direkt zu Eis wird.

Aufgaben

1 Raureif entsteht durch Resublimation. Erkläre.
2 Wodurch unterscheiden sich Wasserdampf und Nebel?

3 Nenne Beispiele aus dem Alltag, bei denen Aggregatzustandsänderungen genutzt werden.

Bau der Stoffe aus Teilchen

Zucker gibt es in sehr unter-schiedlichen Formen zu kaufen, z.B. als Kandiszucker, als groben oder feinen Kristallzucker und als Puderzucker.
Was geschieht, wenn Zucker immer weiter zerteilt wird?
Wie oft lässt sich eine Zuckerportion zerteilen?

1

2 Zuckerkristalle unter einem Mikroskop

3 Versuchsanordnung zu Experiment 15

Teilbarkeit von Stoffen Eine Glasscheibe oder ein Blatt Papier können mit einem Wasserzerstäuber angefeuchtet werden. Dabei wird Wasser in ganz feine Tröpfchen zerteilt. Nach kurzer Zeit ist das zerstäubte Wasser nicht mehr zu sehen.
Puderzucker ist ganz fein zerteilter Zucker. Mithilfe einer Lupe oder eines Mikroskops lassen sich Zuckerkristalle erkennen. Beim Lösen feinster Zuckerkristalle in Wasser wird Zucker noch weiter zerteilt. Selbst mit dem Mikroskop ist der Zucker nicht mehr zu sehen. Zucker ist aber noch vorhanden und am süßen Geschmack der Zuckerlösung zu erkennen.
Die Frage, ob sich eine Stoffportion endlos teilen lässt, beschäftigt die Wissenschaftler schon viele Jahrhunderte. Sie ist durch Beobachtungen allein nicht zu beantworten. Wir nehmen deshalb eine Vorstellung vom Bau der Stoffe zu Hilfe.
Nach einer heutigen Vorstellung bestehen Stoffe aus kleinsten Teilchen, die sich mit einfachen Mitteln nicht mehr weiter zerteilen lassen. Diese Teilchen können teilweise heute schon mit Spezialelektronenmikroskopen sichtbar gemacht werden. Mit dem Auge erkennbar sind nur die aus Teilchen gebildeten, größeren Stoffportionen, z.B. ein Zuckerkristall oder ein Wassertropfen.

Die Vorstellung vom Bau der Stoffe besagt: Stoffe bestehen aus kleinsten, unteilbaren Teilchen.

Selbst untersucht

15   Beobachte die Ausbreitung eines Farbstoffs.
Schutzbrille! Beschwere einen Beutel Malventee mit Büroklammern. Fülle ein Becherglas mit warmem Wasser und hänge den Teebeutel hinein.

Beschreibe deine Beobachtungen. Deute die Ausbreitung des Farbstoffs.
Entsorgung: Teebeutel in den Sammelbehälter für Hausmüll, Flüssigkeit in den Sammelbehälter für Abwasser geben.

Das Teilchenmodell Zur Veranschaulichung der Vorstellung vom Bau der Stoffe aus kleinsten Teilchen wurden **Modelle** entwickelt. Modelle helfen, Erscheinungen und Vorgänge zu beschreiben und zu deuten. Sie tragen dazu bei, Wesentliches zu erkennen, geben aber die Wirklichkeit nie vollständig wieder.

Das Modell der kleinsten Teilchen unterscheidet sich von anderen Modellen. So sind Modelle für Autos, Flugzeuge, Schiffe oder auch biologische Modelle möglichst genaue Nachbildungen eines sichtbaren Vorbildes. Die kleinsten Teilchen sind jedoch ohne Hilfsmittel nicht sichtbar. Ihre Existenz kann deshalb nur aus den Eigenschaften der Stoffe abgeleitet werden. Dieses Modell ist daher eine Denkhilfe. Es ist ein Gedankenmodell über den möglichen Bau der Stoffe.

Beim Teilchenmodell stellt man sich vor, dass die Teilchen der Stoffe kleinen Kugeln sehr ähnlich sind. Teilchen ein und desselben Stoffes sind einander gleich. So besteht Zucker aus Zuckerteilchen, die alle die gleiche Masse und Größe haben. Zwischen den Teilchen stellt man sich leeren Raum vor.

Teilchenbewegung Es wird angenommen, dass sich die Teilchen in ständiger, ungeordneter Bewegung befinden. Dabei stoßen sie sehr oft aneinander. Die dadurch verursachte Bewegung kleinster Partikel in Gasen und Flüssigkeiten heißt nach ihrem Entdecker Brown'sche Bewegung. So verteilen sich z. B. die Farbstoffe des Tees in der gesamten Flüssigkeit ohne äußere Beeinflussung. ↑E.15 S.27 Auch der Duft eines Parfüms breitet sich in einem Raum recht schnell aus. Hier liegt jedoch die Vermutung nahe, dass Luftströmungen die Geruchsstoffe im Raum verteilen. Es breiten sich aber auch Bromdämpfe in einem geschlossenen Standzylinder ohne Luftströmung vom Boden her nach oben aus. Dies geschieht sogar, obwohl Bromdampf eine größere Dichte als Luft hat. ↑2 Wie ist diese Erscheinung zu deuten?

Der Vorgang, bei dem sich verschiedene Stoffe ohne äußere Einwirkung durchmischen, wird als **Diffusion** (lat. diffundere – ausgießen, ausbreiten) bezeichnet. Die Diffusion lässt sich ebenfalls mithilfe des Teilchenmodells erklären: Die Bromteilchen und die Teilchen der Luft bewegen sich ständig hin und her. Sie stoßen dabei häufig zusammen. Entgegen der Schwerkraft bewegen sich die Bromteilchen auch nach oben in die Räume zwischen den Teilchen der Luft. Umgekehrt bewegen sich die Teilchen der Luft auch nach unten in die Räume zwischen den Bromteilchen. Allmählich vermischen sich so die Teilchen der Stoffe.

Diffusion ist das selbstständige Durchmischen zweier Stoffe. Diese Durchmischung erfolgt durch die ständige, regellose Bewegung der Teilchen der Stoffe.

Teilchenmodell und Aggregatzustände In **festen Stoffen** denkt man sich die Teilchen dicht nebeneinander und regelmäßig angeordnet. Sie können sich nur wenig bewegen und führen nur kleinere Schwingungen an ihren Plätzen aus.

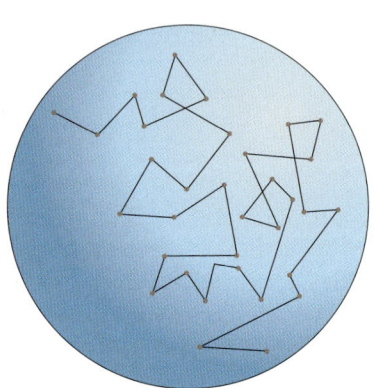

1 Unter dem Mikroskop sichtbare regellose Bewegung (Brown'sche Bewegung) eines Pollenkorns aufgrund der Stöße der nicht sichtbaren Wasserteilchen

2 Diffusion von Bromdampf in Luft

Zwischen den Teilchen wirken starke Anziehungskräfte. Die Teilchen lassen sich nur schwer voneinander trennen und gegeneinander verschieben. Im festen Aggregatzustand hat deshalb eine Stoffportion eine bestimmte Form, die man auch mit großer Anstrengung kaum verändern kann. In **flüssigen Stoffen** stellt man sich die Teilchen nicht so regelmäßig angeordnet vor. Die zwischen ihnen wirkenden Anziehungskräfte sind kleiner als in den festen Stoffen. Die Teilchen in flüssigen Stoffen bewegen sich hin und her und sind leicht gegeneinander verschiebbar. Der Abstand zwischen den Teilchen ist dennoch sehr gering. Im flüssigen Aggregatzustand kann sich deshalb die Stoffportion jeder Gefäßform anpassen. Sie nimmt immer die Form des Gefäßes an, in dem sie sich befindet. Beispielsweise kann Milch die Form des Glases oder auch die Form der Kanne annehmen. ↑3

3 Stoffportionen von Milch

In **gasförmigen Stoffen** sind die Abstände zwischen den Teilchen verhältnismäßig groß und die Anziehungskräfte zwischen ihnen gering. Die Teilchen bewegen sich frei und ungeordnet. Eine Stoffportion im gasförmigen Aggregatzustand kann daher leicht zusammengedrückt werden. Gase, z.B. Luft im Fahrradschlauch, füllen ein Gefäß beliebiger Form vollständig aus.

Teilchenbewegung und Aggregatzustandsänderung Man stellt sich vor, dass beim Erwärmen von Stoffen die Bewegung der Teilchen zunimmt und beim Abkühlen abnimmt. Das führt bei bestimmten Temperaturen zu Aggregatzustandsänderungen der Stoffe. ↑4

Wird ein fester Stoff erwärmt, schwingen die Teilchen immer heftiger und beanspruchen mehr Platz. Werden die Schwingungen so stark, dass Teilchen ihre Plätze verlassen können, existiert ihre regelmäßige Anordnung nicht mehr: Der Stoff schmilzt, er wird flüssig.

Bei weiterer Wärmezufuhr bewegen sich die Teilchen immer schneller. Die Stöße zwischen ihnen werden immer heftiger und die Abstände größer. Wenn schließlich die Siedetemperatur erreicht ist, entfernen sich die Teilchen sehr weit voneinander. Der Stoff verdampft.

Ein einzelnes Teilchen kann nicht fest, flüssig oder gasförmig sein. Der Aggregatzustand ist immer an eine Stoffportion gebunden, die aus sehr vielen Teilchen besteht.

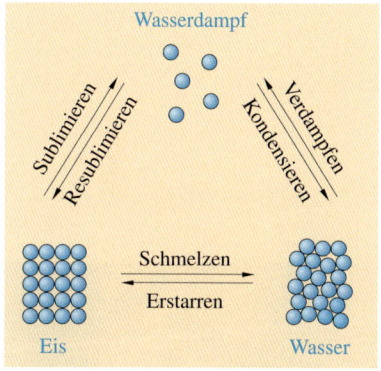

4 Teilchenmodell für die Aggregatzustandsänderungen des Wassers

Mit dem Teilchenmodell lassen sich Erscheinungen wie Aggregatzustände eines Stoffes und Vorgänge wie Diffusion und Aggregatzustandsänderungen deuten und beschreiben.

Aufgaben

1 Warum ist es oft sinnvoll, Modelle zu benutzen?

2 Beschreibe den Aufbau eines festen Stoffes mithilfe des Teilchenmodells.

3 Gase lassen sich leicht zusammenpressen, Flüssigkeiten und feste Stoffe dagegen nicht. Finde dafür eine Erklärung.

4 Erläutere den Vorgang der Diffusion anhand eines selbst gewählten Beispiels.

5 Erläutere den Unterschied zwischen einem kleinen Zuckerkristall und einem Zuckerteilchen.

6 Gibt man etwas Honig in eine Tasse mit Milch, dann schmeckt die Milch nach einiger Zeit, auch ohne umzurühren, süß. Erkläre.

7 Erläutere die Veränderungen bei den in Bild 4 dargestellten Vorgängen mithilfe des Teilchenmodells. ↑4

Stoffumwandlung – Kennzeichen einer chemischen Reaktion

Immer wieder sehen wir begeistert zu, wenn Raketen in den Himmel steigen und es leuchtende, farbige Sterne regnet. Chemische Umwandlungen ermöglichen dieses Schauspiel. Was sind chemische Umwandlungen?
Wie kann man sie erkennen?

1 Feuerwerk – ein besonderes Ereignis

2 Glas erweicht beim Erhitzen und kann dann gut verarbeitet werden.

Veränderungen der Stoffe beim Erhitzen Stoffe verhalten sich beim Erhitzen unterschiedlich. ↑E.11 S.25, E.16
So zerspringen Kochsalzkristalle unter knisterndem Geräusch. Nach dem Erhitzen liegt immer noch das weiße Kochsalz vor.
Porzellan beginnt bei höheren Temperaturen zu glühen. Sobald die Flamme entfernt wird, hört das Glühen schnell auf. Nach dem Abkühlen ist zu erkennen, dass sich das Porzellan nicht verändert hat.
Glas verhält sich anders. Zunächst glüht es. Bei sehr hoher Temperatur wird das Glas weich und verformbar. Nach dem Abkühlen liegt wieder festes Glas vor. Es hat sich jedoch seine Form verändert.
Wird versehentlich ein Kunststoffgefäß auf eine heiße Herdplatte gestellt, kann der Kunststoff durch die Hitze verformt werden. Er kann sich sogar bei sehr hoher Temperatur zersetzen. Solche Veränderungen sind nicht mehr rückgängig zu machen. Auch beim Erhitzen von Mehl oder Zucker, beim Kochen und Braten von Eiern sowie beim Backen von Brot, Brötchen oder Kuchen ist Ähnliches zu beobachten.

Stoffe können beim Erhitzen ihre Eigenschaften vorübergehend oder bleibend verändern.

Selbst untersucht

16   Untersuche das Verhalten von Haushaltszucker beim Erhitzen.
Schutzbrille! Spritzgefahr! Fülle ein schwer schmelzbares Reagenzglas etwa 1 cm hoch mit Zucker. Erhitze erst vorsichtig, dann kräftiger.

Beschreibe die Stoffe vor und nach dem Erhitzen.
Entsorgung: Nach dem Abkühlen Stoffe in den Sammelbehälter für Hausmüll geben.

3 Auflösen einer Brausetablette   4 Anlaufen von Silberbesteck   5 Braten von Kartoffelpuffern

Neue Stoffe – andere Eigenschaften Um zu entscheiden, ob bei einem Vorgang bleibende Veränderungen aufgetreten sind, vergleicht man die Stoffe vorher und nachher.

Wird weißer Zucker erhitzt, so schmilzt er zunächst. Bei weiterem Erhitzen färbt sich die Schmelze immer dunkler. Es entweichen übel riechende Dämpfe und ein fester schwarzer Stoff entsteht. ↑E.16 Bleibende stoffliche Veränderungen sind eingetreten, **Stoffumwandlungen** haben stattgefunden. Aus dem Zucker haben sich neue Stoffe gebildet, die man an ihren anderen Eigenschaften erkennt. Wenn hingegen Eis schmilzt, so kommt es zu keiner Stoffumwandlung. Es ändert sich nur der Aggregatzustand.

Stoffumwandlungen begegnen uns im Alltag ständig, z. B. wenn aus einer Brausetablette im Wasser ein Vitamintrunk wird, wenn Fleisch auf dem Grill gart oder wenn aus Früchten Konfitüre entsteht.

Solche Vorgänge, bei denen die entstandenen Stoffe andere, neue Eigenschaften besitzen, werden als **chemische Reaktionen** bezeichnet.

6 Grillen von Fleisch. Welche Veränderungen treten hier auf?

Chemische Reaktionen sind Stoffumwandlungen, bei denen neue Stoffe mit anderen Eigenschaften entstehen.

Aufgaben

1 Bei Aggregatzustandsänderungen und Stoffumwandlungen handelt es sich um zwei unterschiedliche Vorgänge. Begründe. Gib Beispiele an.

2 Die im lebenden Organismus ablaufenden Vorgänge beruhen auf Stoffumwandlungen. Belege diese Aussage mit Beispielen.

3 Nenne Beispiele für Stoffumwandlungen in der Technik.

4 Entscheide, ob es sich um chemische Reaktionen handelt, und begründe: Joghurtbecher verkohlt, Stahldraht dehnt sich aus, ein Ei wird gekocht, Faulen von Obst, Lösen von Salz in Wasser, Herstellen eines Erdbeershakes.

5 Viele Stoffumwandlungen finden statt, ohne dass man Stoffe erhitzt oder entzündet. Finde dafür Beispiele.

Stoffgemische oder Reinstoffe?

Ein Blick auf die Verpackung der Zahnpasta oder des Duschgels zeigt, dass Stoffgemische vorliegen.
Auch beim Frühstück mit Milch und Müsli oder beim Trinken von Traubensaft oder eines Kiwishakes handelt es sich immer um Gemische.
Woran lassen sich Stoffgemische erkennen und unterscheiden?

1

Stoffe	
Reinstoffe	Stoffgemische
Zucker Wasser Silber	Zuckerwasser Mörtel Fruchtsaft

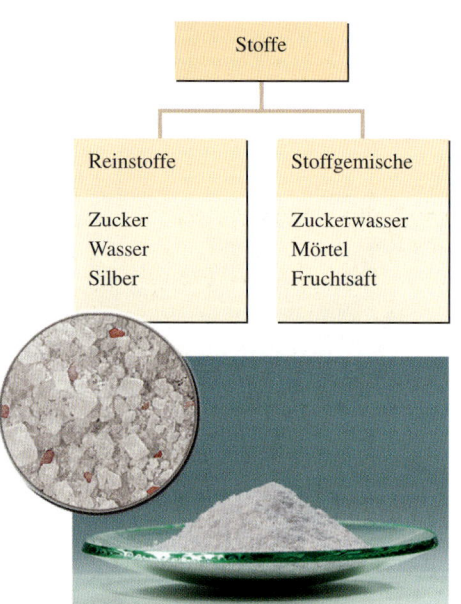

2 Brausepulver unter der Lupe

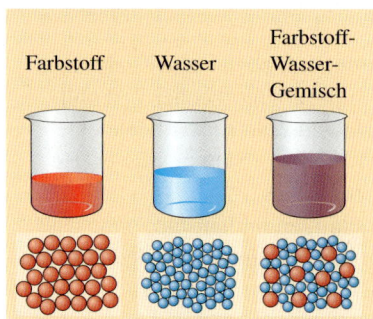

3 Farbstoff-Wasser-Gemisch (oben),
Teilchenvorstellung (unten)

Einteilung der Stoffe Wie du selbst schon oft festgestellt hast, lassen sich Stoffe miteinander mischen. So bereitet der Bäcker aus Mehl, Kochsalz, Zucker, Wasser und anderen Stoffen einen Teig, um daraus Brot zu backen. Beim Hausbau wird aus Sand, Zement und Wasser Zementmörtel hergestellt. Es entstehen jeweils **Stoffgemische**.
Auch das Herstellen von Farben, Kosmetika, Medikamenten oder Brausepulver beruht auf dem Mischen von Stoffen. In der Natur kommen Stoffe fast nur als Stoffgemische vor, z. B. Granit, Steinsalz, Erdgas, Sandstein und Erde.
In einigen Stoffgemischen sind die einzelnen Stoffe noch mehr oder weniger deutlich erkennbar. ↑2
Die Farbe eines Stoffgemisches aus Eisen und Schwefel ist gelb, wenn es mehr Schwefel, und grau, wenn es mehr Eisen enthält. Die Stoffe behalten im Stoffgemisch ihre für sie typischen Eigenschaften, wie z. B. die Eisenfeilspäne ihren Magnetismus.
Stoffe, die nur aus einem Stoff aufgebaut sind und einheitlich gleichbleibende Eigenschaften haben, werden **Reinstoffe** genannt, wie z. B. Gold. Die Herstellung von Reinstoffen ist aufwendig und teuer. Meist enthalten Reinstoffe noch geringe Anteile an Verunreinigungen.
In der Chemie ist eine Einteilung, bei der zwischen Reinstoffen und Stoffgemischen unterschieden wird, besonders wichtig. Durch Untersuchungen von vielen Stoffen wird diese Einteilung später noch erweitert.

Beim Mischen von Reinstoffen entstehen Stoffgemische. Die Eigenschaften der einzelnen Reinstoffe bleiben im Stoffgemisch erhalten.

Mit dem Teilchenmodell kannst du dir Stoffgemische so vorstellen: Die Teilchen verschiedener Stoffe unterscheiden sich in ihrer Größe. Beim Mischen rutschen die kleineren Teilchen des einen Stoffes zwischen die größeren Teilchen des anderen Stoffes. Alle Teilchen zusammen beanspruchen deshalb weniger Platz als den, den sie getrennt bei diesem Vorgang einnehmen würden.

Arten von Stoffgemischen Beim näheren Betrachten von Stoffgemischen fällt auf, dass nur bei einigen von ihnen die einzelnen Reinstoffe noch deutlich sichtbar sind.

Stoffgemische wie Granit oder Milch, bei denen die einzelnen Reinstoffe mit bloßem Auge, mit einer Lupe oder einem Mikroskop nebeneinander erkennbar sind, werden als **heterogen** (griech. heteros – verschieden, anders) bezeichnet. Sie sehen uneinheitlich aus. Gemische wie Limonade oder Essig, bei denen die einzelnen Reinstoffe selbst bei stärkster Vergrößerung nicht erkennbar sind, nennen wir **homogen** (griech. homos – gleich, ähnlich). Sie sehen einheitlich aus.

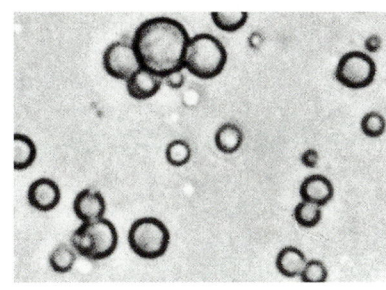

4 Milch unter dem Mikroskop

Stoffgemische	Heterogene Stoffgemische		Homogene Stoffgemische	
Aggregatzustände der Reinstoffe	Bezeichnung	Beispiele	Bezeichnung	Beispiele
fest und fest	Gemenge	Granit, Müll	Legierung	Bronze, Stahl
flüssig und fest	Aufschlämmung (Suspension)	Schmutzwasser	Lösung	Zuckerwasser
gasförmig und fest	Rauch	Rußwolke	–	–
flüssig und flüssig	Emulsion	Milch	Lösung	Wein, Essig
flüssig und gasförmig	Schaum	Sahne	Lösung	Limonade, Sekt
gasförmig und flüssig	Nebel	Spray, Wolken	–	–
gasförmig und gasförmig	–	–	Gasgemisch	Luft, Erdgas

Lösevorgang Zucker löst sich bekanntlich gut in Wasser. Es entsteht eine Zuckerlösung, ein homogenes Stoffgemisch. Dieser Vorgang lässt sich mithilfe des Teilchenmodells ↑6, 7, 8 beschreiben: Die Teilchen, die den Zuckerkristall bilden, sind von kleineren Wasserteilchen umgeben. Die Teilchen sind in ständiger Bewegung. Beim Lösen prallen die Teilchen des Wassers auf die dicht gepackten, weniger beweglichen Zuckerteilchen. Manche Wasserteilchen schieben sich auch zwischen die Zuckerteilchen. Dabei verlieren einzelne Zuckerteilchen ihren Zusammenhalt mit den benachbarten Zuckerteilchen. Sie werden von Wasserteilchen umgeben und verteilen sich in der Flüssigkeit.

5 Essigessenz, Zuckerwasser

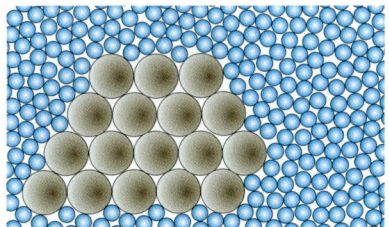

6 Zuckerkristall in Wasser

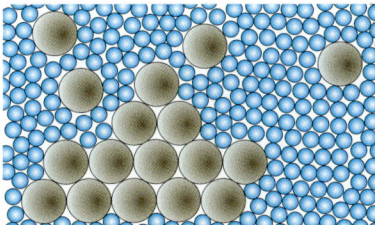

7 Teilweise gelöster Zucker

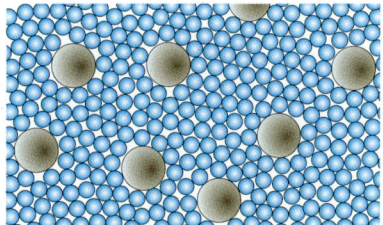

8 Vollständig gelöster Zucker

Aufgaben

1 Ordne nach Reinstoffen und Stoffgemischen: Müll, Kupferdraht, Zahnpasta, Mineralwasser, Schwefel, Zink, Klärschlamm, Leitungswasser. Gib an, welche Stoffgemische heterogen, welche homogen sind. Bezeichne die Stoffgemische.

2 Gib aus dem Alltag Beispiele für Suspensionen, Emulsionen und Rauch an.

3 Schüttle folgende Stoffe jeweils mit Wasser: Gips, Kochsalz, Waschpulver, Alkohol, Öl. In welchen Fällen entstehen Lösungen? Begründe.

weiter gedacht

1 Ermittle Stoffe aus dem Haushalt, auf deren Verpackung bzw. Etikett Gefahrensymbole abgebildet sind.
Was bedeuten die Symbole?
Nenne einige Verhaltensregeln für den Umgang mit diesen Stoffen.

2 Eine Glasbläserin hält ein Glasrohr an einem Ende mit der Hand fest, ohne sich zu verbrennen. Dabei erreicht das Glasrohr in der Flamme eine Temperatur von über 1000 °C.

Begründe, warum das möglich ist.
Nenne weitere Beispiele aus dem Alltag, wo diese Stoffeigenschaft genutzt wird.

3 Ob im Hallenbad oder an einem Badesee, überall kannst du beobachten, dass manche Stoffe auf dem Wasser schwimmen, andere dagegen sofort untergehen, z. B. eine Kette aus Silber.

Finde für diese Erscheinung eine Erklärung. Stoffe lassen sich aufgrund dieser Eigenschaft einteilen. Formuliere dafür die Einteilungskriterien.

4 In der Natur kommt es häufig zu verheerenden Waldbränden. Was geschieht dabei? Erläutere.

5 Gold ist relativ weich und sehr gut verformbar. Schmuckstücke aus Gold, wie z. B. Ringe, gibt es in großer Auswahl.

Wie könntest du prüfen, ob ein Ring aus purem Gold besteht?

6 Erstelle einen Steckbrief von Aluminium. Für den Steckbrief sind folgende Eigenschaften zu ermitteln: Farbe, Glanz, Aggregatzustand bei Zimmertemperatur, Siedetemperatur, Schmelztemperatur, magnetisches Verhalten, Dichte, Geruch, Wärmeleitfähigkeit, Löslichkeit in Wasser und elektrische Leitfähigkeit.
Vergleiche anhand der Steckbriefe die Eigenschaften von Aluminium und Eisen.

7 **Untersuche die Durchmischung von zwei Flüssigkeiten.**
Schutzbrille! Fülle eine Petrischale mit etwas Wasser. Pipettiere vorsichtig einen Tropfen Tusche oder Tinte auf den Schalenboden.

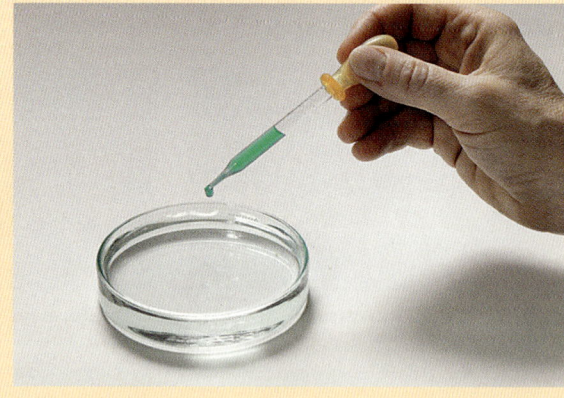

Beobachte über einen längeren Zeitraum. Deute die Beobachtungsergebnisse mithilfe des Teilchenmodells.
Entsorgung: Flüssigkeiten in den Sammelbehälter für Abwasser geben.

Stoffe	Alle Gegenstände bestehen aus Stoffen. Stoffe erkennt man an ihren Eigenschaften.

Eigenschaften von Stoffen	Die Eigenschaften der Stoffe lassen sich mithilfe der Sinnesorgane sowie mit Hilfsmitteln und Messgeräten ermitteln. Jeder Stoff besitzt eine für ihn typische Eigenschaftskombination.

Steckbrief eines Stoffes	Jeder Stoff ist durch die Angabe mehrerer typischer Eigenschaften (Eigenschaftskombination) identifizierbar.

Farbe: gelb
Glanz: matt
Kristallform: nadelförmig
Löslichkeit in Wasser: unlöslich
Schmelztemperatur: 119 °C
Siedetemperatur: 445 °C
Dichte: 1,96 g/cm^3

Farbe: grauschwarz
Glanz: glänzend
Kristallform: Plättchen
Löslichkeit in Wasser: gering
Schmelztemperatur: 114 °C
Siedetemperatur: 183 °C
Dichte: 4,94 g/cm^3

Farbe: farblos
Glanz: –
Kristallform: –
Löslichkeit in Wasser: unbegrenzt
Schmelztemperatur: –114 °C
Siedetemperatur: 78 °C
Dichte: 0,79 g/cm^3

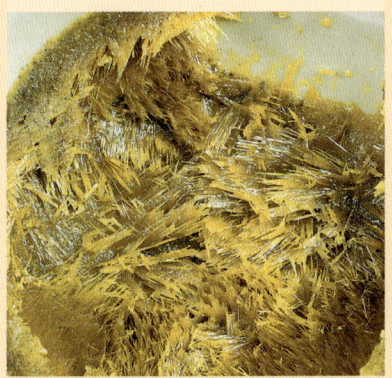

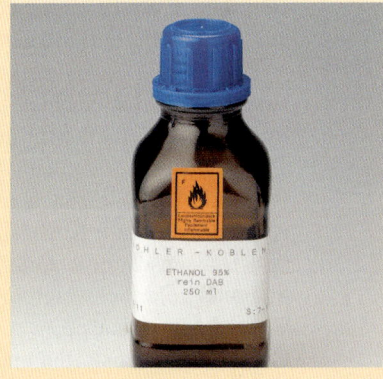

1 Schwefel (monoklin)

2 Iod

3 Alkohol (Ethanol)

Bau der Stoffe aus Teilchen	Der Bau der Stoffe lässt sich mithilfe des Teilchenmodells veranschaulichen. Man stellt sich vor, dass die Stoffe aus kleinsten, unteilbaren Teilchen bestehen, die in ständiger Bewegung sind. Mit dem Teilchenmodell können Erscheinungen und Vorgänge gedeutet werden, z. B. Aggregatzustände der Stoffe..

Aggregatzustandsänderung	Übergang von Stoffen aus einem in einen anderen Aggregatzustand. Es entstehen keine neuen Stoffe. Die Teilchen der Stoffe bleiben unverändert, z. B. beim Verdampfen von Wasser.

Stoffumwandlung	Merkmal einer chemischen Reaktion. Es werden neue Stoffe mit anderen Eigenschaften gebildet, z. B. beim Erhitzen von Zucker.

Check up

1 Nenne wesentliche Eigenschaften, die einen Stoff charakterisieren.

2 Auf welchen Stoff trifft folgende Eigenschaftskombination zu? Der Stoff ist fest, hat eine glatte Oberfläche, sieht silbrig aus, ist geruchlos, nicht wasserlöslich, leitet den elektrischen Strom, Schmelztemperatur 419 °C, Siedetemperatur 906 °C, Dichte 7,14 g/cm^3.

3 Von einem Stoff gibt man nur die Schmelz- und die Siedetemperatur an. Warum nicht auch seine Kondensationstemperatur?

4 Beschreibe die Übergänge von Eis zu Wasser und von Wasser zu Wasserdampf mithilfe des Teilchenmodells vom Bau der Stoffe.

5 Bei der Zubereitung einer Salatsoße breitet sich schnell ein Essiggeruch in der Küche aus. Erkläre diese Beobachtung.

6 Erläutere den Unterschied zwischen einem Reinstoff und einem Stoffgemisch.

7 Folgende Stoffe liegen vor: Ackerboden, Kupferblech, Luft, Kochsalzlösung, Apfelsaft (klar), Eisenschraube, Orangennektar, Schmuckgold, Schwefelpulver, destilliertes Wasser, Mayonnaise.
a Ordne nach Reinstoffen und Stoffgemischen.
b Benenne für die ermittelten Stoffgemische jeweils die Art des Stoffgemisches und gib an, ob es sich um ein homogenes oder heterogenes Stoffgemisch handelt.

8 Auf einigen Verpackungen von Medikamenten ist zu lesen: Vor dem Gebrauch schütteln.
a Ordne diese Medikamente einer Stoffgemischart zu.
b Was ist zu erwarten, wenn man diese Medikamente längere Zeit stehen lässt?

9 Ein wichtiges Gerät im Chemielabor ist der Brenner.
a Nenne die Arbeitsschritte in der richtigen Reihenfolge, die zum gefahrlosen Entzünden des Brenners notwendig sind.
b Gib an, was beim Erhitzen von Flüssigkeiten in einem Reagenzglas zu beachten ist.

c Benenne die Brennerflamme, mit der im Chemieunterricht hauptsächlich gearbeitet wird.

10 30 ml Olivenöl wiegen 27,6 g. Berechne die Dichte von Olivenöl.

11 Vorratsgefäße für Chemikalien sind ordnungsgemäß zu beschriften. Grundsätzlich dürfen Chemikalien nicht in Gefäße für Lebensmittel abgefüllt werden. Begründe diese Forderungen.

12 Erläutere anhand eines selbst gewählten Beispiels den Unterschied zwischen einer Stoffumwandlung und einer Aggregatzustandsänderung.

13 Bei welchen der folgenden Vorgänge handelt es sich um Stoffumwandlungen? Begründe.
a Brennen einer Kerze
b Herstellen einer Essiglösung
c Gießen von Blei
d Braten von Eiern
e Erhitzen eines Glasstabs

Aufgabe	Hilfe findest du auf Seite ...	Verbindung der Aufgabe zu den Basiskonzepten ↑Anhang
1	18, 19, 22, 23	T
2	24	T
3	23	T
4	29	T
5	28	T
6	32	T
7	32, 33	T
8	33	S
9	13	T
10	22	T
11	10	S
12	30, 31	R
13	30, 31	R

T Stoff-Teilchen-Beziehungen, S Struktur-Eigenschafts-Beziehungen, R Chemische Reaktion

> Die Lösungen findest du im Anhang.

Chemische Reaktionen

Der prächtige Baumriese lebt seit Jahrhunderten, weil er Stoffe aus der Natur – Wasser und Mineralstoffe aus dem Boden, Kohlenstoffdioxid aus der Luft – aufnimmt und verarbeitet. Täglich produziert er unter dem Einfluss des Sonnenlichts mehr als 9000 Liter Sauerstoff, den Tagesbedarf von fast 10 Menschen. Gleichzeitig wandelt er aufgenommene Stoffe in etwa 10 kg Kohlenhydrate durch chemische Reaktionen um. Die Natur – eine chemische Fabrik?

➡ Welche Merkmale kennzeichnen chemische Reaktionen?

➡ Welche Bedeutung haben chemische Reaktionen?

Selbst untersucht Umwandeln von Stoffen

1   Erkunde das Stattfinden einer Stoffumwandlung.

Schutzbrille! Gib etwas geriebenen Apfel oder zerdrückte Banane mit wenig Bäckerhefe oder Trockenhefe in eine Zuckerlösung. Fülle das Gemisch in ein Gefäß, das mit einem Wattebausch und später mit einem wassergefüllten Gärröhrchen verschlossen wird. Stelle das Gefäß an einen warmen Ort.

Prüfe nach etwa einem Tag, welche Veränderungen sich erkennen lassen.
Entsorgung: Gäransatz in Sammelbehälter für Hausmüll geben.

3   Untersuche Kupfer beim Erhitzen.

Schutzbrille! Erhitze ein blankes Stück Kupfer in der heißen Brennerflamme. Notiere Beobachtungen vor, beim und nach dem Erhitzen.
Entscheide, ob eine Stoffumwandlung stattfand. Vergleiche dafür die am Experiment beteiligten Stoffe mit Stoffproben aus der Chemikaliensammlung.
Falte ein Kupferblech in der Mitte. Schlage die drei offenen Kanten ein. Halte den Kupferbrief mit einer Tiegelzange in die Brennerflamme.
Öffne den Brief
nach dem Abkühlen.
Betrachte die
Außen- und Innenseiten
des Kupferbriefes.
Entsorgung:
Feste Stoffe einsammeln.

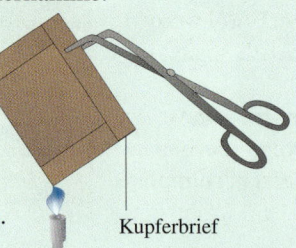

Kupferbrief

2   Untersuche Magnesium beim Erhitzen.

Schutzbrille! Nicht direkt in die Flammen sehen! Erhitze über einer feuerfesten Unterlage ein Stück Magnesiumband (GHS 02) oder einen Magnesiumspan (GHS 02) in einer Brennerflamme.

Beschreibe deine Beobachtung. Deute das Ergebnis.
Entsorgung: Feste Stoffe nach dem Abkühlen in den Sammelbehälter für Hausmüll geben.

4   Untersuche Stoffumwandlungen bei Eisen, Zink und Kupfer.

Schutzbrille! Erhitze auf Verbrennungslöffeln Eisen, Zink und Kupferpulver. Tauche die erhitzten Metalle in mit Sauerstoff gefüllte Erlenmeyerkolben. Gib die erkalteten Stoffe auf Uhrgläser.
Vergleiche das Aussehen der entstandenen Stoffe vor und nach dem Einwirken von Sauerstoff.
Entsorgung: Feste Stoffe in die Sammlung oder in den Sammelbehälter für Hausmüll.

5   Gewinne Kupfer aus Kupferoxid.

Schutzbrille! Gib zu gekörnter Holz- oder Aktivkohle in einem Reagenzglas schwarzes Kupferoxid. Erhitze das Gemisch kräftig.
Notiere deine Beobachtungen.
Entsorgung: Feste Stoffe in den Sammelbehälter für Hausmüll geben.

Chemische Reaktionen im Alltag

1 Chemische Vorgänge verändern die Blütenfarbe von Hortensien

Pflanzen wachsen, blühen und tragen Früchte. Aus den Samen entstehen wieder neue Pflanzen. Die dabei ablaufenden Vorgänge beruhen auf Stoffumwandlungen.
Wie werden Stoffumwandlungen in der Natur und Technik genutzt?

Die Natur – ein chemisches Labor? Das leuchtende Gelb eines Rapsfeldes ist weithin sichtbar. Der Raps ist eine wichtige Rohstoffquelle für Chemieprodukte, wie z. B. Biodiesel.
Magen und Darm des Menschen wandeln jährlich mehrere Hundert Kilogramm an Speisen um. Im Dünndarm mit seiner inneren Oberfläche von etwa $200\,m^2$ gehen die Nährstoffe ins Blut und in die Lymphe über. Der menschliche Blutkreislauf ist eine etwa 6500 km lange Transportbahn aus Arterien, Venen und Kapillaren für Sauerstoff und Nährstoffe, die in den Zellen in körpereigene Stoffe umgewandelt werden.

Stoffumwandlungen im Alltag und in der Technik Aus Eisenerz wird Stahl hergestellt, Baustoffe aus Kalkstein. Silicium, das Elektronikmetall, wird aus Quarzsand gewonnen. Aus braunem, dickflüssigem Erdöl werden Heizgas, Treibstoffe, aber auch Haushalts- und Freizeitartikel, sogar Arzneimittel hergestellt.
Solche Veränderungen, die auf Stoffumwandlungen beruhen, kannst du auch beobachten, wenn aus Fruchtsaft Obstwein wird, wenn die blanke Oberfläche von Kupfer nach dem Erhitzen von einer schwarzen, stumpfen Schicht überzogen ist oder wenn von dem silbrig glänzenden Magnesium nach dem Erhitzen nur ein weißes Pulver zurückbleibt. ↑E.1,2,3
Auch ein Tintenkiller vernichtet nicht die Tinte, sondern wandelt sie in einen farblosen Stoff um, der auf dem Papier fast nicht mehr zu sehen ist.

2 Chemische Reaktion von Eisen mit Sauerstoff beim Schneiden von Bahnschienen

Chemische Reaktion – Umwandlung, Vernichtung oder Erhalt?

Durch Einwirkung von Luft und Feuchtigkeit wird Eisen zerstört. Rotbrauner, poröser Rost entsteht. Der Stoff Eisen wird umgewandelt, eine chemische Reaktion läuft ab. Das Entstehen neuer Stoffe ist ein Merkmal jeder chemischen Reaktion.
Entsteht aber nicht gerade der Eindruck, bei einer chemischen Reaktion würden Stoffe vernichtet?

1

Stoffumwandlungen bei Metallen Was geschieht, wenn aus silbrig glänzendem Magnesium ein weißer, pulvriger Stoff entsteht? Wie ist das Entstehen eines neuen Stoffes zu erklären? Beim Erhitzen veränderten sich auch Eisen, Zink und Kupfer, wie du experimentell feststellen konntest. ↑E.4 S.38 Allerdings war auffallend, dass sich das blanke, rot glänzende Kupfer an der Innenseite des Kupferbriefes nicht veränderte. ↑E.3 S.38 Beim Eintauchen erhitzter Metalle in Sauerstoff wirkte dieser auf die Metalle ein, neue Stoffe sind entstanden.

Aus Ausgangsstoffen werden Reaktionsprodukte Unter hellem Aufglühen reagieren Eisen und Schwefel miteinander. Eisen und Schwefel sind **Ausgangsstoffe (Edukte)** einer chemischen Reaktion. Nach Beenden des Experiments liegt der schwarze, feste Stoff Eisensulfid vor. ↑E.6 ↑2
Er entsteht als **Reaktionsprodukt**. Die Ausgangsstoffe, das Gemisch aus grauschwarzem Eisen und gelbem Schwefel, gibt es nach der chemischen Reaktion nicht mehr.

2 Eisen, Schwefel und Eisensulfid

Die Ausgangsstoffe Magnesium und Sauerstoff reagieren miteinander zu einem neuen Stoff, Magnesiumoxid. Durch chemische Reaktion des silbrig glänzenden Metalls mit dem gasförmigen Sauerstoff entsteht als Reaktionsprodukt das weiße, pulvrige Magnesiumoxid.

Bei jeder chemischen Reaktion sind Ausgangsstoffe (vor der Reaktion vorliegend) von Reaktionsprodukten (nach der Reaktion vorhanden) zu unterscheiden.

Ausgangsstoffe (Edukte)	chemische Reaktion $\longrightarrow$	Reaktionsprodukte

Ausgangsstoffe (Farbe, Aggregatzustand)	Reaktionsprodukte (Farbe, Aggregatzustand)
Eisen (grauschwarz, fest) und Schwefel (gelb, fest)	Eisensulfid (schwarz, fest)
Kupfer (rotbraun, fest) und Schwefel (gelb, fest)	Kupfersulfid (schwarz, fest)
Kupfer (rotbraun, fest) und Sauerstoff (farblos, gasförmig)	Kupferoxid (schwarz, fest)

Wortgleichungen Für chemische Reaktionen können Wortgleichungen geschrieben werden. Hinter dem Stoffnamen kann in Klammern zusätzlich der Aggregatzustand der Ausgangsstoffe und Reaktionsprodukte angegeben werden: „s" für fest (engl. solid), „l" für flüssig (engl. liquid) und „g" für gasförmig (engl. gaseous).

Eisen (s) + Schwefel (s) $\longrightarrow$ Eisensulfid (s)
Kupfer (s) + Sauerstoff (g) $\longrightarrow$ Kupferoxid (s)
Kupfer (s) + Schwefel (s) $\longrightarrow$ Kupfersulfid (s)

Gelesen werden solche Wortgleichungen so: „Eisen und Schwefel reagieren zu Eisensulfid." Der **Reaktionspfeil** zwischen den Ausgangsstoffen und dem Reaktionsprodukt zeigt die Richtung der chemischen Reaktion an und wird als „reagieren zu" gelesen.

Aufgaben

1 Erkunde, wie aus Traubensaft Wein hergestellt wird. Begründe, warum dabei Stoffumwandlungen stattfinden.

2 Gusseisen, Glas, Silicium und Kalkmörtel sind technisch hergestellte Produkte. Ihre Herstellung beruht auf Stoffumwandlungen. Finde heraus, welche Stoffe dazu umgewandelt werden.

3 Beschreibe das Aussehen der Reaktionsprodukte aus Experiment 6 und 7.

4 Entwickle Wortgleichungen für die chemische Reaktion Zink, Blei und Aluminium mit Sauerstoff.

5 Warum ist es nicht zulässig, statt eines Reaktionspfeils ein Gleichheitszeichen zu setzen?

6 Ausgangsstoffe und Reaktionsprodukte haben unterschiedliche Eigenschaften.

a Erläutere diese Aussage.

b Gib drei Beispiele dafür an.

7 Beim kräftigen Erhitzen von braunschwarzem Silberoxid wird ein hellgrauer, teilweise glänzender Belag an der Reagenzglaswand abgeschieden. Gleichzeitig bildet sich ein Gas. Entwickle die Wortgleichung.

Chemische Reaktionen genauer betrachtet

Bereits etwa 700 v. Chr. erzeugten die Kelten Eisen auf heutigem deutschem Boden. Sie begannen Eisenerze (Eisenoxid oder Eisensulfid enthaltendes Gestein) im Holzkohlenfeuer zu verhütten. Waffen und Werkzeuge stellten sie aus diesem Eisen her.
Gewiss erfuhren sie auch dabei, dass nicht aus beliebigem Gestein Eisen zu gewinnen war. Das Eisen konnte aber nicht aus dem Nichts entstehen.

1 Spitzbarren der Kelten

2 Kupfer- und Kupferoxidpulver

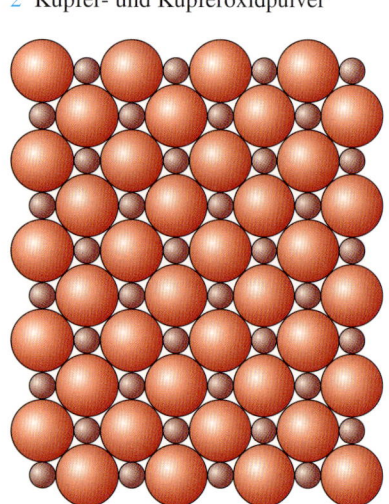

4 Teilchenmodell von Kupferoxid

Vernichtung oder Erhalt? Die Ausgangsstoffe gibt es nach der chemischen Reaktion nicht mehr. Bei Bränden, beim Rosten von Eisen oder Faulen von Früchten entsteht gar der Eindruck, die Ausgangsstoffe würden vernichtet. Im schwarzen Kupferoxid ist von dem rot glänzenden Kupfer nichts mehr zu erkennen. Dennoch gelingt es, aus schwarzem Kupferoxid durch chemische Reaktion Kupfer wieder zurückzugewinnen. ↑E.5 S.38 Bei der Stoffumwandlung muss offenbar auch etwas erhalten bleiben.

Modellvorstellungen zur chemischen Reaktion An der chemischen Reaktion von Kupfer mit Schwefel soll betrachtet werden, was mit den Teilchen der Stoffe geschieht.

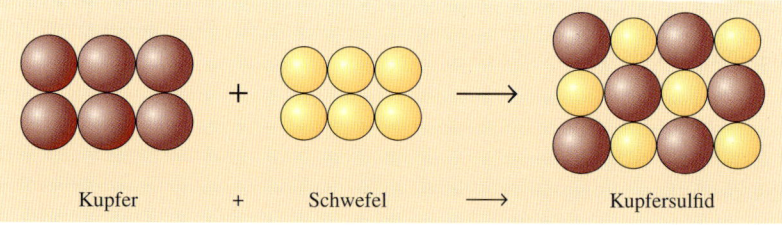

| Kupfer | + | Schwefel | ⟶ | Kupfersulfid |

3 Modellvorstellung zur Reaktion von Kupfer mit Schwefel

In den Ausgangsstoffen Kupfer und Schwefel sind die kleinsten Teilchen in unvorstellbar großer Anzahl vorhanden und regelmäßig angeordnet. Sie werden durch starke Anziehungskräfte im jeweiligen Teilchenverband zusammengehalten. Bei der Bildung neuer Stoffe gruppieren sich die Teilchen der Ausgangsstoffe um und halten verändert zusammen. Auch die Rückgewinnung des Kupfers aus Kupferoxid ist so vorstellbar. ↑E.5 S.38

Bei chemischen Reaktionen bilden sich aus den Teilchen der Ausgangsstoffe die Teilchen der Reaktionsprodukte.

Selbst untersucht Energetische Erscheinungen bei chemischen Reaktionen

8 **Untersuche energetische Erscheinungen bei der chemischen Reaktion von Calciumoxid mit Wasser.**

Schutzbrille! Spritzgefahr! Versetze 5 ml Wasser mit zwei Spatelspitzen Calciumoxid (GHS 05). Ermittle, ob bei Zugabe des Calciumoxids eine Temperaturänderung auftritt.

Entsorgung: Aufschlämmung in den Sammelbehälter für Abwasser geben.

9 **Untersuche das Verhalten von Kupfersulfat beim und nach dem Erhitzen.**

Schutzbrille! Erhitze blaues Kupfersulfat (GHS 07|09) in einem Reagenzglas mit der Brennerflamme, bis sich deutliche stoffliche Veränderungen zeigen.

Gib den festen Stoff zum Abkühlen und Trocknen in eine Abdampfschale. Gib auf den getrockneten festen Stoff mit einer Pipette wenig Wasser, sodass sich die Farbe des Stoffes wieder verändert. Miss dabei die Temperaturänderung.

Beschreibe deine Beobachtungen. Notiere die Messwerte.

Entsorgung: Feste Stoffe einsammeln, werden wieder verwendet.

10 **Untersuche die chemische Reaktion von Zink mit Iod.**

Schutzbrille! Dämpfe nicht einatmen! Gib in ein mit drei Spatelspitzen Zinkpulver und 5 ml Wasser gefülltes Reagenzglas einige Kristalle Iod (GHS 07|09). Ermittle vor und nach Zugabe des Iods die Temperatur im Reagenzglas.

Entsorgung: Reagenzgläser nach dem Experiment am Lehrertisch abstellen.

11 **Ermittle energetische Erscheinungen.**

Schutzbrille! Gib 20 ml Wasser in ein kleines Becherglas. Miss die Temperatur des Wassers. Gib unter Rühren drei Spatelspitzen Kaliumchlorid in das Wasser. Miss dabei die Temperatur im Becherglas. Untersuche die chemische Reaktion von Ammoniumchlorid (GHS 07) mit Wasser in einem zweiten Becherglas.

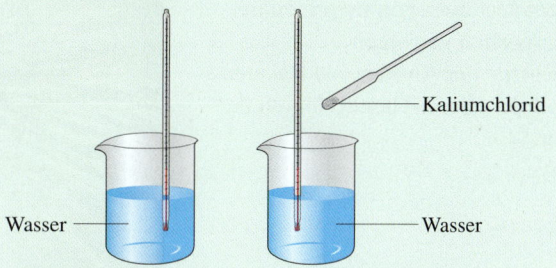

Vergleiche jeweils die Messwerte.

Entsorgung: Lösungen in den Sammelbehälter für Abwasser geben.

12 **Untersuche die chemische Reaktion zweier Feststoffe.**

Schutzbrille! Gib 5 g Kaliumchlorid und 11 g Natriumsulfat jeweils in ein Becherglas und ermittle die Temperatur der beiden Stoffe. Gib das Kaliumchlorid zum Natriumsulfat und rühre mit einem Glasstab kräftig um. Miss dabei die Temperatur.

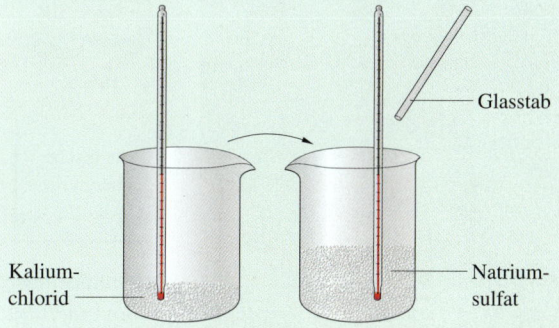

Vergleiche die Messwerte.

Entsorgung: Stoffe mit Wasser verdünnen, Lösungen in den Sammelbehälter für Abwasser geben.

Energie bei chemischen Reaktionen

Heller Feuerschein, Funkensprühen, ohrenbetäubender Lärm begleiten das Abbrennen eines Feuerwerks. Mit Explosivstoffen gefüllte Raketen steigen zum Himmel und verglühen mit farbenprächtigem Licht. Den Start ins All von Raketen ganz anderer Art konntest du schon mehrfach im Fernsehen verfolgen.
Was hat der Antrieb von Raketen mit der chemischen Reaktion zu tun?

1

3 Raketenantrieb durch chemische Reaktion von Sauerstoff mit Wasserstoff

Chemische Reaktion – Stoffumwandlung und sonst nichts? Die Stoffumwandlung ist oft von deutlich beobachtbaren energetischen Erscheinungen begleitet. Licht, Wärme und verrichtete Arbeit sind bei mancher chemischen Reaktion wahrzunehmen. Beim Abbrennen des Feuerwerks begleiten abgestrahltes Licht und die verrichtete Arbeit beim Steigen der Raketen die chemische Reaktion der Explosivstoffe.

Seit Jahrhunderten werden chemische Reaktionen zur Heizung, zur Beleuchtung, zum Antrieb von Maschinen und eben auch für Feuerwerke genutzt.

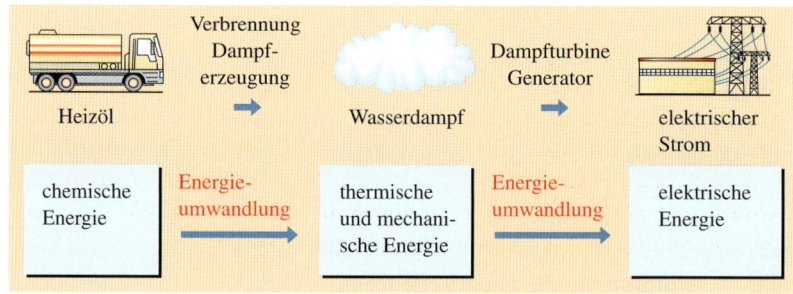

2 Bereitstellung von Energie

Warum wird ein großer Teil der wertvollen Bodenschätze Erdgas, Erdöl und Kohle nur verbrannt? Der Vorrat dieser nicht nachwachsenden Rohstoffe ist begrenzt, ihre Verbrennungsprodukte belasten die Umwelt.

Viele der im Alltag und in der Technik genutzten chemischen Reaktionen zielen ganz offensichtlich nicht auf die Herstellung von neuen Stoffen, sondern auf das **Nutzbarmachen von Energie** für den Menschen.

Exotherm oder endotherm Beim Verbrennen von Brennstoffen wird Wärme frei. Auch bei der Verbrennung von Magnesium, der chemischen Reaktion von Eisen mit Schwefel sowie von Zink mit Iod wird Wärme an die Umgebung abgegeben. ↑ E.10 S.43 Als dem entwässerten Kupfersulfat Wasser zugesetzt wurde und es seine ursprüngliche Blaufärbung wieder erreichte, konntest du einen Temperaturanstieg am Thermometer ablesen. ↑ E.9 S.43

Reaktionen, bei denen Wärme an die Umgebung abgegeben wird, bezeichnet man als **exotherme Reaktionen** (griech. exo – außen, thermos – warm). Die exotherme Reaktion der Verbrennung des Wasserstoffs ist Grundlage für Raketenantriebe.

Dagegen gibt es andere chemische Reaktionen, bei denen ständig Wärme aus der Umgebung aufgenommen werden muss, wenn sie ablaufen sollen. Diese chemischen Reaktionen werden **endotherme Reaktionen** (griech. endo – innen, innerhalb) genannt. Viele chemische Reaktionen zur Metallherstellung aus Erzen sind endotherme Reaktionen. Um das kristalline blaue Kupfersulfat zu entwässern, musstest du es ständig intensiv erhitzen, also Wärme zuführen. ↑ E.9 S.43 Bei der chemischen Reaktion der beiden weißen Feststoffe miteinander war die Abkühlung deutlich spürbar. ↑ E.12 S.43

Die energetische Erscheinung bei der chemischen Reaktion wird in der Wortgleichung abgetrennt durch einen senkrechten Strich angegeben:

Eisen (s) + Schwefel (s) → Eisensulfid (s) | exotherm
Kupfersulfat (s, blau) → Kupfersulfat (s, grau) + Wasser (l) | endotherm

Energieumwandlungen Von chemischen Reaktionen abgegebene Wärme, ausgestrahltes Licht, verrichtete Arbeit oder auch „erzeugter" elektrischer Strom sind Wirkungen von **Energieumwandlungen**. Alle Stoffe besitzen chemische Energie. Diese wird bei chemischen Reaktionen zum Teil in andere Energieformen umgewandelt, beispielsweise in thermische, mechanische oder elektrische Energie. Bei exothermen Reaktionen wird ein Teil der chemischen Energie in thermische umgewandelt. Wärme wird an die Umgebung abgegeben. ↑ E.8 S.43

Aktivierung Oft ist es notwendig, auch eine exotherme Reaktion zum Beispiel durch kurzes Erhitzen oder durch Berühren mit einem Zündfunken auszulösen. Die Teilchen der Ausgangsstoffe müssen eine bestimmte Mindestenergie haben, um reaktionsbereit zu sein. Dieses Auslösen oder „Anstoßen" einer chemischen Reaktion heißt **Aktivierung**. Die dazu notwendige Energie ist die **Aktivierungsenergie**.

Die bei chemischen Reaktionen stattfindenden Stoffumwandlungen sind immer auch von Energieumwandlungen begleitet.

4 Batterien zur Bereitstellung von elektrischer Energie durch chemische Reaktionen

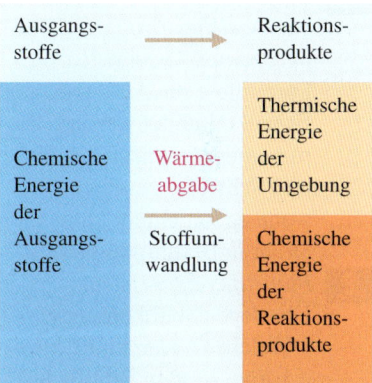

5 Exotherme Reaktion

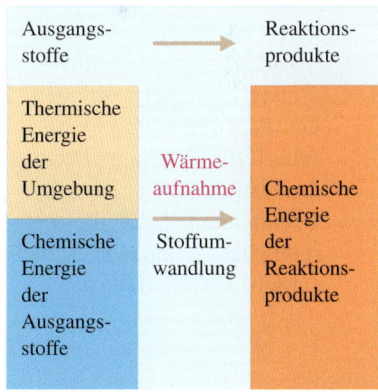

6 Endotherme Reaktion

Aufgaben

1 Erläutere die Energieumwandlungen bei den in der Übersicht auf Seite 41 beschriebenen chemischen Reaktionen.

2 Entscheide, welche der selbst untersuchten chemischen Reaktionen exotherm und welche endotherm sind.

Methode

Erkunden durch Experimentieren

Auf viele Fragen erhältst du in den Naturwissenschaften durch Experimentieren eine Antwort. Beim Experimentieren greifst du selbst in das Geschehen ein. Experimentieren heißt deshalb auch **Überlegen**, **Planen**, **Handeln** und **Schlussfolgern**.
Am Beispiel eines Experiments mit Zink und Schwefel soll das Vorgehen gezeigt werden.

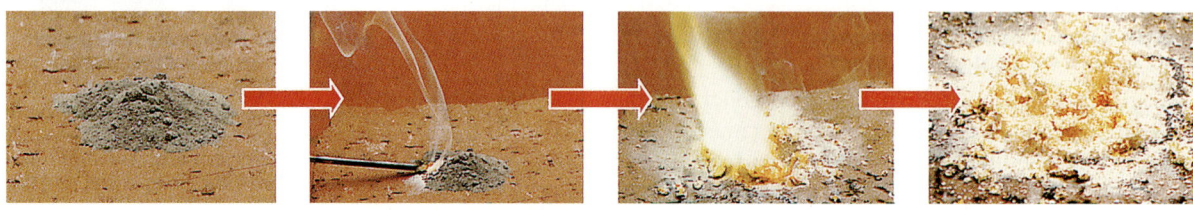

1 *Überlege, welche Aufgabe oder welches Problem du experimentell lösen willst.* Formuliere die Aufgabe: Es soll erkundet werden, was mit einem Gemisch aus Zink und Schwefel geschieht, wenn es mit einem glühenden Draht in Berührung kommt.

2 *Plane das Experiment.* Überlege dabei Folgendes:
– Welche *Geräte* und *Chemikalien* werden gebraucht?
– Welche *Sicherheitsmaßnahmen* sind erforderlich?
– Wie ist der *Versuchsaufbau*?
– Welche *Versuchsbedingungen* müssen vorliegen?
Geräte: Mörser und Pistill, feuerfeste Unterlage, Brenner, Drahtstück
Chemikalien: 1 g Zinkpulver (GHS 02|09) und 0,5 g Schwefelpulver (GHS 07)

Sicherheitsmaßnahmen: Schutzbrille, Abzug, Schutzscheibe

3 *Formuliere die Beobachtungsaufgabe.* Die Stoffe sind vor, während und nach dem Experiment genau zu betrachten bzw. zu beobachten.

4 *Führe das Experiment durch und beobachte den Vorgang. Hinweis:* Dieses Experiment sollte nur von einer Lehrkraft durchgeführt werden. Das Zinkpulver und das Schwefelpulver werden im Mörser innig gemischt. Das Schwefel-Zink-Gemisch wird auf der feuerfesten Unterlage angehäuft. Der Draht wird in der Brennerflamme zum Glühen gebracht und in das Gemisch gehalten.

5 *Notiere die Beobachtungsergebnisse.* Schwefel ist ein gelber, fester Stoff und Zink ein graues Pulver. Das hellgraue Schwefel-Zink-Gemisch beginnt bei Berührung mit dem glühenden Draht zunächst zu glühen, dann treten grelle Lichterscheinungen auf. Nach dem Abkühlen liegt ein gelblich weißer, fester Stoff vor.

6 *Schlussfolgere aus deinen Beobachtungen.Werte die Beobachtungsergebnisse aus und prüfe, ob die gestellte Aufgabe gelöst ist.* Nach dem Berühren des Gemisches mit dem glühenden Draht wird Wärme frei und Licht ausgesandt. Der nach dem Vorgang vorliegende Stoff (Reaktionsprodukt) sieht anders aus als das Stoffgemisch (Ausgangsstoffe). Daraus folgt: Zwischen Zink und Schwefel hat eine chemische Reaktion stattgefunden.

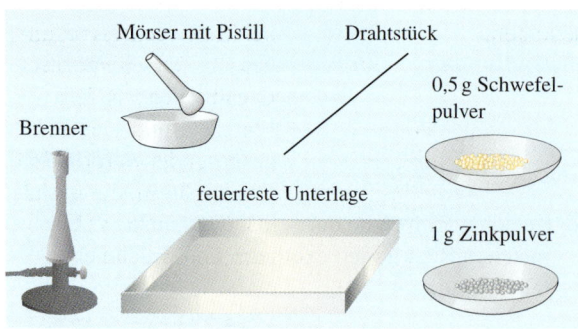

Mörser mit Pistill   Drahtstück
Brenner
feuerfeste Unterlage
0,5 g Schwefelpulver
1 g Zinkpulver

1 Geräte und Chemikalien

Wenn du sorgfältig experimentierst und ein genaues Protokoll anfertigst, dann führt das Experimentieren unter den gleichen Bedingungen auch immer zu den gleichen Ergebnissen.

Jede chemische Reaktion ist von Energieumwandlungen begleitet. Oft erkennen wir Reaktionen eher an den Wirkungen der stattfindenden Energieumwandlungen als an der Stoffumwandlung.

Wärme und Licht – Begleiter chemischer Reaktionen

Energieumwandlungen bei chemischen Reaktionen werden seit Jahrhunderten von Menschen zu Heiz- und Beleuchtungszwecken genutzt. Von der Kienfackel bis zum Gasherd – überall geschieht die Umwandlung von chemischer Energie in thermische. Das Abstrahlen von Wärme ist oft mit dem Aussenden von Licht bei einer chemischen Reaktion verbunden.

In den Wärmekissen zum Einmalgebrauch – von Rheumakranken ebenso geschätzt wie von Sportlern – wird bei einer chemischen Reaktion chemische Energie in thermische umgewandelt.

Mit dem stimmungsvollen Licht von Leuchtstäben feiern Fans ihren Star. Eine chemische Reaktion, ausgelöst durch das Knicken des Innenröhrchens des Stabs, lässt hundertfach Lichtpunkte in einem Konzertsaal aufleuchten.

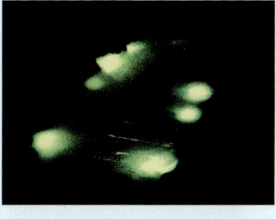

„Kaltes" Licht kann bei Stoffwechselvorgängen von verschiedenen Organismen aus dem Pflanzen- und Tierreich ausgesendet werden. In Leuchtkäfern, die wir als „Glühwürmchen" kennen, sind spezielle biochemische Vorgänge die Ursache ihres Leuchtens.

weiter gedacht

1 Auf einer feuerfesten Unterlage wird angehäufter Magnesiumgrieß entzündet.
Folgendes Gespräch entsteht:

Sven: „Schönes Feuerwerk! Schade, das Magnesium verbrennt zu weißlicher Asche."
Julia: „Magnesium ändert seine Eigenschaften. Es wird weißlich."
Paul: „Nein, aus dem Magnesium wird ein neuer Stoff."
Laura: „Das ist eine endotherme Reaktion. Wärme muss zugeführt werden."
Du weißt es besser. Wie wertest du das Experiment aus?
Was ist an den Aussagen von Sven, Julia, Paul und Laura nicht richtig? Begründe.

1 Entzünden von Magnesiumgrieß

2 Von dem berühmten Chemiker JUSTUS VON LIEBIG (1803 bis 1873) wird berichtet, er habe bei Universitätsvorträgen ein Glasgefäß mit Wasserpflanzen, Goldfischen und Wasserschnecken neben das Rednerpult gestellt. Das Besondere daran war: Das Glasgefäß war allseitig geschlossen bis auf eine winzige verschließbare Öffnung für das Fischfutter. LIEBIG demonstrierte damit einen „Kreislauf des Lebens". Seine Zuhörer waren entzückt von der „kleinen Welt im Glas", Aquarien und Terrarien kamen in Mode.
Erläutere die Vorgänge, die den „Kreislauf des Lebens" ermöglichen.

2 Lebensraum Aquarium

3 Die „umsatzstärkste" chemische Reaktion ist ohne Zweifel die Fotosynthese – die Grundlage für das Leben auf der Erde. Aus den Produkten der Fotosynthese bauen die Pflanzen u. a. ihren Gerüststoff auf, die Cellulose. Cellulose ist die am häufigsten aufgebaute Verbindung in der Natur. Die Pflanzen erzeugen jährlich etwa 100 Mrd. Tonnen Cellulose.
Versuche, die ablaufenden Reaktionen als chemische Vorgänge zu erläutern.
Welche Produkte werden aus dem wichtigen Rohstoff Cellulose hergestellt?

4 Manchmal hat es den Anschein, Chemiker könnten zaubern. Oder wissen Zauberer etwas von Chemie?
Führe den Trick mit den blauen Blüten durch.
Schutzbrille! Gib einige blaue Blüten, z. B. Glockenblumen, Veilchen, Wegwarte oder Vergissmeinnicht, in eine Petrischale. Lege einen mit konzentrierter Essigsäure (GHS 05) befeuchteten Wattebausch neben die Blüten. Decke die Petrischale ab.
Notiere deine Beobachtungen. Entscheide, ob eine Stoffumwandlung stattgefunden hat.
Das „Gegenstück" zu diesem Experiment kannst du mit roten Blüten, z. B. mit Rosen oder Alpenveilchen, erreichen. Setze anstelle von Essigsäure konzentrierte Ammoniaklösung (GHS 05|09) ein.
Entsorgung: Lösungen in Sammelbehälter für Abwasser geben.

3 „Verzauberte" Rose

5 Zeichne jeweils Teilchenmodelle der Ausgangsstoffe und des Reaktionsprodukts für die chemische Reaktion von Eisen mit Sauerstoff.

Auf einen Blick

Chemische Reaktion	Vorgang der Stoffumwandlung, begleitet von Energieumwandlungen

Stoffumwandlung bei der chemischen Reaktion

Bildung neuer Stoffe mit anderen Eigenschaften

Ausgangsstoffe	$\rightarrow$	Reaktionsprodukte

Energieumwandlung bei der chemischen Reaktion

Umwandlung von chemischer Energie in andere Energieformen oder umgekehrt

Chemische Energie der Ausgangsstoffe	$\neq$	Chemische Energie der Reaktionsprodukte

Wirkung von Energieumwandlungen

Wärmeabgabe an die Umgebung: exotherme Reaktion	Wärmeaufnahme aus der Umgebung: endotherme Reaktion

Teilchenveränderung bei der chemischen Reaktion

Teilchen der Ausgangsstoffe	Umordnung Veränderung des Zusammenhalts der Teilchen $\rightarrow$	Teilchen der Reaktionsprodukte

Aktivierung

Auslösen einer chemischen Reaktion; Erreichen des reaktionsbereiten Zustands der Teilchen z. B. durch Wärme- oder Lichtzufuhr

Bedeutung chemischer Reaktionen

Chemische Reaktionen sind grundlegende Vorgänge für:

das Leben von Organismen

die Herstellung von Stoffen

die Bereitstellung von Energie, z. B. thermische oder elektrische Energie

Check up

1 ____ Nenne Vorgänge, die keine chemischen Reaktionen sind.

2 ____ Entscheide, ob es sich bei den folgenden Vorgängen um chemische Reaktionen handelt. Nenne Argumente, die dafür oder dagegen sprechen.

a ____ Entzünden eines Streichholzes
b ____ Herstellen einer Zuckerlösung
c ____ Rosten von Eisenteilen
d ____ Auflösen einer Brausetablette
e ____ Herstellen von Karamellbonbons
f ____ Schmelzen von Eis

3 ____ Begründe, dass die abgebildeten Stoffe an einer chemischen Reaktion beteiligt gewesen sind.

4 ____ Stelle die Teilchenveränderung bei der chemischen Reaktion von Zink und Schwefel modellhaft dar.

5 ____ Erläutere die Merkmale einer chemischen Reaktion an einem selbst gewählten Beispiel. Stelle dafür die Wortgleichung auf.

6 ____ Erläutere, was der Reaktionspfeil in Wortgleichungen bedeutet.

7 ____ Erläutere die folgenden chemischen Reaktionen hinsichtlich ihres energetischen Verlaufs mithilfe von Energiediagrammen. Zeichne die Energiediagramme und beschrifte sie.

a ____ Zink und Schwefel in einem Gemisch reagieren nach kurzem Erhitzen heftig unter Aufglühen miteinander.

b ____ Zur Herstellung von Baustoffen wird Kalkstein aus der Natur „gebrannt", das heißt, er wird bei etwa 1 000 °C längere Zeit erhitzt. Bei dieser chemischen Reaktion entstehen der zur Mörtelbereitung erforderliche Brenntkalk und Kohlenstoffdioxid.

8 ____ Interpretiere folgende grafische Darstellung:

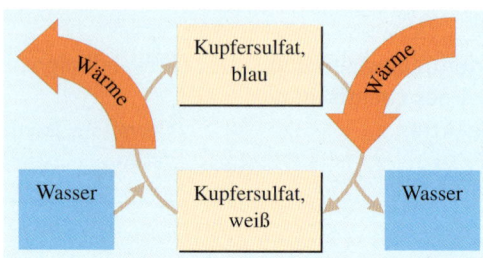

9 ____ Erläutere anhand von drei Beispielen aus dem Alltag die Bedeutung chemischer Reaktionen.

Aufgabe	Hilfe findest du auf Seite …	Verbindung der Aufgabe zu den Basiskonzepten ↑Anhang
1	30	T R
2	30, 31, 33, 39,40, 41, 44, 45	T R E
3	40, 41	R
4	40, 41	R
5	39, 40, 41, 42, 44, 45, 49	R E
6	41	R
7	45	R E
8	45	R E
9	39, 44, 47	R

T Stoff-Teilchen-Beziehungen, **R** Chemische Reaktion,
E Energetische Betrachtungen bei Stoffumwandlungen

> Die Lösungen findest du im Anhang.

Wasser

Eisberge in der Arktis, speiende Geysire, tobende Wasserfälle, trockener Ackerboden – immer spielt Wasser dabei eine bedeutende Rolle.

→ Warum gibt es so viele Arten von Wasser auf der Erde?

→ Was ist Trinkwasser und wie kann es gewonnen werden?

→ Welche Zusammensetzung hat Wasser?

→ Welche Eigenschaften besitzt Wasser?

Wasser ist Leben

Wasser ist unentbehrlich Der erwachsene Mensch besteht zu etwa 60 % aus Wasser. Bei Kleinkindern und Säuglingen ist dieser Anteil deutlich höher. Zum größten Teil ist Wasser Bestandteil der Zellen. Der Körper kann größere Wassermengen aber nicht speichern, weshalb der Mensch täglich mindestens 1 bis 1,5 Liter Wasser zu sich nehmen muss. Wasser erfüllt im menschlichen Organismus vier lebenswichtige Aufgaben:

Frösche etwa 80 %

Holz der Bäume etwa 45 %

Wasser dient als …

Lösemittel: Da alle Stoffwechselvorgänge im menschlichen Organismus in Lösungen stattfinden, ist Wasser für die im Körper aufgenommenen, produzierten und abgebauten Stoffe Lösemittel.

Transportmittel: Wasser ist Hauptbestandteil des Blutes und der Lymphe. Es transportiert die Nährstoffe, Salze, Vitamine und Ballaststoffe in die Zellen und die Abbauprodukte zu den Orten ihrer Ausscheidung, z. B. zur Haut und in die Nieren.

Baustoff: Das ständige Wachstum des Körpers und die Neubildung von Zellen benötigt verschiedenste Substanzen. Am Aufbau dieser Substanzen ist fast immer Wasser beteiligt.

Wärmeregulator: Wird der Mensch zu hohen Temperaturen ausgesetzt, sei es durch große Hitze, aber auch durch große körperliche Anstrengung, muss er seinen Körper vor Überhitzung schützen. Schweiß wird produziert und verdunstet. Da Wasser zum Verdunsten große Wärmemengen benötigt, wird ein Überhitzen durch Wärmestau vermieden.

So viel Wasser verbraucht der Mensch

→ Pro Tag verbraucht der Mensch etwa 127 l Wasser.

→ Im Körper werden davon nur etwa 3 l umgesetzt:
1,5 l werden getrunken,
1,2 l werden mit der Nahrung aufgenommen,
0,3 l entstehen als Abfallprodukt chemischer Reaktionen im Körper.

→ Der Mensch scheidet Wasser aus:
1,5 l mit dem Urin, 0,1 l im Kot, 0,3 l beim Ausatmen,
0,6 l beim Verdunsten als Schweiß.

→ Die restlichen 124 l Wasser verbrauchen wir für Körperpflege, Waschen und Reinigen sowie für die Toilettenspülung.

Mensch etwa 60 %

Pilze etwa 90 %

Quallen etwa 99 %

3

4

5

Insekten etwa 50 %

Algen etwa 98 %

Tomaten etwa 95 %

6

7

8

1 bis 8 Durchschnittlicher Massenanteil an Wasser verschiedener Lebewesen bzw. Teile davon

Folgen von Wassermangel 10 bis 15 % Wasserverlust führen bei Säugern, z. B. dem Menschen, zu ernsthaften Schädigungen, 20 % führen zum Tod. Wüstenrennmäuse können bis zu 30 % Wasserverlust vertragen, Nacktschnecken überstehen 60 bis 80 % über längere Zeit. Mückenlarven können bei 99 % Wasserverlust drei Jahre lang überleben.

Arbeitsaufträge

1 Informiere dich im Internet über den Wasserverbrauch in einzelnen Ländern. Fertige eine grafische Übersicht über die Rangfolge der Länder im Wasserverbrauch an.

2 Erarbeite eine Übersicht über die Bedeutung von Wasser für das Leben der Pflanzen.

3 Erkunde mithilfe verschiedener Quellen, wie Wüstentiere und Wüstenpflanzen fast ohne Wasseraufnahme überleben können.

4 Schiffbrüchige können trotz Wasserüberfluss verdursten. Erkläre diesen Sachverhalt.

5 Wasserwerke in Deutschland begründen ihre Preiserhöhungen oft damit, dass die Haushalte zu wenig Wasser verbrauchen. Setze dich mit dieser Argumentation kritisch auseinander. Prüfe, wie sich das Wasserwerk deines Wohnorts verhält.

6 Überlege, welche Maßnahmen zum Reduzieren des Trinkwasserverbrauchs durch dich persönlich geleistet werden können.

7 Erkundige dich über internationale Projekte zur Verbesserung der Trinkwasserversorgung in armen Ländern.

Wasser und Umwelt

Natürliche Gewässer enthalten neben dem Wasser eine Vielzahl weiterer Stoffe.

→ Wie können natürliche Umwelteinflüsse und Einflüsse, die vom Menschen ausgehen, die Zusammensetzung und damit die Qualität natürlicher Gewässer beeinflussen?

→ Wie sichern die staatlichen Behörden, z. B. die Umweltämter, dass eine gute Wasserqualität regelmäßig gewährleistet wird, damit Tiere und Pflanzen im Wasser optimale Lebensbedingungen haben?

→ Welche Wasseruntersuchungen sind dafür erforderlich?

Materialien zur Projektbearbeitung Wasser kann in unterschiedliche Güteklassen eingeteilt werden. Nutzt die Materialien und Experimente, um Aussagen über das von euch untersuchte Gewässer zu erhalten. Die Umweltämter stellen euch weiteres Material zur Verfügung.

1 Schüler untersuchen die Wasserqualität eines Gewässers.

Unterschiedliche Tönungen des Wassers	Unterschiedliche Trübungen des Wassers
farblos	klar
gelblich	fast klar
grünlich	schwach getrübt
rötlich	stark getrübt
rötlich braun	schwach schillernd
grauschwarz	(opaleszierend)
milchig	stark opaleszierend
	schwarzflockig

Geruch des Wassers	Bemerkungen
ohne Besonderheiten, frisch	sauberes Wasser
erdig, modrig, muffig	kann auf eine Massenentwicklung von Blaualgen zurückgeführt werden
faulig	lässt auf Fäulnisprozesse und damit auf Sauerstoffmangel schließen
fäkalartig	lässt auf Einleitung von Abwasser schließen
fischig	kann durch Kieselalgen verursacht werden
chemisch	kann durch bestimmte chemische Stoffe verursacht sein, z. B. durch Chlor, Ammoniak, Mineralöle und Kraftstoffe, Phenol

Gewässergüte von Fließgewässern

Güteklasse	Merkmale des Gewässers
Güteklasse I	unbelastet, Sauerstoffgehalt: 8,4 bis 8,8 mg/l mäßig dicht besiedelt
Güteklasse II	mäßig belastet, Sauerstoffgehalt: 6,2 bis 7,5 mg/l große Artenvielfalt, viele Fischarten vorhanden
Güteklasse III	stark verschmutzt, Sauerstoffgehalt: 2,2 bis 4,4 mg/l mit periodischem Fischsterben ist zu rechnen
Güteklasse IV	übermäßig verschmutzt, Sauerstoffgehalt: 0,0 bis 0,9 mg/l Fäulnisprozesse herrschen vor, vorrangige Bakterienbesiedlung, keine Fische

2 Fischsterben in stark verschmutzten Gewässern

1 Untersuche verschiedene Wasserproben.

Schutzbrille! Ermittle die Temperatur von Gewässern deiner Wohnumgebung. Stelle die Sichttiefe fest. Prüfe Geruch und Färbung des Wassers. Betrachte jeweils einen Tropfen der Gewässer unter einem Mikroskop. Notiere die Ergebnisse und vergleiche die Gewässer miteinander.

3 Wassertrübung

2 Ermittle gelöste Feststoffe in verschiedenen Wasserproben.

Schutzbrille! Wiege ein Becherglas. Gib in das Becherglas 20 ml einer Wasserprobe und wiege es erneut. Erhitze das Glas so lange, bis keine Flüssigkeit mehr vorhanden ist. Wiege das Glas nach dem Erkalten nochmals.

Errechne aus den Ergebnissen den Massenanteil gelöster fester Stoffe in der Wasserprobe.

3 Bestimme die Wasserhärte und den Massenanteil an Nitraten und Phosphaten in verschiedenen Wasserproben.

Schutzbrille! Erkunde die Wasserhärte und den Massenanteil an Nitraten und Phosphaten mithilfe von Teststäbchen entsprechend den Vorschriften auf der Verpackung.

Vergleiche das Wasser verschiedener Gewässer.

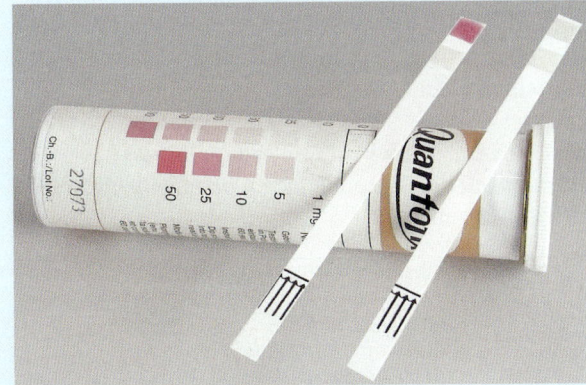

4 Teststäbchen für den Nitratnachweis

4 Bestimme den Anteil gelöster Gase in verschiedenen Wasserproben.

Schutzbrille! Ermittle mithilfe der Versuchsanordnung den Anteil gelöster Gase in verschiedenen Wasserproben mit jeweils gleichem Volumen.

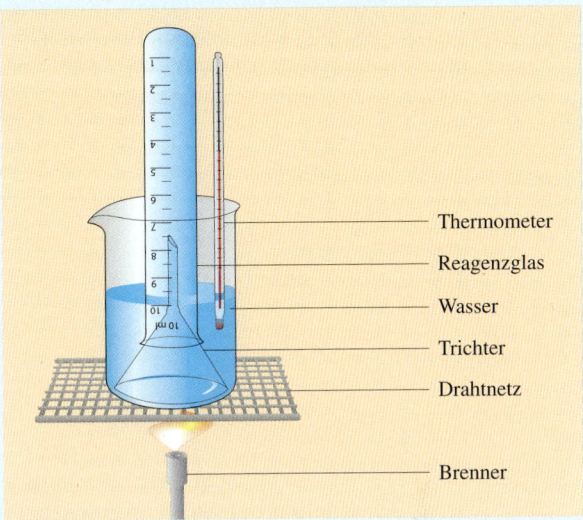

Erhitze die Wasserproben auf einem Drahtnetz langsam auf 90 °C und halte die Temperatur etwa 5 min. Vergleiche die Ergebnisse.

5 Untersuche die Verschmutzung von Wasser durch Öl.

Schutzbrille! Gib zu 100 ml Wasser einen Tropfen gefärbtes Gewürznelkenöl. Rühre mit einem Glasstab um und prüfe Aussehen und Geruch. Gib 10 ml der Lösung zu 90 ml frischem Wasser. Prüfe erneut Aussehen und Geruch. Wiederhole den Vorgang so lange, bis du keinen Geruch mehr wahrnimmst. Stelle fest, welches Volumen an Wasser erforderlich war, um das Öl unwirksam zu machen.

Überlege die Folgen, wenn Kraftstoffe bzw. Motorenöl in Gewässer gelangen.

Hinweise für die Projektarbeit Stellt euch interessante Forschungsaufgaben, z. B. Untersuchen der Eigenschaften eines Gewässers und Bestimmung seiner Güte, Ermitteln gelöster Stoffe in Wasserproben, Bestimmen des Gehalts an Stickstoff- und Phosphorverbindungen, Wirkung von Öl auf eine Wasserprobe. Bildet an eurem Untersuchungsgewässer Stationen, an denen jeweils ein Untersuchungsauftrag erfüllt wird. Fertigt an jeder Station ein Poster mit den Ergebnissen an. Tragt am Ende der Untersuchungen die Ergebnisse aller Stationen zusammen.

Selbst untersucht Trennverfahren

1 Trenne eine Aufschlämmung von Kreidepulver in Wasser.

Schutzbrille! Stelle eine Aufschlämmung von Kreidepulver in Wasser her. Lass das Gemisch kurze Zeit ruhig stehen. Trenne danach das Gemisch durch vorsichtiges Abgießen des Wassers.

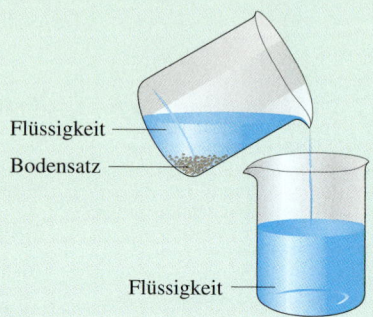

Flüssigkeit
Bodensatz
Flüssigkeit

Beschreibe deine Beobachtungen. Welche unterschiedlichen Eigenschaften der Stoffe werden bei der Trennung genutzt?
Entsorgung: Kreidepulver in den Sammelbehälter für Hausmüll, Flüssigkeiten in den Sammelbehälter für Abwasser geben.

3 Trenne in Wasser gelöste Feststoffe vom Wasser.

Schutzbrille! Gib zunächst einen Tropfen von der Wasserprobe auf einen Objektträger und dampfe über kleiner Brennerflamme vorsichtig ein.

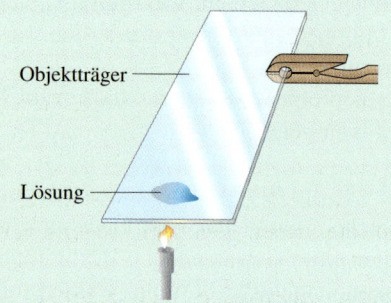

Objektträger
Lösung

Lege ein Drahtnetz auf einen Dreifuß und erhitze etwa 4 ml der Wasserprobe in einer Abdampfschale. Betrachte den Objektträger und die Abdampfschale mit der Lupe. Deute das Ergebnis.
Entsorgung: Reste von Feststoffen in Wasser lösen und in den Sammelbehälter für Abwasser geben.

2 Filtriere eine Aufschlämmung.

Schutzbrille! Verrühre etwas Kohlenstoffpulver in Wasser. Filtriere das Stoffgemisch, verwende dazu Glastrichter und Rundfilter. Feuchte das Filterpapier mit Wasser an. Lass das Stoffgemisch vorsichtig an einem Glasstab in den Trichter laufen. Prüfe die Farbe des Filtrats.

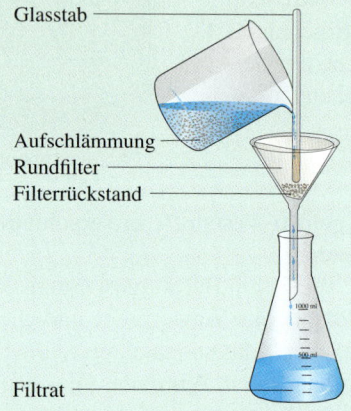

Glasstab
Aufschlämmung
Rundfilter
Filterrückstand
Filtrat

Fertige ein Protokoll an. Beschreibe deine Beobachtungen. Welchen Aggregatzustand haben die Reinstoffe bei 20 °C? Worauf beruht die Trennwirkung eines Papierfilters beim Filtrieren?
Entsorgung: Feste Stoffe in den Sammelbehälter für Hausmüll, Flüssigkeiten in den Sammelbehälter für Abwasser geben.

4 Entferne feine Verunreinigungen.

Schutzbrille! Schüttle im Reagenzglas jeweils Aktivkohle mit stark verdünnter Tinte und mit Parfümwasser. Filtriere anschließend jede Probe.
Beschreibe deine Beobachtungen. Deute das Ergebnis.
Entsorgung: Aktivkohle einsammeln, wird wieder verwendet; Flüssigkeiten in den Sammelbehälter für Abwasser geben.

5 Destilliere verschiedene Wasserarten.

Schutzbrille! Gib jeweils 4 ml der Proben verschiedener Wasserarten in Reagenzgläser ($d \geq 20$ mm) und destilliere so lange, bis du etwa 1 ml Destillat erhalten hast.

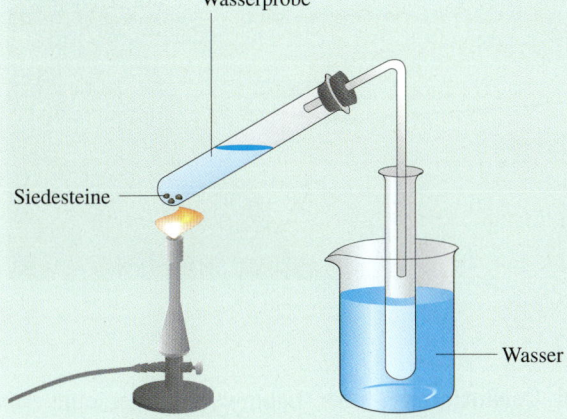

Vergleiche Geruch und Aussehen der Destillate mit denen der Ausgangsproben. Gib von jeder Ausgangsprobe und von dem dazugehörenden Destillat jeweils zwei Tropfen auf einen Objektträger und erhitze vorsichtig, bis die Flüssigkeit verdampft ist. Betrachte die Objektträger mit einer Lupe und vergleiche sie.

Entsorgung: Flüssigkeiten in den Sammelbehälter für Abwasser geben.

7 Trenne ein Gemisch aus Wasser, Sand und Salz.

Schutzbrille! Mische in einem Becherglas Sand und Kochsalz. Gieße Wasser darauf und rühre vorsichtig um, bis sich das Kochsalz vollständig gelöst hat. Filtriere anschließend das Gemisch. Betrachte den Filterrückstand.

Gib vom Filtrat etwa 1 ml in ein Reagenzglas und dampfe vorsichtig die Lösung ein.

Beschreibe deine Beobachtungen. Deute das Ergebnis. Welche unterschiedlichen Eigenschaften der Stoffe werden bei der Trennung genutzt. Welches Trennverfahren könnte noch angewendet werden?

Entsorgung: Flüssigkeiten in den Sammelbehälter für Abwasser, Feststoffe in den Sammelbehälter für Hausmüll geben.

6 Destilliere eine Farbstofflösung.

Schutzbrille! Stelle eine Farbstofflösung her, indem du Wasser mit Tinte versetzt. Baue die Versuchsapparatur wie in der Abbildung auf. Entzünde den Brenner. Erhitze die Farbstofflösung im Reagenzglas, bis das Wasser vom Tintenfarbstoff getrennt ist.

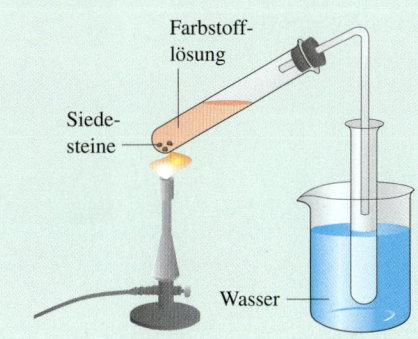

Notiere die Beobachtungen. Deute das Ergebnis.

Entsorgung: Flüssigkeiten in den Sammelbehälter für Abwasser geben.

8 Trenne ein Gemenge aus Eisenspänen, Salz und Kunststoffgranulat.

Schutzbrille! Mische in einem Becherglas je eine Stoffportion Kunststoffgranulat, Eisenspäne und Kochsalz. Bewege einen Magneten über dem Gemenge hin und her, bis eine der Stoffportionen vollständig abgetrennt ist.

Gieße Wasser auf das Restgemisch und rühre um. Trenne das Gemisch durch vorsichtiges Abgießen der Lösung.

Destilliere anschließend die Lösung. Baue die Versuchsapparatur dafür wie bei Experiment 5 auf.

Fertige ein Protokoll an. Beschreibe alle Beobachtungen. Kennzeichne die verwendeten Trennverfahren und die dabei genutzten Eigenschaften der Stoffe.

Entsorgung: Eisenspäne und Kunststoffgranulat einsammeln, werden wieder verwendet; Flüssigkeiten in den Sammelbehälter für Abwasser geben.

Trennen von Stoffgemischen

Meerwasser, ein Stoffgemisch, ist als Trinkwasser nicht geeignet. In Ländern der warmen Klimazone gewinnt man Salz aus dem Meerwasser. Aus Meerwasser kann aber auch Trinkwasser werden.
Welche Verfahren zum Trennen von Stoffgemischen werden genutzt?

1 Salzgewinnung aus Meerwasser

2 Absetzen einer Aufschlämmung

3 Filtrieren von Schmutzwasser

Sedimentieren und Dekantieren Trübes Lehmwasser oder eine Aufschlämmung aus Kreidepulver und Wasser klären sich mit der Zeit. Da die Dichte des Lehms und die Dichte der Kreide größer sind als die des Wassers, setzen sich die festen Stoffe nach einiger Zeit am Boden ab. ↑2 Diesen Vorgang nennt man **Sedimentieren** (Absetzen). Die Stoffe, die sich am Boden ansammeln, werden **Bodensatz** oder **Sediment** genannt. Das klare Wasser, das über dem Bodensatz steht, kann vorsichtig abgegossen werden. Der Bodensatz bleibt im Gefäß zurück. Das Trennen von festen und flüssigen Stoffen durch Abgießen nennen wir **Dekantieren** (franz. décanter – abgießen). ↑E.1 S.56

Auch in den Absatzbecken einer Abwasserkläranlage sinken bei der mechanischen Klärung von Abwasser die unlöslichen festen Stoffe, die eine größere Dichte als die Flüssigkeit haben, aufgrund der Schwerkraft nach unten. ↑S.63

Filtrieren Eine bessere Trennung fester, unlöslicher Stoffe von Flüssigkeiten ist durch **Filtrieren** möglich. Zum Filtrieren mit einem Rundfilter aus Papier wird dieser zweifach gefaltet.

Beim Filtrieren wird das Stoffgemisch auf einen Filter gegeben, der feine Poren (griech. poros – Durchgang, Öffnung) hat. Durch diese Poren kann die Flüssigkeit ablaufen. Der feste Stoff, der Filterrückstand, wird aufgrund seiner Partikelgröße vom Filter zurückgehalten. Die durchgelaufene Flüssigkeit bezeichnet man als Filtrat. Nach dem Entnehmen des Filters kann der feste Stoff getrocknet werden. ↑E.2 S.56

Filter können aus Papier oder Wolle bestehen. In größeren Filteranlagen der Industrie kommen oft Filtertücher zum Einsatz. Filter aus Kies und Sand dienen in Wasserwerken bei der Trinkwasseraufbereitung zur Entfernung von Feststoffen. ↑S.62

Bei sehr feinkörnigen festen Stoffen muss ein engporiger Filter verwendet werden. So wird beim Brühen von Filterkaffee der Kaffee mit feinporigen Papierfiltern vom Kaffeesatz getrennt.

Verdunsten und Eindampfen Meerwasser enthält in einem Liter etwa 35 g Salz. Um die gelösten Feststoffe aus ihren Lösungen zu gewinnen, lässt man die Flüssigkeit, z. B. das Meerwasser, in einem offenen Gefäß verdunsten. Der feste Stoff bleibt zurück. Er scheidet sich in vielen Fällen in Form von Kristallen ab. Der Vorgang des Verdunstens kann durch Erhitzen der Lösung bis zum Sieden beschleunigt werden. Dabei verdampft zunächst das Lösemittel, da es eine niedrigere Siedetemperatur als der gelöste Stoff hat. ↑E.3 S.56, E.7 S.57

Destillieren Um große Mengen Wasser zu entsalzen, nutzt man als Trennverfahren die **Destillation** (lat. destillare – herabträufeln). Bei der Destillation wird das Stoffgemisch erhitzt, bis die niedrigste Siedetemperatur eines Stoffes, z. B. des Wassers, erreicht ist. Das Wasser verdampft und die gelösten festen Stoffe, z. B. das Salz, bleiben zurück. ↑E.5,6 S.57
Der Wasserdampf wird abgekühlt und kondensiert. Das entstehende reine Wasser, das **Destillat**, wird in einer sogenannten **Vorlage** gesammelt. Es wird als **destilliertes Wasser** bezeichnet.
Durch Destillation lassen sich Stoffgemische nur dann trennen, wenn die darin enthaltenen Reinstoffe unterschiedliche Siedetemperaturen haben.

Zum Trennen von Stoffgemischen werden die sich unterscheidenden Eigenschaften der Reinstoffe genutzt, wie z. B. Siedetemperatur, Dichte oder Partikelgröße.

Weitere Trennverfahren Mit Aktivkohle können Geruchsstoffe, Farbstoffe oder Gifte durch **Adsorption** (lat. adsorbere – anlagern) an die Kohleoberfläche entfernt werden. ↑E.4 S.56 Aktivkohle ist nach einem besonderen Verfahren hergestellte Holzkohle mit besonders großer Oberfläche. Bereits 5 g Aktivkohle haben eine Oberfläche, die vergleichbar ist mit der Größe eines Fußballfeldes. Dieses Verfahren wird in Filtern von Atemschutzmasken, bei der Trinkwasseraufbereitung sowie in Dunstabzugshauben in der Küche angewandt.
Feste Stoffe mit unterschiedlicher Dichte können mit einer Flüssigkeit getrennt werden, wenn die Dichte der Flüssigkeit zwischen der Dichte der Stoffe liegt. ↑E.8 S.57 Dieses Verfahren wird als **Schwimmtrennung** bezeichnet.
Beim Aufbrühen von Tee löst das heiße Wasser verschiedene Stoffe aus den Teeblättern heraus. Man sagt, sie werden extrahiert. ↑5 Beim **Extrahieren** (lat. extrahere – herausziehen) wird die unterschiedliche Löslichkeit der Reinstoffe im Stoffgemisch genutzt.

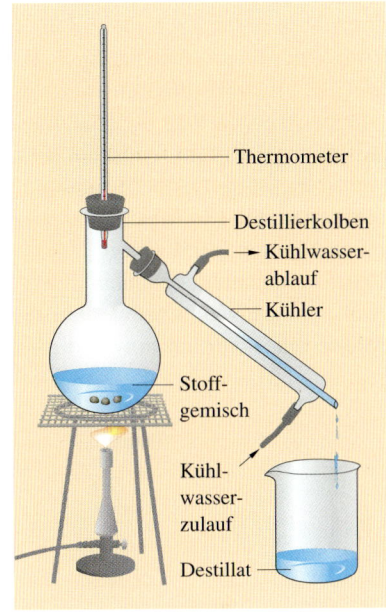

4 Destillationsapparatur

Labels: Thermometer · Destillierkolben · Kühlwasserablauf · Kühler · Stoffgemisch · Kühlwasserzulauf · Destillat

5 Heißes Wasser als Extraktionsmittel

Aufgaben

1 Nenne Beispiele für Trennverfahren im Alltag.
2 Beschreibe anhand von Bild 4 den Aufbau einer Destillationsapparatur.
3 Welche Aufgaben erfüllen die Nieren bei einem gesunden Menschen?
4 Begründe, warum beim Dekantieren nur eine grobe Trennung der einzelnen Stoffe möglich ist.

5 Wie lässt sich ein Alkohol-Wasser-Gemisch trennen? Beschreibe dein Vorgehen.
6 Gib an, welche Verfahren für die Trennung eines Gemenges aus Eisenspänen, Salz und Kunststoffgranulat genutzt werden.
7 Überlege, wie man Fettflecke aus der Kleidung entfernen könnte. Benenne das Trennverfahren.

Zusammensetzung von Stoffgemischen

Im Alltag, in der Technik und in der Medizin ist der Einsatz oder die Wirkung eines Gemisches häufig vom Anteil eines Stoffes im Gemisch abhängig. So wird z. B. für Infusionen in der Medizin eine 0,9%ige Kochsalzlösung verwendet. Was bedeutet diese Angabe? ↑1 Es gibt unterschiedliche Anteilsangaben für Gemische, die meist in Prozent erfolgen.

Massenanteil Ein Mischdünger mit 18 g Kalk in 100 g des Gemisches hat einen **Massenanteil _w_** von 18 %.
Die Massenanteile können direkt aus den Massen der Stoffe in einem Stoffgemisch berechnet werden. Außerdem kann ermittelt werden, welche Masse eines Stoffes notwendig ist, um ein Stoffgemisch mit einem bestimmten Massenanteil dieses Stoffes herzustellen.

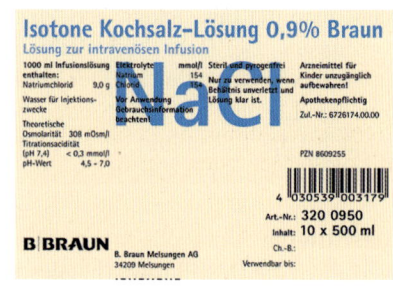

1 Etikett einer physiologischen Kochsalzlösung

Massenanteil

$$w(B) = \frac{m(B)}{m(Gem)} \cdot 100\%$$

$w(B)$ Massenanteil des Stoffes B
$m(B)$ Masse des Stoffes B
$m(Gem)$ Masse des Stoffgemisches

Aufgabe: Es sollen 400 g einer 5%igen Zuckerlösung hergestellt werden. Welche Masse an Zucker $m(Z)$ muss in Wasser gelöst werden?

Gesucht: $m(Z)$ **Gegeben:** $w(Z)$ 5 % = 0,05; $m(Gem) = 400$ g

Lösung: $w(Z) = \frac{m(Z)}{m(Gem)}$

$m(Z) = w(Z) \cdot m(Gem)$
$m(Z) = 0,05 \cdot 400\,g = 20\,g$

Ergebnis: Es müssen 20 g Zucker in 380 g Wasser gelöst werden.

Volumenanteil Bei Stoffgemischen von Flüssigkeiten und Gasen ist es günstiger, statt der Masse das Volumen der einzelnen Stoffe im Gemisch zu betrachten. Auf dem Etikett einer Sektflasche steht z. B. 12,0 % Vol.
Um eine Lösung mit gleichem Alkoholgehalt herzustellen, müssten 88 ml Wasser mit 12 ml Alkohol gemischt werden.
Der **Volumenanteil φ** (Phi) ist der Anteil, den das Volumen eines Stoffes an der Summe der Volumina aller Stoffe im Gemisch hat.

Volumenanteil

$$\varphi(B) = \frac{V(B)}{V(A)+V(B)+\ldots} \cdot 100\%$$

$\varphi(B)$ Volumenanteil des Stoffes B im Gemisch
$V(B)$ Volumen des Stoffes B
$V(A)+V(B)+\ldots$ Summe der Volumina aller Stoffe des Stoffgemisches

2 Volumenanteil auf einem Etikett

Aufgaben

1 In 300 g Wasser werden 30 g Kochsalz gelöst. Berechne den Massenanteil an Kochsalz in Prozent in der Kochsalzlösung.

2 Welches Volumen Wasser muss mit 200 ml reinem Essig gemischt werden, damit eine 10%ige Essiglösung eines Haushaltsessigs entsteht?

Lernen an Stationen

Im Chemieunterricht bietet es sich bei manchen Themen an, besondere Lernmethoden anzuwenden, um bestimmte Probleme oder Aufgaben selbstständig zu lösen. Eine dieser Methoden ist das **Lernen an Stationen**. Auf dieser Seite wollen wir euch Anregungen für diese Methoden geben.

Beim Lernen an Stationen werden mehrere Arbeitsaufträge, die zu einem übergeordneten Thema gehören, von Schülergruppen bearbeitet.

1 Jede Schülergruppe bearbeitet die Aufgabe an ihrer Station.

2 Nach einer bestimmen Zeit wechseln die Gruppen die Station und erfüllen die Aufgabe an der folgenden. Am Ende haben alle Gruppen alle Stationen bearbeitet und sich das gesamte Thema selbstständig angeeignet.

3 An jeder Lernstation werden Übersichten, Protokolle oder Arbeitsblätter über die eigenen Arbeitsergebnisse angefertigt.

4 Die Arbeitsergebnisse können zum Schluss vorgestellt, diskutiert und untereinander beurteilt und eingeschätzt werden.

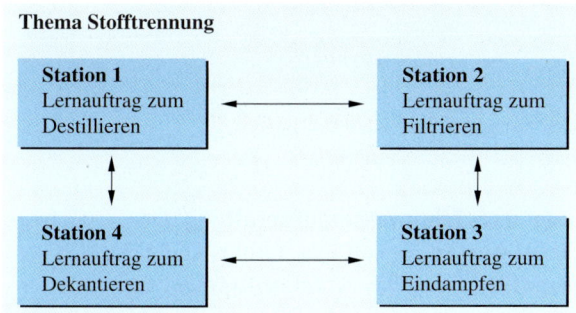

1 Schema zum Lernen an Stationen

Vorteile Lernen an Stationen

Ihr könnt

→ im eigenen Tempo arbeiten,

→ die Reihenfolge der Stationen selbst wählen,

→ einen guten Überblick über das Thema gewinnen,

→ die Stationen teilweise mitgestalten, sodass eure eigenen Interessen berücksichtigt werden.

2 Schülergruppe beim Lernen an Stationen

Trinkwasser und Abwasser

Über zwei Drittel der Erde sind von Wasser bedeckt. Davon sind allerdings nur 2,4 % Süßwasser. Süßwasser befindet sich vor allem im Eis der Polkappen und Gletscher. Den Rest bilden Grundwasser, Wasser der Bäche, Flüsse und Seen sowie das Wasser in oberen Bodenschichten und in der Atmosphäre. Von all diesen Süßwasservorräten können aber nur 10 % zur Trinkwassergewinnung verwendet werden.

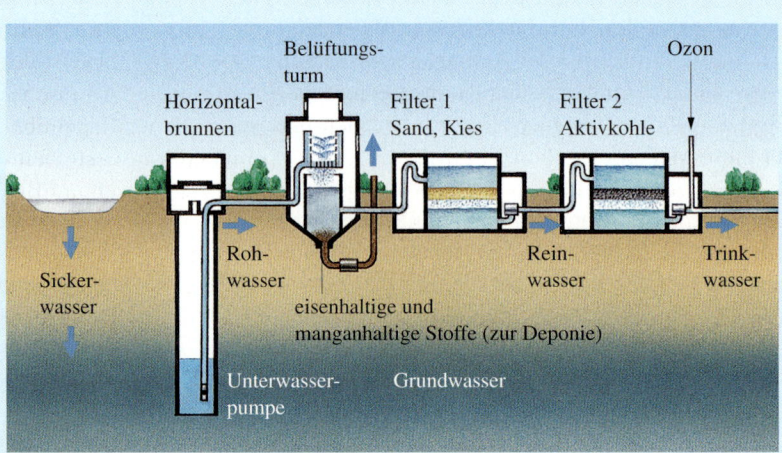

1 Gewinnung von Trinkwasser aus Flusswasser

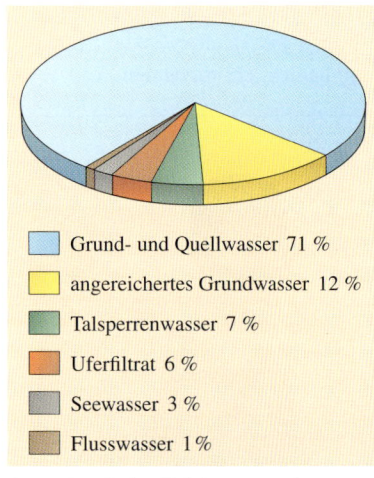

- Grund- und Quellwasser 71 %
- angereichertes Grundwasser 12 %
- Talsperrenwasser 7 %
- Uferfiltrat 6 %
- Seewasser 3 %
- Flusswasser 1 %

2 Herkunft des Trinkwassers in Deutschland

3 Kennzeichen für ein Trinkwasserschutzgebiet

Trinkwassergewinnung und Trinkwasseraufbereitung Unser wichtigstes Lebensmittel ist **Trinkwasser**. Es soll klar, farblos und geruchlos sein. Zudem soll es gut schmecken und keine Krankheitserreger enthalten.

Am besten erfüllen Quellwasser und Grundwasser diese Anforderungen. Da sie aber nicht überall in ausreichendem Maße zur Verfügung stehen, wird auch Oberflächenwasser verwendet. ↑2 Grundwasser wird in Tiefbrunnen gewonnen und dann als Trinkwasser aufbereitet.

Oberflächenwasser aus Flüssen und Seen wird in mit Kies und Sand gefüllten Becken gefiltert, um grobe Verunreinigungen zu entfernen. Das so erhaltene Rohwasser wird in Wasserwerken zu Trinkwasser aufbereitet. ↑1 Das gefilterte Rohwasser wird in Belüftungstürmen fein versprüht. Dadurch reichert es sich mit Sauerstoff an. Durch Zusatz von Ozon werden mögliche Krankheitskeime abgetötet und organische Stoffe abgebaut, übel riechende Gase entweichen. In weiteren Filtern werden Stoffe zurückgehalten, die das Wasser trüben, färben oder Geruch und Geschmack beeinflussen könnten. Um das Wasser auf seinem langen Weg in die Haushalte zu schützen, wird noch eine geringe Menge Chlor hinzugefügt, das aber gesundheitlich völlig unbedenklich ist. Trinkwasser enthält noch viele mineralische Stoffe und auch gelöste Gase, z. B. Sauerstoff. Deshalb ist Trinkwasser kein reiner Stoff, sondern ein Stoffgemisch.

Die Qualität des Trinkwassers wird ständig kontrolliert. In Deutschland ist Trinkwasser das am häufigsten und am strengsten kontrollierte Lebensmittel.

Rohwasser zur Trinkwasseraufbereitung wird aus Grundwasser und Oberflächenwasser gewonnen.

Abwasser und Abwasseraufbereitung Das den Haushalt verlassende trübe und schmutzige Wasser wird als **Abwasser** bezeichnet. Es darf nicht sofort in natürliche Gewässer gelangen, da deren Selbstreinigungsvermögen überfordert wäre. Deshalb wird Abwasser in der Kanalisation gesammelt und in Kläranlagen weitergeleitet. In den Kläranlagen erfolgt die Reinigung des Abwassers durch mechanische, biologische und chemische Reinigungsverfahren. In der mechanischen Reinigungsstufe werden grobe Verunreinigungen bis zu einer Größe von etwa 15 mm entfernt. Feste, feinkörnige Stoffe, wie Gemüsereste, Kot und Textilreste, setzen sich am Boden des Vorklärbeckens als Klärschlamm ab. In der biologischen Reinigungsstufe zersetzen Bakterien die organischen Verunreinigungen. Dazu benötigen die Bakterien Sauerstoff. Nach der biologischen Reinigung sind etwa 90 % der Verunreinigungen aus dem Abwasser entfernt.

In der anschließenden chemischen Reinigungsstufe werden gelöste, das Wasser gefährdende Stoffe abgetrennt. In den Fällungsbecken bilden sich mit einem Flockungsmittel schwer lösliche Stoffe, die durch Filtration aus dem Wasser entfernt werden.

Im Anschluss darf das gereinigte Abwasser in Oberflächengewässer eingeleitet werden. Der bei der Abwasserreinigung anfallende Klärschlamm kann zur Herstellung von Faulgas (Biogas) oder zur Düngung von Wiesen verwendet werden. Gegenwärtig werden etwa 90 % der Abwässer in kommunalen und industriellen Kläranlagen gereinigt.

4 Die Talsperre Schönbrunn im Landkreis Hildburghausen versorgt 230 000 Einwohner in Südthüringen mit Trinkwasser.

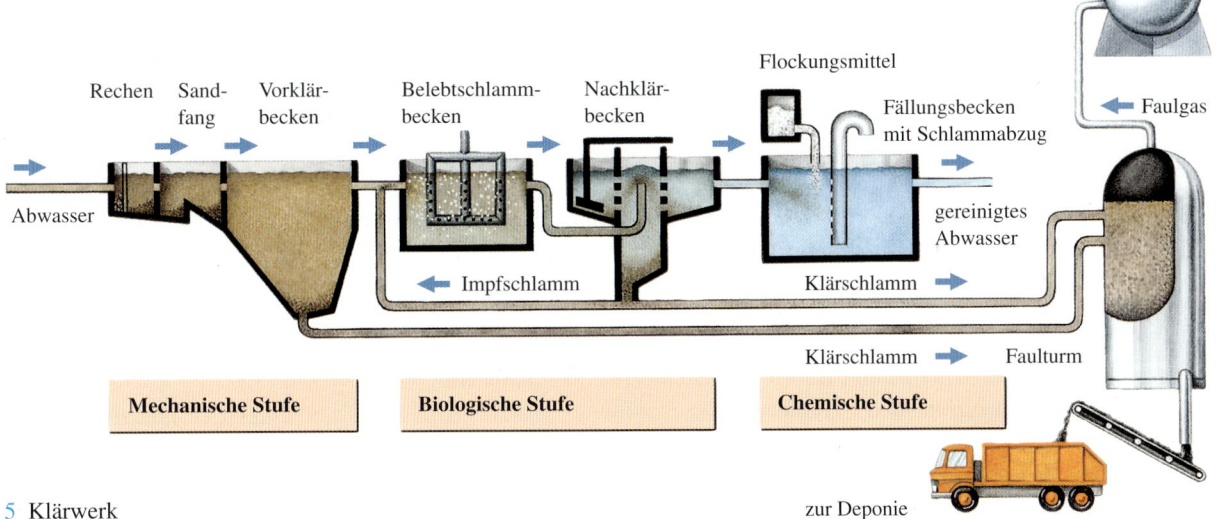

Rechen · Sandfang · Vorklärbecken · Belebtschlammbecken · Nachklärbecken · Flockungsmittel · Fällungsbecken mit Schlammabzug · Faulgasbehälter · Faulgas · Abwasser · Impfschlamm · Klärschlamm · gereinigtes Abwasser · Klärschlamm → Faulturm · zur Deponie

Mechanische Stufe · **Biologische Stufe** · **Chemische Stufe**

5 Klärwerk

Aufgaben

1 In verschiedenen Ländern wird aus Salzwasser Trinkwasser gewonnen. Überlege, wie das mit einfachen Mitteln realisiert werden kann.

2 Abwasser muss immer einer Kläranlage zugeführt werden. Begründe die Notwendigkeit dieser Maßnahme.

3 Informiere dich über die Bedeutung der Kennzeichnung „Trinkwasserschutzgebiet". ↑3

4 Informiere dich über die Trinkwasseraufbereitung in deinem Heimatort. Nutze dazu die Homepage des Wasserwerks.

5 Erkundige dich, welche Kläranlage für die Reinigung häuslicher Abwässer in deinem Heimatort zuständig ist. Welche Reinigungsstufen sind dort vorhanden?

Selbst untersucht Eigenschaften von Wasser

9   Untersuche verschiedene Wasserarten.
Schutzbrille! Gib jeweils 50 ml verschiedener Wasserarten wie destilliertes Wasser, Trinkwasser, Bachwasser, Flusswasser, Tümpelwasser, Mineralwasser, Meerwasser und Regenwasser in Bechergläser. Prüfe das Aussehen und den Geruch der Wasserproben. Halte eine Lampe hinter die Gläser und betrachte die Wasserproben im Gegenlicht.
Notiere deine Beobachtungen. Fertige dazu eine Tabelle an.
Entsorgung: Flüssigkeiten in den Sammelbehälter für Abwasser geben.

10   Dampfe Wasser ein.
Schutzbrille! Gib 1 ml verschiedener Wässer, z. B. destilliertes Wasser, Trinkwasser, Mineralwasser und Flusswasser, in jeweils ein Reagenzglas und erhitze, bis das Wasser verdampft ist.
Erläutere deine Beobachtungen.
Entsorgung: Wasserreste in Sammelbehälter für Abwasser, Reste fester Stoffe in Sammelbehälter für Hausmüll geben.

11   Untersuche die Löslichkeit fester und flüssiger Stoffe in Wasser.
Schutzbrille! Gib in drei Reagenzgläser destilliertes Wasser und versetze je ein Reagenzglas mit einem Spatellöffel Kochsalz, Gips und Kalk. Schüttle und erwärme leicht. Filtriere und dampfe jeweils 2 ml des klaren Filtrats ein.
Gib in vier Reagenzgläser jeweils 1 ml Brennspiritus (GHS 02), Petroleumbenzin (GHS 08), Speiseöl und Glycerin. Fülle anschließend mit 5 ml Wasser auf und schüttle.
Leite aus deinen Beobachtungen Schlüsse über die Löslichkeit verschiedener Stoffe in Wasser ab.
Entsorgung: Reste von Brennspiritus, Petroleumbenzin, Speiseöl und Glycerin in Sammelbehälter III, Reste der festen Stoffe in Sammelbehälter für Hausmüll geben.

12   Prüfe die elektrische Leitfähigkeit verschiedener Wasserarten.
Schutzbrille! Gib jeweils 50 ml verschiedener Wasserarten wie destilliertes Wasser, Trinkwasser, Tafelwasser, Mineralwasser, Bachwasser, Flusswasser, Tümpelwasser, Meerwasser und Regenwasser in Bechergläser. Stelle mit einem Leitfähigkeitsmessgerät die elektrische Leitfähigkeit der Proben fest.

Fertige über die Ergebnisse eine tabellarische Übersicht an. Vergleiche die Ergebnisse der verschiedenen Wasserarten. Ziehe aus den Ergebnissen Schlussfolgerungen für den Umgang mit elektrischen Geräten im Badezimmer. Leite daraus ab, wie du dich beim Schwimmen in einem Gewässer verhalten musst, wenn ein Gewitter aufkommt.
Begründe deine Aussagen.
Entsorgung: Flüssigkeiten in den Sammelbehälter für Abwasser geben.

13   Weise Wasser nach.
Schutzbrille! Gib auf drei Uhrgläschen je eine Spatelspitze weißgraues Kupfersulfat (GHS 07|09). Tropfe drei Tropfen Wasser zur ersten Probe, drei Tropfen Speiseöl zur zweiten und drei Tropfen Propanol (GHS 02|05|07) zur dritten Probe.
Vergleiche deine Ergebnisse.
Entsorgung: Kupfersulfat in Wasser lösen, Wasser verdunsten, Kupfersulfat in Sammlung geben und wieder verwenden; andere Reste in den Sammelbehälter für Abwasser geben.

Reines Wasser

Eigenschaften von Wasser Reines Wasser ist eine farblose, geruchlose und geschmackfreie Flüssigkeit. Bei Normdruck ($p = 1013\,hPa$) siedet Wasser bei $100\,°C$ und erstarrt bei $0\,°C$ zu Eis.

Wasser hat bei $4\,°C$ eine größere Dichte als bei $0\,°C$. Diese Eigenschaft wird als **Anomalie des Wassers** bezeichnet. Reines Wasser leitet den elektrischen Strom und die Wärme nur wenig. Da in natürlichen Gewässern und im Trinkwasser viele Stoffe gelöst sind, leiten Proben dieser Wasserarten den elektrischen Strom. ↑E.10,12 Die Verwendung elektrischer Geräte mit Netzbetrieb in der Nähe von Badewanne oder Dusche ist deshalb lebensgefährlich.

Weißgraues Kupfersulfat reagiert mit Wasser unter Blaufärbung. ↑E.13 Diese Reaktion dient zum **Nachweis** von Wasser.

Zu den im Wasser gelösten Stoffen gehören auch Calcium- und Magnesiumverbindungen. Enthält das Wasser viele von ihnen, wird es als **hartes Wasser** bezeichnet. Hartes Wasser erschwert den Waschprozess. Die Seife schäumt weniger. Auch verkalken die Heizstäbe von Waschmaschinen, Wasserkochern und Geschirrspülmaschinen schneller. ↑1 Die **Härte des Wassers** wird oft in °d (Grad deutscher Härte) angegeben. Wasser wird nach dem Anteil gelöster Calcium- und Magnesiumverbindungen in verschiedene Härtebereiche eingeteilt. ↑Tabelle

Wasser ist ein gutes Lösemittel für zahlreiche weitere feste, flüssige und gasförmige Stoffe. ↑E.11

Wasserarten Bei der Trinkwassergewinnung wird nach drei Wasserarten unterschieden: Oberflächenwasser, Grundwasser (Brunnenwasser) und Quellwasser. Eine weitere Unterscheidung wird vorgenommen, indem man zum Trinken geeignetes Wasser in Mineralwasser, Tafelwasser und Leitungswasser einteilt. Mineralwasser stammt aus unterirdischen, vor Verunreinigungen geschützten Wasservorkommen. Es enthält von Natur aus Mineralstoffe und muss aus natürlichen Quellen gewonnen werden. Tafelwasser wird industriell hergestellt, meist aus Trinkwasser und weiteren Zusatzstoffen, z.B. Meerwasser, Sole, Mineralstoffen und Kohlensäure. Trinkwasser ist in Wasserwerken aufbereitetes Rohwasser. ↑S.62 Als weitere Wasserarten werden Brauchwasser, Regenwasser, Meerwasser, Süßwasser, Salzwasser, Brackwasser und Abwasser unterschieden. Bei Brauchwasser handelt es sich um technisch genutztes Wasser, das nicht für den menschlichen Genuss bestimmt ist. Brackwasser entsteht im Bereich von Flussmündungen und hat einen geringen Salzgehalt.

Im Alltag wird Trinkwasser als reines Wasser bezeichnet, weil es keine chemischen oder biologischen Schadstoffe enthält. Da im Trinkwasser lebenswichtige Mineralstoffe enthalten sind, ist es bekanntlich ein Stoffgemisch. Der reine Stoff Wasser besteht dagegen nur aus Wasserteilchen. Reines Wasser kann durch Destillieren von Leitungswasser oder durch Behandlung von Leitungswasser mit bestimmten Ionenaustauschern hergestellt werden. ↑E.5 S.57 Die erhaltenen Wässer werden als destilliertes bzw. entmineralisiertes Wasser bezeichnet. Sie werden zur Herstellung von Lösungen genauer Zusammensetzung und für Analysenreaktionen, z.B. in Labors von Krankenhäusern, benötigt. Als Trinkwasser sind destilliertes und entmineralisiertes Wasser ungeeignet.

1 Kalkablagerungen an Trommel und Heizschlange einer Waschmaschine

Härtebereiche des Wassers		
Härtebereich	Wasserhärte in °d	Massenanteil w (Calciumoxid) in %
1 (weich)	< 7	< 0,7
2 (mittelhart)	7–14	0,7–1,4
3 (hart)	14–21	1,4–2,1
4 (sehr hart)	>21	>2,1

Schon gewusst?

Im Alltag wird Wasser oft das „nasse Element" genannt. Diese Bezeichnung ist aus der Antike überliefert. Damals wurde angenommen, dass alle Stoffe aus vier Elementen, der Erde, dem Wasser, der Luft und dem Feuer gebildet werden.

Der griechische Philosoph THALES nannte das Wasser den „Urgrund", aus dem alles wird und alles vergeht.

weiter gedacht

1 Weise die Richtigkeit der Aussage „Wasser ist Leben" nach.

2 Erläutere die Vorgänge des Eindampfens und des Destillierens mithilfe des Teilchenmodells.

3 Stelle zu Hause „Meerwasser" her. Löse dazu drei bis vier Esslöffel Kochsalz in 100 ml Leitungswasser. Plane verschiedene experimentelle Möglichkeiten, das Meerwasser zu entsalzen, und fertige dazu Skizzen der jeweiligen Versuchsanordnung an. Führe ein mögliches Experiment zu Hause durch. Notiere deine Beobachtungen.
Überlege, in welchen Ländern diese Methode der Trinkwassergewinnung angewendet werden kann. Recherchiere im Internet die Zusammensetzung von Meerwasser, z. B. der Nordsee oder des Mittelmeers.

4 Ein Abwasser enthält folgende Verunreinigungen: Gartenerde, Sand und Kies, kleine Kunststoffschnipsel und Holzstückchen sowie rote Tinte und Gewürznelkenöl.
Führe die Reinigung des Abwassers durch. Gehe dabei nach folgender Reihenfolge vor:

a Schöpfe grobe Verunreinigungen mit einem Sieb ab.

b Dekantiere schwere Teile aus dem Abwasser.

c Filtriere das Abwasser.

d Versetze das Abwasserfiltrat mit Aktivkohle und rühre etwa 3 min um.

e Filtriere das Abwasser-Aktivkohle-Gemisch.

f Destilliere das Filtrat.
Betrachte das Abwasser vor der Reinigung und nach jedem Reinigungsschritt.
Notiere die jeweiligen Beobachtungsergebnisse.
Erläutere die Funktionsweise und Aufgabe jedes Reinigungsschrittes.
Vergleiche die Experimentdurchführung mit den Reinigungsstufen einer Kläranlage.

1 Klares Wasser eines Gebirgsbachs

5 Informiere dich über die Selbstreinigung natürlicher Gewässer.
Vergleiche sie mit der biologischen Reinigungsstufe in einem Klärwerk.

2 Verschiedene Mineral- und Tafelwässer

6 In Deutschland gibt es etwa 500 Mineralwässer und etwa 100 Tafelwässer.
Fertige eine Übersicht über die Mineralwasser- und Tafelwassersorten an, die in einem Supermarkt deines Wohnortes angeboten werden.
Erkunde im Internet Unterschiede und Gemeinsamkeiten beider Wässer und gib diese in einer Tabelle an.

7 In der Provence (Frankreich) gibt es große Lavendelfelder. Aus den Blüten werden Duftstoffe gewonnen und zu Parfüm verarbeitet.

3 Lavendelfeld in der Provence

Stelle Lavendelwasser her.
Schutzbrille! Gib 15 g Lavendelblüten in einen 100-ml-Erlenmeyerkolben. Versetze die Blüten mit 50 ml Ethanol (GHS 02). Verschließe den Erlenmeyerkolben mit einem Stopfen und lass ihn ruhen.
Filtriere die Lösung nach etwa vier Wochen und gib zum Filtrat noch 10 ml destilliertes Wasser hinzu. Prüfe den Geruch. Welches Trennverfahren wird genutzt? Informiere dich, wie die Gewinnung von Lavendelöl industriell erfolgt.

Wasser	Wasser ist für alle Lebewesen lebensnotwendig. Es bedeckt etwa zwei Drittel der Erdoberfläche (97,2 % Salzwasser, 2,8 % Süßwasser). Nur ein geringer Anteil (0,7 %) der Wasservorräte ist für die Trinkwassergewinnung geeignet.
Stofftrennung	Stoffgemische können mithilfe unterschiedlicher Verfahren getrennt werden. Zum Trennen von Stoffgemischen werden die sich unterscheidenden Eigenschaften der Reinstoffe genutzt.
Trinkwasser	Trinkwasser ist das wichtigste und am besten kontrollierte Lebensmittel. Es ist ein Stoffgemisch und enthält für den Menschen wichtige Mineralstoffe. Es steht nicht in allen Gebieten der Erde in ausreichender Menge und Qualität zur Verfügung. Mit Trinkwasser ist ein sparsamer Umgang erforderlich.
Trinkwassergewinnung	Im Wasserwerk wird Rohwasser aus dem Grundwasser und dem Oberflächenwasser mittels Kiesfiltern sowie chemischer und biologischer Verfahren zu Trinkwasser aufbereitet.
Abwasser	Abwasser ist durch verschiedene Verwendungszwecke mit Sand, Fetten, Ölen, Nährstoffen und Schadstoffen belastet. Es wird zu 94 % in Klärwerken aufbereitet, bevor es in den natürlichen Wasserkreislauf zurückgeführt wird. Abwasser der Haushalte sollte nicht mit Speiseresten und Haushaltschemikalien unnötig belastet werden.
Reines Wasser	Reines Wasser ist ein Reinstoff, der aus natürlichen Wasservorkommen durch Destillieren oder Entmineralisieren gewonnen werden kann. Wasser ist farblos, geruchlos und geschmackfrei. Es siedet bei 100 °C und erstarrt bei 0 °C. Die größte Dichte von 1 g/cm^3 hat Wasser bei 4 °C (Anomalie des Wassers). Wasser ist ein gutes Lösemittel für viele Feststoffe, Flüssigkeiten und Gase.

Wichtige Trennverfahren

Trennverfahren	Zum Trennen genutzte Eigenschaft	Anwendung der Trennverfahren
Sieben	Partikelgröße	Feinsand gewinnen
Sedimentieren	Dichte	Schlammwasser trennen
Filtrieren	Partikelgröße	Trinkwasser gewinnen
Eindampfen	Siedetemperatur	Meersalz gewinnen
Destillieren	Siedetemperatur	Destilliertes Wasser gewinnen
Schwimm-/Sinkverfahren	Dichte	Abwasser reinigen
Adsorbieren	Adsorbierbarkeit	Trinkwasser gewinnen

Check up

1 Nenne mindestens drei Eigenschaften von Leitungswasser und leite daraus Aussagen zu seiner Bedeutung und Verwendung ab.

2 Trinkwasser ist ein Stoffgemisch, das wie alle Stoffgemische in seine Bestandteile getrennt werden kann.

a Stelle in einer Übersicht wichtige Trennverfahren zusammen.

b Ordne folgende Beispiele den Trennverfahren zu und nenne die zum Trennen genutzte Eigenschaft:
Abwasser reinigen, Trinkwasser gewinnen, Gartenerde aufbereiten, Kochsalz gewinnen, Farbstofflösung trennen, Schlammentfernung.

3 Wenn ein Gewitter aufzieht, sollte man schnell das Baden in einem Gewässer einstellen. Nenne Gründe für dieses notwendige Verhalten.

4 In der Werbung für ein Mineralwasser heißt es: „Ein reines Wasser fließt aus der Quelle in die Flasche." Setze dich mit der inhaltlichen Aussage dieser Werbung auseinander.

5 In manchen Haushalten werden Essensreste oder Farbreste in die Toilette gegeben. Bewerte diesen Sachverhalt unter ökologischen Gesichtspunkten.

6 Im Alltag und auch in früheren Zeiten wurde oft von Wasser als dem „flüssigen Element" gesprochen. Bewerte diese Aussage im Hinblick auf ihre fachliche Richtigkeit.

7 Im Chemieraum stehen drei farblose und geruchlose Flüssigkeiten. Beschreibe eine Möglichkeit, experimentell zu ermitteln, welche der Flüssigkeiten Wasser ist.

8 Die Löslichkeit von Sauerstoff in Wasser ist von der Temperatur abhängig.

Löslichkeit von Sauerstoff in Wasser bei $p = 1013\,hPa$	
Temperatur in °C	Löslichkeit in mg/l
0	69,9
20	44,1
40	33,0

Formuliere begründete Vermutungen darüber, welche Auswirkungen der Anstieg der Wassertemperatur auf relativ flache stehende Gewässer im Sommer haben könnte.

9 Überlege, wie du mit den folgenden Materialien eine Minikläranlage zur Reinigung von mit Erde verschmutztem Wasser bauen könntest.
Material: vier Blumentöpfe, 500-ml-Becherglas, Kaffeefilter, grobe und feine Steine, Sand, Aktivkohle

a Fertige eine Skizze vom Bau der Minikläranlage an und beschrifte sie.

b Nenne die Trennverfahren und die zum Trennen genutzte Eigenschaft.

10 Auf dem Etikett einer Weißweinflasche steht 11,5 % Vol. Deute diese Aussage.

11 Bei der Gewinnung von Trinkwasser werden unerwünschte Inhaltsstoffe aus dem Wasser abgetrennt.

a Erläutere die Trennmethoden Dekantieren und Filtrieren am Beispiel der Trinkwassergewinnung und gib an, welche Stoffe dabei aus dem Wasser entfernt werden können.

b Erstelle eine Übersicht, welche Wässer in Deutschland für die Trinkwassergewinnung genutzt werden.

Aufgabe	Hilfe findest du auf Seite...	Verbindung der Aufgabe zu den Basiskonzepten ↑Anhang
1	52, 65	T S
2	58, 59	T
3	65	T S
4	65	T
5	63	T
6	65	T
7	65	T S
8	54	S
9	58, 59, 63	T
10	60	T
11	58, 62, 63	T

T Stoff-Teilchen-Beziehungen, **S** Struktur-Eigenschafts-Beziehungen

> Die Lösungen findest du im Anhang.

Luft

Die Erde ist von einer Lufthülle umschlossen, die als Atmosphäre bezeichnet wird. Diese Lufthülle ist eine notwendige Bedingung für die Entstehung und das Leben auf der Erde. Sie ermöglicht chemische und biologische Prozesse und schützt vor gefährlicher Strahlung aus dem All.

→ Warum bildet die Luft eine wichtige Grundlage für das Leben auf der Erde?

→ Welche Zusammensetzung hat die Luft?

→ Welche Eigenschaften haben die Bestandteile der Luft und wie werden sie verwendet?

→ Können Luftbestandteile im Labor hergestellt werden?

Lebensgrundlage Luft

Wind ist eine Bewegung der Luft. Wir können die Luft nicht sehen und nicht riechen, aber wenn sie sich bewegt, spüren wir sie auf unserer Haut. Auch die Geräusche, die der Wind verursacht, gelangen durch die Luft an unsere Ohren.
Woraus besteht die Luft?

1

2 Selbst Pferde waren nicht in der Lage, zwei luftleer gepumpte Halbkugeln gegen den Widerstand des Luftdrucks zu trennen.

Die Lufthülle der Erde Lebewesen benötigen Luft zum Atmen. Wir Menschen können nur kurzzeitig die Luft anhalten. Meteoriten verglühen, aufgeheizt durch Reibung, an den Teilchen der Luft.
Auf Meeresspiegelhöhe wirkt ein Luftdruck von etwa 1 013 hPa. Auf eine Fläche von einem Quadratmeter wirkt dabei eine Kraft, die der Gewichtskraft von 10 Tonnen entspricht. Mit zunehmender Höhe verringert sich der Luftdruck. Dass der Luftdruck eine solch große Kraft hat, wies der Gelehrte OTTO VON GUERICKE (1602 bis 1686) 1657 in seinem Magdeburger Halbkugelversuch eindrucksvoll nach. ↑2
Die Lufthülle der Erde wird als **Atmosphäre** bezeichnet. Das Leben und das Wetter spielen sich in den unteren 12 km der Lufthülle, der Troposphäre, ab. Das vor der gefährlichen UV-Strahlung schützende Ozon befindet sich in der bis zu 50 km reichenden Stratosphäre.

Luft – ein Stoffgemisch Luft besteht fast ausschließlich aus **Stickstoff** mit einem Volumenanteil von 78 % und **Sauerstoff** mit einem Volumenanteil von 21 %. Alle übrigen Gase nehmen zusammen nur einen Volumenanteil von 1 % ein. Darunter befinden sich **Kohlenstoffdioxid** mit einem Volumenanteil von 0,035 %, die **Edelgase** sowie einige Stoffe, die nur in Spuren vorkommen. Unter den Edelgasen nimmt **Argon** mit einem Volumenanteil von etwa 0,9 % den größten Teil ein.
Ein weiterer Bestandteil zeigt sich durch Tau und Reif auf Pflanzen und Dächern. Diese Erscheinungen sind auf **Wasserdampf** zurückzuführen, der kondensiert bzw. gefriert. Bei einer Temperatur von 20 °C kann die Luft nicht mehr als 17 g Wasserdampf pro Kubikmeter Luft aufnehmen. Diese relative Luftfeuchtigkeit beträgt dann 100 %.
Neben diesen natürlichen Luftbestandteilen enthält die Luft auch **Luftschadstoffe** wie Stickstoffoxide, Kohlenstoffmonooxid und Ozon.

3 Vom Weltall aus betrachtet erscheint die Atmosphäre der Erde hauchdünn.

Bedeutung einiger Luftbestandteile Für die Atmung von Menschen, Tieren und Pflanzen ist **Sauerstoff** ein lebensnotwendiger Bestandteil. Bei der Atmung nehmen Lebewesen Sauerstoff auf und geben **Kohlenstoffdioxid** ab. Kohlenstoffdioxid wird von grünen Pflanzen aufgenommen und zusammen mit Wasser mithilfe von Licht bei der Fotosynthese in Traubenzucker und Sauerstoff umgewandelt. Der Traubenzucker dient der Pflanze als Brenn-, Bau- und Speicherstoff. Der Sauerstoff wird in die Luft abgegeben.

Einige im Boden lebende Mikroorganismen nehmen **Stickstoff** aus der Luft auf und nutzen ihn zum Nährstoffaufbau.

Edelgase können aus verflüssigter Luft aufgrund ihrer unterschiedlichen Siedetemperaturen abgetrennt werden. Aus 1 Mio. Liter Luft lassen sich 9300 Liter Argon, 18 Liter Neon und 1 Liter Krypton gewinnen.

Helium dient u. a. als Füllgas für Ballons und Luftschiffe. **Neon** findet als rot leuchtende Füllung von Leuchtstoffröhren für farbige Leuchtreklame und als Kältemittel Verwendung. **Argon** dient im Gemisch mit Kohlenstoffdioxid als Schutzgas beim Schweißen. Es verhindert den Kontakt der glühenden Schweißnaht mit Sauerstoff. Argonlaser besitzen in der Medizintechnik, z. B. in der Augenheilkunde, eine große Bedeutung. **Krypton** wird als Füllgas für Speziallampen verwendet. Autos mit blauviolettem Licht haben mit **Xenon** gefüllte Glühlampen.

Luftschadstoffe können durch natürliche Ereignisse wie Vulkanausbrüche oder Waldbrände und durch menschliche Aktivität entstehen. So werden zum Beispiel Stickstoffoxide und Kohlenstoffmonooxid u. a. bei Verbrennungsvorgängen in Motoren und Heizungsanlagen gebildet. Aus den Stickstoffoxiden kann durch starke Sonneneinstrahlung in einer chemischen Reaktion das bodennahe Ozon entstehen.

Ozon ist sehr reaktiv und greift beim Einatmen die Lunge an. Durch verstärkte Atmung wird bei hohem Volumenanteil Ozon auch die Lunge stärker belastet. Darum sollten vor allem empfindliche Menschen bei erhöhter Ozonkonzentration Sport oder andere körperlich starke Belastungen im Freien vermeiden.

Luft ist ein Stoffgemisch aus Stickstoff, Sauerstoff, Edelgasen und Kohlenstoffdioxid. Sie kann weiterhin Wasserdampf und Luftschadstoffe enthalten.

4 Lampen für Scheinwerfer sind mit Xenon gefüllt.

5 Neon ist Füllgas für Leuchtstofflampen.

6 Argon verhindert den Luftzutritt beim Schweißen.

Aufgaben

1 Informiere dich über den Aufbau der Atmosphäre. Nutze dazu z. B. das Internet. ↑3
2 Nenne die für das Leben von Pflanzen notwendigen Luftbestandteile.
3 Erläutere die Rolle des pflanzlichen Planktons und des Regenwaldes für die Sauerstoffbildung auf der Erde.
4 Ein Mensch atmet täglich etwa 700 g (350 l) Kohlenstoffdioxid aus. Berechne das Volumen an Kohlenstoffdioxid, das in 4 h in einem Klassenraum mit 25 Schülern und einer Lehrkraft ausgeatmet wird.

5 Beschreibe die Entstehung von Tau besonders in den Morgenstunden.
6 Die Erde ist von einer Lufthülle umgeben. Wie ist zu erklären, dass die Gase daraus nicht ins Weltall entweichen?
7 Informiere dich über die technische Herstellung von Sauerstoff und Stickstoff. Suche dazu unter dem Stichwort „Linde-Verfahren".
8 Stelle die Zusammensetzung der Luft in einem Diagramm dar.

Luft zum Leben

1 „Grüne Lungen" der Erde –
Satellitenaufnahme der NASA

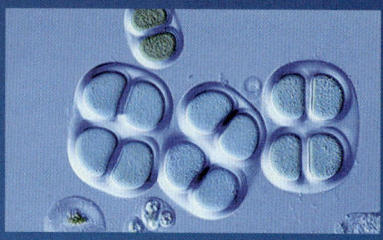

2 Cyanobakterien (Blaualgen) gehören vermutlich zu den ersten Sauerstoff produzierenden Lebewesen.

Frische Luft – schlechte Luft Halten sich in einem Zimmer lange Zeit viele Menschen bei geschlossenem Fenster auf, sinkt der Volumenanteil an Sauerstoff im Raum. Es entsteht „schlechte" Luft. Durch Lüften wird die Luft des Zimmers gegen „frische", d. h. sauerstoffreiche Luft ausgetauscht. Woher kommt der zum Leben notwendige Sauerstoff in unserer Atmosphäre? Wie viel Luft verbrauchen wir?

Die Atmosphäre hat sich entwickelt Die Entwicklung der Atmosphäre begann vor etwa 4,6 Milliarden Jahren. Die Uratmosphäre war sauerstofffrei. Sie bestand aus Methan, Ammoniak, Wasserstoff, Schwefeldioxid und Wasser. Erste Einzeller im Urozean nutzten das Sonnenlicht zur Energiegewinnung. Durch Fotosynthese konnten sie aus Wasser und Kohlenstoffdioxid organische Verbindungen wie Traubenzucker bilden. Als „Abfallprodukt" setzten sie Sauerstoff frei. Dieser reicherte sich nach und nach in der Atmosphäre an.
Unsere heutige Atmosphäre enthält rund 10^{15} Tonnen Sauerstoff.

Sauerstoffvorräte der Erde Jährlich werden durch Fotosynthese weltweit etwa $4,6 \cdot 10^{12}$ Tonnen Sauerstoff erzeugt. Der überwiegende Teil davon wird durch Fotosynthese betreibende, mikroskopisch kleine Algen in den Ozeanen gebildet, dort aber ebenso wieder von den Lebewesen bei der Atmung verbraucht.

Zusammengefasst geben die Weltmeere also keinen Sauerstoff an die Atmosphäre ab. Auf dem Land sind die Regenwälder die bedeutendsten Sauerstofflieferanten. Sie werden auch als „Grüne Lungen" der Erde bezeichnet.

Neben dem frei verfügbaren Sauerstoff der Lufthülle kommt Sauerstoff auch in gebundener Form vor, z. B. in Mineralien, Salzen und im Wasser.

Wenn die Luft knapp wird... Je höher ein Bergsteiger kommt, desto weniger Luft umgibt ihn. In 5000 bis 6000 m Höhe sind z. B. nur noch halb so viele Sauerstoffteilchen pro Liter Luft enthalten wie auf Meereshöhe. Auf dem Gipfel des Mount Everest (8848 m) sind es nur noch ein Drittel. In den Anden (Südamerika) und im Himalaja (Asien) gibt es menschliche Siedlungen in Höhen von über 5000 Metern. Ihre Bewohner weisen als Anpassung an die geringe Verfügbarkeit von Sauerstoff eine erhöhte Anzahl an roten Blutkörperchen auf.

3 Die Sauerstoffproduktion eines Baumes ist von vielen Faktoren abhängig, wie z. B. von der Baumart, seinem Alter und vom Klima. Durchschnittlich produziert ein Baum ca. 5 kg Sauerstoff pro Tag. Das sind etwa 3500 Liter Sauerstoff.

4 Aufstieg in schwindelnde Höhen. Die Bergsteiger tragen Atemgeräte, um einen Sauerstoffmangel zu vermeiden.

5 Das Kloster Rongbuk in Tibet am Fuße des Mount Everest auf einer Höhe von 5 030 m ist eine der am höchsten gelegenen menschlichen Ansiedlungen.

Sauerstoffverbrauch Der Sauerstoffverbrauch eines Einzelnen hängt von seinem Alter, seinem Körpergewicht und seiner Tätigkeit ab.

Sinkt der Volumenanteil an Sauerstoff in der Atemluft auf 11%, ist die Leistungsfähigkeit erheblich eingeschränkt. Bei einem Volumenanteil von unter 8% besteht Lebensgefahr.

Tätigkeit	Sauerstoff-verbrauch in cm^3/min
in Ruhe	150 bis 300
bei leichter Arbeit	1 000 bis 1 200
bei mittelschwerer Arbeit	1 600 bis 1 950
bei schwerer Arbeit	2 000 bis 2 600
bei kurzzeitiger Spitzenleistung	3 000 bis 4 600

Je kg Körpergewicht	Sauerstoff-verbrauch in cm^3/min
Neugeborenes (bis 7. Tag)	5,7
Säugling, 3 Monate	6,9
Säugling, 6 Monate	7,1
Erwachsener in Ruhe	3,4
Erwachsener bei Schwerstarbeit	70,0

6 Szenario der Zukunft oder Wirklichkeit? In den frühen 1980er Jahren eröffnete die erste Sauerstoffbar in Tokio. Mittlerweile gibt es sie auch in anderen Metropolen der Welt. Durch einen Mundaufsatz kann man hier 50- bis 90%igen Sauerstoff einatmen.

Arbeitsaufträge

1 Informiere dich über die „Grünen Lungen" der Erde. Wo befinden sich die größten Regenwälder?

2 Schlechte Luft macht krank. Begründe.

3 Berechne, wie viel Sauerstoff du in Ruhe und bei schwerer Arbeit innerhalb einer Stunde verbrauchst. Bringe deinen Verbrauch mit der Produktionsleistung eines Baumes in Verbindung. Wie viele Menschen kann ein Baum durchschnittlich mit Sauerstoff versorgen?

4 Informiere dich im Gesundheits- und Umweltamt, beim TÜV oder beim Schornsteinfeger über Raumluft und Schadstoffe.

5 Informiere dich, wie die Qualität der Raumluft verbessert werden kann.

6 Sauerstoffbars gehören zum Wellnesstrend unserer Zeit. Sie werben u. a. mit dem Motto „Mehr Sauerstoff, mehr Energie!". Diskutiere mit deiner Klasse über den Sinn einer Sauerstoffbar.

Auffangen von Gasen

Um mit Gasen experimentieren zu können, werden Gasportionen benötigt, die frei von anderen Gasen, also auch frei von Luft sind. Welche Methode zum Auffangen eines Gases verwendet wird, ist von seinen Eigenschaften abhängig.

Auffangen von Gasen durch Luftverdrängung

Gase lassen sich auffangen, indem sie in ein Auffanggefäß eingeleitet werden. Das eingeleitete Gas verdrängt die im Auffanggefäß enthaltene Luft.

1 *Richte bei Gasen mit kleinerer Dichte als Luft ($\varrho = 1,29\,g/l$) die Öffnung des Auffanggefäßes nach unten, bei größerer Dichte nach oben.* Ein Gas mit einer kleineren Dichte als Luft ist z. B. Helium. Eine größere Dichte als Luft besitzt z. B. Kohlenstoffdioxid.

2 *Leite das Gas genügend lange in das Auffanggefäß.*

3 *Arbeite bei giftigen Gasen unter dem Abzug!*

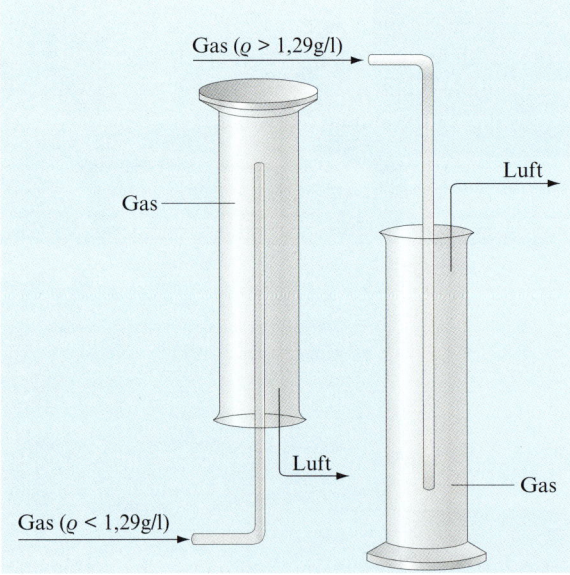

1 Auffangen von Gasen durch Luftverdrängung

Auffangen von Gasen durch Flüssigkeitsverdrängung (pneumatisches Auffangen)

Bei dieser Methode wird ein mit Flüssigkeit gefülltes Auffanggefäß mit der Öffnung nach unten in eine mit dieser Flüssigkeit gefüllte Wanne gestellt. Die Flüssigkeit wird als Sperrflüssigkeit bezeichnet. Das Gas wird in das Auffanggefäß geleitet. Dabei verdrängt es nach und nach die sich darin befindende Sperrflüssigkeit. Die Methode kann nur angewendet werden, wenn sich das betreffende Gas kaum in der Sperrflüssigkeit löst und nicht mit ihr reagiert. Meistens wird Wasser als Sperrflüssigkeit verwendet.

Mit dieser Methode kann z. B. Sauerstoff aufgefangen werden, der sich durch Reaktion von Wasserstoffperoxid mit Braunstein herstellen lässt.

1 *Fülle eine pneumatische Wanne etwa zu zwei Dritteln mit Wasser.*

2 *Lege ein Reagenzglas so unter Wasser, dass die Luft ganz entweicht.*

3 *Stelle das Gas her.* Um Sauerstoff herzustellen, baue die Apparatur wie in der Abbildung auf. Befestige das Reagenzglas mit Ansatzrohr an einem Stativ. Lass die Wasserstoffperoxidlösung auf den Braunstein tropfen. Warte einen Moment, bis die Luft aus der Apparatur entwichen ist.

4 *Richte das Reagenzglas in der Wanne mit der Öffnung nach unten auf.*

5 *Fange das Gas auf.* Halte das Reagenzglas so über das Gasableitungsrohr, dass das Gas im Reagenzglas aufsteigen kann.

6 *Verschließe nach dem Füllen das Reagenzglas unter Wasser mit dem Stopfen.*

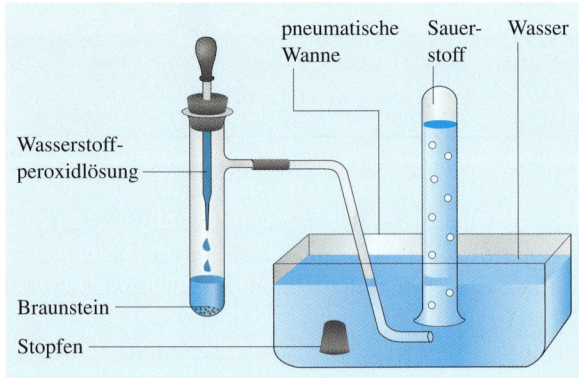

2 Pneumatisches Auffangen von Sauerstoff

Selbst untersucht **Luftbestandteile Sauerstoff und Stickstoff**

1 **Stelle Sauerstoff aus Kaliumpermanganat her.**

Schutzbrille! Gib in ein Reagenzglas zwei Spatellöffel Kaliumpermanganat (GHS 03|07|09). Erhitze das Kaliumpermanganat langsam mit kleiner Brennerflamme und fange das entstehende Gas pneumatisch in zwei Reagenzgläsern auf. Verschließe die Reagenzgläser unter Wasser mit einem Stopfen.

Vorsicht! Vor dem Entfernen der Brennerflamme den Stopfen mit der Gasableitung lösen!

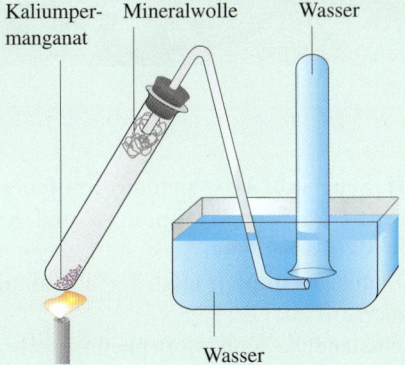

Kaliumpermanganat Mineralwolle Wasser

Wasser

Beobachte die Gasentwicklung, wenn unterschiedlich stark erhitzt wird.

Entsorgung: Kaliumpermanganatreste in den Sammelbehälter II geben.

2 **Führe die Glimmspanprobe durch.** ↑ S. 76

Schutzbrille! Entzünde einen längeren Holzspan. Warte, bis er richtig brennt. Blase die Flamme aus. Tauche den Span mit der glimmenden Spitze nacheinander in die Reagenzgläser aus Experiment 1. Notiere deine Beobachtungen.

Entsorgung: Holzspäne einsammeln.

3 **Prüfe die Brennbarkeit von Stickstoff.**

Schutzbrille! Tauche einen brennenden Holzspan in einen mit Stickstoff gefüllten Standzylinder. Notiere deine Beobachtungen.

Entsorgung: Holzspäne einsammeln, werden wieder verwendet.

4 **Untersuche die Dichte von Sauerstoff.**

Schutzbrille! Befestige zwei mit Sauerstoff gefüllte, verschlossene Reagenzgläser mit der Öffnung nach oben bzw. nach unten an einem Stativ. Entferne die Stopfen und führe nach 3 min die Glimmspanprobe durch.

Ziehe Rückschlüsse auf die Dichte von Sauerstoff.

Entsorgung: Holzspäne einsammeln, werden wieder verwendet.

5 **Ermittle den Sauerstoffanteil in der Luft.**

Schutzbrille! Schiebe Eisenwolle in ein Quarzglasrohr ($l \approx 20\,cm$, $d = 8\,mm$) und verschließe es mit einem Stopfen, durch den ein Glasrohr führt. Blase einen Luftballon auf. Lass die Luft wieder heraus, ziehe ihn über das Glasrohr im Stopfen und befestige ihn mit einem Gummi. Sauge 50 ml Luft in den Kolbenprober. Erhitze die Eisenwolle mit der rauschenden Brennerflamme. Drücke die Luft während des Erhitzens mehrmals über die Eisenwolle. Lies nach dem Erkalten und dem Entleeren des Luftballons das Luftvolumen am Kolbenprober ab.

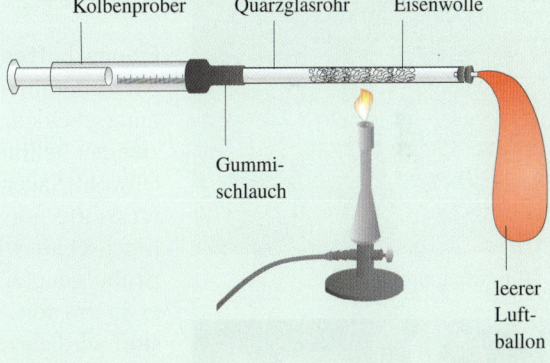

Kolbenprober Quarzglasrohr Eisenwolle

Gummischlauch

leerer Luftballon

Ermittle das verbrauchte Volumen Luft. Vergleiche dein Ergebnis mit dem Literaturwert.

Entsorgung: Eisenwolle in den Sammelbehälter für Hausmüll geben.

Sauerstoff und Stickstoff

Sauerstoff wird zum Atmen benötigt. Wir atmen jedoch keinen reinen Sauerstoff ein, da die Luft vor allem auch Stickstoff enthält. Auch in Druckluftflaschen für Taucher ist dem Sauerstoff noch Stickstoff beigefügt.
Wie kann man Sauerstoff und Stickstoff unterscheiden? Welche Eigenschaften haben diese beiden Gase?

1 Taucherin mit Druckluftflasche

2 Glimmspanprobe

3 Beim Schweißen wird reiner Sauerstoff verwendet.

Darstellung von Sauerstoff Sauerstoff lässt sich aus Stoffen gewinnen, die leicht Sauerstoff abgeben, z. B. Wasserstoffperoxid und Kaliumpermanganat. Aus Wasserstoffperoxid erhält man Sauerstoff, wenn man es in einem Gasentwickler auf Braunstein tropfen lässt. ↑S.74 Kaliumpermanganat gibt beim Erhitzen Sauerstoff ab. ↑E.1 S.75
In beiden Fällen kann der entstandene Sauerstoff pneumatisch aufgefangen werden. Industrieller Sauerstoff wird durch Destillation aus verflüssigter Luft gewonnen.

Eigenschaften und Nachweis von Sauerstoff Sauerstoff gehört zu den **Nichtmetallen**, die sich in ihren Eigenschaften deutlich von den Metallen unterscheiden. Er ist ein farbloses und geruchloses Gas, das bei –183 °C zu einer hellblauen Flüssigkeit kondensiert.
Obwohl Sauerstoff selbst nicht brennt, ist er für die Verbrennung anderer Stoffe notwendig. Reiner Sauerstoff fördert die Verbrennung. Diese Eigenschaft wird zum Nachweis von Sauerstoff durch die **Glimmspanprobe** genutzt. Dabei flammt ein glimmender Holzspan hell auf, wenn er in ein mit Sauerstoff gefülltes Gefäß getaucht wird. ↑E.2 S.75 Sauerstoff wird als reaktionsfreudig bezeichnet, weil das Gas leicht mit anderen Stoffen reagiert.
Die Dichte von Sauerstoff beträgt 1,43 g/l bei 0 °C und ist etwas größer als die von Luft ($\varrho = 1{,}29$ g/l). ↑E.4 S.75 Aufgrund seiner geringen Löslichkeit in Wasser kann Sauerstoff pneumatisch aufgefangen werden.

Verwendung und Bedeutung von Sauerstoff Für die Atmung benötigen fast alle Lebewesen Sauerstoff. Der Volumenanteil des Sauerstoffs an der Luft beträgt etwa 21 %. ↑E.5 S.75 Sinkt der Volumenanteil von Sauerstoff in der Einatemluft unter 7 %, so kann das bei Menschen zu Bewusstlosigkeit und bei unter 3 % zum Tod durch Ersticken führen. In der Ausatemluft des Menschen ist noch ein Volumenanteil von etwa 16 % enthalten. In sehr hohen Konzentrationen ist Sauerstoff auf Dauer gesundheitsschädigend.

Luftsauerstoff wird z. B. in Kraftwerken und Automotoren für dort ablaufende chemische Reaktionen verbraucht. Reiner Sauerstoff wird überall da verwendet, wo Reaktionen unter hohen Temperaturen durchgeführt werden sollen, wie z. B. beim Schweißen. In der Medizin wird er in Beatmungsgeräten eingesetzt.

Flüssiger Sauerstoff wird in der Raumfahrt als Raketentreibstoff genutzt. Reisende in Flugzeugen benötigen in großen Höhen eine mit Sauerstoff angereicherte Atemluft, um einen ausreichenden Volumenanteil an Sauerstoff zu gewährleisten. Weiterhin wird Sauerstoff u. a. beim Bleichen und in der biologischen Abwasserreinigung eingesetzt.

Eigenschaften und Nachweis von Stickstoff Ebenso wie Sauerstoff ist Stickstoff ein Nichtmetall. Er ist ein farb- und geruchloses, ungiftiges Gas. Er unterstützt die Atmung jedoch nicht, sodass Lebewesen darin ersticken. Stickstoff kondensiert bei −196 °C zu einer farblosen Flüssigkeit und wird durch Destillation verflüssigter Luft dargestellt. Dabei kann auch gleichzeitig Argon gewonnen werden. Stickstoff ist nicht brennbar, er erstickt die Flamme. ↑E.3 S.75 Da der eigentliche Nachweis von Stickstoff recht kompliziert ist, lässt sich durch die flammenerstickende Wirkung zumindest ein Hinweis auf das Vorhandensein von reinem Stickstoff erlangen. Stickstoff ist reaktionsträge, weil er kaum mit anderen Stoffen reagiert. Bei 0 °C beträgt die Dichte von Stickstoff 1,25 g/l. Im Wasser ist er nahezu unlöslich. Sein Volumenanteil an der Luft beträgt etwa 78 %.

Verwendung und Bedeutung von Stickstoff Aufgrund seiner Reaktionsträgheit wird Stickstoff als Füllgas für Reifen verwendet. Auch wird er als Schutzgas beim Schweißen und bei der Verpackung von Lebensmitteln eingesetzt, wodurch sich die Haltbarkeitsdauer der Lebensmittel verlängert. Auch in Druckflaschen für Taucher ist Stickstoff enthalten. Im Labor werden häufig Apparaturen mit Stickstoff gefüllt, um sie sauerstofffrei zu machen. Flüssiger Stickstoff dient als Kühlmittel für Lebensmittel oder in der Medizin zum Schockgefrieren von Gewebeteilen. Außerdem ist Stickstoff ein wesentlicher Ausgangsstoff zur Produktion von Ammoniak, aus dem u. a. Düngemittel hergestellt werden. Stickstoff kommt in gebundener Form in Eiweißen vor.

Sauerstoff und Stickstoff sind die Hauptbestandteile der Luft. Sauerstoff kann mit der Glimmspanprobe nachgewiesen werden. Erstickt eine Flamme, ist dies ein Hinweis auf Stickstoff.

4 Druckflaschen für Sauerstoff (blaue Schulter) und Stickstoff (schwarze Schulter)

5 Röhrchen mit gefrorenen Tierembryonen werden aus flüssigem Stickstoff entnommen.

Aufgaben

1 Erstelle Steckbriefe für Sauerstoff und Stickstoff.
2 Ein Mensch atmet täglich etwa 10 000 Liter Luft ein. Berechne das Volumen des Sauerstoffs.
3 Beschreibe eine Möglichkeit zur Darstellung von Sauerstoff.
4 Erkundige dich im Internet über die verschiedenen Arten der Füllung von Druckgasflaschen für Taucher.
5 Warum benutzen Bergsteiger ab etwa 4000 m Höhe Sauerstoffgeräte?

Bau von Sauerstoff und Stickstoff

Bei der Fahrt eines Zuges wird die Luft leicht verdrängt, die stählernen Schienen werden dagegen trotz der Masse des Zuges nicht verformt.
Lässt sich der geringere Widerstand der Luft mit dem Aufbau der in ihr enthaltenen Stoffe erklären?

1

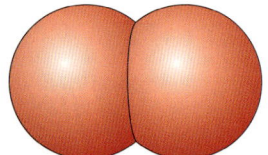

2 Modell eines Sauerstoffmoleküls

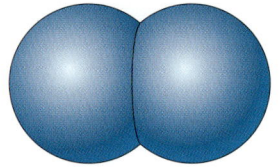

3 Modell eines Stickstoffmoleküls

Teilchen in Sauerstoff und Stickstoff Sauerstoff und Stickstoff sind Gase. Sie nehmen im Gegensatz zu den festen Stoffen jeden ihnen zur Verfügung stehenden Raum ein. Dieser Unterschied lässt sich durch die andere Art der Teilchenanordnung erklären. Es ist bereits bekannt, dass in festen Stoffen große Teilchenverbände vorliegen. In diesen liegen die kleinsten Teilchen, die **Atome**, dicht nebeneinander. Nach dem **Atommodell von DALTON** (1766 bis 1844) stellt man sich die Atome als kleine Kugeln mit einer winzigen Masse vor. Sauerstoff und Stickstoff bestehen aus frei beweglichen Teilchen, in denen immer zwei Sauerstoffatome bzw. Stickstoffatome fest miteinander verbunden sind. Solche Teilchen von zwei oder mehreren fest miteinander verbundenen Atomen werden **Moleküle** genannt.
Nach dem Teilchenmodell können wir uns ein Sauerstoff- bzw. ein Stickstoffmolekül als „aneinanderklebende" Kugeln denken. ↑2,3
In Stoffen, die aus Molekülen aufgebaut sind, bestehen zwischen den Molekülen oft nur geringe Anziehungskräfte, sodass viele dieser Stoffe bei Raumtemperatur Gase sind. Ziehen sich die Moleküle stärker an, so liegen flüssige Stoffe vor. Bei sehr starken Anziehungskräften sind die Stoffe fest. Bei einer Veränderung des Aggregatzustandes bleiben die Moleküle als Teilchen unverändert. Nur der Abstand der Moleküle untereinander und ihre Beweglichkeit verändern sich. ↑4

Moleküle sind Teilchen, die aus zwei oder mehr fest miteinander verbundenen Atomen zusammengesetzt sind.

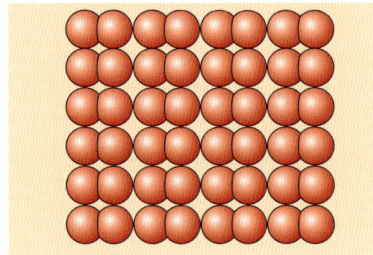 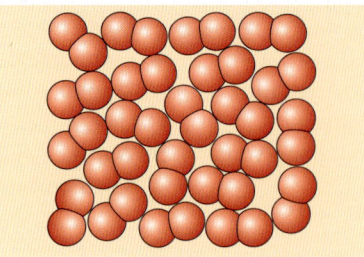 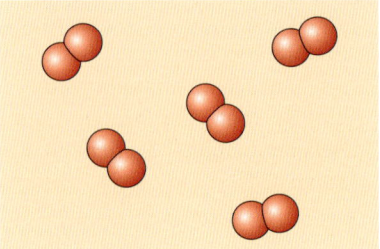

4 Modelldarstellungen von Sauerstoffmolekülen im festen, flüssigen und gasförmigen Aggregatzustand

Chemische Elemente Bereits in der Antike suchten griechische Naturphilosophen nach Elementen, den Grundstoffen, aus denen sich alles andere herleitet. ARISTOTELES (384 bis 322 v. Chr.) war der Überzeugung, Feuer, Wasser, Luft und Erde seien diese Elemente.

Den Beginn der modernen Chemie begründete ANTOINE LAURENT LAVOISIER (1743 bis 1794) mit seinen umfangreichen Messungen und Untersuchungen. Er prägte entscheidend den Begriff des Elements. Im 18. Jahrhundert definierte er als Element jeden Stoff, der chemisch nicht weiter zerlegt werden kann.

Bei der heutigen Definition dieses Begriffs geht man vom Bau der Atome eines Reinstoffs aus. Betrachten wir z. B. den Aufbau von Sauerstoff. Sauerstoff besteht aus unzähligen Sauerstoffmolekülen, in denen jeweils zwei Sauerstoffatome miteinander verbunden sind. Ein solcher Stoff, der nur aus Atomen einer einzigen Atomart besteht, wird als **chemisches Element** bezeichnet.

Auf der Erde kommen über 90 Elemente natürlich vor. Über 20 weitere Elemente können künstlich im Labor erzeugt werden.

Ein Element ist ein Reinstoff, der nur aus Atomen einer einzigen Atomart aufgebaut ist.

5 Die vier Elemente nach ARISTOTELES

Die Symbole der Elemente Die Alchimisten im Mittelalter verwendeten viele, oft wechselnde geheime Zeichen für chemische Stoffe. Eine weltweite Angleichung der Zeichen begann im 19. Jahrhundert, unter anderem durch JOHN DALTON, der Kreissymbole verwendete.

Geheimzeichen der Alchimisten				
Blei	Gold	Zinn	Feuer	Wasser
♄	☉	♃	△	≋

Von DALTON vorgeschlagene Zeichen für chemische Elemente				
Eisen	Gold	Kohlenstoff	Sauerstoff	Stickstoff
Ⓘ	⚙	●	○	◍

6 Geheimzeichen der Alchimisten und Kreissymbole von DALTON

Der schwedische Chemiker JÖNS JAKOB BERZELIUS (1779 bis 1848) schlug 1814 ein System von Buchstaben für die Elemente vor. Er bildete die Zeichen für die Elemente aus deren lateinischen oder griechischen Namen und nannte sie **chemische Symbole**. Diese chemische Zeichensprache setzte sich ab 1926 international durch. Chemische Symbole haben mehrere Bedeutungen. Das Symbol O steht z. B. für das Element Sauerstoff. Ebenso symbolisiert es ein Sauerstoffatom.

Ein Symbol steht für das Element oder für ein Atom dieses Elements. Jedes Element besitzt ein eigenes Symbol.

Schon gewusst?

JOHN DALTON, der bereits mit zwölf Jahren den Beruf des Lehrers ausübte, lehnte die von JÖNS JAKOB BERZELIUS entwickelte Zeichensprache massiv ab. Die Zeichen DALTONS, wie dieses für Schwefel, wiederum wurden von BERZELIUS als „grauenhaft" bezeichnet.

Ableitung chemischer Symbole aus lateinischen Bezeichnungen		
Element	Lateinische Bezeichnung	Symbol
Aluminium	**al**uminium	Al
Blei	**pl**um**b**um	Pb
Calcium	**ca**lcium	Ca
Eisen	**fe**rrum	Fe
Gold	**au**rum	Au
Kohlenstoff	**c**arboneum	C
Sauerstoff	**o**xygenium	O
Stickstoff	**n**itrogenium	N
Wasserstoff	**h**ydrogenium	H
Zinn	**stan**num	Sn

Unter bestimmten Bedingungen können sich auch drei Sauerstoffatome zu einem Molekül vereinigen. Bei diesem so aufgebauten reaktionsfähigen, gasförmigen Stoff handelt es sich um Ozon. Ozon hat aufgrund seines Baus auch andere Eigenschaften als Sauerstoff, z. B. ist es sehr giftig.

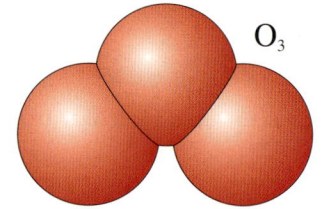

O_3

1 Modell und Formel eines Ozonmoleküls

Formeln als chemische Zeichen Ein Element wird durch sein Symbol gekennzeichnet, z. B. Sauerstoff mit einem O, abgeleitet aus seiner lateinischen Bezeichnung *oxygenium*, und Stickstoff mit einem N, abgeleitet aus seiner lateinischen Bezeichnung *nitrogenium*.

Beides sind Stoffe, die aus zweiatomigen Molekülen aufgebaut sind. Die Anzahl der zu einem Molekül vereinigten Atome wird als tiefgestellte Zahl (Index) nach dem Symbol angegeben: O_2 bzw. N_2.

Diese Zusammensetzung aus Symbol und Index wird als **Formel** bezeichnet. Die Formel kennzeichnet einen Stoff oder ein Molekül dieses Stoffes. Aus der Formel lässt sich die Zusammensetzung des Moleküls ablesen.

Moleküle können auch aus Atomen verschiedener Elemente bestehen. So besteht der Stoff Wasser aus vielen Wassermolekülen. Jedes Wassermolekül besteht wiederum aus einem Sauerstoffatom, das mit zwei Wasserstoffatomen fest verbunden ist. Die Formel ist H_2O. Die Formel kennzeichnet den Stoff Wasser und ein Wassermolekül. Außerdem kennzeichnet sie die Zusammensetzung des Moleküls aus zwei Atomen Wasserstoff und einem Atom Sauerstoff.

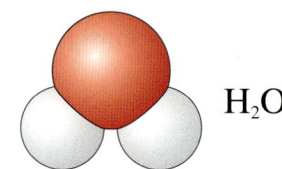

H_2O

2 Modell und Formel eines Wassermoleküls

Die Formel für einen aus Molekülen bestehenden Stoff kann auch aus dessen Namen abgeleitet werden, weil die Anzahl der Atome im Molekül durch griechische Zahlwörter angegeben wird:

Bezeichnung der Atomanzahl durch griechische Zahlwörter	
Atomanzahl	Zahlwort
1	mono
2	di
3	tri
4	tetr(a)
5	pent(a)
6	hex(a)

Kohlenstoff   di   oxid   C O$_2$

Ein Symbol	kennzeichnet	Eine Formel
ein Element und		einen Stoff und
ein Atom des Elements		ein Molekül des Stoffs und dessen Zusammensetzung
Beispiel: O		Beispiel: H_2O

Aufgaben

1 Helium und Kohlenstoffdioxid sind Luftbestandteile. Formuliere alle Aussagen, die sich aus dem Symbol He für Helium und der Formel CO_2 für Kohlenstoffdioxid ableiten lassen.

2 Das bei Raumtemperatur flüssige Brom, ein aus Molekülen aufgebauter Stoff, hat die Formel Br_2. Nenne die Formeln für Brom im festen und im gasförmigen Aggregatzustand. Begründe.

3 Kann eine Formel auch $X_{2,5}$ lauten? Begründe.

4 Erläutere an einem Beispiel die Unterschiede zwischen einem Atom und einem Molekül.

5 Bei Blitzentladungen bilden sich aus Sauerstoff und Stickstoff zwei Stickstoffoxide, die sich in der Atmosphäre anreichern: das Stickstoffdioxid und das Distickstofftrioxid. Stelle die Formeln beider Stickstoffoxide auf.

1 Erkläre den Aufstieg eines Heißluftballons in Luft. Es gelten die gleichen Gesetze wie beim Auftrieb eines Körpers in Wasser.

2 Wetterballons werden mit Wasserstoff gefüllt, das Gas mit der geringsten Dichte aller Gase. Formuliere eine begründete Vermutung darüber, welcher Ballon am höchsten aufsteigen kann: ein prall gefüllter Ballon oder ein weniger prall gefüllter.

1 Start eines Wetterballons

3 Sauerstoff, Stickstoff und Kohlenstoffdioxid sowie die Edelgase werden durch Verflüssigung der Luft und anschließende Destillation der flüssigen Luft hergestellt. In welcher Reihenfolge destillieren die Gase bei der Destillation flüssiger Luft? Begründe deine Angabe.

4 Erläutere die Bedeutung der Wasserlöslichkeit von Sauerstoff für Wasserlebewesen. Welche Probleme können sich dabei ergeben?

2 Einheimische „Moderlieschen"

5 **Untersuche das Verhalten einer brennenden Kerze in einem Einweckglas mit Wasser.**
Gib etwa 1 cm hoch Wasser in ein Einweckglas und stelle eine Kerze hinein. Entzünde die Kerze und verschließe das Einweckglas rasch mit Gummi und Deckel. Versuche nach etwa 10 min den Deckel abzuheben.
Deute deine Beobachtungen.
Entsorgung: Kerze einsammeln und wieder verwenden.

6 Beim Einwecken wird Obst oder Gemüse in Einweckgläsern gekocht. Nach dem Erkalten sind die Gläser fest verschlossen und das Einmachgut ist lange haltbar.
Versuche diese Erscheinungen zu erklären.
Vergleiche den Vorgang des Einweckens mit den Beobachtungsergebnissen von Aufgabe 5.

3 Eingewecktes Obst

7 Tim ist der Meinung, dass bei allen Stoffen im gasförmigen Zustand einzelne Atome vorliegen. Hat er recht? Begründe deine Meinung.

8 Zeichne die drei Aggregatzustände im Teilchenmodell am Beispiel des Ozons.

Auf einen Blick

Luft

Stoffgemisch aus mehreren Gasen. Hauptbestandteile sind Stickstoff ($\varphi = 78\%$) und Sauerstoff ($\varphi = 21\%$). Weitere Luftbestandteile sind die Edelgase und Kohlenstoffdioxid.
In der Luft enthaltene Luftverunreinigungen wie Schwefeldioxid, Stickstoffoxide, Kohlenstoffmonooxid und Ozon können Pflanzen, Tiere und Menschen schädigen.

Sauerstoff

Nichtmetall, das im Labor aus Wasserstoffperoxid oder durch Erhitzen von Kaliumpermanganat dargestellt wird.
Sauerstoff ist ein farbloses und geruchloses Gas, das die Verbrennung anderer Stoffe fördert.
Als Nachweis für Sauerstoff dient die Glimmspanprobe: Ein glimmender Holzspan flammt in reinem Sauerstoff auf.

Sauerstoff ——— ——— Sauerstoff

Stickstoff

Nichtmetall, das durch Destillation verflüssigter Luft dargestellt wird. Stickstoff ist ein farbloses und geruchloses, nicht brennbares Gas, das Flammen erstickt.

Molekül

Teilchen, das aus zwei oder mehr fest miteinander verbundenen Atomen zusammengesetzt ist

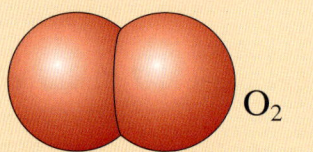
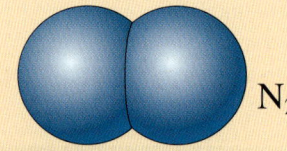

Modell und Formel eines Sauerstoffmoleküls

Modell und Formel eines Stickstoffmoleküls

Element

Reinstoff, der nur aus Atomen einer einzigen Atomart besteht

Symbol und Formel

Chemische Zeichen.
Ein Symbol kennzeichnet ein Element und ein Atom des Elements.
Eine Formel kennzeichnet einen Stoff, ein Molekül des Stoffes und dessen Zusammensetzung.

Verbrennung – eine chemische Reaktion

An einem Kaminfeuer oder einem Lagerfeuer zu sitzen übt eine kaum erklärbare Faszination auf uns aus. Das Entzünden des Gases der olympischen Flamme ist nicht nur bei der Eröffnung der Olympischen Spiele ein emotionaler Höhepunkt.

→ Was passiert bei einer Verbrennung, z. B. von Holz oder einem Gas wie Wasserstoff?

→ Welche Erscheinungen gehören zu einer Verbrennung?

→ Weshalb ist eine Verbrennung keine Vernichtung von Stoffen, sondern eine chemische Reaktion?

^{im} Brennpunkt

Feuer und Flamme – schön, nützlich und gefährlich

Faszination Feuer Feuer nehmen wir mit allen Sinnen wahr. Feuer erzeugt eine ganz besondere Stimmung. Feuer zischt und qualmt. Feuer glüht, seine Flammen züngeln, lodern und flackern. Das Knistern des Feuers, die wohlige Wärme und der mysteriöse Schein vermitteln uns Sicherheit und Geborgenheit und bleiben doch unergründlich und geheimnisvoll. Feuer verändert ständig seine Form. Schlägt man nach der Flamme, weicht sie aus, um anschließend nur noch heftiger zu lodern. Ein von uns gewolltes Feuer bedeutet früher wie heute Schutz vor den Gefahren der Dunkelheit und vor Kälte – ein alles vernichtender Brand bedeutet dagegen Zerstörung und Leid.

3 Feuer wärmt und vermittelt Geborgenheit.

1 Feuer zerstört.

4 Feuer spendet Licht.

2 Flammen – wichtigstes Merkmal eines Feuers

Merkmale eines Feuers Äußere Erscheinungen eines Feuers sind Licht, Wärme, aufsteigender Rauch (Abgase) und mehr oder weniger stark leuchtende Flammen. Es gibt allerdings auch Stoffe, die ohne Flammenbildung brennen, also nur glühen, z. B. die Holzkohle beim Grillen im Sommer. Meist bleibt nach einem Feuer nur noch ein nicht verbrannter Rest, die Asche, übrig.

Feuer nutzen Bereits vor etwa 800 000 Jahren begannen die Menschen das Feuer zu nutzen. Es wurde für sie immer wichtiger und ist bis heute nicht mehr wegzudenken.

5 Feuer fasziniert.

6 Feuer dient der Gesundheit.

7 Feuer bewegt.

8 Feuer hilft, Stoffe herzustellen.

9 Feuer hilft beim Zubereiten von Speisen.

10 Feuer hilft beim Herstellen von Gegenständen.

Arbeitsaufträge

1 Informiere dich über die Geschichte des Feuermachens. Fertige dazu eine Zeitleiste mit den wichtigsten Etappen an.

2 Es wird behauptet: Die Entwicklung des Menschen begann erst richtig, als er das Feuer bewusst nutzen konnte. Bilde dir zu dieser Behauptung einen Standpunkt und stelle ihn in einer Diskussion vor.

3 Erkunde und beschreibe unterschiedliche Techniken des Entzündens von Feuer im Verlauf der Geschichte der Menschheit.

4 Auch heute gibt es noch viele alte Bräuche, die mit Feuer zu tun haben. Erkundige dich bei Eltern, Großeltern und im Museum. Stelle eine Mappe mit solchem Brauchtum zusammen.

Selbst untersucht Brände, Brennbarkeit und Feuerlöschen

1 Untersuche Flammen brennender Stoffe.

Schutzbrille! Gib kleine Holzstückchen und Wachsstückchen jeweils in ein Reagenzglas und erhitze die Reagenzgläser nacheinander (entstehende Gase: GHS 02). Halte in bestimmten Zeitintervallen ein brennendes Zündholz an die Öffnungen der Reagenzgläser. Beobachte die Reagenzgläser während des Erhitzens.

Halte mit einer Tiegelzange ein etwa 5 cm langes Glasrohr in den Innenkegel einer Brennerflamme. Halte an das andere Ende des Glasrohres ein brennendes Zündholz. Beobachte.

Leite aus den Beobachtungen ab, wie Flammen entstehen und was unter Flammen zu verstehen ist.

Entsorgung: Reste in Sammelbehälter für Hausmüll bzw. in die Sammlung geben.

2 Erkunde die Brennbarkeit fester Stoffe.

Schutzbrille! Lege ein Stahlblech auf einen Dreifuß. Ordne darauf etwa gleich große Stückchen verschiedener Stoffe im gleichen Abstand nebeneinander und zur Mitte an. Als Stoffe eignen sich z. B. Zellstoff, Eisenwolle, Ziegelstein, Holzspan, Kork, Holzkohle, Kies, Magnesiumspan (GHS 02), Papier, Kreide, Wolle, Pappe.

Stelle unter die Mitte der Eisenplatte einen Brenner mit rauschender Flamme.

Notiere die Veränderungen der Stoffe während des Erhitzens, wie Schmelzen, Glühen, Rauchen, Brennen (Flammen), Flammenfärbung, Geruch. Leite aus den Beobachtungen Aussagen über die Brennbarkeit dieser Stoffe ab.

Entsorgung: Reste in Sammelbehälter für Hausmüll oder in die Sammlung geben.

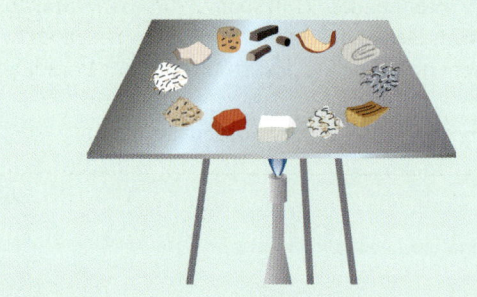

3 Entzünde verschiedene Stoffe.

Schutzbrille! Entzünde Teelicht, Kerze, Brenner, Papier, Holzsplitter und Alkohol (GHS 02). Beobachte die Flammen.

Beschreibe die Flammen und zeichne sie.

Entsorgung: Reste in Sammelbehälter für Hausmüll bzw. in die Sammlung geben.

4 Ermittle die Zündtemperatur unterschiedlicher Stoffe.

Schutzbrille! Passe ein Thermometer (bis 300 °C) mit einem Stopfen mit zwei Bohrungen in einen 250-ml-Erlenmeyerkolben ein. Befestige am unteren Ende des Thermometers ein Zündholz mithilfe von Draht so, dass der Kopf des Zündholzes etwa 1 cm über das Thermometer hinausragt. Verschließe den Kolben mit dem Stopfen und befestige ihn an einem Stativ. Erhitze das Glas vorsichtig gleichmäßig und beobachte das Thermometer. Ab 60 °C sollte die Temperatur nur noch langsam ansteigen. Stelle fest, bei welcher Temperatur sich das Zündholz entzündet. Ziehe dann sofort den Stopfen aus dem Kolben und puste die Flamme aus.

Wiederhole das Experiment mit anderen brennbaren Stoffen, z. B. Papier oder Stroh. Trage die Ergebnisse in eine Tabelle ein.

Entsorgung: Reste in Sammelbehälter für Hausmüll oder in die Sammlung geben.

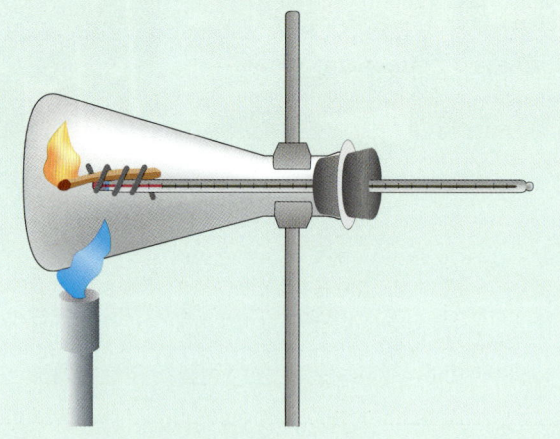

5   **Erkunde das Verbrennen von Kerzenwachs.**

Schutzbrille! Erhitze etwas Kerzenwachs in einem Tiegel auf einer Heizplatte, bis es sich selbst entzündet. Decke den Tiegel mithilfe einer Tiegelzange mit einem Deckel ab. Hebe den Deckel wieder hoch. Wiederhole diesen Vorgang mehrfach.

Deute die beobachteten Erscheinungen.
Entsorgung: Kerzenwachs nach Erkalten in die Sammlung geben.

6   **Erkunde die Brenndauer von Kerzen in unterschiedlichen Luftvolumina.**

Schutzbrille! Entzünde vier gleich große Kerzen und stülpe Bechergläser mit unterschiedlichen Volumina (100 ml, 250 ml, 500 ml und 1000 ml) über sie. Ermittle die Brenndauer der Kerzen und interpretiere das Ergebnis.
Entsorgung: Reste in Sammelbehälter für Hausmüll oder in die Sammlung geben.

7   **Untersuche das Entzünden von Holz.**

Schutzbrille! Lege ein Drahtnetz auf einen Dreifuß. Verteile Holzwolle, Holzspäne und Holzstücke unterschiedlicher Größe jeweils im Abstand von 3 cm zur Drahtnetzmitte. Stelle einen Brenner mit kleiner Flamme unter die Mitte des Drahtnetzes.
Stelle die Reihenfolge des Entzündens fest. Finde eine Erklärung für die festgestellte Reihenfolge.
Entsorgung: Reste in Sammelbehälter für Hausmüll geben.

8   **Untersuche das Verbrennen von Eisen.**

Schutzbrille! Erhitze ein blank geschmirgeltes Stück Eisenblech und etwas Eisenwolle in einer rauschenden Brennerflamme. Blase mit einem 30 cm langen Glasrohr feines Eisenpulver in die Brennerflamme.
Beobachte und interpretiere die Ergebnisse.
Entsorgung: Reste in die Sammlung geben.

9   **Lösche brennendes Holz.**

Schutzbrille! Entzünde Holzspäne in einem Metalltiegel.
Spritze in die lodernden Flammen Wasser mit einer Spritzflasche.
Erläutere die Wirkung des Wassers.
Entsorgung: Reste in Sammelbehälter für Hausmüll geben.

10   **Lösche brennenden Alkohol.**

Schutzbrille! Stelle eine Porzellanschale auf eine feuerfeste Unterlage und entzünde darin mit einem langen, brennenden Holzspan 2 bis 3 ml Spiritus (GHS 02). Decke die Schale mit einem Blech ab.
Erläutere die Wirkung des Abdeckens der Porzellanschale.
Entsorgung: Alkoholreste abbrennen lassen.

Wie ein Feuer entsteht

Unerwünschte Verbrennungs-
reaktionen können zu Bränden
führen, die großes menschliches
Leid und materielle Schäden zur
Folge haben.
Wie kann es zum Ausbruch eines
Brandes kommen? Was sind
Flammen?

1 Brandschäden in der Herzogin-Anna-Amalia-Bibliothek in Weimar

2 Zündholzflamme und Kerzenflamme

3 Brennerflamme

Flammen Das markanteste Kennzeichen eines Feuers sind die Flammen.
↑2,3 Erhitzen wir beispielsweise Holzstückchen in einem Reagenzglas,
so entweicht nach kurzer Zeit dichter gelber Rauch, der sich an der Reagenzglasöffnung entzünden lässt. Die Flamme ist deutlich außerhalb des
Reagenzglases zu sehen. ↑E.1 S.86 Es brennt also nicht das Holz, sondern
das aus ihm entweichende Gas. Das entgaste Holz verbleibt im Reagenzglas als Holzkohle. Beim Kerzenwachs stellen wir gleiche Erscheinungen
fest. Nicht das Wachs brennt, sondern es brennen außerhalb des Reagenzglases die entweichenden Dämpfe. Im Reagenzglas können die Dämpfe
oder Gase nicht brennen, weil die Luft daraus verdrängt wurde. Brennbare
Flüssigkeiten verhalten sich genauso. Zündet man Alkohol oder Benzin an,
brennen Gase, die aus diesen Flüssigkeiten entweichen.
Eine Flamme entsteht also dann, wenn aus einem festen oder flüssigen
Stoff genügend Dämpfe oder Gase entweichen, die mit Luft ein brennbares Gemisch bilden. Brennbare Stoffe wie Kohlenstoff, z. B. in Form
von Koks oder Holzkohle, und einige Metalle, aus denen keine Gase entweichen, verbrennen ohne Flammenerscheinung. Diese Stoffe verglühen
mit unterschiedlicher Stärke und Farbe.

Bedingungen für das Entzünden eines Feuers Ein Feuer kann nur entstehen, wenn ein **brennbarer Stoff** vorhanden ist. Zellstoff, ein Holzspan,
Kork, Holzkohle, Magnesium, Papier, Wolle und Pappe sowie Alkohol
brennen, Ziegelsteine, Kies und Kreide dagegen nicht. ↑E.2,3 S.86 Die
brennbaren Stoffe können fest, flüssig oder gasförmig sein. Für die Verbrennung ist nur wichtig, dass der brennbare Stoff in einer bestimmten
Menge und in einer für die Verbrennung geeigneten Form vorliegt, z. B.
Gas, Nebel, Staub, Dämpfe. Beim Verbrennen kommt es zu nicht mehr
rückgängig zu machenden Veränderungen des brennbaren Stoffs.

Lässt man eine Kerze unter einem Becherglas brennen, erlischt die Flamme nach kurzer Zeit. Je größer das Volumen an Luft, desto länger brennt sie. ↑E.6 S.87 Führen wir der Flamme überhaupt keine Luft mehr zu, erlischt sie. ↑E.5 S.87 Daraus lässt sich ableiten, dass das **Vorhandensein von Luft** entscheidend für das Entzünden und Brennen eines Feuers ist. Die Luft muss dabei aber einen Sauerstoffanteil $\varphi \geq 15\,\%$ besitzen. Ausreichende Luftzufuhr ist also eine wichtige Bedingung für das Unterhalten eines Feuers. So brennt ein Lagerfeuer bei Wind besser oder die Holzkohle glüht auf dem Grill intensiver, wenn man mit einem Blasebalg Luft in die Glut bläst.

Brennbare Stoffe brennen bei Raumtemperatur nicht von allein. Kommt es durch das Erwärmen brennbarer Stoffe zum **Erreichen der Entzündungstemperatur**, entzünden sich die Stoffe von selbst. Brennbare Stoffe besitzen sehr unterschiedliche Entzündungstemperaturen. ↑E.4 S.86 Viele Stoffe können nur verbrennen, wenn sie im gasförmigen Zustand vorliegen. Solche flüssigen und festen Stoffe müssen daher erhitzt werden, bis sie verdampfen. Die Temperatur, bei der der Dampf einer brennbaren Flüssigkeit durch Fremdzündung entflammt werden kann, heißt **Flammtemperatur**. Sie wird zur Einteilung der Feuergefährlichkeit brennbarer Stoffe genutzt.

Manche Stoffe sind schwer entflammbar. Sie werden z.B. als Isolationsmaterialien oder Wandverkleidungen und Vorhänge in Theatern, Kinos und anderen öffentlichen Gebäuden eingesetzt. Auch bestimmte elektrische und elektronische Geräte, die sich im Dauerbetrieb durch Erwärmen nicht entzünden sollen, bestehen zu einem großen Teil aus solchen feuerfesten Materialien, z.B. Fernsehgeräte und Computer.

Will man ein Lagerfeuer entfachen, ist es wohl günstiger, Holzwolle oder Sägespäne zu entzünden, als es mit ganzen Ästen oder Stämmen zu versuchen. ↑E.7 S.87 Ähnliches konnte für Eisen im Experiment festgestellt werden. Eisenblech zeigt keinerlei Verbrennungserscheinungen, Eisenwolle glüht sehr stark auf und Eisenpulver reagiert sehr heftig unter Funkenbildung. ↑E.8 S.87 Je feiner ein brennbarer Stoff zerteilt ist, desto leichter lässt er sich entzünden. Nimmt der **Zerteilungsgrad** zu, vergrößert sich die Oberfläche und damit die Angriffsfläche für den Sauerstoff. Mehl und Stäube von Metallen oder Kohle können bei Durchmischung mit Luft und bei Kontakt zu Funken oder Flammen sogar explodieren.

4 Entfachen der Glut durch Luftzufuhr

Zerteilungsgrad

Der **Zerteilungsgrad** beschreibt das Verhältnis der Oberfläche zum Volumen eines Gegenstandes. So hat Holzwolle eine größere Oberfläche und damit einen höheren Zerteilungsgrad als ein Holzstück gleicher Masse (gleichen Volumens). Je höher der Zerteilungsgrad des brennbaren Stoffes ist, desto besser kann der Sauerstoff mit diesem Stoff reagieren.

Voraussetzungen für das Entstehen eines Feuers sind das Vorhandensein eines brennbaren Stoffes mit möglichst großem Zerteilungsgrad, das Erreichen der Zündtemperatur und Luft mit einem Sauerstoffanteil $\varphi \geq 15\,\%$.

Aufgaben

1 Begründe, warum Holz und Wachs brennbar und Kreide und Glas nicht brennbar sind.

2 Erläutere am Beispiel des Entzündens einer Kerze oder eines Zündholzes die Bedingungen für das Entstehen eines Feuers.

3 Erkläre, warum eine Kerze erlischt, wenn man den Docht in das flüssige Wachs taucht.

4 In eine Porzellanschale werden 15 g Heizöl gegeben. Hält man einen brennenden Span an die Oberfläche des Heizöls, entzündet es sich nicht. Begründe diesen Sachverhalt und unterbreite einen Vorschlag, wie man das Heizöl entzünden könnte.

5 Nenne Gründe für das Rauchverbot in Wäldern in der Zeit vom 1. März bis zum 15. Oktober.

Wie ein Feuer gelöscht wird

Für den Ernstfall eines Flugzeug-brandes müssen die Feuerwehr-männer unter realen Bedingungen trainieren.
Welche Möglichkeiten zur Brand-bekämpfung gibt es? Lässt sich jedes Feuer mit den gleichen Mit-teln löschen? Was muss im Fall eines Brandes beachtet werden?

1 Löschen eines Flugzeugbrandes

EXPERIMENT 11 [L]
Löschen von brennendem Öl.
Schutzbrille! Hinter einer Schutz-scheibe arbeiten! Etwas Speiseöl oder Paraffinöl wird in einem Por-zellantiegel erhitzt und das erhitzte Öl entzündet. Aus einer Spritzfla-sche mit einem etwa 60 cm langen Glasrohr ist Wasser auf das bren-nende Öl zu spritzen.

EXPERIMENT 12 [L]
Löschversuch von brennen-dem Magnesium mit Wasser und mit Kohlenstoffdioxid.
Schutzbrille! Hinter einer Schutz-scheibe arbeiten! Nicht direkt in die Flamme sehen! Auf einem Eisen-blech wird ein kleines Häufchen Magnesiumpulver (GHS 02) ent-zündet. Aus einer Spritzflasche mit einem etwa 60 cm langen Glasrohr ist Wasser auf das brennende Ma-gnesium zu spritzen. In einen mit Kohlenstoffdioxid gefüllten Stand-zylinder, dessen Boden mit Sand bedeckt ist, wird mit einer Tiegel-zange ein brennendes Stück Ma-gnesiumband (GHS 02) gehalten.

Möglichkeiten für das Löschen von Feuer Ein Brand erlischt, wenn mindestens eine Voraussetzung für sein Entstehen nicht mehr erfüllt ist. ↑E.9,10 S.87 Das wird erreicht durch:
– Entfernen aller brennbaren Stoffe aus der Nähe des Feuers. Bei einem Waldbrand kann das durch Schlagen von Schneisen oder Anlegen von Sandstreifen geschehen.
– Verhindern des Zutritts von Sauerstoff. Bei kleineren Bränden erfolgt dies durch Sand oder Abdecken mit einer Feuerlöschdecke. Bei Brän-den von Holz, Textilien, Kohle, Papier und Gummiartikeln kann durch Wasser eine Sauerstoffzufuhr unterdrückt werden, weil sich der durch das Verdampfen von Wasser bildende Wasserdampf wie eine Schutz-hülle um den brennenden Stoff legt. Brennen Öl, Benzin, Metalle oder elektrische Geräte, ist das Löschen mit Wasser lebensgefährlich. Hier werden spezielle Feuerlöscher eingesetzt.
– Abkühlen des brennbaren Stoffes unter seine Entzündungstemperatur. Dies kann unter Einsatz von Wasser oder Feuerlöschern geschehen.
Häufig werden beim Löschen eines Feuers alle drei Möglichkeiten ge-meinsam realisiert.

Einige Mittel zum Löschen von Feuer	
Brennende Gegenstände	Geeignete Löschmittel
Gardinen und Möbel in einer Wohnung	Wasser, Sand, Erde, Feuerlösch-decke, Feuerlöscher
Kleidung einer Person	Feuerlöschdecke, Feuerlöscher
Elektromotoren, z. B. eines Aufzugs	Feuerlöscher (Kohlenstoffdioxid, Pulver, Schaum), niemals Wasser
Fett in einer Pfanne auf dem Küchenherd	Pfanne luftdicht abdecken, niemals Wasser ↑E.11

**Es brennt –
was ist zu tun?**

→ Ruhe bewahren.
→ Anweisungen der Lehrkraft befolgen.
→ Strom- und Gasversorgung ausschalten.
→ Sich aus der direkten Gefahrenzone entfernen.
→ Leicht brennbare Stoffe aus dem Gefahrenbereich entfernen.
→ Vorhandene Feuerlöscheinrichtungen nutzen (Löschdecke, Feuerlöscher, Sand).
→ Über Feuermelder oder Notruf Feuerwehr (☎ 112) oder Notruf Polizei (☎ 110) benachrichtigen.
→ Meldung: Wo brennt es? Was brennt? Wie viele Verletzte? Wer meldet?

Brandschutz Durch richtige Vorsorge können verheerende Brände und großes menschliches Leid verhindert werden. Viele Reinigungs- und Pflegemittel, Parfüms und Deos, Nagellack und Lösemittel enthalten leicht entzündliche Stoffe. Diese dürfen niemals in offene Flammen gesprüht werden. Beim Arbeiten mit Lacken, Benzin, Spiritus und Lösemitteln muss gut gelüftet werden, damit sich keine brennbaren Gasgemische bilden können. Brennbare Stoffe, wie Papier, Holz und Kohle, dürfen nicht zu dicht an Öfen oder Heizgeräten gelagert werden. Glimmende oder glühende Gegenstände wie Zigarettenglut oder Asche dürfen nicht offen und nicht in brennbaren Gefäßen aufbewahrt werden. Alle Türen und Fluchtwege in Wohnungen, Kellern, Böden und in öffentlichen Gebäuden dürfen nicht verstellt und müssen als eventuelle Fluchtwege freigehalten werden.

In öffentlichen Gebäuden sind spezielle Brandschutzmaßnahmen einzuhalten. Dazu gehören das Bereitstellen von Feuerlöschmitteln, wie Feuerlöschern, Brandschutzdecken und Brandschutzduschen, Hydranten und Sprinkleranlagen, die Markierung von Fluchtwegen und das Vorhandensein von Alarmanlagen. Auch im Chemieraum sind bestimmte Brandschutzvorsorgemaßnahmen zu treffen. In einer Wohnung ist die Installation von Rauchmeldern lebenswichtig, da die meisten Brandtoten an Rauchgas erstickt sind.

2 Löschen eines Kleiderbrandes mit einer Löschdecke

Aufgaben

1 Informiere dich über Brandschutz und Brandschutzmittel im Chemieraum und in deiner Schule. Fertige eine Übersicht über Art und Verwendung dieser Brandschutzmittel an.

2 Wasser ist ein gutes Löschmittel, darf aber nicht zum Löschen aller Brände, z. B. von Öl- und Metallbränden, eingesetzt werden. Begründe.

3 Gib Möglichkeiten des Löschens folgender brennender Stoffe an:
a Kleidung einer Person
b Fett in einer Pfanne
c Fernsehgerät
d Holzschuppen im Garten
e Gefäß mit Aluminiumpulver

Selbst untersucht Verbrennen von Stoffen

13 Untersuche das Verbrennen von Holzkohle und Spiritus sowie das Abbrennen einer Kerze.

Schutzbrille! Spritzgefahr! Gib Holzkohle auf einen Verbrennungslöffel und erhitze sie zum Glühen. Halte über die glühende Holzkohle ein Becherglas mit der Öffnung schräg nach unten, das du vorher mit klarem Kalkwasser oder Barytwasser ausgespült hast.

Hinweis: Sollte sich das Kalk- oder Barytwasser trüben, ist das ein Nachweis für Kohlenstoffdioxid. Wiederhole das Experiment mit einigen Tropfen Spiritus (GHS 02), die du in einem Porzellanschälchen entzündest. Halte wiederum ein mit Kalkwasser ausgespültes Becherglas über die Flamme. Entzünde danach den Docht eines Teelichts und verfahre wie beschrieben.

Vergleiche die Vorgänge. Notiere die festgestellten Eigenschaften der untersuchten Stoffe. Gib an, welcher Stoff bei jeder dieser Verbrennungen nachgewiesen werden konnte.

Entsorgung: Teelicht einsammeln, wird wieder verwendet. Feste Stoffe in den Sammelbehälter für Hausmüll, Reste der Flüssigkeiten in den Sammelbehälter für Abwasser geben.

14 Untersuche das Verhalten von Metallen beim Erhitzen an der Luft.

Schutzbrille! Nicht direkt in die Flamme sehen! Halte jeweils ein Stück blanken Aluminium-, Kupfer- und Zinndraht sowie Magnesiumband (GHS 02) mit der Tiegelzange in eine Brennerflamme und erhitze die Metalle stark. Gib nach dem Erkalten die Proben auf je ein Uhrglas.

Vergleiche das Aussehen der erhitzten Proben mit nicht erhitzten Proben der gleichen Metalle.

Vergleiche das Aussehen der erhitzten Proben mit dem Aussehen von Gegenständen dieser Metalle, die korrodiert sind.

Notiere die Beobachtungen und die Ergebnisse der Vergleiche.

Entsorgung: Stoffe einsammeln und der Sammlung zuführen.

15 Untersuche das Verhalten von Metallpulvern beim Erhitzen.

Schutzbrille! Nicht in Flammenrichtung sehen! Bedecke den Experimentiertisch mit Alufolie. Fülle in Porzellanschälchen Pulver der Metalle Aluminium (GHS 02), Kupfer, Zinn und Magnesium (GHS 02). Spanne einen Brenner waagerecht in ein Stativ ein und stelle eine rauschende Brennerflamme ein. Nimm auf einen Spatellöffel jeweils einen halben Löffel eines Metallpulvers. Streue wenig Metallpulver von oben in die Flamme.

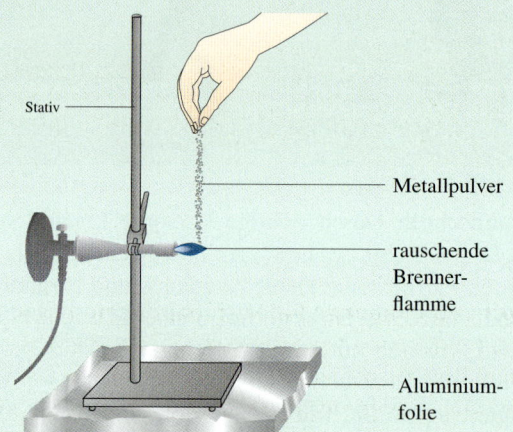

Fege die auf der Aluminiumfolie liegenden Reaktionsprodukte zusammen und lege sie auf jeweils ein Uhrglas.

Vergleiche das Aussehen der Reaktionsprodukte mit dem der Ausgangsstoffe.

Entsorgung: Feststoffe in den Sammelbehälter für Hausmüll geben.

16 Untersuche ein kleines Feuerwerk.

Schutzbrille! Beschreibe das Aussehen einer Wunderkerze. Entzünde diese an einer Brennerflamme. Notiere deine Beobachtungen. Vergleiche das Aussehen der Wunderkerze vor und nach dem Abbrennen. Erkunde, worauf die beobachteten Erscheinungen während des Abbrennens zurückzuführen sind.

Erläutere die Stoffumwandlungen.

Entsorgung: Reste der abgekühlten Wunderkerze in den Sammelbehälter für Hausmüll geben.

Die Verbrennung – eine chemische Reaktion

Der Feuerspucker im Zirkus hat in seinem Mund eine brennbare Flüssigkeit. Wenn er diese in feinen Tröpfchen in eine brennende Fackel speit, entsteht eine sehr große, helle Flamme. Beim Verbrennen der Flüssigkeit hat diese offensichtlich mit dem Sauerstoff der Luft reagiert. Was geschieht bei dieser Stoffumwandlung? Wie unterscheiden sich die brennbaren Stoffe vor und nach der Verbrennung?

1 Ein Feuerspucker sprüht brennbare Flüssigkeit in eine Flamme.

Stoffumwandlungen bei Verbrennungen Holzkohle verbrennt scheinbar vollständig, auch von brennendem Spiritus oder einer brennenden Kerze scheint nichts übrig zu bleiben. Die experimentelle Untersuchung zeigt dagegen, dass gasförmiges, farbloses Kohlenstoffdioxid bei diesen Verbrennungen entsteht. ↑E.13 S.92 Ein neuer Stoff ist nach diesen Verbrennungen nachweisbar. Der neue Stoff hat andere Eigenschaften als die brennbaren Stoffe Holzkohle, Spiritus oder Kerzenwachs. Festzustellen ist auch, dass Sauerstoff an diesen Stoffumwandlungen direkt beteiligt ist.
Beim Erhitzen bzw. Verbrennen verändern sich auch die Metalle, z. B. Magnesium, Kupfer, Zinn und Aluminium. ↑E.14–16 S.92 Die nach der Stoffumwandlung vorliegenden jeweils festen Stoffe unterscheiden sich deutlich von den eingesetzten Metallen. Auch hier ist Sauerstoff für die Stoffumwandlung der Metalle beim Erhitzen oder Verbrennen notwendig. Es zeigte sich, dass die Verbrennung mit reinem Sauerstoff deutlich heftiger als mit dem Sauerstoff der Luft erfolgt, aber zu den gleichen Ergebnissen führt. ↑E.17
Auch beim Verbrennen von Wasserstoff fand eine Stoffumwandlung statt. Aus dem farblosen, gasförmigen Wasserstoff ist eine farblose Flüssigkeit entstanden. ↑E.18
Immer liegen nach dem Beenden der Experimente neue Stoffe mit anderen Eigenschaften vor. Es hat sich also nicht nur der Aggregatzustand der Stoffe geändert. Bei einer **Verbrennung** handelt es sich immer um eine chemische Reaktion.

Verbrennungen sind chemische Reaktionen, bei denen ein brennbarer Stoff mit dem Sauerstoff reagiert.

Experiment 17 [L]
Verbrennen von Metallpulvern in reinem Sauerstoff.
Schutzbrille! Vier Erlenmeyerkolben werden mit Sauerstoff gefüllt. Auf einem Verbrennungslöffel mit Stopfen werden nacheinander Pulver der Metalle Aluminium (GHS 02), Kupfer, Zinn und Magnesium (GHS 02) erhitzt und in die Erlenmeyerkolben getaucht.

Experiment 18 [L]
Verbrennen von Wasserstoff.
Schutzbrille! In einem Gasentwickler wird Wasserstoff (GHS 02) erzeugt und durch eine Düse, in der sich eine Rückschlagsicherung befindet, geleitet. Nach erfolgreicher Knallgasprobe wird der ausströmende Wasserstoff an der Düse entzündet. Über die Wasserstoffflamme wird ein kalter, trockener Rundkolben gehalten.

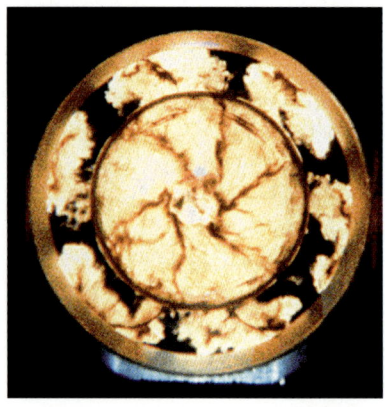

1 Die Verbrennung des Kraftstoffs im Zylinder eines Motors ist eine sehr schnell verlaufende Oxidationsreaktion.

2 Dieses Eisenblech verrostete durch eine über Jahre ablaufende sehr langsame Oxidationsreaktion.

Oxide – Reaktionsprodukte von Verbrennungen Die Bildung des gasförmigen, farblosen Kohlenstoffdioxids aus Holzkohle setzt ebenso wie die Bildung eines weißen, festen Stoffes bei der Verbrennung von Magnesium die Anwesenheit von Sauerstoff voraus. Die durch Reaktion mit dem Element Sauerstoff gebildeten Stoffe heißen **Oxide**. Ihr Name ist vom lateinischen Namen *oxygenium* für Sauerstoff abgeleitet.

Eine chemische Reaktion, bei der ein Element mit dem Element Sauerstoff zu einem Oxid reagiert, wird als **Oxidation** bezeichnet. Verbrennungen sind sehr schnell ablaufende Oxidationen, die unter Entwicklung hoher Temperaturen und häufig unter Flammenerscheinung ablaufen. Wie bereits bekannt, kann für jede chemische Reaktion, also auch für jede Oxidation, eine Wortgleichung geschrieben werden.

Aluminium (s) + Sauerstoff (g) $\longrightarrow$ Aluminiumoxid (s)
Kohlenstoff (g) + Sauerstoff (g) $\longrightarrow$ Kohlenstoffdioxid (g)
Magnesium (s) + Sauerstoff (g) $\longrightarrow$ Magnesiumoxid (s)
Zinn (g)   + Sauerstoff (g) $\longrightarrow$ Zinnoxid (s)

Element   + Sauerstoff $\longrightarrow$ Oxid

Die Oxide unterscheiden sich in ihren Eigenschaften deutlich von den Eigenschaften der Elemente, aus denen sie entstanden sind. In den Oxiden sind die Teilchen von mindestens zwei Elementen miteinander verbunden. Damit gehören die Oxide zu einer weiteren Gruppe von Reinstoffen, den **chemischen Verbindungen**.

Die chemische Reaktion eines Elements mit dem Element Sauerstoff ist eine Oxidation. Als Reaktionsprodukte entstehen Oxide. Oxide sind chemische Verbindungen, bei denen Teilchen des Elements Sauerstoff mit den Teilchen anderer Elemente verbunden sind.

Schnelle und langsame Oxidationen Wie in den Experimenten beobachtet, verlaufen die Oxidationen bei Verbrennungsreaktionen sehr schnell. Auch das Verbrennen von Kraftstoff in Motoren oder die Explosion eines Sprengstoffes gehören zu diesen schnell ablaufenden Oxidationen. [1] Verrosten Teile eines Fahrrades oder werden die aufgenommenen Nährstoffe in unserem Organismus in Energie und körpereigene Stoffe umgewandelt, handelt es sich ebenfalls um Oxidationen. Es sind aber keine Verbrennungen, da keine hohen Temperaturen oder Flammenerscheinungen auftreten und diese Oxidationen vergleichsweise langsam ablaufen. [2]

Aufgaben

1 Begründe, warum bei einer Verbrennung eine chemische Reaktion abläuft.

2 Erläutere die Begriffe Oxid und Oxidation. Nenne Beispiele für Oxide.

3 Erläutere die Begriffe Stoff, Stoffgemisch, chemisches Element, chemische Verbindung. Erstelle eine Übersicht.

4 Notiere fünf Vorgänge aus dem Alltag, von denen du annimmst, dass es sich um Oxidationen handelt.

5 Nenne Beispiele für schnell und langsam ablaufende Oxidationen.

6 Formuliere Wortgleichungen für drei Oxidationen.

Internetrecherche

In einem Vortrag über Wasserstoff soll auch auf die Entdeckung des Elements eingegangen werden. Viele Informationen dazu findest du im Internet.

1 *Formuliere ein Problem oder eine Fragestellung.*
Wann und von wem wurde Wasserstoff entdeckt?

2 *Finde geeignete Suchwörter.*
Mögliche Suchwörter sind: Wasserstoff, Entdeckung, Gas.

3 *Suche im Internet mit geeigneten Suchmaschinen.*
Mögliche Suchmaschinen sind: www.bing.com, www.google.de, www.blinde-kuh.de, www.yahoo.de, www.wolframalpha.com.

4 *Gib das Suchwort ein.*

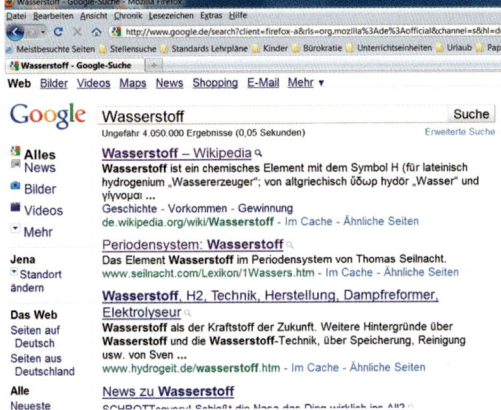

5 *Schränke das Suchergebnis ein.*
Oft gibt die Suchmaschine zu viele Fundstellen an. Dann kann das Suchergebnis eingeschränkt werden, indem mehrere Suchwörter eingegeben werden. Viele Suchmaschinen wie www.google.de bieten eine „erweiterte Suche" an. Damit können Seiten mit **allen** Wörtern, mit der **genauen Wortgruppe**, mit **irgendeinem der Wörter** oder **ohne** die Wörter gesucht werden. Gibt man mehrere Suchwörter durch Leerzeichen voneinander getrennt in das Suchfeld ein, werden alle Seiten angezeigt, die gleichzeitig beide Begriffe enthalten. Die genaue Wortgruppe kann gesucht werden, indem sie in Anführungszeichen gesetzt wird.

Zur Einschränkung der Suche gib ein weiteres aussagekräftiges Suchwort ein.
Suchwörter: Wasserstoff, Entdeckung

6 *Sichte die Seiten.*
Überfliege die Fundstellen und kopiere die Adressen von geeigneten Seiten, damit du sie später schnell finden kannst. Zudem hast du damit die Daten, die du als Quellenangabe für wörtlich oder inhaltlich übernommene Textpassagen benötigst.

7 *Notiere die gefundenen Aussagen.*
Wasserstoff wurde 1766 von dem englischen Chemiker Henry Cavendish entdeckt. 1787 taufte es der Franzose Antoine Lavoisier auf den Namen hydrogène (griech. hydor – Wasser; genes – erzeugend).

Gefundene geeignete Internetadressen:
http://chemie-7a.tripod.com/wasserstoff_essenther.htm
www.seilnacht.com/Lexikon/1Wassers.htm

Wichtige Internetadressen zur Recherche chemischer Inhalte

www.chemieunterricht.de/dc2/
http://netchemie.de/netchemie/
www.chemie-master.de/
www.seilnacht.tuttlingen.com/
http://de.wikipedia.org/wiki/Hauptseite

Suche nach Suchmaschinen – übergeordnete Suchmaschinen

www.metager.de
www.klug-suchen.de
www.suchfibel.de

Wasserstoff

Unsere Sonne ist eine riesige Gaskugel, die zu 73 % ihrer Masse aus Wasserstoff besteht. In ihrem Zentrum beträgt die Temperatur 15 Millionen °C. Bei den dort ablaufenden Vorgängen wird ständig Wasserstoff verbraucht. Dabei werden gigantische Mengen an Energie frei.

Auch auf der Erde wird aus Wasserstoff Energie erzeugt. Was ist das für ein Stoff, der oft als Energieträger der Zukunft bezeichnet wird?

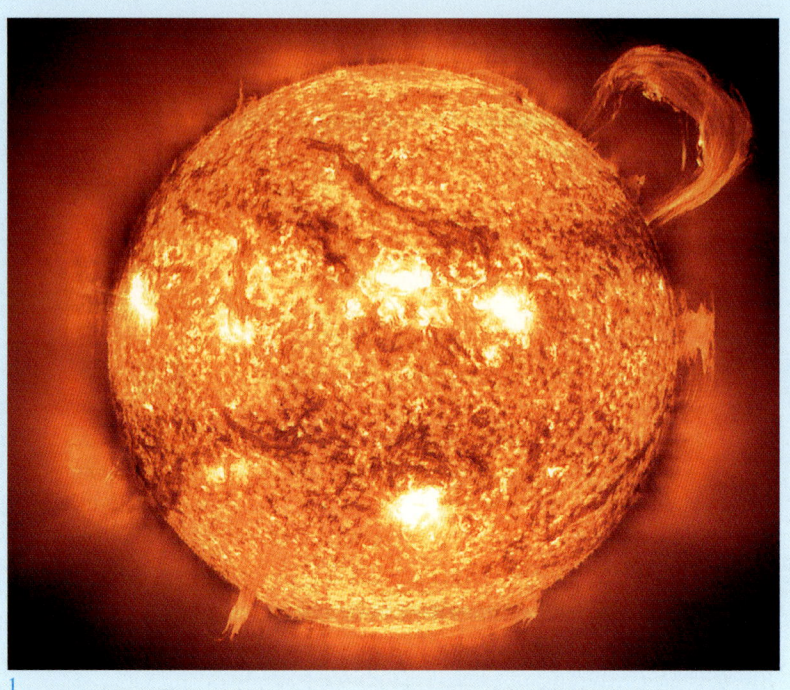

1

EXPERIMENT 19 [L]
Böllerbüchse.
Schutzbrille! Eine mit Wasserstoff (GHS02) gefüllte, nach unten offene Blechdose wird auf einen Dreifuß mit Tondreieck gestellt. Das aus dem Loch (Durchmesser 1 bis 2 mm) im Kopf der Dose ausströmende Gas wird mit einem Holzspan gezündet.

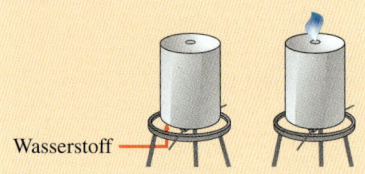

Wasserstoff

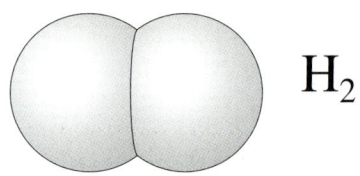

H_2

2 Modell und Formel eines Wasserstoffmoleküls

Vorkommen von Wasserstoff Wasserstoff ist mit einem Massenanteil von 88,6 % das häufigste Element im Weltall. In der Erdhülle einschließlich der Wasser- und Lufthülle beträgt der Massenanteil dagegen nur etwa 0,9 %. In der Häufigkeit der Elemente auf der Erde steht Wasserstoff an 9. Stelle.

Wasserstoff kommt fast ausschließlich in gebundener Form vor. Die wichtigste Wasserstoffverbindung ist sein Oxid, das Wasser. Daneben tritt Wasserstoff vor allem im Erdgas, Erdöl und in Kohlenhydraten gebunden auf. Während elementarer Wasserstoff in der unteren Atmosphäre nur in Spuren vorkommt, z. B. in Vulkangasen, besteht die in einigen 100 km Höhe sehr dünne Atmosphäre fast ausschließlich aus Wasserstoff.

Eigenschaften und Bau von Wasserstoff Wasserstoff ist ein farbloses, geruchloses und ungiftiges Gas und gehört zu den Nichtmetallen. Er ist etwa 14-mal leichter als Luft und hat die geringste Dichte aller Stoffe. Wasserstoff löst sich fast nicht in Wasser, aber in einigen Metallen. Seine Schmelztemperatur beträgt –259 °C, seine Siedetemperatur –252 °C.

Wasserstoff bildet mit Luft oder Sauerstoff [6 % $< \varphi(H_2) <$ 67 %] hochexplosive Gemische, die **Knallgas** genannt werden. In reiner Form verbrennt er ruhig mit bläulicher Flamme. ↑E.20

Wasserstoff ist wie Sauerstoff und Stickstoff aus Molekülen aufgebaut. In einem Molekül Wasserstoff sind zwei Atome Wasserstoff durch starke Anziehungskräfte miteinander verbunden. Wasserstoff hat deshalb die Formel H_2. ↑2

20 **Stelle Wasserstoff her und weise ihn nach.**

Schutzbrille! Baue die Apparatur zum pneumatischen Auffangen eines Gases so auf wie in Bild 2 auf Seite 74. Gib in das Reagenzglas mit seitlichem Ansatz zwei Körner Zink. Tropfe mit der Pipette vorsichtig etwa 2 ml 10%ige Salzsäure (GHS 07) hinzu.

Fülle vier Reagenzgläser mit dem entstehenden Gas (GHS 02). Halte nach dem Füllen die ersten drei Reagenzgläser an eine kleine Brennerflamme. *Vorsicht! Nicht erschrecken!* Halte das vierte Reagenzglas 10 s unverschlossen mit der Öffnung nach oben. Führe es danach ebenfalls an die kleine Brennerflamme.

Beschreibe deine Beobachtungen. Welche Eigenschaften des Wasserstoffs lassen sich ableiten? *Entsorgung:* Salzsäurereste in Sammelbehälter I geben, Zinkreste abspülen, werden wieder verwendet.

Gas pneumatisch auffangen

Glasmündung neben die Flamme halten

Knallgas verpufft

Wasserstoff verbrennt langsam

3 Durchführung der Knallgasprobe

Nachweis von Wasserstoff Zum Nachweis von Wasserstoff wird die Brennprobe durchgeführt. ↑E.20 ↑3 Dafür wird ein brennender Span an die Öffnung eines mit Gas gefüllten Reagenzglases gehalten. Brennt das Gas ruhig mit bläulicher Flamme, gilt dies als Nachweis für Wasserstoff. Beim Verbrennen von Wasserstoff entsteht Wasser, das in Form kleiner Tröpfchen kondensiert. Auch sie dienen als Hinweis auf Wasserstoff. ↑E.21 Verbrennt das Gas dagegen explosionsartig mit einem Knall, Plopp oder Pfeifen, so liegt ein **Knallgas** vor. ↑E.19 Der Nachweis darauf wird als **Knallgasprobe** bezeichnet. Sie muss immer durchgeführt werden und negativ ausfallen, bevor Wasserstoff entzündet wird.

Darstellung und Verwendung von Wasserstoff Wasserstoff wird im Labor in kleinen Mengen durch Reaktion von Salzsäure mit Zink hergestellt. Großtechnisch wird er zu über 90 % aus Erdöl gewonnen. Aufgrund seiner geringen Dichte wurde Wasserstoff früher zur Füllung von Luftschiffen verwendet. Heute dient er als Traggas für Wetterballons. Wasserstoff ist neben Stickstoff ein Ausgangsstoff für die Synthese von Ammoniak, einem wichtigen Grundstoff für die Düngemittelherstellung. Wasserstoff wird auch zur Energiegewinnung eingesetzt. So findet er als Raketentreibstoff und in der Technologie des Wasserstoffautos Anwendung.

EXPERIMENT 21 [L]
Verbrennen von Wasserstoff.
Schutzbrille! In einen mit Wasserstoff (GHS 02) gefüllten Standzylinder wird von unten eine brennende Kerze eingeführt und die Flamme beobachtet.

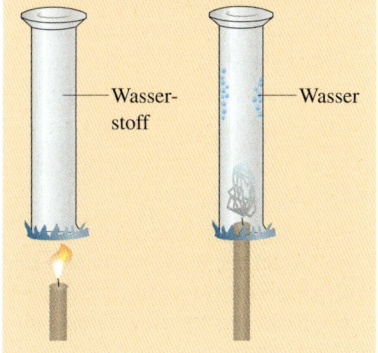

Wasserstoff — Wasser

Aufgaben

1 Entwickle einen Steckbrief von Wasserstoff.
2 1 m³ Wasserstoff trägt etwa eine Masse von 1,2 kg. Berechne, welches Volumen an Wasserstoff benötigt wird, um die Masse deines Körpers zu tragen.

3 Warum muss beim Experimentieren mit Wasserstoff äußerst vorsichtig gearbeitet werden?
4 Begründe den Einsatz von Wasserstoff als Traggas und Raketentreibstoff.

Beispiel einer chemischen Reaktion – Verbrennen von Wasserstoff

Beim Start der europäischen Ariane 5, einer Trägerrakete für Kommunikationssatelliten, reagieren 24 000 kg Wasserstoff mit Sauerstoff in den Haupttriebswerken. Dazu werden Wasserstoff und Sauerstoff getrennt in Tanks bei sehr tiefer Temperatur in flüssiger Form mitgeführt. Während des Starts verdampfen beide Stoffe und werden mit hohem Druck in die Brennkammer eingespritzt. Der bei der Reaktion entstehende Wasserdampf strömt mit hoher Geschwindigkeit aus der Düse und erzeugt so die benötigte Schubkraft.

1 Start einer Ariane-Rakete

Chemische Reaktion:
Verbrennen von Wasserstoff

Stoffliche Deutung:
Wasserstoff und Sauerstoff reagieren zu Wasserstoffoxid (Wasser).

Teilchenmäßige Deutung:
Je 2 Moleküle Wasserstoff und 1 Molekül Sauerstoff reagieren zu 2 Molekülen Wasser.

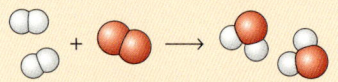

Bilanz der Teilchen der Elemente:
Die Anzahl der Wasserstoffatome im Ausgangsstoff Wasserstoff ist gleich der Anzahl der Wasserstoffatome im Reaktionsprodukt Wasser. Die Anzahl der Sauerstoffatome im Ausgangsstoff Sauerstoff ist gleich der Anzahl der Sauerstoffatome im Reaktionsprodukt Wasser.

Reaktionsgleichung:
$2 H_2(g) + O_2(g) \longrightarrow 2 H_2O(l)$

Stoff- und Teilchenumsatz beim Verbrennen von Wasserstoff Wie bereits bekannt, findet bei der Verbrennung von Wasserstoff eine Stoffumwandlung statt. Gasförmiger Wasserstoff reagiert mit gasförmigem Sauerstoff unter Bildung von farblosem, flüssigem Wasser. Außerdem wird bei der Reaktion eine große Wärmemenge frei. Es findet eine Energieumwandlung statt, indem ein Teil der chemischen Energie der Ausgangsstoffe in thermische Energie umgewandelt wird. Da gleichzeitig Stoff- und Energieumwandlung stattfinden, ist das Verbrennen von Wasserstoff eine chemische Reaktion.

Diese Reaktion lässt sich stofflich durch die Wortgleichung beschreiben:

Wasserstoff (g) + Sauerstoff (g) $\longrightarrow$ Wasser(stoffoxid) (l) │ exotherm

Bei dieser Reaktion ordnen sich die Teilchen der Ausgangsstoffe Wasserstoff und Sauerstoff um. Es bilden sich die Teilchen des Reaktionsprodukts Wasser. Bei Anwendung des Teilchenmodells lässt sich der kleinstmögliche Teilchenumsatz für diese Reaktion erkennen.

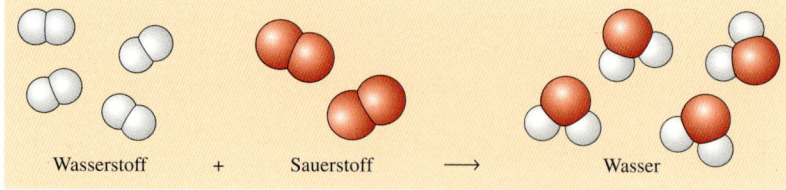

2 Teilchenmodell der Reaktion von Wasserstoff und Sauerstoff

Betrachtet man im Teilchenmodell den kleinstmöglichen Umsatz der Teilchen, lässt sich daraus ableiten: Je zwei Moleküle Wasserstoff und ein Molekül Sauerstoff reagieren zu zwei Molekülen Wasser.

Die Reaktionsgleichung Die Stoffe und die Teilchen eines Stoffes können durch Formeln und Symbole dargestellt werden. H_2, O_2 und H_2O sind die Formeln für Wasserstoff, Sauerstoff und Wasser.

Die kleinstmögliche Teilchenanzahl der miteinander reagierenden Stoffe wird als Faktor vor die jeweilige Formel oder das jeweilige Symbol geschrieben.

$$2\,H_2\,(g) + O_2\,(g) \longrightarrow 2\,H_2O\,(l)$$

Diese Darstellung einer chemischen Reaktion wird als **Reaktionsgleichung** bezeichnet. Sie gibt an, welche und wie viele Teilchen der Ausgangsstoffe bei einer chemischen Reaktion miteinander reagieren sowie welche und wie viele Teilchen der Reaktionsprodukte entstehen.

Aus einer Reaktionsgleichung sind nicht die Eigenschaften der reagierenden Stoffe und auch nicht die für die Reaktion erforderlichen Bedingungen ableitbar.

Reaktionsgleichungen sind im Unterschied zu Wortgleichungen international verständlich und deshalb ein wichtiges Arbeits- und Verständigungsmittel in der Naturwissenschaft Chemie.

> **Eine Reaktionsgleichung beschreibt eine chemische Reaktion mithilfe chemischer Zeichen. Sie kennzeichnet die an einer chemischen Reaktion beteiligten Stoffe, die Teilchen der Stoffe und das Zahlenverhältnis, in dem die Teilchen reagieren.**

Entwickeln von Reaktionsgleichungen Beim Entwickeln von Reaktionsgleichungen hat es sich bewährt, nach einer bestimmten Schrittfolge vorzugehen.

Regeln für das Ermitteln der Faktoren in Reaktionsgleichungen

– Die Anzahl der Teilchen eines Elements muss bei den Ausgangsstoffen und bei den Reaktionsprodukten gleich sein.
– Ist das nicht der Fall, müssen entsprechende Faktoren vor die jeweiligen chemischen Zeichen der Stoffe geschrieben werden.
– Die chemischen Zeichen (Symbole, Formeln) der Stoffe dürfen dabei nicht verändert werden.

Schritte beim Entwickeln einer Reaktionsgleichung

1. Formulieren der Wortgleichung	Wasserstoff +	Sauerstoff $\longrightarrow$	Wasser
2. Einsetzen der chemischen Zeichen	H_2	O_2	H_2O
3. Ermitteln der Faktoren (schrittweise, für jedes Element nacheinander)	H_2 $2\,H_2$	$1\,O_2$ $1\,O_2$	$2\,H_2O$ $2\,H_2O$
4. Überprüfen der Anzahl der Atome jedes Elements im Teilchenverband in den Ausgangsstoffen und Reaktionsprodukten	Ausgangsstoffe Wasserstoff: $2 \cdot 2$ Sauerstoff: $1 \cdot 2$	$=$ $=$	Reaktionsprodukte $2 \cdot 2$ $2 \cdot 1$
5. Reaktionsgleichung	$2\,H_2$	$+ O_2$	$\longrightarrow 2\,H_2O$

Aufgaben

1 Erläutere am Beispiel der Verbrennung von Wasserstoff die Merkmale einer chemischen Reaktion.

2 Schwefel kann mit Sauerstoff zu Schwefeldioxid verbrannt werden. Deute diese Reaktion stofflich und teilchenmäßig. Stelle die Wortgleichung und die Reaktionsgleichung auf.

3 Bei einer chemischen Reaktion entstehen aus einer Million Wasserstoffmolekülen und einer Million Sauerstoffmolekülen eine Million Wassermoleküle. Prüfe die Richtigkeit der Aussage.

4 Begründe, warum Reaktionsgleichungen international wichtige Arbeits- und Verständigungsmittel sind.

^{im} Brennpunkt

1 Das Forschungsflugzeug „Global Observer" mit Brennstoffzellenantrieb kann 24 Stunden in der Luft bleiben.

Wasserstoff – saubere Energie

für die Zukunft

Fossile Energieträger und erneuerbare Energiequellen Riesige Vorkommen an Kohle, Erdöl und Erdgas sind in Millionen Jahren der Erdgeschichte entstanden. Heute verbrauchen wir jeden Tag so viel davon, wie in 1 000 Jahren Erdgeschichte entstanden ist. Der Vorrat, so schätzen Experten, wird in wenigen Jahrzehnten erschöpft sein. Zudem bewirkt der enorme Verbrauch, der mit dem Ausstoß von Kohlenstoffdioxid einhergeht, eine Verstärkung des Treibhauseffekts. Viele Wissenschaftler sind sich darüber einig, dass ein weltweiter Klimawandel bereits stattfindet.
Ein Ausweg könnte die stärkere Nutzung von regenerativen (erneuerbaren) Energiequellen wie Solarenergie, Windenergie, Erdwärme und Wasserkraft sein.

Wasserstoff als Energieträger Die Reaktion von Wasserstoff mit Sauerstoff verläuft unter starker Energieabgabe. Wasserstoff eignet sich daher als Brennstoff zum Kochen und Heizen, zum Betreiben von Motoren sowie zur Stromerzeugung in Brennstoffzellen. Als Reaktionsprodukt entsteht lediglich Wasser. Eine nahezu unbegrenzt zur Verfügung stehende Wasserstoffquelle ist das Wasser, aus dem Wasserstoff durch Zerlegung mithilfe des elektrischen Stroms gewonnen werden kann. Wasserstoff kann aber auch aus Erdöl, Erdgas oder Biomasse gewonnen werden. Entscheidend ist, dass die Gewinnung nach einem umweltfreundlichen Verfahren und am besten durch Nutzung erneuerbarer Energiequellen erfolgt.

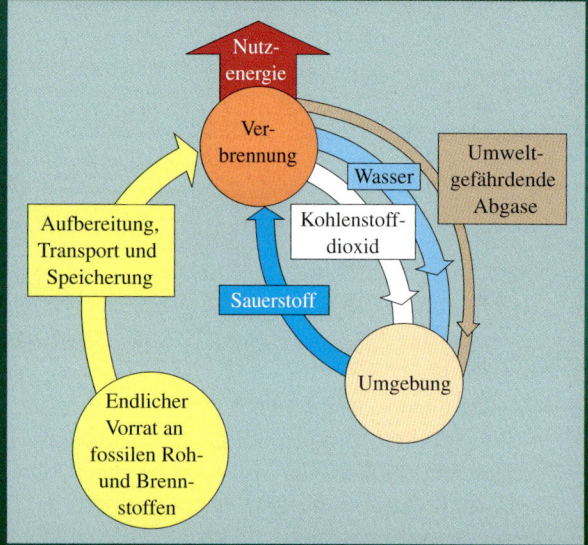

2 Nutzung fossiler Energieträger

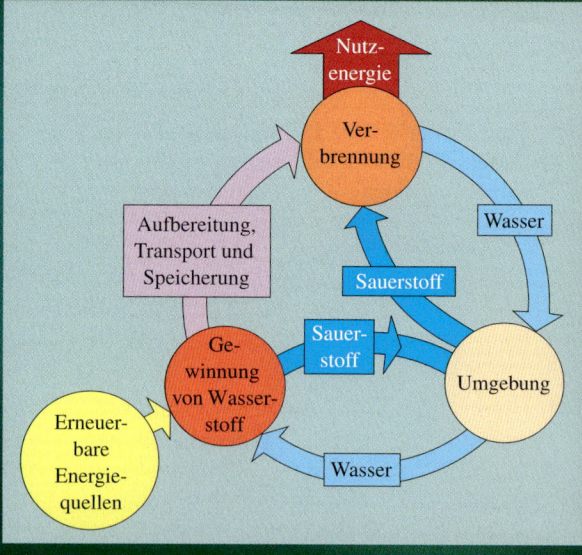

3 Nutzung erneuerbarer Energiequellen

Speicherung und Transport von Wasserstoff Die Speicherung von Wasserstoff, der explosive Gemische bilden kann, erfordert durchdachte technische Lösungen. Für den Transport gelten besonders strenge Vorschriften. Wasserstoff ist entweder gasförmig, flüssig oder in chemisch gebundener Form speicherbar. Die Speicherung erfolgt heute fast ausschließlich in Druckbehältern aus Stahl.

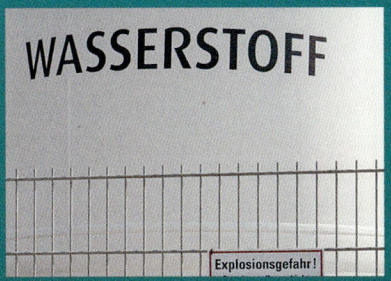

4 Wasserstofftanks zum Befüllen von mit Brennstoffzellen betriebenen Linienbussen

5 Pkw wird mit Wasserstoff betankt.

Die Brennstoffzelle – das lautlose Kraftwerk In einer Brennstoffzelle reagieren Wasserstoff und Sauerstoff so miteinander, dass ein Teil der chemischen Energie dieser Stoffe in elektrische Energie umgewandelt wird. Bei dieser Reaktion entsteht in der völlig lautlos arbeitenden Brennstoffzelle reines

Wasser ohne schädliche Abgase. Ursprünglich für die Raumfahrt entwickelt, testet man heute bereits den Einsatz von Brennstoffzellen in Pkws, Bussen und sogar in speziellen Fluggeräten. ↑1

Wasserstoffmotoren Wasserstoff kann auch als Brennstoff verwendet werden und zum Antrieb von Kraftfahrzeugen, Flugzeugen und Schiffen dienen. Bei dieser Technik wird Wasserstoff im flüssigen Aggregatzustand gespeichert und in einem Verbrennungsmotor gasförmig im Gemisch mit Luft verbrannt.

7 Dieser Camcorder wird von einer Brennstoffzelle angetrieben.

6 Brennstoffzelle in einem Pkw

Arbeitsaufträge

1 Erkunde in Fachbüchern bzw. im Internet, wie lange die Vorräte an Erdöl, Erdgas und Kohle voraussichtlich noch reichen werden. Diskutiere die möglichen weltweiten Folgen eines Mangels an diesen Rohstoffen.

2 Die Fotovoltaik gilt als Energiequelle der Zukunft für die Gewinnung von Wasserstoff. Was versteht man unter „Fotovoltaik"? Nutze wiederum Fachbücher bzw. das Internet.

3 Als erstes Land der Erde plant Island, sein gesamtes Energieversorgungssystem auf die Nutzung regenerativer Energiequellen und auf Wasserstofftechnologie umzustellen. Erkunde im Internet, welche regenerativen Energiequellen in Island zur Verfügung stehen und wie sie heute bereits genutzt werden.

4 Erläutere die Aussagen der Abbildungen 2 und 3. Gehe dabei auch auf die aktuelle Diskussion um Heizöl- und Benzinpreise ein.

1 Ein Schwelbrand in der St.-Johannes-Kirche in Bad Waldsee (Kreis Ravensburg) am 12. Dezember 2004 hat einen erheblichen Sachschaden verursacht. Der Brand war am Nachmittag auf der Empore ausgebrochen. Dabei wurden die denkmalgeschützte Orgel und die Wände der alten Pfarrkirche in Mitleidenschaft gezogen.

1 Verbrannter Teil der Orgel in der St.-Johannes-Kirche

Gib an, welche Unterschiede zwischen einem Schwelbrand und einem Feuer bestehen.
Nenne die Bedingungen, die zum Ausbrechen eines Feuers erfüllt sein müssen.
Zeige auf, welche Möglichkeiten es gab, dieses Feuer mit möglichst geringem Schaden zu löschen.
Begründe deine Aussagen.

2 Wenn die Feuerwehr zu einem Brand gerufen wird, muss sie meist sehr schnell und vor allem richtig reagieren. Die einzuleitenden Maßnahmen hängen ganz von der Art des Brandes ab. Auch eignet sich nicht jedes Feuerlöschmittel für jeden Brand. Bei einem Metallbrand hätte etwa ein Löschversuch mit Wasser verheerende Folgen.

Schlage geeignete Löschmaßnahmen für die folgenden Brände vor und begründe sie. Nenne für jeden Brand mindestens ein geeignetes Löschmittel.

a Waldbrand
b Fettbrand
c Metallbrand
d Brand von Elektrogeräten
e Scheunenbrand

2 Entzünden von Magnesiumgrieß

3 Die Verbrennung von festem Kohlenstoff wird in der Technik u. a. in Kraftwerken genutzt, um Wärme oder elektrische Energie zu gewinnen. Für diese Reaktion lässt sich ein Teilchenmodell darstellen:

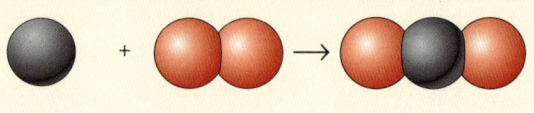

Kohlenstoff   Sauerstoff   Kohlenstoffdioxid

3 Teilchenmodell der Verbrennung von Kohlenstoff

Weise nach, dass die Verbrennung von Kohlenstoff eine chemische Reaktion ist. Beschreibe dafür die Stoff- und Energieumwandlung sowie die Teilchenveränderung.
Gib Wort- und Reaktionsgleichung an.

4 In der Schule kann Wasserstoff in einem Gasentwickler durch Reaktion von Salzsäure mit Zink dargestellt werden. Bevor der Lehrer den Wasserstoff entzündet, führt er die Knallgasprobe durch. Beschreibe die Durchführung der Knallgasprobe. Begründe, warum diese vor dem Entzünden von Wasserstoff durchgeführt werden muss.

5 Der Antrieb von Kraftfahrzeugen durch Brennstoffzellen wird als umweltschonender dargestellt als der Einsatz von Motoren, die Benzin verbrennen. Recherchiere im Internet nach Argumenten für und gegen den Einsatz von Brennstoffzellen. Notiere die Argumente.
Vergleiche die entstehenden Abgase beider Antriebsmöglichkeiten.
Werte unter Nutzung der gesammelten Ergebnisse die oben getroffene Aussage.

6 Nach einem Flug über den Atlantik explodierte das Luftschiff Hindenburg am 6. Mai 1937 bei der Landung in Lakehurst, New Jersey.

4 Explosion der Hindenburg

Recherchiere, wie es zu dem tragischen Unfall kam. Hätte er verhindert werden können?

Entzünden und Löschen von Feuer

Bedingungen für das Entstehen von Feuer	Möglichkeiten zum Löschen von Feuer
Brennbarer Stoff muss vorhanden sein. Sauerstoff muss vorhanden sein, z.B. Sauerstoff der Luft. Entzündungstemperatur des brennbaren Stoffes muss erreicht sein.	Entfernen der brennbaren Stoffe Unterbrechen der Luftzufuhr Abkühlen des Brandherdes unter die Entzündungstemperatur

Verbrennung

Chemische Reaktion, bei der ein Stoff mit dem Element Sauerstoff unter Entwicklung hoher Temperatur und Lichterscheinungen reagiert. Bei einer Verbrennung entstehen als Reaktionsprodukte Oxide.

Oxide

Chemische Verbindungen, in denen ein Element mit dem Element Sauerstoff verbunden ist

Chemische Verbindungen

Reinstoffe, in denen Teilchen von mindestens zwei Elementen miteinander verbunden sind

Wasserstoff

Chemisches Element, das aus Molekülen aufgebaut ist. In einem Wasserstoffmolekül sind zwei Wasserstoffatome miteinander verbunden.

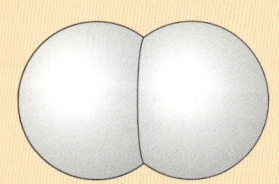

H_2

Wasserstoff ist farblos, geruchlos und brennbar. Er hat die geringste Dichte aller Stoffe. Nachweis: Brennprobe und Bildung von Flüssigkeitströpfchen
Wasserstoff bildet mit Sauerstoff und Luft explosive Gasgemische, die mit lautem Knall verbrennen. Der Nachweis solcher Gasgemische erfolgt mithilfe der Knallgasprobe.

Reaktionsgleichung

Beschreibung einer chemischen Reaktion mithilfe chemischer Zeichen. Die Reaktionsgleichung kennzeichnet die an einer chemischen Reaktion beteiligten Stoffe, die Teilchen der Stoffe und das Zahlenverhältnis, in dem die Teilchen miteinander reagieren. Reaktionsgleichungen sind international verständliche Arbeits- und Verständigungsmittel in der Chemie.

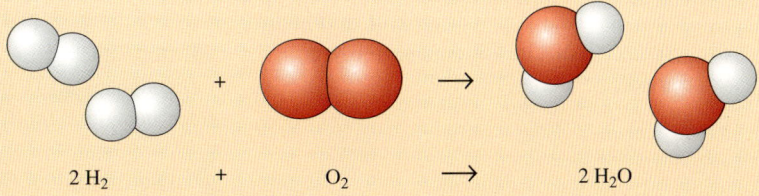

$2 H_2$ $\quad + \quad$ O_2 $\quad \rightarrow \quad$ $2 H_2O$

1   Die Erde ist von einer Lufthülle umgeben. Nenne die wichtigsten Bestandteile der Lufthülle.

2   Ein Mitschüler behauptet: Saubere Luft, z. B. über einem Ozean, ist ein reiner Stoff. Beurteile diese Aussage in Bezug auf ihre Richtigkeit.

3   Die meisten Luftbestandteile bestehen aus Molekülen.
a   Beschreibe den Aufbau von Sauerstoff und Stickstoff. Gib die Formeln beider Stoffe an. Zeichne die Molekülmodelle.
b   Erläutere den Begriff Molekül.

4   In drei Gefäßen befinden sich farblose Gase bzw. Gasgemische. In je einem Gefäß befinden sich Sauerstoff, Stickstoff und Luft. Erläutere, wie auf einfache Weise ermittelt werden kann, welches Gas sich in welchem Gefäß befindet.

5   Beschreibe, was man unter dem pneumatischen Auffangen von Gasen versteht.

6   Begründe Maßnahmen zum Löschen eines Feuers mit deinen Kenntnissen über chemische Reaktionen.

7   Bei einem Waldbrand werden große Bestände an Bäumen und Pflanzen zerstört.
a   Entwickle Wortgleichungen für die Reaktionen bei einem Waldbrand. Gehe davon aus, dass die Pflanzen Kohlenstoff und auch Schwefel enthalten.
b   Diskutiere die Wirkung von Waldbränden auf Mensch und Umwelt und nenne Brandschutzmaßnahmen.

8   Erläutere am Beispiel der Verbrennung die Merkmale chemischer Reaktionen. Stelle für ein selbst gewähltes Beispiel die Wort- und Reaktionsgleichung auf.

9   Erläutere den Bau von Wasserstoff und nenne drei charakteristische Eigenschaften von Wasserstoff.

10   Die Verbrennung von Wasserstoff kann für den Antrieb von Raketen genutzt werden.
a   Benenne das Reaktionsprodukt und stelle für die Reaktion eine Reaktionsgleichung auf.
b   Erläutere die Bedeutung von Wasserstoff als Energieträger der Zukunft.

11   Im Unterricht wurde in einem Gasentwickler Wasserstoff hergestellt. Ein Schüler will eine Flamme an das ausströmende Gas halten, um den Wasserstoff zu entzünden. Bewerte dieses Vorgehen. Unterbreite einen Vorschlag, wie du vorgehen würdest, und begründe ihn.

12   Folgende Begriffe aus der Chemie stehen an der Tafel: Stoffe, Rauch, Oxid, Seewasser, Wasserstoff, Stoffgemisch, Reinstoff, Sauerstoff, Luft, Element, Wasser, Verbindung.
Ein Schüler hat mit dem Schema begonnen, es aber nicht zu Ende gebracht.
a   Ordne die Begriffe in ein Schema ein.
b   Nenne weitere Beispiele für Elemente, Verbindungen und Stoffgemische.

Aufgabe	Hilfe findest du auf Seite …	Verbindung der Aufgabe zu den Basiskonzepten ↑Anhang
1	70	T
2	70	T
3	78	T
4	76, 77	T
5	74	S
6	90, 92, 93	R
7	88, 90, 92, 93	S R
8	93, 94, 98, 99	T R E
9	96	T R
10	98, 99, 100, 101	T S R E
11	96, 97	T R
12	94	T

T Stoff-Teilchen-Beziehungen, **S** Struktur-Eigenschafts-Beziehungen, **R** Chemische Reaktion, **E** Energetische Betrachtungen bei Stoffumwandlungen

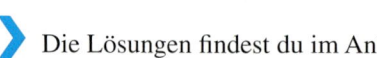 Die Lösungen findest du im Anhang.

Metalle und Periodensystem der Elemente

Täglich begegnen wir Gegenständen aus Metall: Fahrrädern, Autos, Brücken, Brillengestellen oder Geldmünzen. Auch Fassaden können aus Metall bestehen. Das von FRANK O. GEHRY entworfene Guggenheim-Museum in Bilbao ist mit 33 000 kleinen, hauchdünn mit Titan beschichteten Stahlplatten bedeckt. Sie lassen das märchenhafte Gebäude in jedem Licht der Umgebung erscheinen.
Metalle sind aus Alltag, Medizin und Technik nicht wegzudenken. Ihre Anwendungsmöglichkeiten erscheinen grenzenlos.

→ Welche verschiedenen Metalle gibt es?
→ Welche gemeinsamen Eigenschaften besitzen Metalle?
→ Wie sind Metalle aufgebaut und welche Beziehung besteht zwischen der Welt der kleinsten Teilchen und dem Periodensystem der Elemente?
→ Worin liegen die Ursachen für die Eigenschaften der Metalle?
→ Welche Bedeutung haben Metalle für den Menschen?

Selbst untersucht Metalle auf dem Prüfstand

1   Prüfe das Aussehen von Stoffen.

Schutzbrille! Reibe Stücke von Aluminium, Zinn, Eisen, Holz, Kunststoff, Kupfer und Zink mit feinem Schleifpapier ab.
Beschreibe die Farbe und die Oberfläche der Stoffe und prüfe diese auf Lichtdurchlässigkeit.
Entsorgung: Feststoffe einsammeln, werden wieder verwendet.

**2   Ordne die Stoffe nach ihrer
       Verformbarkeit.**

Schutzbrille! Lege Stücke von Aluminium, Blei, Eisen, Holz, Kunststoff, Kupfer und Zink auf eine feste, gegen Schlag unempfindliche Unterlage. Schlage mehrfach mit einem Hammer darauf.
Notiere deine Beobachtungen. Ordne die Stoffe.
Entsorgung: Feststoffe einsammeln, werden wieder verwendet.

3   Bestimme die Dichte von Metallen.

Schutzbrille! Du benötigst je ein Stück Eisen, Kupfer, Aluminium, Blei, Magnesium und Zink. Wiege die einzelnen Metallstücke und notiere ihre Massen. Ermittle das Volumen der Metallproben, indem du einen Messzylinder mit genau 50 ml Wasser füllst und anschließend das Metall in den Messzylinder gibst. Lies jeweils erneut das Volumen ab und berechne die Volumendifferenz.

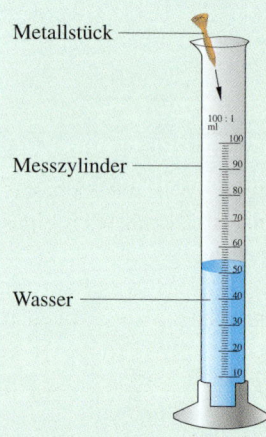

Metallstück —
Messzylinder —
Wasser —

Berechne die Dichte der einzelnen Stoffe und vergleiche sie mit den Werten in Tabellen.
Entsorgung: Metalle einsammeln, werden wieder verwendet.

**4   Vergleiche Schmelztemperaturen von
       Zinn, Kupfer und Zink.**

Schutzbrille! Spritzgefahr! Erhitze nacheinander etwa gleich große Stücke von Zinn, Kupfer und Zink in einem Schmelztiegel. Sollte der Stoff schmelzen, gieße die Schmelze in ein großes, mit Wasser gefülltes Becherglas.
Notiere deine Beobachtungen. Ordne die Stoffe entsprechend ihrer Schmelztemperatur. Überprüfe deine Entscheidung unter Einbeziehung der entsprechenden Tabellenwerte.
Entsorgung: Metalle einsammeln, werden wieder verwendet.

5   Untersuche die elektrische Leitfähigkeit.

Schutzbrille! Untersuche die elektrische Leitfähigkeit von Gegenständen aus Aluminium, Blei, Eisen, Holz, Kunststoff, Kupfer und Zink.

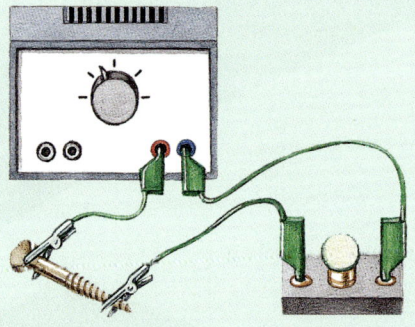

Ordne die Stoffe nach ihrer elektrischen Leitfähigkeit.
Entsorgung: Metalle einsammeln, werden wieder verwendet.

6   Prüfe die Härte von Metallen.

Schutzbrille! Versuche Blechstreifen gleicher Stärke von Kupfer, Blei und Eisen mit einem Stahlnagel zu ritzen. Notiere deine Beobachtungen. Ziehe Schlussfolgerungen in Bezug auf die mögliche Verwendung der Metalle.
Entsorgung: Metalle einsammeln, werden wieder verwendet.

7 Untersuche das Verhalten gegenüber einem Magneten.

Schutzbrille! Bewege einen Magneten dicht über die Oberfläche eines Kupferspans, eines Eisenspans, eines Magnesiumspans und eines Stückes Zink. Notiere Gemeinsamkeiten und Unterschiede.

Entsorgung: Metalle einsammeln, werden wieder verwendet.

8 Vergleiche die Wärmeleitfähigkeit.

Schutzbrille! Gib auf etwa 5 cm lange Stücke von Aluminium, Blei, Eisen, Kupfer und Zink je einen etwa gleich großen Tropfen Kerzenwachs an ein Ende des Stückes. Halte das Metall mithilfe einer Tiegelzange mit dem anderen Ende in eine kleine Brennerflamme und ermittle die Zeit bis zum Schmelzen des Wachses.

Notiere Gemeinsamkeiten und Unterschiede.

Entsorgung: Metalle einsammeln, werden wieder verwendet.

9 Erstelle Steckbriefe von Metallen.

Führe die Experimente 1 bis 8 für die Metalle Eisen, Kupfer und Zink durch. Notiere in Steckbriefen jeweils die Eigenschaften Farbe, Glanz, Aggregatzustand bei Zimmertemperatur, Verformbarkeit, Dichte, elektrische Leitfähigkeit, Verhalten gegenüber Magneten, Härte, Wärmeleitfähigkeit. Entwickle einen allgemeingültigen Steckbrief für Metalle.

10 Vergleiche die Eigenschaften von Legierungen und Metallen.

Schutzbrille! Untersuche die elektrische Leitfähigkeit, die Wärmeleitfähigkeit, die Dichte, die Härte und die Verformbarkeit von Bronze, Messing, Kupfer, Zink und Zinn.

Erkunde die Schmelztemperaturen dieser Stoffe in Tabellenwerken.

Vergleiche die ermittelten Eigenschaften der Legierungen mit denen der reinen Metalle, aus denen sie jeweils zusammengesetzt sind.

Entsorgung: Feststoffe einsammeln, werden wieder verwendet.

11 „Vergolde" eine Kupfermünze.

Schutzbrille! Spritzgefahr! Gib eine gereinigte Kupfermünze in ein kleines Becherglas mit 20 ml 10%iger Natronlauge (GHS 05) und zwei Spatelspitzen Zinkpulver. Erhitze unter Umrühren vorsichtig bis zum Sieden. Lass die Münze noch einige Zeit im Becherglas liegen. Nimm sie mit einer Tiegelzange heraus und spüle sie gut mit Wasser ab. Erwärme die Münze vorsichtig in der Brennerflamme. Berühre die Münze mit der Tiegelzange nur am Rand. Sie darf nicht glühen!

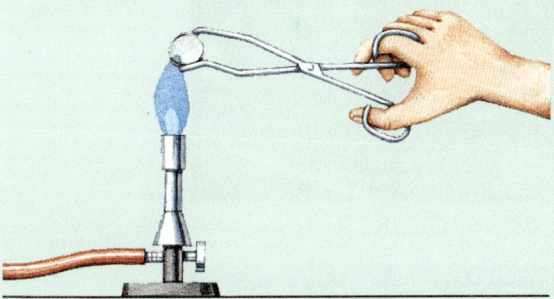

Notiere deine Beobachtungen. Wie hat sich das Aussehen der Münze verändert? Suche nach einer Erklärung für deine Beobachtung.

Entsorgung: Überschüssiges Zinkpulver mit Wasser reinigen und aufbewahren; Natronlauge in den Sammelbehälter I geben.

Eigenschaften von Metallen

Auf den Platinen eines Computers wimmelt es von Kontakten, Drähten, Lötstellen, Kabeln und Blechen. Dicht gedrängt sind die elektronischen Bauteile über Leiterbahnen miteinander verbunden. Ohne genaue Kenntnisse über die Eigenschaften der Metalle wären viele moderne Technologien nicht vorstellbar.

Wodurch unterscheiden sich Metalle von anderen Stoffen? Warum sind sie als vielseitige Werkstoffe so interessant?

1 Blick ins Innere eines Computers

2 Goldschmiedin bei der Arbeit

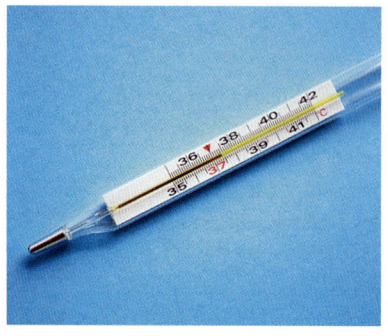

3 Quecksilber wurde früher in Fieberthermometern eingesetzt.

Eigenschaften von Metallen Ihr habt eine Vielzahl unterschiedlicher Stoffe untersucht. Darunter waren auch Metalle. Ihre Eigenschaften unterscheiden sich von denen anderer Stoffe. Wie sich in Experimenten feststellen lässt, haben Metalle gemeinsame Eigenschaften, an denen wir sie erkennen können. Allerdings gibt es auch Unterschiede zwischen den einzelnen Metallen. ↑S.106/107

Eigenschaften von Metallen	
Metall	Eigenschaften
Eisen	silberweiß glänzend, relativ weich und dehnbar, an feuchter Luft bildet sich schnell eine Schicht aus rotbraunem Rost, leitet die Wärme und den elektrischen Strom
Kupfer	rötlich bis gelbrot glänzend, sehr weich und gut verformbar, leitet die Wärme und den elektrischen Strom sehr gut
Aluminium	silberweiß glänzend, geringe Dichte, leitet die Wärme und den elektrischen Strom gut, läuft an der Luft leicht an
Silber	weiß glänzend, weich und leicht verformbar, leitet die Wärme und den elektrischen Strom sehr gut

Einige Metalle zeichnen sich durch besondere Eigenschaften aus. **Zinn** und **Cadmium** schmelzen bereits bei sehr niedrigen Temperaturen. **Quecksilber** ist als einziges Metall bei Zimmertemperatur flüssig. **Wolfram** besitzt den höchsten Schmelzpunkt aller Metalle. Einige Metalle wie **Natrium** oder **Magnesium** laufen an der Luft sehr leicht an. Sie bilden eine Schutzschicht, unter der die glänzende Oberfläche verborgen bleibt. Drei Metalle zeigen magnetische Eigenschaften: **Eisen**, **Cobalt** und **Nickel**.

Metalle – eine Stoffgruppe Stoffe, die gemeinsame, charakteristische Eigenschaften haben, bilden eine **Stoffgruppe**. Durch die experimentelle Untersuchung verschiedener Metalle konntet ihr solche charakteristischen Eigenschaften für die Metalle feststellen. ↑S.106/107

Alle Metalle zeichnen sich durch ihren wenn auch unterschiedlich farbigen metallischen **Glanz** aus. Die **Verformbarkeit** ist eine weitere gemeinsame Eigenschaft der Metalle. Sie lassen sich durch Walzen, Schmieden und Ziehen verformen und bearbeiten. Metalle zeichnen sich durch ihre gute **Wärmeleitfähigkeit** und **elektrische Leitfähigkeit** aus.

Einzelne Eigenschaften werden genutzt, um Metalle einzuteilen. Nach ihrer Dichte lassen sich **Schwermetalle** ($\varrho > 5\,\text{g/cm}^3$), wie Eisen, Kupfer und Blei, von **Leichtmetallen** ($\varrho < 5\,\text{g/cm}^3$), wie Magnesium und Aluminium, unterscheiden.

4 Die Schnittfläche von Natrium läuft schnell an.

5 Die Wolframwendel einer Glühlampe muss Temperaturen bis 3000 °C standhalten.

Die Metalle haben gemeinsame Eigenschaften. Sie leiten die Wärme und den elektrischen Strom. Sie zeichnen sich durch ihren metallischen Glanz und ihre gute Verformbarkeit aus.

Steckbrief Blei

Farbe: bläulich weiß
Glanz: glänzend
Aggregatzustand bei Zimmertemperatur: fest
Verformbarkeit: sehr gut
Dichte: 11,34 g/cm^3
Elektrische Leitfähigkeit: gut
Härte: weich
Wärmeleitfähigkeit: gut

Steckbrief Gold

Farbe: rötlich bis gelb
Glanz: glänzend
Aggregatzustand bei Zimmertemperatur: fest
Verformbarkeit: sehr gut
Dichte: 19,3 g/cm^3
Elektrische Leitfähigkeit: sehr gut
Härte: weich
Wärmeleitfähigkeit: sehr gut

Schon gewusst?

Mit der Frage, ob gewöhnliche Metalle in Gold und Silber umgewandelt werden können, beschäftigte sich die Alchemie. Wahrscheinlich ist der Name ursprünglich dem chinesischen Wort „kimya" entlehnt. Es bedeutet so viel wie „goldmachender Saft". Über Handelswege zu den Arabern gelangt, nannten diese die Goldmacherkunst „al chemieia", die Alchemie.

Aufgaben

1 Erkunde die Dichte von Eisen, Kupfer, Aluminium, Blei, Magnesium und Zink. Informiere dich dazu in einem Tabellenwerk und erstelle eine Übersicht. Vergleiche die Werte mit den Versuchsergebnissen. Teile die Metalle in Leichtmetalle und Schwermetalle ein.

2 Erstelle Steckbriefe von Magnesium und Aluminium. Nutze dazu die Ergebnisse der Experimente und ein Tabellenwerk.

3 Suche nach Volksweisheiten und Sprüchen, die mit Metallen zu tun haben. Erläutere deren Bedeutung.

4 Erkundige dich nach „kalten" und „heißen" Methoden der Metallbearbeitung. Stelle einige Werkzeuge und Methoden in der Klasse vor. Welche Eigenschaften spielen dabei eine Rolle?

Bedeutung und Verwendung von Metallen

1 Himmelsscheibe von Nebra

Die weltweit älteste astronomische Darstellung des Sternenhimmels ist die 3600 Jahre alte Himmelsscheibe von Nebra. Die fast 2 kg schwere Bronzearbeit zeigt mit ihren Goldeinlagen komplexe astronomische Phänomene. Welche Metalle spielen seit dem Altertum eine bedeutende Rolle? Wie lassen sich Eigenschaften der Metalle für unsere Zwecke verändern?

2 Aufgesägter Eisenmeteorit

3 Militärische Rüstung

Der Mensch lernt den Umgang mit Metallen Schon in der Steinzeit wussten die Menschen mit Metallen umzugehen. Aus Gold und Silber fertigten sie Schmuck und Ritualgegenstände, die allerdings meist Priestern und Adligen vorbehalten blieben. Mit dem zunehmenden Tauschhandel in den frühen Kulturen stieg die Bedeutung beider Metalle für den Münzhandel.

Kupfer spielte bereits im frühen Altertum (Beginn ca. 4000 v. Chr.) eine bedeutende Rolle. Allerdings waren die ersten während der **Kupferzeit** (ca. 3500 bis 2500 v. Chr.) gefertigten Waffen und Werkzeuge noch spröde und brüchig. Erst durch Ausglühen am Feuer wurde das Metall gehärtet.

Die Menschen erkannten, dass Kupfer mit beigemischtem Zinn härter und leichter zu bearbeiten war. Aus dieser Legierung, der Bronze, wurden landwirtschaftliche Geräte und Waffen hergestellt. Die Kenntnisse der Bronzeherstellung gelangten aus dem Vorderen Orient nach Mitteleuropa. Die Rohstoffe mussten in der **Bronzezeit** (ca. 2500 bis 700 v. Chr.) über lange Handelswege transportiert werden.

Mit dem Beginn der **Eisenzeit** um ca. 1200 v. Chr. konnten größere Mengen an Eisen durch chemische Prozesse aus den Erzen gewonnen werden. Zuvor war Eisen selten und kostbar, da es nur in Eisenmeteoriten als Reinstoff vorkommt. Schmiedeeiserne Waffen waren den Bronzeschwertern und -schilden überlegen.

Metalle als Werkstoffe Heute sind die Metalle als Werkstoffe in allen Bereichen unseres täglichen Lebens vertreten. Handel und Transport, moderne Informationstechnologie, Wissenschaft und Forschung wären ohne Metalle nicht vorstellbar. Einige Beispiele zeigen die Vielseitigkeit dieser Stoffgruppe.

Verwendung von Metallen	
Metall	**Verwendung**
Aluminium	im Fahrzeug- und Flugzeugbau, in Haushaltsgeräten, Verpackungen, in der Elektrotechnik
Blei	Autobatterien, Schutzbekleidung, Kontakte in der Fernseh- und Computerindustrie
Gold	Schmuck, Münzen, in der Zahntechnik und der Elektronik
Kupfer	Kabel in der Elektroindustrie, Heiz- und Kühlanlagen, Rohre und Dachrinnen
Quecksilber	bei der Goldgewinnung, zur Herstellung von Batterien
Silber	Schmuck, Münzen, Besteck, Spiegel, in der Fotografie
Wolfram	Glühwendeln für die Elektro-, Fernseh- und Computerindustrie

Zusammensetzung von Legierungen	
Legierung	**Zusammensetzung**
Chrom-Nickel-Stahl	Eisen mit 0,2 % Kohlenstoff, 18 % Chrom und Nickel
Manganstahl	Eisen mit bis zu 14 % Mangan und 0,3 bis 1,3 % Kohlenstoff
Messing	Kupfer mit bis zu 35 % Zink
Bronze	Kupfer mit bis zu 30 % Zinn
Duraluminium	Aluminium mit 4 % Kupfer, 1 % Magnesium, 1 % Silicium und 0,5 % Mangan

Werkstoffe nach Maß Metallische Werkstoffe bestehen häufig nicht nur aus einem einzigen Metall. Viele geschmolzene Metalle mischen sich miteinander und erstarren anschließend als feste, homogene Stoffgemische, die **Metalllegierungen** (lat. ligare – binden, sich vereinigen). So kann durch Zugabe von Zinn zu Kupfer Bronze gewonnen werden. Aus Zink und Kupfer erhält man Messing. Die Metalllegierungen unterscheiden sich oft stark in ihren Eigenschaften von den reinen Metallen. Meist sind sie fester, härter und korrosionsbeständiger als die zu ihrer Herstellung eingesetzten Metalle und sie besitzen eine andere Farbe. ↑E.10,11 S.107

Musikinstrumente, Lampen, Wasserhähne und viele Münzen bestehen aus Messing. Im Flugzeugbau wird wegen seiner geringen Dichte und großen Zugfestigkeit Duraluminium eingesetzt. Als Lötmetall werden Legierungen aus Zinn und Blei verwendet. Sie zeichnen sich durch ihren besonders niedrigen Schmelzpunkt aus.

Stahl, eine Legierung aus Eisen und Kohlenstoff, ist deutlich fester und härter als gewöhnliches Schmiedeeisen. Durch Zugabe von Chrom, Nickel, Mangan und anderen Metallen entstehen korrosionsbeständige und besonders harte Stähle.

Legierungen sind homogene Stoffgemische aus verschiedenen Metallen. Legierungen unterscheiden sich in ihren Eigenschaften von den reinen Metallen, aus denen sie hergestellt wurden.

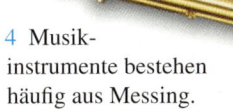

4 Musikinstrumente bestehen häufig aus Messing.

EXPERIMENT 12   [L]
Herstellen einer Legierung.
Schutzbrille! Spritzgefahr! Zinn und Blei werden zu gleichen Teilen in einem Porzellantiegel bis zur Schmelze erhitzt. Die abgekühlte Metallmasse wird mit den ursprünglichen Metallen verglichen.

Aufgaben

1 Begründe die Überlegenheit von schmiedeeisernen Waffen gegenüber Waffen aus Stein, Kupfer oder Bronze.

2 Erkunde, welche Haushaltsgeräte aus Metall gefertigt sind. Begründe den Einsatz der Metalle.

3 Informiere dich über Gold- und Silberlegierungen in Schmuck. Erläutere die Prägung 585er-Weißgold.

4 Amalgamfüllungen werden in der Zahnmedizin eingesetzt. Erkunde Zusammensetzung und Eigenschaften dieser Legierung.

Bau der Metalle

Heute kann der Bau der Stoffe mit modernsten Verfahren untersucht werden. Das Raster-Tunnelelektronenmikroskop zeigt eine Goldoberfläche in unvorstellbarer Vergrößerung.
Wie sind Metalle aufgebaut?
Sind Atome wirklich die kleinsten nachweisbaren Teilchen?

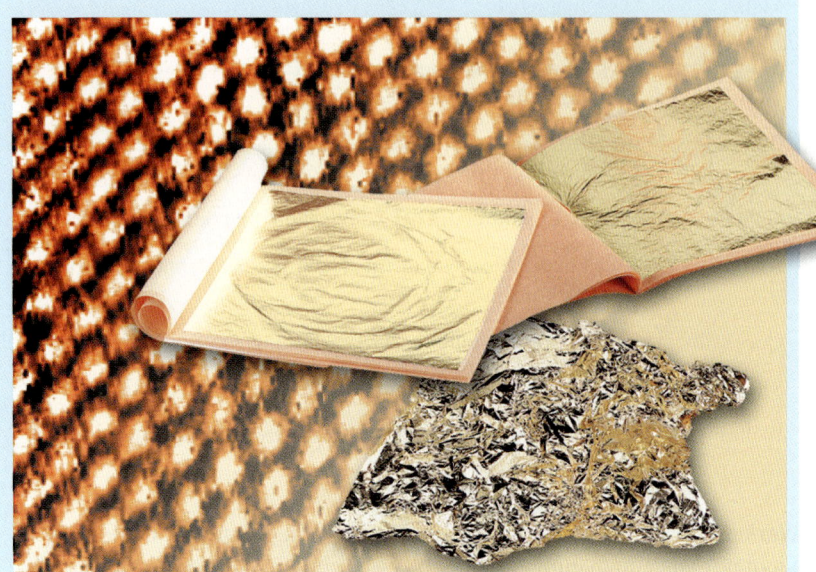

1 Goldfolie und Aufnahme einer Goldoberfläche im Raster-Tunnelelektronenmikroskop

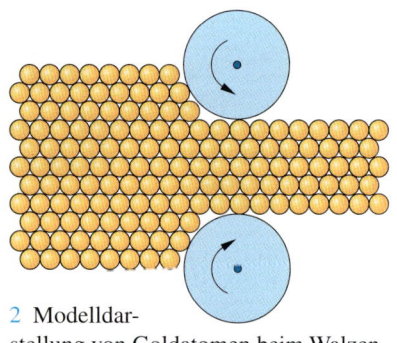

2 Modelldarstellung von Goldatomen beim Walzen

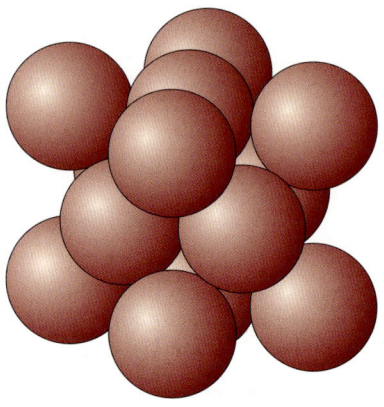

3 Modelldarstellung der Anordnung der Atome im Kupfer

Der Bau der Metalle Es ist bereits bekannt, dass die Materie aus kleinsten Teilchen, den Atomen, und leerem Raum besteht. Die Aufnahme einer Goldoberfläche im Raster-Tunnelelektronenmikroskop lässt in einer fünfhunderttausendfachen Vergrößerung einzelne Goldatome erkennen. ↑1
Die Aufnahme zeigt Teilchen mit geringen Abständen, die sehr regelmäßig angeordnet sind. Sie bilden einen riesigen Teilchenverband, in dem sie durch starke Anziehungskräfte zusammengehalten werden. Alle Metalle haben einen vergleichbaren Bau. Die Atome verschiedener Metalle unterscheiden sich jedoch unter anderem in ihrer Größe und ihrer Masse.

Der Bau der Metalle und ihre Eigenschaften Wird Gold zu Blattgold ausgewalzt, verschieben sich nur die Schichten der Goldatome. Die regelmäßige Anordnung der Goldatome bleibt erhalten. ↑2
Wird ein Metall erhitzt, schwingen die Atome immer stärker. Wenn die Schmelztemperatur erreicht ist, geht ihre regelmäßige Anordnung verloren. Bei weiterer Wärmezufuhr verdampft das Metall. Die Anziehungskräfte zwischen den Atomen werden vollständig überwunden.

Der Versuch von RUTHERFORD Der englische Physiker JOSEPH J. THOMSON (1856 bis 1940) widerlegte die Vorstellung, dass Atome unteilbar sind. Im Jahre 1897 entdeckte er ein fast masseloses, elektrisch negativ geladenes Teilchen im Atom, das **Elektron**. Da Atome jedoch elektrisch neutral sind, begann nun die Suche nach den Teilchen, die die negative Ladung der Elektronen im Atom ausgleichen. Große Aufmerksamkeit galt auch der Frage, wo sich diese Teilchen im Atom aufhalten.

Um den Bau der Atome zu untersuchen, bestrahlten ERNEST RUTHERFORD (1871 bis 1937) und seine Mitarbeiter eine sehr dünne, nur etwa 1000 Atome dicke Goldfolie mit einem Strahl sehr kleiner, positiv geladener Teilchen. Solche Teilchen können Metallfolien leicht durchdringen, ähnlich wie Kanonenkugeln Wände durchdringen. Wie von RUTHERFORD erwartet, gingen fast alle Teilchen geradlinig durch die Folie hindurch. Einige Teilchen wurden jedoch von ihrer Flugbahn abgelenkt, sehr wenige sogar ganz zurückgeworfen. ↑4

RUTHERFORD schloss aus seinem Streuversuch, dass die positive Ladung in einem winzigen Atomkern steckt und dieser praktisch die gesamte Masse des Atoms enthält. Nach dem von ihm entwickelten **Kern-Hülle-Modell** befinden sich die Träger der positiven Ladung, die **Protonen**, im **Atomkern**. In der im Vergleich zum Atomkern riesigen **Atomhülle** befinden sich in einem fast leeren Raum die negativ geladenen **Elektronen**. Die Anzahl der positiven und negativen elektrischen Ladungen stimmt überein. Deshalb ist das Atom elektrisch neutral. ↑5

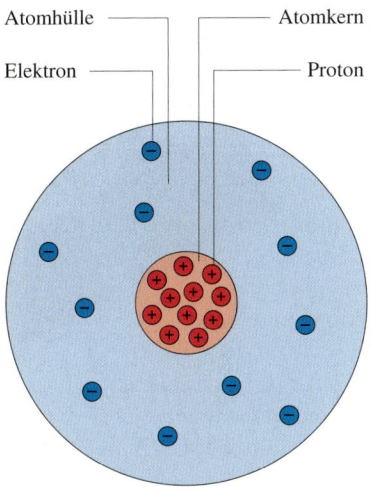

5 Kern-Hülle-Modell des Natriumatoms

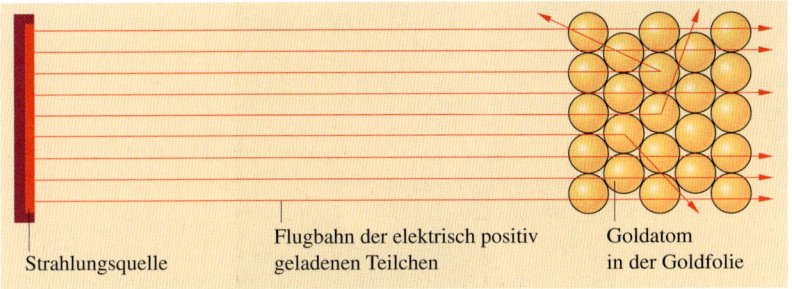

Strahlungsquelle — Flugbahn der elektrisch positiv geladenen Teilchen — Goldatom in der Goldfolie

4 Modelldarstellung des Streuversuchs von RUTHERFORD

Atome haben eine Masse Die Masse einzelner Atome ist unvorstellbar klein. Mit einem Proton im Atomkern und einem Elektron in der Atomhülle ist das Wasserstoffatom das leichteste Atom. Es hat eine **Atommasse** von 0,000 000 000 000 000 000 000 001 674 g. Da solche Zahlen sehr umständlich sind, wurde die **atomare Masseneinheit unit** (Einheitszeichen **u**) eingeführt. 1 u entspricht ungefähr der Masse eines Wasserstoffatoms.

$1\,u = 0{,}000\,000\,000\,000\,000\,000\,000\,001\,661\,g = 1{,}661 \cdot 10^{-24}\,g$

Das Kern-Hülle-Modell der Atome besagt: Atome bestehen aus dem elektrisch positiv geladenen Atomkern und der elektrisch negativ geladenen Atomhülle. Träger der positiven elektrischen Ladung sind die Protonen. Im Atomkern ist fast die gesamte Masse des Atoms konzentriert. Die Elektronen sind Träger der negativen elektrischen Ladung und bilden die Atomhülle. Ein Atom ist elektrisch neutral.

Schon gewusst?

Ein Atom hat einen Durchmesser von ca. 10^{-10} m. Der Atomkern hat einen Durchmesser von ungefähr 10^{-14} m. Wäre die Atomhülle so groß wie ein Fußballstadion, dann besäße der Atomkern die Größe einer Erbse und annähernd die Masse des gesamten Stadions.

Aufgaben

1 Beschreibe die Anordnung der Atome im Kupfer. Verwende dazu die Modelldarstellung. ↑3

2 Warum sind Atome elektrisch neutral? Nutze das Kern-Hülle-Modell zur Erklärung. ↑5

3 Erläutere den Nutzen von Modellen.

4 Zeichne Atommodelle von Lithium (3 Protonen im Atomkern), Aluminium (13 Protonen im Atomkern) und Eisen (26 Protonen im Atomkern).

5 Wie viel u sind 1 g?

Euromünzen sind Legierungen mehrerer Metalle. Eine 50-Cent-Münze besteht z. B. aus Nordischem Gold, einer Kupfer-Aluminium-Zink-Zinn-Legierung.

Spiegel wurden ursprünglich mit Amalgam, einer Quecksilberlegierung, beschichtet. Heutige Spezialspiegel wie das Weltraumteleskop „Hubble" werden im Vakuum mit einer hauchdünnen Metallschicht z. B. aus Silber, Aluminium oder Platin bedampft.

Im Auto sind wir während eines Gewitters vor Blitzeinschlägen geschützt. Die Karosserie aus Metall wirkt als Faraday-Käfig. Der Blitz wird über die Außenhaut des Fahrzeugs in die Erde abgeleitet.

Die Vielfalt der Metalle

Knochen stabilisierende Schrauben und künstliche Gelenke werden aus Titan gefertigt – auch wegen seiner guten Verträglichkeit im Körper.

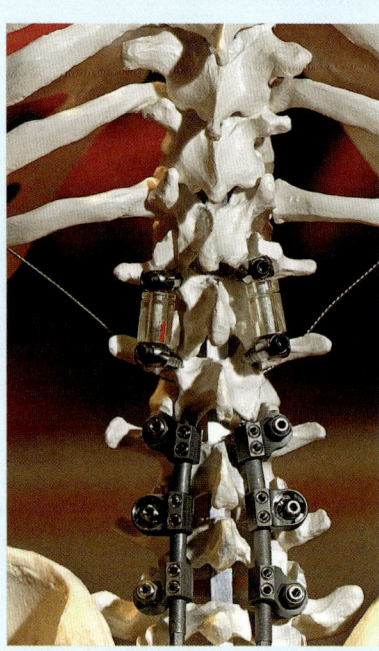

Quecksilberdampflampen werden z. B. in Beamern eingesetzt. Etwa 10 mg des flüssigen Metalls werden darin bei einem Druck von 10 MPa und einer Temperatur von über 1 000 °C verdampft und geben ein intensiv bläulich weißes Licht.

Ordnung der Metalle

In der Antike kannten die Menschen sieben Metalle: Gold, Silber, Kupfer, Blei, Zinn, Quecksilber und Eisen. Heute kennen wir mehr als 100 verschiedene Elemente, überwiegend Metalle. Manche haben fremd klingende Namen wie z. B. Actinium, Dysprosium, Protactinium oder Rutherfordium. Im Periodensystem hat jedes Metall sowie die anderen Elemente einen fest zugeordneten Platz. Wie sind die Elemente im Periodensystem angeordnet?

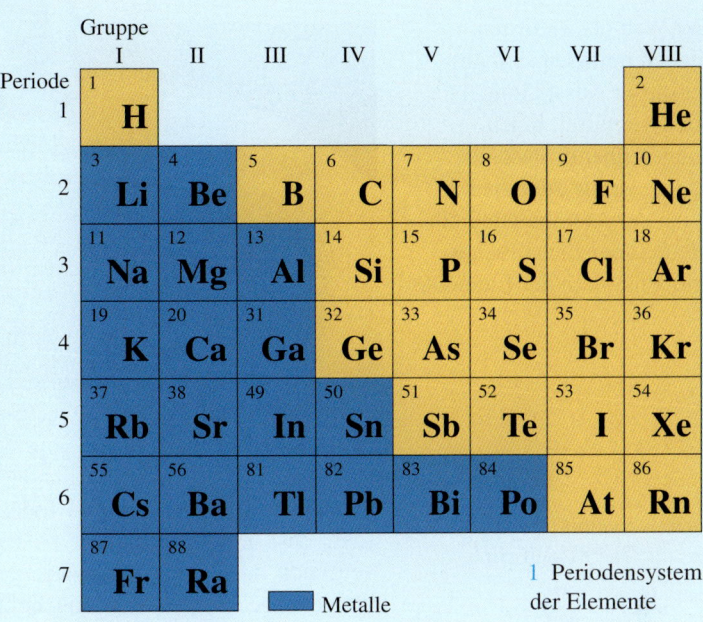

1 Periodensystem der Elemente

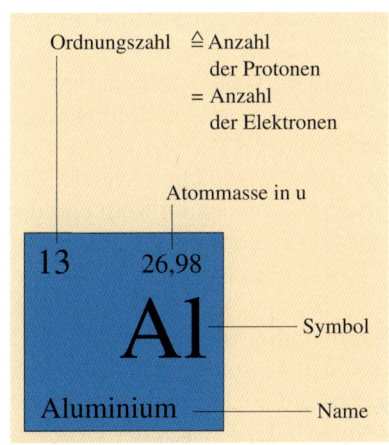

2 Feld des Elements Aluminium im Periodensystem der Elemente

Auf der Suche nach Ordnung Im 19. Jahrhundert wuchsen die Bemühungen, die ständig wachsende Zahl von Elementen zu ordnen. Eine erste Einteilung erfolgte nach Metallen und Nichtmetallen. Nichtmetalle sind Elemente, die andere Eigenschaften als Metalle aufweisen.

Die Chemiker LOTHAR MEYER (1830 bis 1895) und DMITRI I. MENDELEJEW (1834 bis 1907) ordneten 1869 unabhängig voneinander alle 60 bis dahin bekannten Elemente nach ihren Atommassen. ↑PSE im Anhang

Ordnung im Periodensystem der Elemente Die heutige Ordnung im Periodensystem der Elemente (kurz: PSE) ist im Bau der Atome begründet. Die Elemente sind nach steigender **Ordnungszahl** angeordnet. Die Ordnungszahl eines Elements entspricht der Anzahl der Protonen im Atomkern. Im Periodensystem steht sie links oben am Symbol. Dem Chemiker gibt die Stellung eines Elements im Periodensystem Auskunft über den Bau der Atome.

Die Elemente sind in waagerechten Zeilen, den **Perioden**, und in senkrechten Spalten, den **Gruppen**, angeordnet. Metalle stehen generell links, Nichtmetalle rechts im Periodensystem der Elemente.

Aufgaben

1 Suche die Elemente mit den Symbolen N, P, Br, H, K, Ca, F, Ne und As im PSE. Gib jeweils den Namen an. Beschreibe den Bau der Atome.

2 Gib die Symbole der Elemente Kohlenstoff, Natrium, Schwefel, Kalium, Gallium und Krypton an.

3 Welches Metall besitzt 12 Elektronen in seiner Atomhülle? Welches Nichtmetall hat 16 Protonen im Atomkern? Zeichne jeweils die Kern-Hülle-Modelle.

4 Zeichne Atommodelle von Magnesiumatomen und Lithiumatomen.

Die chemischen Elemente und der Aufbau   der Atome

Mit der Welt der kleinsten Teilchen befassen sich die Besucher dieser Ausstellung. Ein Modell vermittelt ihnen Vorstellungen über die Atome. Wie sind die Atome aufgebaut? Lassen sich der Atombau und die Eigenschaften der Elemente aus dem Periodensystem der Elemente ableiten?

1 Atommodell in einer Wissenschaftsausstellung

Elementar-teilchen	Symbol und Modell	Masse in u
Proton	p⁺ +	1
Neutron	n ○	1
Elektron	e⁻ ●	0,0005

Atomkern Das Kern-Hülle-Modell des Atoms ist bereits bekannt. Es besagt, dass ein sehr kleiner positiv geladener Atomkern von einer im Vergleich dazu riesigen negativ geladenen Atomhülle umgeben ist. Fast die gesamte Masse des Atoms befindet sich im Kern. Die Anzahl der Protonen im Kern bestimmt die Ordnungszahl eines Elements im Periodensystem. Sie wird auch als **Kernladungszahl** bezeichnet, da sie die Anzahl der positiven Ladungen im Atom angibt. Sie ist bei allen Atomen eines Elements gleich.

Betrachten wir die ersten drei Elemente genauer: Wasserstoff hat die Ordnungszahl 1. Seine Atome besitzen ein Proton im Kern. Die Kernladungszahl für Wasserstoff ist daher 1. Die Atommasse für Wasserstoff wird im Periodensystem mit $1,008\,u$ angegeben. Dies entspricht ungefähr der Masse des Protons. Ein Heliumatom mit zwei Protonen im Kern und der Kernladungszahl 2 besitzt jedoch eine Masse von annähernd $4\,u$. Und ein Lithiumatom mit der Kernladungszahl 3 wird mit einer Atommasse von fast $7\,u$ angegeben. Neben den Protonen ist eine weitere Art von Elementarteilchen am Aufbau des Kerns beteiligt, die **Neutronen**. Das 1932 entdeckte Neutron besitzt fast die Masse eines Protons und ist elektrisch neutral. Die Neutronen haben keinen Einfluss auf die Kernladung, aber auf die Atommasse. Sie ergibt sich aus der Summe der Massen der Protonen und der Neutronen.

Schalenmodell der Atomhülle Nach den bisherigen Modellvorstellungen müssten sich die Elektronen in der Atomhülle wahllos verteilen. In Experimenten wurde die Energie untersucht, die zur Abspaltung einzelner Elektronen aus der Atomhülle erforderlich ist. Diese Energie, die aufgewendet werden muss, um ein Elektron vollständig aus der Atomhülle zu entfernen, wird als **Ionisierungsenergie** bezeichnet. Sie wird mit jedem Elektron, das aus der Atomhülle entfernt wird, größer. Auffällig sind jedoch die deutlichen Abstufungen der Ionisierungsenergien: Es gibt jeweils Gruppen von Elektronen, die sich auf einem ähnlichen Energieniveau befinden und von anderen Elektronen durch deutliche **Energiestufen** getrennt sind. ↑2

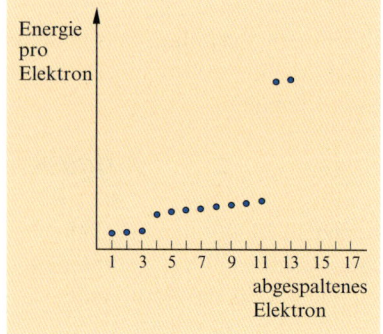

2 Ionisierungsenergie für die 13 Elektronen des Aluminiumatoms

Wie lassen sich diese unterschiedlichen Energieniveaus mit Modellvorstellungen zum Bau der Atomhülle erklären? Die Elektronen bewegen sich in unterschiedlicher räumlicher Entfernung um den Atomkern. Je näher sich ein Elektron am Atomkern befindet, desto stärker wird es von ihm angezogen und desto größer ist seine Ionisierungsenergie. Mit wachsendem Abstand verringern sich die Anziehungskräfte des Atomkerns auf die Elektronen. Gruppen von Elektronen, die sich auf einem ähnlichen Energieniveau befinden, bilden jeweils eine **Elektronenschale**, die den Atomkern kugelförmig umgibt. So verteilen sich z. B. im Modell des Aluminiumatoms die 13 Elektronen auf drei Elektronenschalen. Diese Modellvorstellung wird als **Schalenmodell der Atomhülle** bezeichnet.

3 Der dänische Physiker NIELS BOHR (1885 bis 1962) entwickelte unsere heutige Modellvorstellung vom Aufbau der Atomhülle.

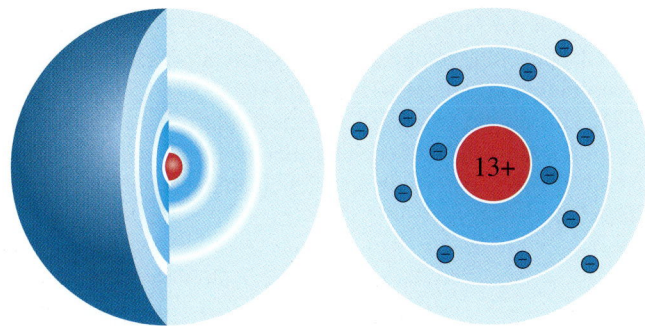

4 Räumliches und zweidimensionales Schalenmodell des Aluminiumatoms

Das Schalenmodell der Atomhülle besagt, dass die Atomhülle in Elektronenschalen gegliedert ist. In einer Elektronenschale halten sich Elektronen mit etwa gleicher Energie in gleichem Abstand zum Atomkern auf.

Anordnung der Elektronen In den einzelnen Elektronenschalen kann sich jeweils nur eine bestimmte Anzahl an Elektronen aufhalten. Die 1. Schale – sie ist dem Kern am nächsten – kann maximal zwei Elektronen aufnehmen. Im Wasserstoffatom befindet sich in ihr ein Elektron. Im Heliumatom ist sie mit zwei Elektronen bereits voll besetzt. Kommt ein weiteres Elektron hinzu, wird die 2. Schale besetzt. Diese kann maximal acht Elektronen aufnehmen. Die Elektronenschalen der Atome werden mit steigender Ordnungszahl schrittweise mit Elektronen aufgefüllt. Die theoretisch maximale Besetzung der Schalen geht aus der Tabelle hervor. Die Schalen werden auch mit den Buchstaben K, L, M, N usw. bezeichnet, dabei ist die K-Schale die innerste.

Die Anordnung der Elektronen in den Elektronenschalen nennt man **Elektronenkonfiguration**. Die Elektronen der äußeren besetzten Schale, der Außenschale, prägen hauptsächlich die Eigenschaften der Elemente und ihr chemisches Verhalten. Diese Elektronen werden als **Außenelektronen** oder **Valenzelektronen** (lat. valens – stark, wirksam) bezeichnet.

In der vom dem Amerikaner GILBERT N. LEWIS (1875 bis 1946) eingeführten **Elektronenschreibweise** werden die Valenzelektronen hervorgehoben und durch Punkte am Symbol des Elements dargestellt. ↑5 Sind mehr als vier Elektronen in der Außenschale vorhanden, können jeweils zwei von ihnen – ein **Elektronenpaar** – durch einen Strich am Symbol gekennzeichnet werden.

Besetzung der Elektronenschalen		
Elektronenschale		Theoretisch maximal mögliche Elektronenanzahl
1	K	2
2	L	8
3	M	18
Allgemein:		
n		$2\,n^2$

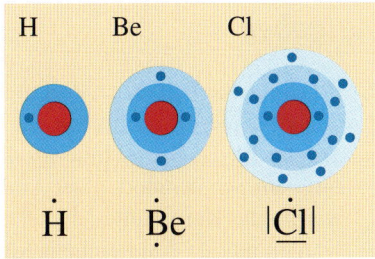

5 Elektronenanordnung und Elektronenschreibweise

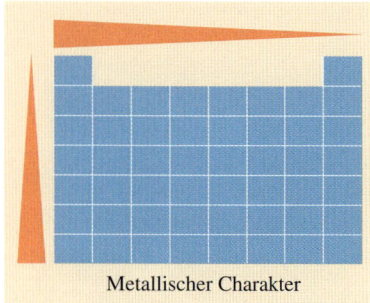

1 Änderungen des metallischen Charakters im Periodensystem

Eigenschaften der Elemente und ihre Stellung im Periodensystem

LOTHAR MEYER und DMITRI I. MENDELEJEW ordneten die Elemente im Periodensystem nach ihren Eigenschaften in Gruppen an. Vergleicht man die Eigenschaften der Elemente verschiedener Gruppen, fallen deutliche Unterschiede auf. So sind die Elemente der ersten Gruppen links im Periodensystem Metalle, während rechts in der V. bis VIII. Gruppe überwiegend Nichtmetalle angeordnet sind.↑1 Allerdings lassen sich auch innerhalb einer Gruppe Abstufungen in den Eigenschaften beobachten, wie z.B. beim metallischen Charakter.↑1

Der Schlüssel zum Verständnis der Ähnlichkeiten und Unterschiede liegt in der Elektronenkonfiguration der Atome der Elemente. In einer Gruppe stehen Elemente, deren Atome die gleiche Anzahl an Valenzelektronen haben. Sie ist mit der Gruppennummer identisch.↑2 Generell haben die Atome aller Metalle nur wenige Valenzelektronen, was für das Verständnis ihrer Eigenschaften grundlegend ist.↑S.120/121

Von Periode zu Periode wird eine weitere Elektronenschale mit Elektronen aufgefüllt, sodass die Außenelektronen immer weiter vom Atomkern entfernt sind. Deshalb unterscheiden sich auch die Eigenschaften der Elemente einer Gruppe.

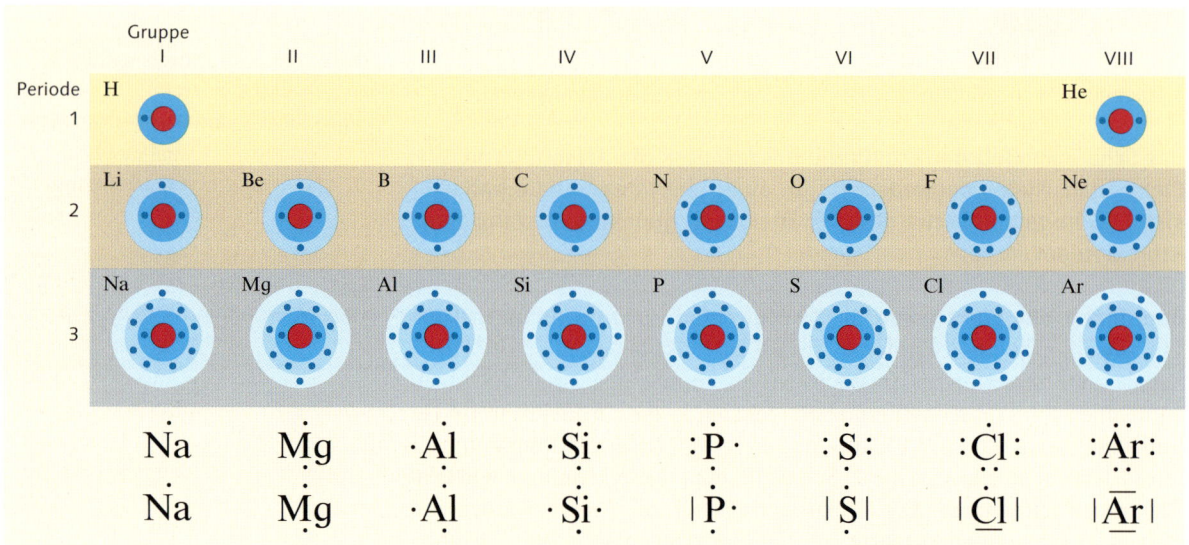

2 Elektronenanordnung der ersten 18 Elemente im Periodensystem und Elektronenschreibweise nach LEWIS

Aufgaben

1 Berechne die Anzahl an Protonen und Neutronen eines Magnesiumatoms mit der Masse 24 u.

2 Vergleiche das Kern-Hülle-Modell der Atome mit dem Schalenmodell der Atomhülle. Erkläre, warum das Kern-Hülle-Modell weiterentwickelt werden musste. Vergleiche beide Modelle.

3 Gib die Symbole der Elemente Lithium und Sauerstoff in Elektronenschreibweise an.

4 Zeichne Schalenmodelle für die Atome von Kalium und Calcium.

5 Erläutere die Bedeutung von Valenzelektronen.

6 Leite aus dem Periodensystem der Elemente die Elektronenkonfiguration von Beryllium- und Schwefelatomen ab.↑PSE im Anhang

Ableiten von Aussagen über Elemente aus dem Periodensystem der Elemente

Aus dem Periodensystem der Elemente lässt sich der Bau der Atome eines Elements ableiten. Mithilfe des Atombaus können die Eigenschaften eines Elements abgeschätzt und dessen chemisches Verhalten vorhergesagt werden. Ein Vorgehen nach einer bestimmten Schrittfolge ist dabei sinnvoll.

Leite aus dem Periodensystem Aussagen über das Element Magnesium ab.

1 *Suche das Element im Periodensystem.*

2 *Ermittle von dem Element die Ordnungszahl, die Gruppe und die Periode.*
Magnesium hat die Ordnungszahl 12. Es steht in der II. Gruppe und in der 3. Periode.

3 *Leite Aussagen zum Atombau des Elements ab. Ermittle die Zahl der Elektronenschalen und die Zahl der Valenzelektronen seiner Atome.*
Bau des Magnesiumatoms:
– 12 Protonen im Atomkern
– 12 Elektronen in der Atomhülle
– 3 Elektronenschalen
– 2 Valenzelektronen in der Außenschale
Ermittle die Atommasse und die Anzahl der Neutronen.
Die Masse eines Magnesiumatoms beträgt 24,31 u. Folglich enthält der Atomkern neben 12 Protonen auch 12 Neutronen.

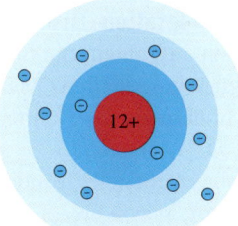

2 Das Schalenmodell des Magnesiumatoms veranschaulicht seinen Bau.

Angabe im Periodensystem		Bau der Atome
Ordnungszahl	≙	Anzahl der Protonen
Nummer der Gruppe	≙	Anzahl der Außen- elektronen
Nummer der Periode	≙	Anzahl der Elektronen- schalen

1 Zahlreiche Gegenstände des Alltags wie dieser Bleistift- spitzer bestehen aus Magnesium.

4 *Ermittle aus seiner Stellung im Periodensystem, ob das Element ein Metall oder ein Nichtmetall ist. Leite daraus Vermutungen über weitere Eigenschaften ab.*
Magnesium steht auf der linken Seite des Periodensystems und ist daher ein Metall. Es ist wie die meisten Metalle bei Zimmertemperatur fest und dürfte eine relativ hohe Schmelz- und Siedetemperatur aufweisen. Vermutlich zeigt Magnesium die charakteristischen Eigenschaften aller Metalle: gute elektrische und Wärmeleitfähigkeit, metallischer Glanz und gute Formbarkeit durch Schmieden, Walzen und Ziehen.
Besonders groß sollten die Ähnlichkeiten in den Eigenschaften zu den Metallen Beryllium und Calcium sein. Die Elemente mit den Ordnungs- zahlen 4 und 20 stehen in der gleichen Gruppe.

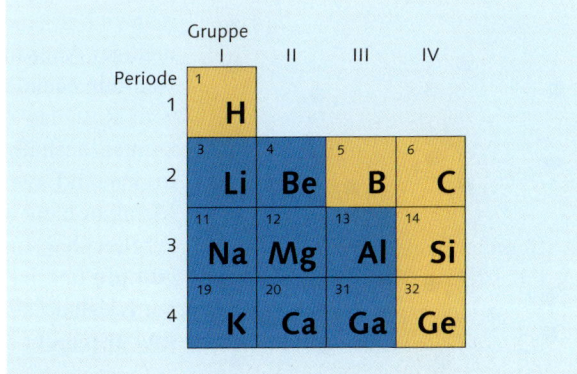

3 Ausschnitt aus dem Periodensystem der Elemente

Metallbindung

Brücken, Heizungsrohre, Dach-
rinnen, Elektrokabel, Sanitär-
armaturen, Essbestecke – welche
Metalle werden für ihre Herstellung
verwendet? Vom Fahrrad bis zum
Hausschlüssel, vom Kochtopf bis
zum Computer – überall stoßen wir
auf die wertvollen metallischen
Werkstoffe.
Lassen sich die charakteristischen
Eigenschaften von Metallen mithilfe der Metallbindung erklären?

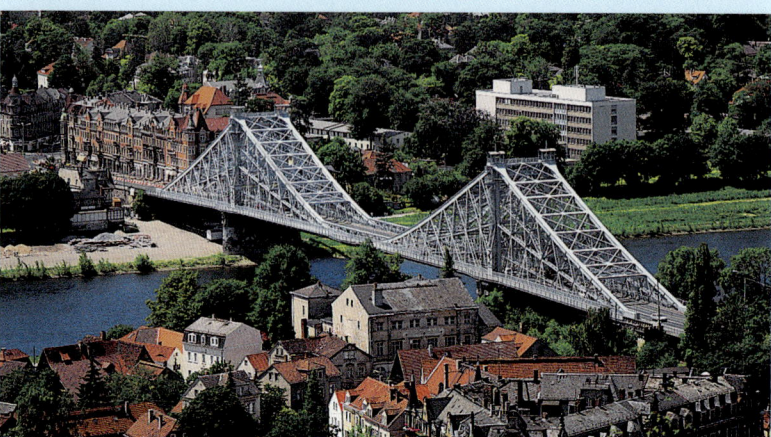

1   Das „Blaue Wunder" in Dresden – eine reine Eisenkonstruktion, die seit 1893
die Elbe freitragend 141 m überspannt

2   Kupferstangen

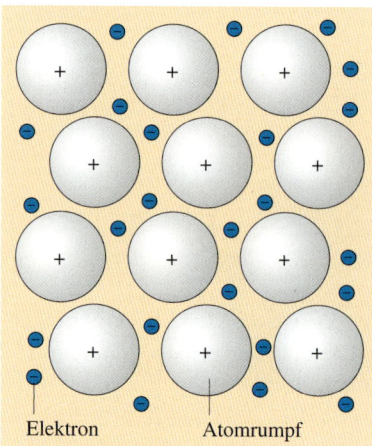

Elektron   Atomrumpf

3   Modelldarstellung der Metallbindung

Eisen, Kupfer und andere Metalle Als Werkstoffe sind Metalle traditio-
nell und auch heute hoch geschätzt. Etwa drei Viertel aller bekannten chemischen Elemente sind Metalle. Ein Stoff ist sehr schnell als Metall zu
erkennen, denn die gesamte Stoffklasse hat mehrere gemeinsame Eigenschaften, die ihre Erklärung im Bau der Metalle und der chemischen Bindung, die zwischen Metallatomen besteht, finden.
Die gute elektrische und Wärmeleitfähigkeit, der metallische Glanz und
die gute Formbarkeit durch Schmieden, Walzen und Ziehen sind charakteristische Eigenschaften der Metalle und entscheidend für deren Verwendung.

Teilchen und chemische Bindung in Metallen Bisher sind wir davon
ausgegangen, Metalle seien aus Atomen aufgebaut, die in einem Atomver-
band in ungeheuer großer Anzahl zusammenhalten. Metallatome stellt
man sich in einem **Metallgitter** vor, in dem sie feste Gitterplätze in regel-
mäßiger Anordnung besetzen.
Neutrale Metallatome haben nur wenige Außenelektronen. Diese werden
vom Rest des Atoms, dem **Atomrumpf**, nur schwach festgehalten. Sie
können deshalb relativ leicht abgegeben werden. Die abgegebenen Elektronen sind zwischen den Atomrümpfen nahezu frei beweglich. Aus den
Metallatomen werden dadurch positiv elektrisch geladene Atomrümpfe.
Vergleichbar mit einer Gaswolke umgeben die Elektronen die **Atomrümpfe** und halten diese zusammen. Dieses Modell der **Metallbindung**
wird deshalb als **Elektronengasmodell** bezeichnet. Die Außenelektronen
sind also nicht mehr an bestimmte Atome im Metallgitter gebunden.

**Die Metallbindung ist eine Art der chemischen Bindung, die durch
Anziehungskräfte zwischen positiv geladenen Atomrümpfen und frei
beweglichen Elektronen (Elektronengas) bewirkt wird.**

Eigenschaften und Bau von Metallen Metalle zeichnen sich durch ihren typischen metallischen Glanz aus. Sie reflektieren Licht an ihrer Oberfläche und sind für Licht nicht durchlässig. Metalle sind daher nicht durchsichtig. ↑E.1 S.106 Unter Normbedingungen sind Metalle mit Ausnahme von Quecksilber feste Stoffe. Die mehr oder weniger kleinen Kristalle bestehen aus dicht und regelmäßig im Metallgitter geordneten Atomrümpfen, die durch Metallbindung zusammengehalten werden.

Elektrische und Wärmeleitfähigkeit Metalle sind allgemein gute Wärmeleiter und elektrische Leiter. ↑E.5,8 S.106/107 Für die Metalle Silber, Kupfer und Aluminium gilt das besonders. Die im Metall frei beweglichen Elektronen können als Ladungsträger wirken. Wird an ein Metallstück eine elektrische Spannung angelegt, bewegen sich die Elektronen nicht mehr ungeordnet, sondern gerichtet vom Minuspol zum Pluspol. ↑4 Elektrischer Strom fließt. Damit lässt sich die gute elektrische Leitfähigkeit von festen Metallen und von Metallschmelzen erklären. Allerdings nimmt in festen Metallen die elektrische Leitfähigkeit mit steigender Temperatur ab. Die Atomrümpfe führen im Metallgitter kleine Schwingungen aus. Bei Temperaturerhöhung schwingen sie stärker und behindern dadurch die Wanderung der Elektronen. Dadurch steigt der elektrische Widerstand der Metalle beim Erwärmen und die elektrische Leitfähigkeit sinkt.

Auch die gute Wärmeleitfähigkeit der Metalle findet ihre Begründung darin, dass die Atomrümpfe um ihre Gitterplätze schwingen und die freien Elektronen sich schneller bewegen. Sie stoßen an die Atomrümpfe, wodurch die Wärme innerhalb des Metalls weitergeleitet wird.

Gute Formbarkeit Metalle lassen sich im erwärmten und einige Metalle auch im kalten Zustand biegen, walzen und hämmern. ↑E.2 S.106 Diese Verformbarkeit wird auch mit den Vorstellungen über den Bau der Metalle verständlich. Bei der Verformung durch Zug oder Druck gleiten die Atomrümpfe aneinander vorbei. ↑5 Die positiv elektrisch geladenen Teilchen stoßen sich jedoch nicht gegenseitig ab, weil das Elektronengas ihre Ladung ausgleicht. Der Zusammenhalt im Metall bleibt erhalten. So lässt sich Gold zu hauchdünnen Folien auswalzen.

Die Werkstoffeigenschaften eines Metalls kommen oft erst in Legierungen zur Wirkung. Solche Legierungen, z.B. Stahl, Messing oder Bronze, weisen andere Eigenschaften auf als die reinen Metalle, aus denen sie hergestellt werden. Das Metallgitter besteht in einer Legierung aus den Atomrümpfen verschiedener Metallatome. Wenn sich diese in ihrer Größe und Ladung nicht wesentlich unterscheiden, verteilen sie sich regelmäßig im Metallgitter.

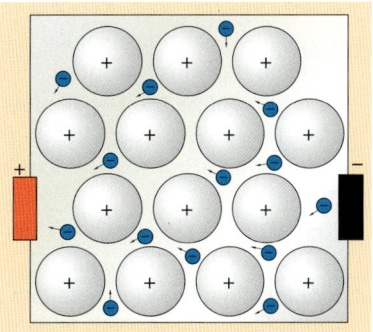

4 Elektronen eines Metalls im elektrischen Feld

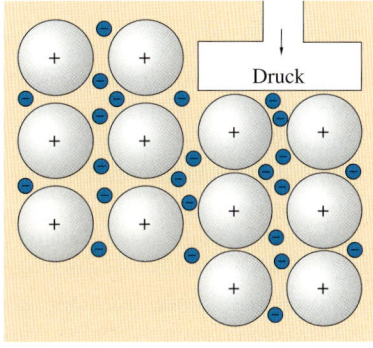

5 Modell zur Verformbarkeit eines Metalls

Aufgaben

1 Fertige für Eisen, Kupfer, Aluminium, Gold und Silber eine Tabelle an, aus der der Zusammenhang von Eigenschaften und Verwendung dieser Metalle ersichtlich ist.

2 Beschreibe die chemische Bindung in Metallen anhand eines Beispiels.

3 Als metallische Werkstoffe werden oft Legierungen eingesetzt. Vergleiche den Bau reiner Metalle mit dem von Legierungen.

4 Begründe die Möglichkeit der guten Bearbeitung von Metallen.

5 Erläutere die elektrische Leitfähigkeit bei Metallen.

weiter gedacht

1 Der gelbe Glanz des Goldes gab ihm seinen Namen. Lateinisch heißt es Aurum, das Glänzende, sein Symbol ist Au. Die Titanen, der Sage nach riesenhafte Wesen der Urzeit und die Kinder von Himmel und Erde, gaben dem Metall Titan seinen Namen.
Recherchiere die Ursprünge der Namen der Metalle Eisen, Kupfer und Aluminium.

2 Gold und andere Edelmetalle werden an den Börsen gehandelt. Der Preis ändert sich ständig und wird vom Welthandel bestimmt. Informiere dich im Börsenteil einer Tageszeitung über den aktuellen Preis eines Goldbarrens.
Der Sarkophag des TUTANCHAMUN (14. Jh. v. Chr.) ist aus reinem Gold gefertigt. Er wiegt 1128,5 kg. Wie hoch wäre heute der reine Goldwert?

3 Früher war zu Silvester das Bleigießen ein beliebter Brauch. Heute verwendet man anstelle von Blei das ungiftige Zinn.

a Warum werden gerade diese Metalle und nicht Kupfer oder Eisen verwendet? Belege deine Aussage anhand von Angaben in Tabellenwerken.

b Bestimme die Wärmekapazität von Zinn, Kupfer und Eisen. Plane dazu ein geeignetes Experiment und führe es nach Rücksprache mit deiner Lehrerin bzw. deinem Lehrer durch.

4 Formgedächtnislegierungen nehmen nach einer Verformung ihre ursprüngliche Gestalt wieder an. Die sogenannten Memory-Metalle haben ein „Gedächtnis" ihrer Form, die sie auch nach dem Verbiegen behalten. Schlage mögliche Anwendungen dieser modernen Werkstoffe, z. B. in der Medizin und der Weltraumtechnik, vor.

5 DMITRI I. MENDELEJEW sagte die Eigenschaften mehrerer bis dahin unentdeckter Elemente erstaunlich genau voraus.

a Versuche eine Erklärung zu finden, warum MENDELEJEW Vorhersagen über Elemente wie Germanium, von ihm „Eka-Silicium" benannt, treffen konnte.

b Informiere dich über das Leben des berühmten Chemikers und stelle es in der Klasse vor.

6 Leite Aussagen über Lithium und Strontium aus dem Periodensystem ab. Wende dabei die auf Seite 119 vorgestellte Methode an.

7 Die Supraleitung, eine praktisch widerstandslose elektrische Leitfähigkeit, wurde 1911 an dem Metall Quecksilber entdeckt. Metallische Supraleiter erlangten jedoch nie große technische Bedeutung, weil sie nur bei Temperaturen unterhalb von −250 °C einsetzbar sind. Erkläre diesen Zusammenhang mithilfe deiner Kenntnisse über den Bau von Metallen.

8 Mit dem Anfang der 1980er Jahre von GERD BINNIG und HEINRICH ROHRER entwickelten Raster-Tunnelelektronenmikroskop kann der atomare Aufbau der Oberfläche von Metallen genau untersucht werden. Ein Lego®-Modell, ausgestellt im Deutschen Museum Bonn, veranschaulicht die Funktionsweise des Mikroskops, das einzelne Atome „sehen" kann. Informiere dich über das Verfahren und stelle es in der Klasse vor.

2 Lego®-Modell eines Raster-Tunnelelektronenmikroskops

1 Sarkophag des TUTANCHAMUN, ägyptischer Pharao im 14. Jh. v. Chr.

Metalle	Metalle sind Stoffe, die Wärme und den elektrischen Strom gut leiten. Sie lassen sich verformen und zeigen einen für Metalle typischen Glanz. Metalle bilden aufgrund ihrer charakteristischen Eigenschaften eine eigene Stoffgruppe.
Metalllegierungen	Homogene Stoffgemische aus verschiedenen Metallen. Legierungen unterscheiden sich in ihren Eigenschaften von den reinen Metallen, aus denen sie hergestellt wurden.
Metallbindung	Art der chemischen Bindung, die durch Anziehung zwischen positiv elektrisch geladenen Atomrümpfen und beweglichen Elektronen (Elektronengas) bewirkt wird

Atombau

Kern-Hülle-Modell des Atoms

Atomkern	**Atomhülle**
Zentrum des Atoms	in Elektronenschalen gegliederter, kugelschalenförmiger Raum um den Atomkern
Elementarteilchen:	Elementarteilchen:

Protonen	**Neutronen**	**Elektronen**
Symbol: p^+	Symbol: n	Symbol: e^-
positiv elektrisch geladene Teilchen	elektrisch neutrale Teilchen	negativ elektrisch geladene Teilchen
Ladung: +1	Ladung: keine	Ladung: –1

Atommasse	Die Masse eines Atoms ist unvorstellbar klein. Deshalb wird die Atommasse in der atomaren Masseneinheit unit (u) angegeben. 1 u entspricht ungefähr der Masse eines Wasserstoffatoms. Die Atommasse ergibt sich aus der Summe der Massen der Protonen und der Neutronen.
Periodensystem der Elemente (PSE) und Atombau	Im Periodensystem der Elemente sind die Elemente nach steigender Ordnungszahl angeordnet.

Angabe im Periodensystem		Bau der Atome
Ordnungszahl	≙	Anzahl der Protonen
Nummer der Gruppe	≙	Anzahl der Außenelektronen
Nummer der Periode	≙	Anzahl der Elektronenschalen

1 Die Stoffgruppe der Metalle zeichnet sich durch gemeinsame Eigenschaften aus.
a Notiere diese Eigenschaften.
b Stelle am Beispiel von vier verschiedenen Metallen den Zusammenhang zwischen der Verwendung des Metalls und der jeweiligen charakteristischen Eigenschaft her.

2 Entwickle einen Steckbrief für das Metall, das als Legierungsbestandteil in Euro-Münzen enthalten ist. Im Periodensystem der Elemente ist dieses Metall mit der Ordnungszahl 29 zu finden.

3 Diskutiere die folgenden fehlerhaften Aussagen:
„Magnesiumatome sind silbrig glänzend, Kupferatome dagegen rot glänzend."
„Die Atome aller Elemente sind gleich. In Schwermetallen wie Eisen, Kupfer oder Blei sind lediglich mehr Atome enthalten."
„Atome sehen wie winzig kleine Kugeln aus, zwischen ihnen befindet sich Luft."

4 Erläutere die Metallbindung. Nutze dafür eine geeignete Modelldarstellung.

5 Die Ordnung der Elemente im Periodensystem ist im Bau ihrer Atome begründet.
a Gib die Namen und chemischen Zeichen für die in der Tabelle angegebenen Elemente (A, B, C, D, E) an.

Element	Protonenanzahl im Atomkern	Neutronenanzahl im Atomkern
A	13	14
B	3	4
C	19	20
D	5	6
E	8	8

6 Gib an, welche Leistungen die Gesellschaft den Forscherpersönlichkeiten L. Meyer und D. Mendelejew verdankt.

7 Notiere die chemischen Zeichen der Metalle Kalium und Calcium.
Ermittle die Stellung dieser Metalle im Periodensystem der Elemente und leite Aussagen zum Bau des jeweiligen Metallatoms ab.

8 Das Periodensystem der Elemente kann zum Ableiten von Angaben über chemische Elemente genutzt werden.
a Leite aus dem Periodensystem der Elemente Angaben über den Bau der Atome des Elements mit der Ordnungszahl 13 ab.
b Ordne es begründet einer Stoffgruppe zu.
c Gallium und Indium haben ähnliche Eigenschaften wie das Element mit der Ordnungszahl 13. Sie sind mit ihm chemisch verwandt. Erläutere diesen Zusammenhang.

9 Begründe mithilfe der Abbildung, weshalb Metalle den elektrischen Strom leiten.

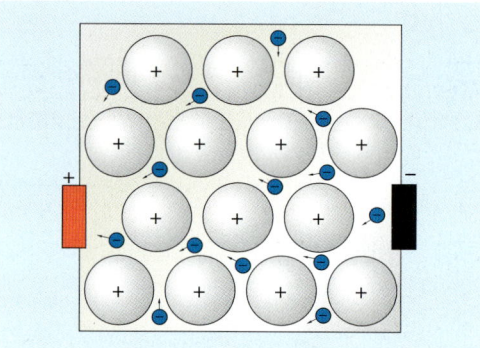

1 Elektronen im elektrischen Feld

Aufgabe	Hilfe findest du auf Seite …	Verbindung der Aufgabe zu den Basiskonzepten ↑Anhang
1	109, 110, 111	S T
2	108, 109, 114	T
3	112, 113	T
4	120	T
5	113, 115	T
6	115	T
7	115, 116, 117, 118, 119	T
8	115, 116, 117, 118, 119	S T
9	120, 121	S T

T Stoff-Teilchen-Beziehungen, S Struktur-Eigenschafts-Beziehungen

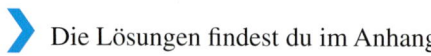 Die Lösungen findest du im Anhang.

Metallherstellung

Im Alltag begegnen wir ständig Gegenständen aus Metall. Jährlich werden weltweit mehrere Milliarden Tonnen Metalle benötigt. Die meisten dieser Metalle kommen in der Natur nur als Erze vor, also in Form von Verbindungen, wie z. B. das rote Eisenerz im abgebildeten Steinbruch. Hieraus kann man die Metalle gewinnen.

→ Warum kommt Gold in der Natur meist elementar vor, Eisen aber nur in Verbindungen?

→ Wie lassen sich die Metalle aus ihren Verbindungen gewinnen?

→ Welche technischen Verfahren werden hierzu eingesetzt?

→ Wie viel Metall kann aus einem Erz gewonnen werden?

Selbst untersucht Erhitzen von Stoffen

1   Erhitze Eisenwolle an der Luft.

Schutzbrille! Halte ein Stück Eisenwolle mit einer Tiegelzange in die Brennerflamme. Sobald das Eisen aufglüht, entferne es aus der Flamme.
Notiere deine Beobachtungen und formuliere die Wortgleichung.
Entsorgung: Feststoff in den Sammelbehälter für Hausmüll geben.

2   Verbrenne Holzkohle in Luft und in Sauerstoff.

Schutzbrille! Gib Holzkohle auf zwei Verbrennungslöffel mit Stopfen und erhitze sie zum Glühen. Tauche den einen Löffel in einen Standzylinder mit Luft, den anderen in einen Standzylinder mit Sauerstoff und verschließe beide Standzylinder mit den Stopfen. Führe nach der Reaktion in beide Standzylinder einen glimmenden Span ein.
Beschreibe und deute deine Beobachtungen. Formuliere die Wortgleichungen.
Entsorgung: Feststoff in den Sammelbehälter für Hausmüll geben.

3   Erhitze Eisenwolle in einem verschlossenen Reagenzglas und ermittle die Massenveränderungen.

Schutzbrille! Gib blanke Eisenwolle in ein Reagenzglas, sodass das Glas etwa 1 cm hoch dicht gefüllt ist. Verschließe das Glas mit einem Luftballon und wiege es auf einer Analysenwaage. Erhitze das Reagenzglas so stark, dass eine Reaktion zwischen Eisen und Sauerstoff stattfindet. Wiege das Glas nach dem Erkalten erneut.
Vergleiche die Massen miteinander.
Vergleiche die Ergebnisse dieses Experiments mit denen von Experiment 4 und deute sie.
Entsorgung: Eisenwolle in den Sammelbehälter für Hausmüll geben.

4   Ermittle Massenveränderungen beim Erhitzen von Eisenwolle an der Luft.

Schutzbrille! Wiege 1 g Eisenwolle mithilfe der Analysenwaage auf einem Uhrglas ab. Halte die Eisenwolle mit einer Tiegelzange in die Brennerflamme und erhitze sie, bis sie stark glüht. Lege die Eisenwolle nach dem Erkalten auf das Uhrglas und wiege sie erneut.

Vergleiche die Masse der Eisenwolle vor und nach dem Erhitzen.
Entsorgung: Feststoffe in den Sammelbehälter für Hausmüll geben.

5   Verbrenne Zündholzkuppen in einem offenen Reagenzglas.

Schutzbrille! Gib zehn Streichholzkuppen in ein Reagenzglas und wiege das Reagenzglas auf einer Analysenwaage. Erhitze das Reagenzglas über einer Brennerflamme so stark, dass sich die Streichholzkuppen entzünden. Wiege das Reagenzglas nach dem Erkalten erneut.
Vergleiche die Massen vor und nach dem Verbrennen der Streichholzkuppen.
Entsorgung: Reste in Sammelbehälter für Hausmüll geben.

6 Verbrenne Zündholzkuppen in einem verschlossenen Reagenzglas.

Schutzbrille! Gib zehn Streichholzkuppen in ein Reagenzglas. Verschließe das Reagenzglas mit einem Luftballon und wiege es auf einer Analysenwaage. Erhitze das Reagenzglas über einer Brennerflamme so stark, dass sich die Streichholzkuppen entzünden. Wiege das Reagenzglas nach dem Erkalten erneut. Vergleiche die Massen vor und nach dem Verbrennen der Streichholzkuppen.

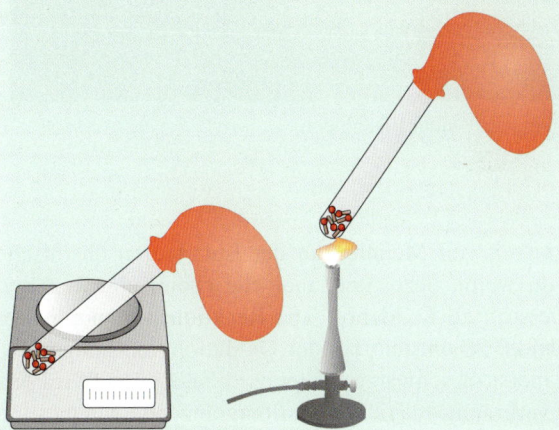

Vergleiche die Ergebnisse dieses Experiments mit denen von Experiment 5 und deute sie.
Entsorgung: Reste in Sammelbehälter für Hausmüll geben.

7 Erhitze Kupfer in einem verschlossenen Reagenzglas.

Schutzbrille! Gib blanke Kupferspäne in ein Reagenzglas, sodass das Glas etwa zu 1 cm gefüllt ist. Verschließe das Glas mit einem Stopfen und wiege es auf einer Analysenwaage. Erhitze das Reagenzglas so stark, dass eine Reaktion zwischen Kupfer und Sauerstoff stattfindet. Wiege das Glas nach dem Erkalten erneut.
Deute die Beobachtungsergebnisse.
Entsorgung: Reaktionsprodukt in die Sammlung geben.

8 Verbrenne Metallpulver in Sauerstoff und ermittle die Massenveränderungen.

Schutzbrille! Nicht direkt in die Flamme sehen! Wiege jeweils 500 mg folgender Stoffproben ab: Eisenpulver, Magnesiumpulver (phlegmatisiert) (GHS 02), Kupferpulver und Zinkpulver (phlegmatisiert) (GHS 09).
Fülle vier Rundkolben, deren Böden mit etwas Sand bedeckt sind, mit Sauerstoff. Gib jeweils eine Stoffprobe auf einen mit Stopfen versehenen Verbrennungslöffel und erhitze die Stoffprobe stark bzw. bis zum Entzünden. Tauche den Verbrennungslöffel sofort in einen mit Sauerstoff gefüllten Rundkolben. Beachte dabei, dass der Kolben nicht vollständig verschlossen werden darf.

Vergleiche die Eigenschaften der Ausgangsstoffe mit denen der Reaktionsprodukte und fertige dazu eine tabellarische Übersicht an.
Wiege nach dem Erkalten die Reaktionsprodukte und vergleiche deren Massen mit der Masse der Ausgangsstoffe.
Fertige eine Wertetabelle nach folgendem Muster an:

Reaktion von	m(Metall)	m(Reaktionsprodukt)
Eisen		
Magnesium		
Kupfer		
Zink		

Entsorgung: Erkaltete Reaktionsprodukte in Sammelbehälter für Hausmüll geben.

Metalle oxidieren

Calciumspäne entzünden sich beim Erhitzen an der Luft. Calcium und Sauerstoff reagieren dabei zu Calciumoxid. Welcher Stoff- und Teilchenumsatz liegt dieser Reaktion zugrunde?

1 Brennende Calciumspäne auf einem Eisenblech

Formel eines Metalloxids

– kennzeichnet den Stoff
– kennzeichnet eine Baueinheit des Metalloxids und dessen Zusammensetzung
– Beispiele: MgO, Al_2O_3
Im Magnesiumoxid ist das Zahlenverhältnis von Magnesium- zu Sauerstoffteilchen 1 : 1.
Im Aluminiumoxid ist das Zahlenverhältnis von Aluminium- zu Sauerstoffteilchen 2 : 3.

Oxidation Beim Erhitzen von Metallen an der Luft laufen chemische Reaktionen ab. Wie du weißt, bezeichnet man die chemische Reaktion eines Stoffes mit Sauerstoff als Oxidation. Die Reaktionsprodukte bei einer Oxidation sind Oxide. So entsteht bei der Oxidation von hellgrauem Eisen mit dem Luftsauerstoff schwarzes Eisenoxid. ↑E.1 S.126 Wird Magnesium an der Luft verbrannt, reagiert das silberglänzende Magnesium mit dem Sauerstoff zu einem weißgrauen Pulver, dem Magnesiumoxid. ↑E.8 S.127

Die meisten Metalle reagieren mit Sauerstoff zu **Metalloxiden**.

Eisen (s) + Sauerstoff (g)	⟶ Eisenoxid (s)
2 Fe (s) + O_2 (g)	⟶ 2 FeO (s)
Magnesium (s) + Sauerstoff (g)	⟶ Magnesiumoxid (s)
2 Mg (s) + O_2 (g)	⟶ 2 MgO (s)
Calcium (s) + Sauerstoff (g)	⟶ Calciumoxid (s)
2 Ca (s) + O_2 (g)	⟶ 2 CaO (s)
Metall + Sauerstoff	⟶ Metalloxid

MgO

Magnesiumteilchen

Sauerstoffteilchen
Baueinheit

2 Modell und Formel von Magnesiumoxid

Wie bereits bekannt, können auch Nichtmetalle oxidiert werden. ↑E.2, S.126 Die Reaktionsprodukte dieser Oxidationen heißen **Nichtmetalloxide**.

Kohlenstoff (s) + Sauerstoff (g)	⟶ Kohlenstoffdioxid (g)
C (s) + O_2 (g)	⟶ CO_2 (g)
Wasserstoff (g) + Sauerstoff (g)	⟶ Wasser (l)
2 H_2 (g) + O_2 (g)	⟶ 2 H_2O (l)
Nichtmetall + Sauerstoff	⟶ Nichtmetalloxid

Im Gegensatz zu den Nichtmetalloxiden bestehen die Metalloxide nicht aus Molekülen. Sie bilden große Teilchenverbände. ↑2

Die kleinstmögliche Anzahl der im Metalloxid verbundenen Metall- und Sauerstoffteilchen wird als **Baueinheit** bezeichnet.
Die Formel von Metalloxiden gibt eine Baueinheit des Teilchenverbandes an. Auch hier wird die Anzahl der Teilchen in der Formel als tiefgestellte Zahl hinter dem jeweiligen Symbol des Elements angegeben.

Stoff- und Teilchenumsatz bei Oxidationen Wie alle Oxidationen lässt sich auch die Reaktion von Calcium mit Sauerstoff teilchenmäßig deuten. Die Teilchen der Ausgangsstoffe Calcium und Sauerstoff ordnen sich um und verändern sich. Es bilden sich die Teilchen des Reaktionsprodukts Calciumoxid. Bei Anwendung des Teilchenmodells lässt sich der kleinstmögliche Teilchenumsatz für diese Reaktion erkennen.

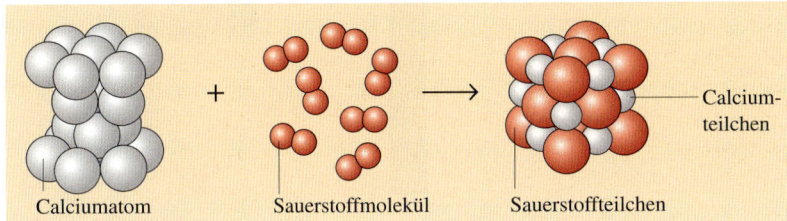

Calciumatom   Sauerstoffmolekül   Sauerstoffteilchen   Calciumteilchen

3 Teilchenmodell der Reaktion von Calcium mit Sauerstoff

Reaktionsgleichung Auch für die Entwicklung der Reaktionsgleichung der Oxidation von Metallen zu Metalloxiden kann die bekannte Schrittfolge genutzt werden. ↑S.99

1. Formulieren der Wortgleichung	Calcium + Sauerstoff	$\longrightarrow$	Calciumoxid
2. Einsetzen der chemischen Zeichen	Ca	O_2	CaO
3. Ermitteln der Faktoren	2 Ca	1 O_2	2 CaO
4. Überprüfen der Anzahl der Atome jedes Elements	Ausgangsstoffe Calcium: $2 \cdot 1$ Sauerstoff: $1 \cdot 2$	$= 2 \cdot 1$ $= 2 \cdot 1$	Reaktionsprodukte
5. Reaktionsgleichung	2 Ca + O_2	$\longrightarrow$	2 CaO

Von der chemischen Reaktion zur Reaktionsgleichung

Chemische Reaktion:
Oxidation von Calcium

Stoffliche Deutung:
Calcium und Sauerstoff reagieren zu Calciumoxid.

Energetische Deutung:
Bei der Reaktion wird Wärme und Licht frei. Es findet eine Energieumwandlung statt.

Teilchenmäßige Deutung:
Je 2 Atome Calcium und 1 Molekül Sauerstoff reagieren zu 2 Baueinheiten Calciumoxid.

Bilanz der Teilchen der Elemente:
Die Anzahl der Calciumteilchen im Ausgangsstoff Calcium ist gleich der Anzahl der Calciumteilchen im Reaktionsprodukt Calciumoxid. Die Anzahl der Sauerstoffteilchen im Ausgangsstoff Sauerstoff ist gleich der Anzahl der Sauerstoffteilchen im Reaktionsprodukt Calciumoxid.

Reaktionsgleichung:
$2 \, Ca \, (s) + O_2 \, (g) \longrightarrow 2 \, CaO \, (s)$

Aufgaben

1 Gib die Aussagen an, die aus folgenden Formeln ableitbar sind: H_2O, Fe_2O_3, CaO.

2 Deute die folgenden Reaktionsgleichungen stofflich und teilchenmäßig:
a $2 \, Mg \, (s) + O_2 \, (g) \longrightarrow 2 \, MgO \, (s)$
b $4 \, Na \, (s) + O_2 \, (g) \longrightarrow 2 \, Na_2O \, (s)$
c $4 \, Fe \, (s) + 3 \, O_2 \, (g) \longrightarrow 2 \, Fe_2O_3 \, (s)$

3 Entwickle schrittweise die Reaktionsgleichung für die chemische Reaktion von Kalium mit Sauerstoff (Teilchenanzahlverhältnis in der Baueinheit: Kaliumteilchen zu Sauerstoffteilchen = 2 : 1)

4 Entwickle die Reaktionsgleichung für die Bildung von rotbraunem Kupferoxid Cu_2O. Interpretiere die Reaktionsgleichung.

5 Ermittle die fehlenden Faktoren und überprüfe die Übereinstimmung der Anzahlen der Atome der einzelnen Elemente.
a $Al \, (s) + 3 \, O_2 \, (g) \longrightarrow \ldots Al_2O_3 \, (s)$
b $Cu \, (s) + O_2 \, (g) \longrightarrow \ldots CuO \, (s)$
c $Fe \, (s) + O_2 \, (g) \longrightarrow \ldots FeO \, (s)$
d $Pb \, (s) + O_2 \, (g) \longrightarrow \ldots PbO_2 \, (s)$

Chemische Reaktionen auf der Waage

Von Holzscheiten bleibt nach einem Lagerfeuer nur ein kleines Häufchen Asche zurück. Werden dagegen die Massenverhältnisse beim Verbrennen eines Metalls untersucht, neigt sich der Waagebalken nach der Seite des entstandenen Metalloxids. Können Reaktionsprodukte einmal leichter, das andere Mal schwerer als die eingesetzten Ausgangsstoffe sein? Was geschieht mit den Massen der Stoffe bei einer chemischen Reaktion?

1 Verbrennen von Eisenwolle

Der russische Chemiker MICHAIL WASSILJEWITSCH LOMONOSSOW und der französische Chemiker ANTOINE LAURENT LAVOISIER führten unabhängig voneinander Experimente zum Verbrennen von Metallen durch. Sie erhitzten u. a. Blei in einem verschlossenen Gefäß und ermittelten die Masse vor und nach dem Erhitzen. LOMONOSSOW erkannte, dass die Masse vor und nach der Reaktion gleich war. Eine Erklärung dieser Gesetzmäßigkeit fand er noch nicht. Dies gelang erst LAVOISIER.

2 MICHAIL WASSILJEWITSCH LOMONOSSOW (1711 bis 1765)

Massen der Reaktionspartner bei chemischen Reaktionen Beim Verbrennen von Streichholzkuppen und beim Erhitzen von Eisenwolle fanden chemische Reaktionen statt. Als die Reste der Streichholzkuppen gewogen wurden, stellte man eine geringere Masse als vor dem Verbrennen fest. ↑E.5 S.126 Beim Erhitzen von Eisen an der Luft war es genau umgekehrt. Die Masse der Reaktionsprodukte war größer als die Masse der Eisenwolle vor dem Erhitzen. ↑E.4 S.126, E.8 S.127 Kann denn bei einer chemischen Reaktion die Masse der Reaktionsprodukte einmal kleiner, ein anderes Mal größer als die Masse der Ausgangsstoffe sein? Um die Frage zu beantworten, muss geprüft werden, ob auch die Massen aller Ausgangsstoffe und aller Reaktionsprodukte erfasst wurden. Offensichtlich sind beim Verbrennen der Streichhölzer Gase entstanden, die in den Raum entwichen, also nicht gewogen wurden. Beim Erhitzen von Eisen handelte sich um eine Reaktion von Eisen mit Sauerstoff zu Eisenoxid. Gewogen wurden aber nur Eisen und Eisenoxid, die Masse des an der Reaktion beteiligten zweiten Ausgangsstoffes, des Sauerstoffs, wurde nicht ermittelt. Die Aussagen, die Masse der Reaktionsprodukte ist kleiner bzw. größer als die Masse der Ausgangsstoffe, sind offensichtlich falsch, weil nicht alle Massen der beteiligten Stoffe ermittelt wurden.

Damit keine Stoffe in die Umgebung entweichen oder unbemerkt hinzukommen, müssen die Experimente in geschlossenen Experimentieranordnungen durchgeführt werden. ↑E.3 S.126, E.6,7 S.127 Das Wiegen erbrachte nun die folgenden Ergebnisse:

Masse an Eisen + Masse an Sauerstoff = Masse an Eisenoxid
$m(\text{Eisen})$ + $m(\text{Sauerstoff})$ = $m(\text{Eisenoxid})$

Masse an Kupfer + Masse an Sauerstoff = Masse an Kupferoxid
$m(\text{Kupfer})$ + $m(\text{Sauerstoff})$ = $m(\text{Kupferoxid})$

Das Gesetz von der Erhaltung der Masse Die Ergebnisse der in geschlossenen Gefäßen durchgeführten Experimente geben Hinweise auf eine Gesetzmäßigkeit, die für alle chemischen Reaktionen gültig ist. Diese Gesetzmäßigkeit ist ein wichtiges Grundgesetz der Chemie und wird als **Gesetz von der Erhaltung der Masse** bezeichnet. Das Gesetz besagt, dass bei chemischen Reaktionen die Masse der Ausgangsstoffe gleich der Masse der Reaktionsprodukte ist.

Bei chemischen Reaktionen treten also weder Massezunahmen noch Masseverluste auf. Stoffe können bei chemischen Reaktionen weder aus dem „Nichts" entstehen, noch können sie spurlos verschwinden.

Das Gesetz von der Erhaltung der Masse:
Bei chemischen Reaktionen ist die Masse der Ausgangsstoffe gleich der Masse der Reaktionsprodukte.
m(Ausgangsstoffe) = m(Reaktionsprodukte)

Teilchen der Reaktionspartner bei chemischen Reaktionen Bei chemischen Reaktionen werden Teilchen der Ausgangsstoffe zu Teilchen der Reaktionsprodukte umgewandelt. Ihr Zusammenhalt und ihre Anordnung ändern sich.

Jede Stoffportion eines reagierenden Stoffes besteht aus einer großen Anzahl von Teilchen. Jedes dieser Teilchen bringt seine winzige Masse auf die Waagschale für die Stoffportion. Betrachten wir das Verbrennen von Eisenwolle. Die Masse des gewogenen Eisenoxids ergibt sich aus den Massen aller im Eisenoxid gebundenen Eisen- und Sauerstoffteilchen. Deren Anzahl und ebenso ihre Masse bleiben während der chemischen Reaktion unverändert.

Bei chemischen Reaktionen bleibt die Anzahl der gebundenen Teilchen der in den Ausgangsstoffen und in den Reaktionsprodukten enthaltenen Elemente gleich.

3 ANTOINE LAURENT LAVOISIER (1743 bis 1794) gelang die wissenschaftliche Erklärung der Verbrennungsvorgänge.

Aufgaben

1 Beim Verbrennen eines Zündholzes oder einer Kerze wird jeweils eine Masseabnahme festgestellt. Wenn dagegen ein Eisenwerkzeug längere Zeit an feuchter Luft liegt, hat dessen Masse zugenommen. Erkläre die festgestellten Sachverhalte. Weise nach, dass auch bei diesen Vorgängen das Gesetz von der Erhaltung der Masse gilt.

2 Ein Kuchen ist leichter als der Kuchenteig vor dem Backen.
Überlege, ob beim Kuchenbacken das Gesetz von der Erhaltung der Masse nicht gilt.

3 Welcher Zusammenhang besteht zwischen dem Gesetz von der Erhaltung der Masse und den Teilchen der reagierenden Stoffe?

4 Informiere dich in verschiedenen Informationsquellen, z. B. im Internet, über Leben und Werk von MICHAIL WASSILJEWITSCH LOMONOSSOW und ANTOINE LAURENT LAVOISIER. Fertige über jede Persönlichkeit ein Poster an.

5 Beim Verbrennen von Holz nimmt die Masse ab. Diskutiere, ob diese Aussage richtig oder falsch ist.

6 Ein Mitschüler behauptet: Wenn 5 Millionen Kohlenstoffatome mit 5 Millionen Sauerstoffmolekülen reagieren, entstehen 5 Millionen Kohlenstoffdioxidmoleküle.
Stimmt diese Behauptung? Begründe.

Selbst untersucht Herstellen von Gebrauchsmetallen

9　　Erhitze Silberoxid.

Schutzbrille! Gib etwa 1 g Silberoxid (GHS 03|05) in ein Reagenzglas und erhitze es kräftig mit der Brennerflamme. Führe die Glimmspanprobe durch.

Notiere deine Beobachtungen. Deute das Ergebnis und formuliere die Reaktionsgleichung.

Entsorgung: Silberrückstände einsammeln.

10　　Erhitze Kupfer(II)-oxid mit Zink.

Schutzbrille! Mische in einem Reagenzglas jeweils eine Spatelspitze Kupfer(II)-oxid (GHS 07) mit Zinkpulver (GHS 09) und erhitze es in der Brennerflamme.

Kupferoxid

Zink

Kupferoxid, Zink

Notiere deine Beobachtungen und deute das Ergebnis.

Entsorgung: Feststoff in den Sammelbehälter für Hausmüll geben.

11　　Erhitze Kupfer(II)-oxid mit Eisen und Eisen(II)-oxid mit Kupfer.

Schutzbrille! Mische in je einer Porzellanschale 2 g Kupfer(II)-oxidpulver (GHS 07) mit 1 g Eisenpulver bzw. 1 g Eisen(II)-oxidpulver mit 1 g Kupferpulver. Gib die Mischungen in je ein Reagenzglas und erhitze sie kräftig mit dem Brenner bis zur Rotglut. Gib die Inhalte der Reagenzgläser nach dem Erkalten auf Uhrglasschalen.

Notiere deine Beobachtungen. Welche Reaktionsprodukte sind entstanden? Vergleiche die chemischen Reaktionen miteinander.

Entsorgung: Feststoffe in den Sammelbehälter für Hausmüll geben.

12　　Erhitze Kupfer(II)-oxid mit Kohlenstoff.

Schutzbrille! Spritzgefahr! Verwende eine Experimentieranordnung wie in der Abbildung. Fülle ein Gemisch aus 2 g schwarzem Kupfer(II)-oxid (GHS 07) und 0,2 g pulverförmiger Holzkohle in das Reagenzglas. Erhitze kräftig mit der Brennerflamme, bis das Gemisch aufglüht. Entferne den Stopfen, bevor das Gemisch abgekühlt ist.

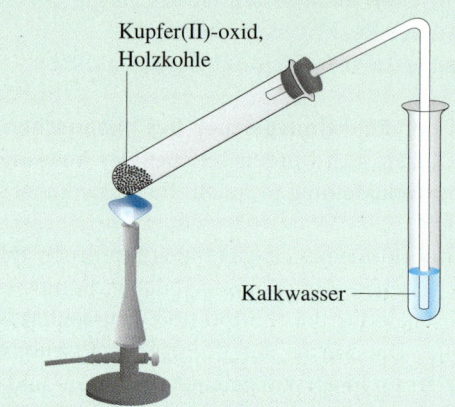

Kupfer(II)-oxid, Holzkohle

Kalkwasser

Notiere deine Beobachtungen und deute die Versuchsergebnisse.

Entsorgung: Reste von Kalkwasser in den Sammelbehälter für Abwasser geben. Das feste, abgekühlte Reaktionsprodukt in den Sammelbehälter für Hausmüll geben.

13　　Führe Reaktionen mit Eisen, Kupfer, Aluminium und ihren Oxiden durch.

Schutzbrille! Entzündungsgefahr! Mische jeweils eine Spatelspitze Metallpulver (GHS 02) mit einer Spatelspitze der beiden Metalloxidpulver (GHS 07). Gib die Gemische nacheinander in eine Magnesiarinne und erhitze diese in der Brennerflamme.

Notiere deine Beobachtungen. Stelle die Ergebnisse in einer Tabelle dar und interpretiere sie.

Entsorgung: Feste Stoffe in den Sammelbehälter für Hausmüll geben.

Reduktion – Redoxreaktion

1 Werkzeuge aus der Eisenzeit

Bis zur Entdeckung der Metalle stellten die Menschen Werkzeuge und Waffen aus Holz und Steinen her. Diese Gegenstände waren nicht sehr robust und wurden leicht zerstört. Erst die Entdeckung, dass aus Erzen Metalle gewonnen werden konnten, führte zu haltbareren Gegenständen und zu einer raschen kulturellen Entwicklung.

Durch welche Vorgänge kann aus Metallverbindungen das Metall gewonnen werden?

Reduktion Metalloxide kommen in der Natur sehr häufig vor und sind wichtige Rohstoffe zur Gewinnung von Metallen. Um die Metalle aus den Metalloxiden gewinnen zu können, muss man den in ihnen chemisch gebundenen Sauerstoff entziehen. Wenn braunes Silberoxid (Ag_2O) erhitzt wird, entsteht elementares Silber. ↑E.9, ↑3 Als weiteres Reaktionsprodukt kann mithilfe der Glimmspanprobe Sauerstoff nachgewiesen werden. Silberoxid kann also durch Erhitzen zerlegt werden.

Silberoxid (s) ⟶ Silber (s) + Sauerstoff (g) | endotherm
$2 Ag_2O (s)$ ⟶ $4 Ag (s)$ + $O_2 (g)$ | endotherm

2 Aus Hämatit (Fe_2O_3) wird Eisen gewonnen.

Das Silberoxid gibt den Sauerstoff ab und das Metall wird in den elementaren Zustand „zurückgeführt". Eine solche chemische Reaktion bezeichnet man als **Reduktion** (lat. reducere – zurückführen). Das Silberoxid wurde reduziert.

Bildung und Zerlegung von Silberoxid sind einander entgegengesetzte Reaktionen. Es handelt sich um **umkehrbare Reaktionen**, die je nach den Bedingungen in die eine oder andere Richtung ablaufen können.

Alle Metalle können durch Erhitzen aus ihren Oxiden gewonnen werden, jedoch sind hierzu oft sehr hohe Temperaturen erforderlich.

Eine Reduktion ist eine chemische Reaktion, bei der einem Stoff Sauerstoff entzogen wird. Sie ist die Umkehrung der Oxidation.

Bei einer Reduktion kann der Sauerstoff auch mithilfe eines anderen Stoffes aus einer Verbindung entzogen werden. Kupfer(II)-oxid (CuO) reagiert mit Magnesium in einer exothermen Reaktion zu festem rotbraunem Kupfer und weißem Magnesiumoxid. ↑E.14 S.134

Kupfer(II)-oxid (s) + Magnesium (s) ⟶ Kupfer (s) + Magnesiumoxid (s) | exotherm

CuO (s) + Mg (s) ⟶ Cu (s) + MgO (s) | exotherm

3 Erhitzen von Silberoxid

1 Reaktion von Kupfer(II)-oxid mit Magnesium

Bei dieser chemischen Reaktion hat das Magnesium dem Kupfer(II)-oxid den gebundenen Sauerstoff entzogen, das Kupfer(II)-oxid wurde reduziert. Auch andere Stoffe wie Kohlenstoff, Eisen, Aluminium und Zink sind in der Lage, dem Kupfer(II)-oxid den Sauerstoff zu entziehen. ↑E.10–13 S.132 Stoffe, die anderen Verbindungen Sauerstoff entziehen, werden als **Reduktionsmittel** bezeichnet.

Redoxreaktion Bei der chemischen Reaktion von Kupfer(II)-oxid mit Kohlenstoff wurde das schwarze Kupfer(II)-oxid zu rotbraunem metallischem Kupfer reduziert. ↑E.12 S.132 Als weiteres Reaktionsprodukt entstand Kohlenstoffdioxid, das durch die Trübung von Kalkwasser nachgewiesen wurde. Das Reduktionsmittel Kohlenstoff wurde zu Kohlenstoffdioxid oxidiert.

Reduktion und Oxidation sind bei diesen chemischen Reaktionen voneinander abhängig und laufen gleichzeitig ab. Sie werden als **Red**uktions-**Ox**idations-Reaktionen oder kurz als **Redoxreaktionen** bezeichnet.

Reduktion

Kupfer(II)-oxid (s) + Kohlenstoff (s) ⟶ Kupfer (s) + Kohlenstoffdioxid (g) | exotherm

$2 CuO (s) + C (s) \longrightarrow 2 Cu (s) + CO_2 (g)$ | exotherm

Oxidation

Kupfer(II)-oxid kann auch durch Zink reduziert werden. ↑E.10 S.132, ↑2 Dabei ist Zink das Reduktionsmittel. Es entzieht dem Kupfer(II)-oxid den Sauerstoff und wird selbst zu Zinkoxid oxidiert. Kupfer(II)-oxid liefert für diese Oxidation den Sauerstoff. Man bezeichnet Kupfer(II)-oxid deshalb als **Oxidationsmittel**. Während der Redoxreaktion wird es zu Kupfer reduziert.

Kupfer(II)-oxid (s) + Zink (s) ⟶ Kupfer (s) + Zinkoxid (s) | exotherm

Oxidations-mittel   Reduktions-mittel

Reduktion

$CuO (s) + Zn (s) \longrightarrow Cu (s) + ZnO (s)$ | exotherm

Oxidation

2 Reaktion von Kupfer(II)-oxid mit Zink

Allgemein gilt, dass Oxidationsmittel und Reduktionsmittel Reaktionspartner sind, die Sauerstoff austauschen.

Oxidationsmittel	Reduktionsmittel
Kann Sauerstoff abgeben, wirkt dadurch oxidierend, wird selbst reduziert.	Kann Sauerstoff aufnehmen, wirkt dadurch reduzierend, wird selbst oxidiert.

3 Chemische Reaktion von Magnesium mit Trockeneis

Auch bei der chemischen Reaktion von Magnesium mit Trockeneis handelt es sich um eine Redoxreaktion. Das Kohlenstoffdioxid gibt den gebundenen Sauerstoff ab und wird zu elementarem Kohlenstoff reduziert. Gleichzeitig nimmt das Magnesium den Sauerstoff auf und wird zu Magnesiumoxid oxidiert. ↑E.15, ↑3

EXPERIMENT 15 [L]
Reaktion von Magnesium mit Trockeneis.
Schutzbrille! In einen Trockeneisblock wird mit einem Spatellöffel eine Mulde geschabt. Diese wird mit Magnesiumspänen (GHS 02) gefüllt. Mit einer Tiegelzange wird ein entzündetes Stück Magnesiumband (GHS 02) in die Mulde zugegeben. Darauf wird ein zweiter Block Trockeneis gelegt. ↑3

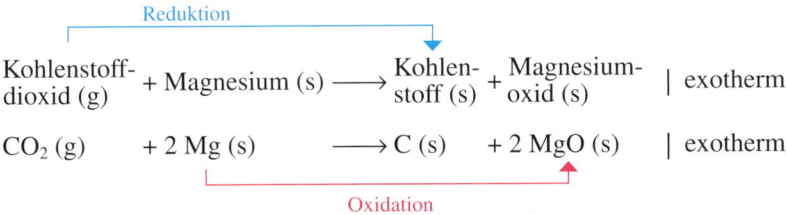

Redoxreaktionen sind chemische Reaktionen, bei denen Reduktion und Oxidation gleichzeitig ablaufen. Dabei gibt das Oxidationsmittel Sauerstoff ab und wird reduziert, das Reduktionsmittel nimmt den Sauerstoff auf und wird oxidiert.

Energiebilanz einer Redoxreaktion Bei einer Redoxreaktion finden eine endotherme Reduktion und eine exotherme Oxidation gleichzeitig statt. Um die Reaktion zu starten, muss zunächst die exotherme Reaktion durch Energiezufuhr aktiviert werden.
Ein Teil der bei der nun stattfindenden Reaktion frei werdenden Energie wird bei der endothermen Reaktion wieder aufgenommen. Die restliche Energie wird in Form von Wärme und Licht frei. Die bei einer Redoxreaktion abgegebene Energie resultiert also aus der Kombination von exothermer Oxidation und endothermer Reduktion, insgesamt handelt es sich um eine exotherme Reaktion.

Aufgaben

1 Vergleiche Oxidation und Reduktion miteinander.
2 Kennzeichne Reduktion und Oxidation sowie Oxidations- und Reduktionsmittel für die Reaktion von Kupfer(II)-oxid (CuO) und Magnesium.

3 Formuliere für die Reaktion von Silberoxid mit Aluminium die Wortgleichung. Kennzeichne Reduktion und Oxidation sowie Oxidations- und Reduktionsmittel.

Redoxreihe der Metalle

Kupfer(II)-oxid reagiert mit Eisen zu Eisen(II)-oxid und Kupfer, Eisen(II)-oxid reagiert dagegen nicht mit Kupferpulver. Demgegenüber reagiert Kupfer(II)-oxid nicht mit Silber. Jedoch reagiert Silberoxid mit Kupfer zu Silber und Kupfer(II)-oxid. Lässt sich vorhersagen, wer mit wem reagiert?

1

2 Um Schiffe vor Korrosion zu schützen, werden Blöcke aus unedleren Metallen, z. B. Aluminium oder Magnesium, am Rumpf angebracht.

Abschätzen von Redoxreaktionen Kupfer(II)-oxid (CuO) kann durch Eisen oder Aluminium zu Kupfer reduziert werden. ↑E.13 S.132 Umgekehrt lassen sich Eisen(II)-oxid und Aluminiumoxid nicht durch Kupfer zu den Metallen reduzieren. Der Grund für dieses unterschiedliche Verhalten liegt in dem verschieden starken Bestreben (der Affinität) der Metalle, mit Sauerstoff Verbindungen einzugehen.

Unedle Metalle wie Magnesium und Eisen, aber auch Nichtmetalle wie Kohlenstoff und Wasserstoff haben eine große Affinität zu Sauerstoff.

Edle Metalle wie Gold, Silber und Kupfer haben nur eine geringe Affinität, mit Sauerstoff zu den jeweiligen Oxiden zu reagieren. Daher kommen nur Edelmetalle in der Natur gediegen, also als Metall vor.

Werden die Metalle nach ihrer Stärke als Reduktionsmittel angeordnet, ergibt sich eine Reihenfolge, die **Redoxreihe der Metalle**.

Affinität der Metalle zu Sauerstoff nimmt zu	
←	
Unedle Metalle	Edle Metalle
Natrium Magnesium Aluminium Zink Eisen	Kupfer Silber Gold
←	
Reduktionsvermögen der Metalle nimmt zu	

Mithilfe der Redoxreihe der Metalle können mögliche Redoxreaktionen abgeschätzt werden: Das Oxid eines Metalls lässt sich von dem in der Redoxreihe jeweils links angeordneten unedleren Metall reduzieren, so kann Kupfer(II)-oxid durch Eisen zu Kupfer reduziert werden. Aluminiumoxid reagiert demgegenüber nicht mit Eisen, da Aluminium unedler als Eisen ist.

Die Erkenntnisse aus der Redoxreihe finden z. B. im Korrosionsschutz und bei der Gewinnung von Metallen Anwendung. Durch die richtige Wahl des unedlen Reduktionsmittels lassen sich wichtige metallische Rohstoffe aus Erzen gewinnen.

Experimentelles naturwissenschaftliches Problemlösen

In den Naturwissenschaften lassen sich durch geschickte Wahl von Experimenten Lösungen zu vielen Problemen finden. Beim experimentellen naturwissenschaftlichen Problemlösen ist ein Vorgehen nach der angegebenen Schrittfolge sinnvoll.

Für ein Experiment im Chemieunterricht wird Zink benötigt. Leider sind kurz zuvor alle Zinkvorräte aus der Sammlung verbraucht worden. Es ist aber noch Zinkoxid vorhanden, aus dem das benötigte Zink hergestellt werden könnte. Würde man aber das Zink durch Reduktion von Zinkoxid mit einem anderen Metall, z. B. Magnesium, herstellen, wäre das Produkt durch das entstehende Magnesiumoxid verunreinigt.

1 *Erfasse das Problem.*
Es soll Zink aus Zinkoxid hergestellt werden. Das entstehende Zink soll nicht durch andere Stoffe verunreinigt sein.
Problem: Wie kann reines Zink aus Zinkoxid hergestellt werden?

2 *Leite eine Vermutung zur Lösung des Problems ab.*
Es ist bekannt, dass Kupfer(II)-oxid durch Kohlenstoff zu reinem Kupfer reduziert werden kann. Dabei wird der feste Kohlenstoff zu gasförmigem Kohlenstoffdioxid oxidiert. Dieses entweicht und verunreinigt das Kupfer nicht. Zinkoxid ist ebenso wie Kupfer(II)-oxid eine chemische Verbindung aus Metall und Sauerstoff.
Vermutung: Zinkoxid wird durch Kohlenstoff zu Zink reduziert. Dabei entweicht Kohlenstoffdioxid, das das Zink nicht verunreinigt.

3 *Leite aus der Vermutung experimentell überprüfbare Folgerungen ab.*
Wenn die aufgestellte Vermutung stimmt, dann müssten ein silbergrauer Stoff und ein gasförmiger Stoff, der Bariumhydroxidlösung trübt, zu beobachten sein.

4 *Plane ein Experiment, führe es durch und beobachte.*
2 g feines Zinkoxid (GHS 09) werden mit 0,3 g Kohlenstoffpulver gemischt und in der Versuchsapparatur stark erhitzt. ↑1

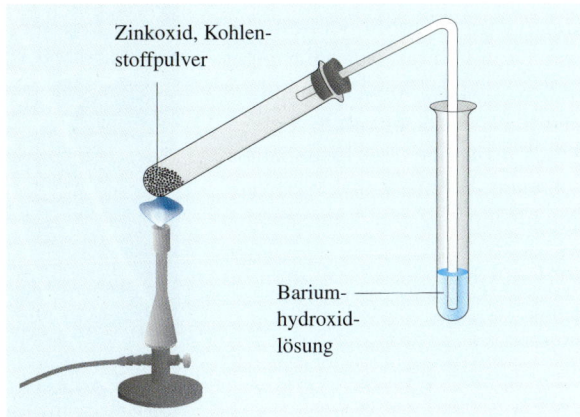

Zinkoxid, Kohlenstoffpulver

Bariumhydroxidlösung

1 Versuchsapparatur

5 *Vergleiche die Beobachtungsergebnisse mit den experimentell überprüfbaren Folgerungen.*
Nach der Reaktion hat sich an der Wandung des Reagenzglases ein silbergrauer Belag abgeschieden. Es ist ein gasförmiges Reaktionsprodukt entstanden, das die Bariumhydroxidlösung getrübt hat.
Die experimentell überprüfbaren Folgerungen und die Beobachtungsergebnisse stimmen überein.

6 *Formuliere eine Aussage über die Richtigkeit deiner Vermutung.*
Die Vermutung wurde bestätigt. Zinkoxid lässt sich durch Kohlenstoff zu Zink reduzieren.

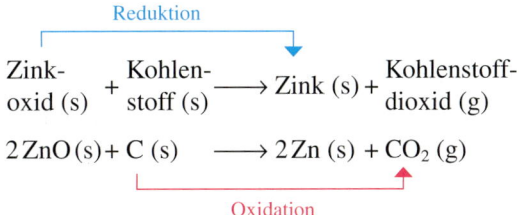

$$\text{Zinkoxid (s)} + \text{Kohlenstoff (s)} \longrightarrow \text{Zink (s)} + \text{Kohlenstoffdioxid (g)}$$

$$2\,ZnO\,(s) + C\,(s) \longrightarrow 2\,Zn\,(s) + CO_2\,(g)$$

Das bei der Reaktion entstehende Kohlenstoffdioxid verunreinigt das Zink nicht.

Technisch bedeutsame Redoxreaktionen

Die ältesten von Menschen hergestellten Eisengegenstände sind etwa 6 000 Jahre alt. In Europa wurde um 700 v. Chr. erstmalig von den Kelten Eisen verhüttet. Heute wird die große Vielseitigkeit von Eisen und seinen Legierungen in der Fülle der Anwendungen deutlich. Sie reicht von A wie Autokarosserien über Eisenbahnschienen, Schmuck und Werkzeugen bis hin zu Z wie Zahnspangen.

1 Redoxreaktionen ermöglichen die Herstellung von Eisenbahnschienen.

Eisen – ein wichtiger Rohstoff Eisen kommt, abgesehen von einigen Vorkommen, die aus Meteoriten stammen, in der Natur nur in Verbindungen vor. Es gibt etwa 100 verschiedene Eisenmineralien, von denen nur fünf zur industriellen Eisengewinnung herangezogen werden. Hierzu zählen die Eisenerze Hämatit (Fe_2O_3) ↑2 S.133 mit einem Massenanteil von 70 % Eisen und Magnetit (Fe_3O_4) mit einem Massenanteil von rund 72 % Eisen.

Nach dem bergmännischen Abbau werden die Eisenerze zunächst zerkleinert und vom eisenfreien Begleitgestein getrennt. Im Fall von Magnetit kann diese Trennung sehr leicht über eine Magnetabscheidung geschehen, denn wie sein Name schon andeutet, ist dieses Eisenerz magnetisch.

Herstellung von Roheisen im Hochofen Um aus dem Eisenerz Eisen zu gewinnen, müssen die im Eisenerz enthaltenen Eisenoxide reduziert werden. Die Reaktionen finden in einem **Hochofen** statt. Dieser ist ein bis zu 50 m hoher, auf dem Gegenstromprinzip basierender Gebläseofen. Der aus feuerfesten Steinen gemauerte Innenraum wird von einem Stahlmantel umschlossen. Die heißeren Bereiche des Hochofens werden mit Wasser gekühlt, sodass er einem Dauerbetrieb von zehn Jahren und länger standhält. Oben wird der Hochofen schichtweise mit Koks und einer Mischung aus Eisenerzen und Zuschlägen befüllt. Letztere dienen dazu, schwer schmelzbare eisenfreie Bestandteile des Erzes, die sogenannte **Gangart**, in leicht schmelzbare Verbindungen, die **Schlacke**, zu überführen.

Prinzipiell werden die Eisenoxide durch Kohlenstoff reduziert. ↑E.16 Da das Erz und der Kohlenstoff fest sind, ist die Kontaktfläche zwischen ihnen gering, und eine Reaktion kann nur langsam ablaufen. Ein gasförmiges Reduktionsmittel kann sich gut mit dem Erz durchmischen. Daher wird bei der Herstellung von Roheisen zunächst der Kohlenstoff zu Kohlenstoffmonooxid oxidiert. Dazu wird am unteren Ende des Hochofens der **Wind**, 900 °C bis 1 300 °C heiße Luft, in den Ofen geblasen. Hierdurch reagiert der Koks mit Sauerstoff in einer stark exothermen Reaktion zu Kohlenstoffdioxid. Dieses reagiert mit weiterem Koks zu Kohlenstoffmonooxid, das nach oben steigt und dann die Eisenoxide reduziert. Oben aus dem Ofen tritt das **Gichtgas** aus, es enthält neben Stickstoff noch Kohlenstoffdioxid, Kohlenstoffmonooxid und Wasserstoff. Es wird zum Vorheizen des Windes und zur Stromherstellung benutzt.

Das flüssige Eisen sammelt sich am Boden des Hochofens. Die auf ihm schwimmende Schlacke schützt das Eisen vor einer Oxidation durch die eingeblasene Luft. Eisen und Schlacke werden in bestimmten Zeitabständen abgestochen. Dazu werden die Abstichlöcher am unteren Ende des Hochofens aufgebohrt und die flüssigen, etwa 1 500 °C heißen Produkte aufgefangen. Im Roheisen sind Verunreinigungen von Kohlenstoff, Phosphor und Schwefel enthalten. Daher ist es hart und spröde. Es wird als **Gusseisen** verwendet.

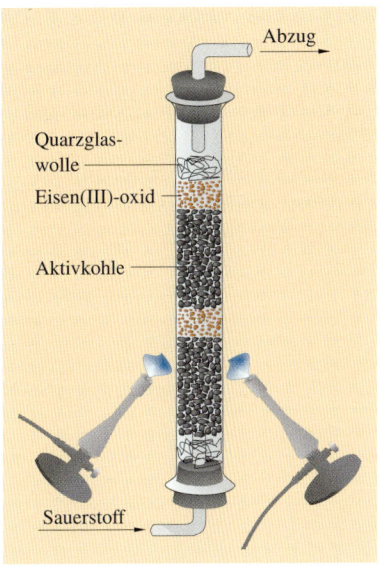

2 Abbildung zu Experiment 16

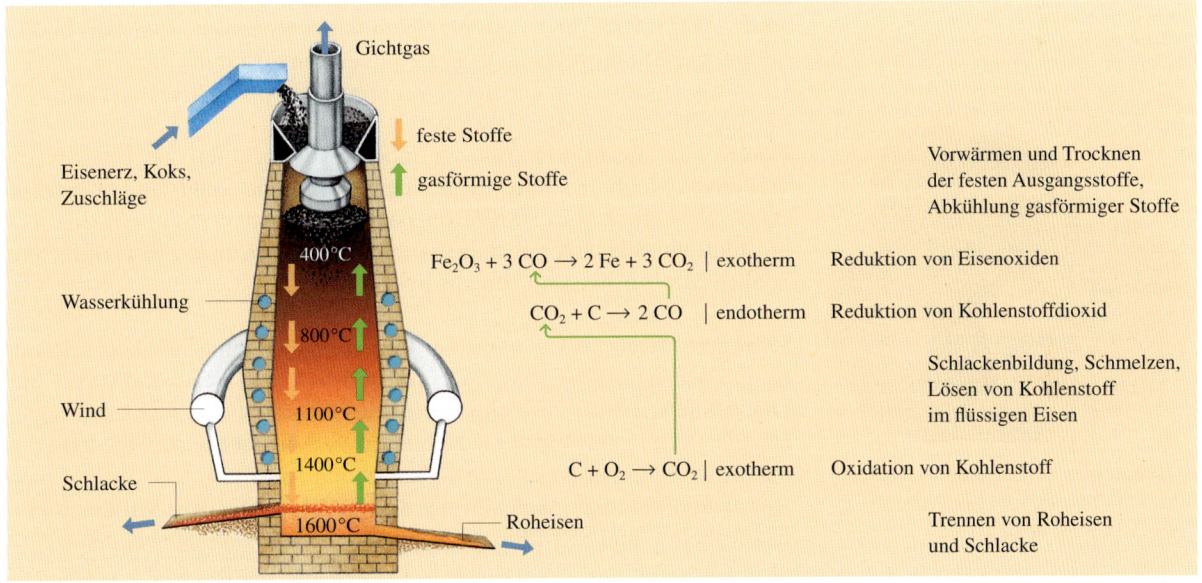

3 Vorgänge im Hochofen

$$Fe_2O_3 + 3\,CO \longrightarrow 2\,Fe + 3\,CO_2 \;|\; \text{exotherm}$$

$$CO_2 + C \longrightarrow 2\,CO \;|\; \text{endotherm}$$

$$C + O_2 \longrightarrow CO_2 \;|\; \text{exotherm}$$

Aufgaben

1 Kennzeichne in der Reaktionsgleichung für die Reaktion von Eisen(III)-oxid (Fe_2O_3) mit Kohlenstoffmonooxid Oxidation und Reduktion und benenne Oxidations- und Reduktionsmittel. ↑3

2 Beschreibe die Vorgänge im Hochofen anhand des obigen Schemas. ↑3

3 Erkläre, warum die Schlacke das Roheisen vor einer Oxidation schützt.

4 Informiere dich über Eigenschaften und Verwendung von Gusseisen.

Wie viel Metall aus einem Erz?

Am häufigsten sind Eisenerze, in denen Eisenoxide mit Verunreinigungen, der sogenannten Gangart, vermischt sind. Welche Masse an Eisenerz wird benötigt, um eine bestimmte Masse an Eisen herzustellen?

1 Hochofen bei ThyssenKrupp in Duisburg

2 Brauneisenstein (Limonit – Hauptbestandteil $Fe_2O_3 \cdot n\ H_2O$, Massenanteil Eisen bis etwa 40 %)

Eisen aus Eisenerz Die Herstellung von Eisen aus Eisenerz ist seit Jahrtausenden bekannt. Etwa 1500 v. Chr. wurde Eisenschwamm (Roheisen mit großem Porenvolumen) mittels Holzkohle als Reduktionsmittel erzeugt. Ab 1300 n. Chr. wurde bereits flüssiges Roheisen produziert und in Schmiedeeisen umgewandelt. 1735 gab es den ersten mit Koks beheizten Hochofen. Dadurch wurde die Massenproduktion von Eisen erst möglich und das Industriezeitalter begann.

Heute wird Eisen technisch in modernen Hochöfen gewonnen. Der modernste Hochofen Europas bei der voestalpine Stahl GmbH in Linz produziert täglich etwa 8000 t Roheisen. Dafür sind etwa 18 000 t Eisenerz erforderlich. Wie lassen sich die benötigten Massen an Erz bzw. die entstehenden Massen an Eisen berechnen?

Eisenerze Wichtige Eisenerze zur Roheisengewinnung sind neben Hämatit und Magnetit Roteisenstein, Spateisenstein, und Brauneisenstein. Magnetkies (Pyrrhotin – FeS) und Eisenkies (Pyrit – FeS_2) werden weniger zur Eisengewinnung als zur Erzeugung von Schwefelsäure eingesetzt.

Die größten Förderländer für Eisenerze sind Brasilien, Australien, China, Russland und Indien. Weltweit wurden im Jahre 2007 946 Millionen Tonnen Roheisen und 55 Millionen Tonnen Eisenschwamm gewonnen.

3 Magnetit (Magneteisenstein – Fe_3O_4, Massenanteil Eisen rund 72 %)

4 Spateisenstein (Siderit – Hauptbestandteil $FeCO_3$, Massenanteil Eisen bis zu 48 %)

Selbst untersucht Massenumsätze bei chemischen Reaktionen

17 **Vergleiche die Massen bei der chemischen Reaktion von Eisen und Schwefel.**

Schutzbrille! Abzug! Dämpfe (GHS 06|05) *nicht einatmen!* Mische im Mörser sorgfältig Eisen- und Schwefelpulver (GHS 07) in zwei verschiedenen Zusammensetzungen (Gemisch A: 7 g Eisen und 4 g Schwefel; Gemisch B: 7 g Eisen und 7 g Schwefel). Gib beide Gemische in je ein Reagenzglas, dessen Masse vorher bestimmt wurde. Erhitze jedes Glas bis zur Rotglut und belasse es anschließend weitere 2 min in der Flamme. Wiege beide Gläser nach dem Abkühlen. Bei der durchgeführten Reaktion entsteht Eisensulfid.

Formuliere Vermutungen über die entstandene Masse an Eisensulfid in beiden Gläsern. Berechne jeweils die Masse des Reaktionsprodukts. Vergleiche sie mit deinen Vermutungen. Deute die Ergebnisse.

Entsorgung: Feststoffe in den Sammelbehälter für Hausmüll geben.

---

18 **Ermittle die Masse von Silber bei der Zersetzung eines Silbererzes (Silberoxid).**

Schutzbrille! Bestimme die Masse eines trockenen, schwer schmelzbaren Reagenzglases. Gib in das Reagenzglas eine Stoffportion Silberoxid (GHS 03|05) mit einer Masse zwischen 1 bis 2 g und wiege das Glas erneut. Verbinde das Reagenzglas mit einem Kolbenprober. Erhitze das Silberoxid im Reagenzglas sehr stark so lange, bis sich das Volumen im Kolbenprober nicht mehr ändert.

Kolben-prober

Ermittle nach dem Erkalten das Volumen des Gases im Kolbenprober. Berechne mithilfe der Dichte von Sauerstoff die Masse des gebildeten Sauerstoffs. Nutze dazu die Gleichung für die Dichte. Wiege das Reagenzglas und berechne die Masse des gebildeten Silbers.

Notiere die Massen an Silberoxid, Sauerstoff und Silber. Sammle die Ergebnisse aller

Silber-oxid

Schülergruppen und fertige für alle Ergebnisse eine Wertetabelle an. Stelle die Ergebnisse grafisch dar, indem die Masse an Silber auf der Abszisse (*x*-Achse) und die Masse an Silberoxid auf der Ordinate (*y*-Achse) abgetragen wird.

Entsorgung: Silberrückstände einsammeln, werden wieder verwendet.

---

19 **Ermittle die Masse an Kupfersulfid bei der chemischen Reaktion von Kupfer und Schwefel.**

Abzug! Schutzbrille! Dämpfe (GHS 06|05) *nicht einatmen!* Mische in einem Mörser sorgfältig 6,5 g Kupferpulver mit 1,55 g Schwefelpulver (GHS 07). Wiege ein leeres Reagenzglas und notiere dessen Masse. Überführe das Gemisch in das Reagenzglas und verdichte es durch leichtes Klopfen an die Reagenzglaswand. Spanne das Reagenzglas senkrecht in ein Stativ und erhitze es mit der Sparflamme des Brenners.

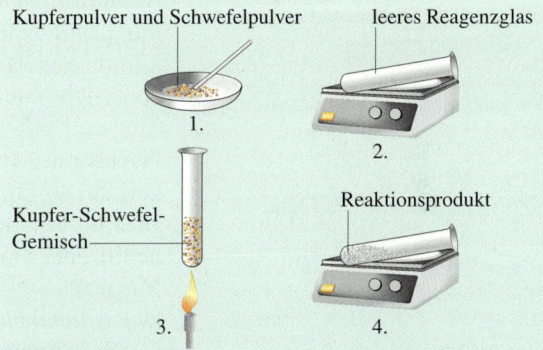

Kupferpulver und Schwefelpulver   leeres Reagenzglas

1.   2.

Kupfer-Schwefel-Gemisch

Reaktionsprodukt

3.   4.

Entferne die Brennerflamme nach dem Einsetzen der Reaktion, die du am Aufglühen des Gemisches erkennst. Erhitze anschließend das Glas noch etwa 2 min sehr stark. Wiege das Reagenzglas nach dem Abkühlen. Fertige ein Protokoll an.

Bei der durchgeführten Reaktion entsteht Kupfersulfid. Ermittle die entstandene Masse an Kupfersulfid. Berechne die Stoffmenge Kupfersulfid, die der entstandenen Masse entspricht.

Entsorgung: Feststoffe in Sammelbehälter für Hausmüll geben.

Masse, Stoffmenge und molare Masse

Chalkosin und Covellin sind Minerale, die jeweils unterschiedliche Kupfersulfide enthalten.

Welche Zusammensetzung haben diese Sulfide? Gibt es Zusammenhänge zwischen den Massen und der Teilchenanzahl der in ihnen enthaltenen Elemente? Durch welche Größen werden diese Zusammenhänge gekennzeichnet?

1 Chalkosin   2 Covellin

Avogadro-Konstante N_A

$N_A = 6 \cdot 10^{23} \, mol^{-1}$

Zusammenhang zwischen Teilchenanzahl N und Stoffmenge n einer Stoffportion

$N = N_A \cdot n$

Aufgabe: Die Stoffmenge eines Stücks Kupfer beträgt $n(Cu) = 1,5 \, mol$.
Wie groß ist die Anzahl der Atome $N(Cu)$?

$N(Cu) = N_A \cdot n(Cu)$
$N(Cu) = 6 \cdot 10^{23} \, mol^{-1} \cdot 1,5 \, mol$
$N(Cu) = 9 \cdot 10^{23}$
In dem Stück Kupfer sind $9 \cdot 10^{23}$ Kupferatome enthalten.

3 7,9 g Kupfer bestehen aus $0,75 \cdot 10^{23}$ Kupferatomen.

Teilchenanzahl und Stoffmenge Bei der Reaktion von Kupfer mit Schwefel ist eine Masse von 8,05 g Kupfersulfid ermittelt worden. ↑E.19 S.141 Da im Reagenzglas kein Kupfer mehr zu erkennen war, hat sich das gesamte Kupfer mit dem Schwefel umgesetzt. Es liegt also ein Massenverhältnis von $m(Cu) : m(S) = 6,5 : 1,55$ vor. Das daraus gebildete Teilchenanzahlverhältnis beträgt $N(Cu) : N(S) = 2 : 1$. Das gebildete Kupfersulfid hat die Verhältnisformel Cu_2S (Chalkosin). Im Covellin beträgt das Teilchenanzahlverhältnis $N(Cu) : N(S) = 1 : 1$, sodass die Verhältnisformel CuS lautet.

Aus der Reaktionsgleichung für die Bildung des Kupfersulfids (Cu_2S) im Kupfererz Chalkosin

$$2\,Cu\,(s) + S\,(s) \longrightarrow Cu_2S\,(s) \quad | \; exotherm$$

lässt sich ableiten, dass eine Baueinheit Kupfersulfid jeweils aus zwei Atomen Kupfer und einem Atom Schwefel entsteht. Stoffportionen bestehen aber aus einer unvorstellbar großen Anzahl Teilchen.

Um mit so großen Teilchenanzahlen sinnvoll arbeiten zu können, wurde 1971 dafür eine neue Basisgröße eingeführt, die **Stoffmenge n**. Die Einheit für die Stoffmenge ist das **Mol**, das Zeichen für die Einheit **mol**. Ein Mol eines Stoffes ist durch die Teilchenanzahl festgelegt. Es besteht aus so vielen Teilchen, wie in 12 g Kohlenstoff enthalten sind.

Durch experimentelle Untersuchungen kann diese Anzahl bestimmt werden. Es sind rund $6 \cdot 10^{23}$ Teilchen. Die genaue Teilchenanzahl ergibt sich aus dem Wert der **Avogadro-Konstante N_A**.

Die Stoffmenge ist eine physikalische Größe für alle Teilchenarten. Das können z. B. Atome, Moleküle oder Ionen, aber auch Protonen oder Elektronen sein. Deshalb muss hinter dem Formelzeichen n immer das chemische Zeichen für die Teilchenart angegeben werden.
Beispiele: $n(Cu) = 2 \, mol$, $n(Cl^-) = 4 \, mol$, $n(CO_2) = 3 \, mol$.

Die Stoffmenge n(Stoffportion) = 1 mol gibt an, dass diese Stoffportion aus etwa $6 \cdot 10^{23}$ gleichartigen Teilchen besteht.

Masse und Stoffmenge von Stoffportionen Wird die Masse einer Stoffportion, z. B. von Schwefel, verdoppelt bzw. halbiert, so verdoppelt bzw. halbiert sich auch deren Stoffmenge.

Massen und Stoffmengen für Stoffportionen des Stoffes Schwefel					
$m(S)$	8 g	16 g	32 g	48 g	64 g
$n(S)$	0,25 mol	0,5 mol	1 mol	1,5 mol	2 mol
$\dfrac{m(S)}{n(S)}$	32 g/mol	32 g/mol	32 g/mol	32 g/mol	32 g/mol

Aus der Wertetabelle ist ableitbar: Zwischen der Masse m und der Stoffmenge n einer Stoffportion besteht eine proportionale Zuordnung $m \sim n$.

Die molare Masse Der Proportionalitätsfaktor ergibt sich als Quotient zwischen Masse und Stoffmenge der Stoffportion. ↑Tabelle Dieser Quotient ist eine Konstante, die **molare Masse**. Das Zeichen für die molare Masse ist M, die Einheit **g/mol**.

$$M(\text{Stoff}) = \frac{m(\text{Stoffportion})}{n(\text{Stoffportion})}$$

Sind die Masse einer Stoffportion und deren Stoffmenge bekannt, lässt sich die molare Masse des Stoffes ausrechnen. Eine Stoffprobe reines Eisenoxid aus Roteisenstein (Fe_2O_3) von $m = 8$ g entspricht einer Stoffmenge von $n = 0,05$ mol. Die molare Masse von Eisenoxid (Fe_2O_3) ergibt sich aus dem Quotienten von Masse (8 g) und Stoffmenge (0,05 mol). Sie beträgt: $M(Fe_2O_3) = 160$ g/mol.
Die molare Masse eines Stoffes lässt sich auch mithilfe der Avogadro-Konstante N_A und der Atommasse in g ermitteln. Der Zahlenwert der molaren Masse in g/mol entspricht bei Elementen dem Zahlenwert der Atommasse in u. Die molare Masse einer Verbindung ist die Summe der molaren Massen der beteiligten Elemente. Sie kann mithilfe der Formel und des Periodensystems ermittelt werden.
Masse und Stoffmenge einer Stoffportion können einen beliebigen Wert besitzen. Die molare Masse ist dagegen von der Stoffportion unabhängig, sie kennzeichnet einen Stoff.

Die molare Masse eines Stoffes ist der Quotient aus der Masse einer Stoffportion und ihrer Stoffmenge. Die Einheit ist g/mol.

Molare Masse einiger Stoffe	
Name (Symbol bzw. Formel)	Molare Masse M in g/mol
Eisencarbonat ($FeCO_3$)	116
Eisensulfid (FeS)	88
Kupfersulfid (Cu_2S)	159
Kupfersulfid (CuS)	95,5
Natriumchlorid ($NaCl$)	58,5
Sauerstoff (O_2)	32
Wasser (H_2O)	18

Berechnung der molaren Masse von Eisen

$$\begin{aligned} M(Fe) &= m_a(1\,Fe) \cdot N_A \\ &= 9,3 \cdot 10^{-23}\text{g} \cdot 6 \cdot 10^{23}\text{mol}^{-1} \\ M(Fe) &\approx 56\,\text{g/mol} \end{aligned}$$

Berechnung der molaren Masse von Eisenoxid (Fe_2O_3) mithilfe der Atommassen in u

$$m_a(1\,Fe) = 56\,\text{u}\ (↑PSE)$$
$$m_a(1\,O) = 16\,\text{u}\ (↑PSE)$$

$$M(Fe_2O_3) = (2 \cdot 56 + 3 \cdot 16)\,\text{g/mol}$$
$$M(Fe_2O_3) = 160\,\text{g/mol}$$

Aufgaben

1 Covellin enthält Kupfersulfid mit der Formel CuS und Chalkosin mit der Formel Cu_2S.

a Ermittle mithilfe des Periodensystems der Elemente die jeweiligen molaren Massen.

b Berechne die Stoffmengen an Kupfersulfid, wenn jeweils Stoffportionen von $m = 100$ g vorliegen.

c Berechne die Stoffmengen an Schwefel und Kupfer sowie die Teilchenanzahlen beider Stoffportionen.

2 In Experiment ↑E.18 S.141 entstand bei der Zersetzung einer Stoffportion von 1,74 g Silberoxid eine Masse von $m(\text{Sauerstoff}) = 0,12$ g.

a Berechne die Stoffmengen von Silberoxid und Sauerstoff bei dieser Zersetzung.

b Ermittle die Anzahl der entstandenen Sauerstoffmoleküle und die Anzahl der Silberatome im Gitter.

Masse m – Stoffmenge n –
molare Masse M – Teilchenanzahl N

m(Stoffportion)
$\quad = M$(Stoff) $\cdot n$(Stoffportion)

M(Stoff) $= \dfrac{m(\text{Stoffportion})}{n(\text{Stoffportion})}$

n(Stoffportion) $= \dfrac{m(\text{Stoffportion})}{M(\text{Stoff})}$

n(Stoffportion) $= \dfrac{N(\text{Stoffportion})}{N_A}$

M(Stoff)
$\quad = m$(1 Atom des Stoffes) $\cdot N_A$

56 g Eisen   24 g Magnesium   32 g Schwefel

18 g Wasser

12 g Kohlenstoff   65 g Zink   64 g Kupfer

1 Was ist hier gleich?

Beziehungen zwischen quantitativen Größen Zwischen den Größen Masse, Stoffmenge, molare Masse und Teilchenanzahl bestehen verschiedene Beziehungen. ↑Übersicht Die bestehenden Beziehungen kann man nutzen, um Aussagen zu Mineralien treffen zu können, z. B. zu den beiden Kupfersulfiden des Chalkosins und des Covellins. ↑1,2 S.142

Ist die Stoffmenge einer Stoffportion bekannt, lässt sich deren Masse durch Umstellen der Größengleichung für die molare Masse berechnen. Bei bekannter Masse einer Stoffportion lässt sich deren Stoffmenge berechnen. Bei bekannter Masse oder Stoffmenge einer Stoffportion kann mithilfe der Avogadro-Konstante die Anzahl der in der Stoffportion enthaltenen Teilchen berechnet werden.

Die Anwendung dieser Beziehungen ergibt, dass alle in Bild 1 gezeigten Stoffportionen die Stoffmenge von $n = 1$ mol besitzen.

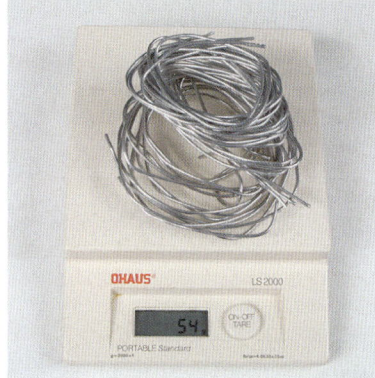

2 Ein Aluminiumdraht mit der Stoffmenge $n(\text{Al}) = 2$ mol hat die Masse $m(\text{Al}) = 54$ g.

Aufgabe: Aluminium mit der Stoffmenge $n(\text{Al}) = 2$ mol wird für eine Synthese benötigt. Ermittle die erforderliche Masse an Aluminium.

Gesucht: $m(\text{Al})$ Gegeben: $n(\text{Al}) = 2$ mol
                                         $M(\text{Al}) = 27$ g/mol

Lösung: $M(\text{Al}) = \dfrac{m(\text{Al})}{n(\text{Al})}$ (↑ Tabellenwerk)

$m(\text{Al}) = M(\text{Al}) \cdot n(\text{Al})$
$m(\text{Al}) = 27$ g/mol $\cdot 2$ mol
$m(\text{Al}) = 54$ g

Ergebnis: Für die Synthese von Aluminium der Stoffmenge $n(\text{Al}) = 2$ mol, muss eine Masse $m(\text{Al}) = 54$ g abgewogen werden.

3 4 g Magnesiumoxid entsprechen einer Stoffmenge von $n = 0{,}1$ mol.

Aufgabe: Ein Turner reibt sich vor seiner Übung am Reck die Hände mit 4 g Magnesia (Magnesiumoxid) ein. Berechne die Stoffmenge dieser Stoffportion.

Gesucht: $n(\text{MgO})$ Gegeben: $m(\text{MgO}) = 4$ g
                                          $M(\text{MgO}) = 40$ g/mol

Lösung: $n(\text{MgO}) = \dfrac{m(\text{MgO})}{M(\text{MgO})}$ (↑ Tabellenwerk)

$n(\text{MgO}) = \dfrac{4\,\text{g}}{40\,\text{g/mol}}$
$n(\text{MgO}) = 0{,}1$ mol

Ergebnis: 4 g Magnesiumoxid entsprechen einer Stoffmenge $n(\text{MgO}) = 0{,}1$ mol.

Berechnen von Massen bei chemischen Reaktionen

Die Berechnung von Massen der reagierenden bzw. entstehenden Stoffe bei chemischen Reaktionen kann unter Verwendung von Größengleichungen nach einer Schrittfolge erfolgen.

In einer Zinksalbe zur Wundbehandlung sind 10 g Zinkoxid enthalten. Berechne die Masse an Zink, die zur Herstellung der benötigten Masse Zinkoxid erforderlich war.

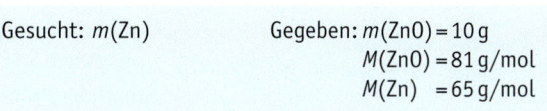

1 *Analysiere die Aufgabenstellung.*
Erfasse die gesuchten und gegebenen Größen. Ermittle die benötigten molaren Massen mithilfe eines Tabellenwerks.

Gesucht: $m(Zn)$ Gegeben: $m(ZnO) = 10\,g$
$M(ZnO) = 81\,g/mol$
$M(Zn) = 65\,g/mol$

2 *Entwickle die Reaktionsgleichung.*

$2\,Zn\,(s) + O_2\,(g) \longrightarrow 2\,ZnO\,(s)$

3 *Ermittle die Stoffmengen der Stoffe aus der Reaktionsgleichung.*

$n(Zn) = 2\,mol;\ n(O_2) = 1\,mol;\ n(ZnO) = 2\,mol$

4 *Formuliere das Massenverhältnis der gesuchten zur gegebenen Größe.*
Stelle die Gleichung unter Nutzung der allgemeinen Größengleichung auf.
$m = n \cdot M$
$$\frac{m(A)}{m(B)} = \frac{n(A) \cdot M(A)}{n(B) \cdot M(B)}$$

$$\frac{m(Zn)}{m(ZnO)} = \frac{n(Zn) \cdot M(Zn)}{n(ZnO) \cdot M(ZnO)}$$

5 *Forme die Gleichung nach der gesuchten Größe um.*
$$m(A) = \frac{n(A) \cdot M(A) \cdot m(B)}{n(B) \cdot M(B)}$$

$$m(Zn) = \frac{n(Zn) \cdot M(Zn) \cdot m(ZnO)}{n(ZnO) \cdot M(ZnO)}$$

6 *Setze die bekannten Größen in die Gleichung ein und berechne das Ergebnis.*

$$m(Zn) = \frac{2\,mol \cdot 65\,g/mol \cdot 10\,g}{2\,mol \cdot 81\,g/mol}$$

$m(Zn) = 8{,}02\,g$

7 *Formuliere einen Antwortsatz.*

Für die Herstellung von 10 g Zinkoxid ist eine Masse von 8,02 g Zink erforderlich.

Masseberechnungen bei chemischen Reaktionen

Das Metall Zink stand stets im Schatten der anderen Metalle. Heute ist es jedoch ein wichtiger Rohstoff, z. B. in der Bauindustrie. Zink wird aus Zinkerzen gewonnen. Eine der stattfindenden Reaktionen ist die Reduktion von Zinkoxid mit Kohlenstoff. Welche quantitativen Aussagen lassen sich aus der Reaktionsgleichung für diese Reaktion ableiten?

1 Modernes Hochhaus mit Zinkdach

Chemische Reaktion:
Verbrennen von Schwefel

Reaktionsgleichung:
$S(s) + O_2(g) \longrightarrow SO_2(g)$
Kleinstmöglicher Teilchenumsatz:

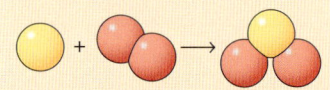

Quantitative Aussagen:
1 Atom Schwefel reagiert mit 1 Molekül Sauerstoff zu 1 Molekül Schwefeldioxid.
$6 \cdot 10^{23}$ Atome Kohlenstoff reagieren mit $6 \cdot 10^{23}$ Molekülen Sauerstoff zu $6 \cdot 10^{23}$ Molekülen Schwefeldioxid.
1 mol Schwefel reagiert mit 1 mol Sauerstoff zu 1 mol Schwefeldioxid.

Quantitative Aussagen aus einer Reaktionsgleichung Aus der Reaktionsgleichung für die Reaktion von Zinkoxid mit Kohlenstoff lassen sich folgende quantitativen Aussagen ableiten:

ZnO (s)	+ C (s)	→ Zn (s)	+ CO (g)
1 Baueinheit Zinkoxid	+ 1 Atom Kohlenstoff	→ 1 Atom Zink	+ 1 Molekül Kohlenstoffmonooxid
$(6 \cdot 10^{23})$ Baueinheiten Zinkoxid	$+ (6 \cdot 10^{23})$ Atome Kohlenstoff	→ $(6 \cdot 10^{23})$ Atome Zink	$+ (6 \cdot 10^{23})$ Moleküle Kohlenstoffmonooxid
1 mol Zinkoxid	+ 1 mol Kohlenstoff	→ 1 mol Zink	+ 1 mol Kohlenstoffmonooxid

Aus der Reaktionsgleichung können auch Aussagen über das Anzahlverhältnis der miteinander reagierenden Teilchen und das Stoffmengenverhältnis der miteinander reagierenden Stoffe abgeleitet werden.

Teilchenverhältnis   Stoffmengenverhältnis
$N(\text{Baueinheit ZnO}) : N(C) = 1 : 1$ $n(\text{ZnO}) : n(C) = 1 : 1$

Aus Reaktionsgleichungen lassen sich quantitative Aussagen über die kleinstmögliche Anzahl der reagierenden Teilchen, über die Stoffmengen aller Stoffe sowie über das Stoffmengenverhältnis der Stoffe untereinander ableiten.

Selbst untersucht

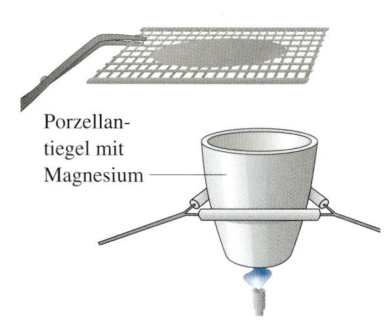

Porzellantiegel mit Magnesium

20   **Ermittle die Masse Magnesiumoxid, die bei der Reaktion von Magnesium mit dem Sauerstoff der Luft entsteht.**

Achtung! Nicht in die Flammen sehen! Schutzbrille! Wiege Stoffproben von Magnesiumspänen (GHS02) mit 0,25 g, 0,5 g, 0,75 g und 1 g in je einem Porzellantiegel ab. Erhitze jeden Tiegel so lange, bis das Magnesium brennt. Decke dann den Tiegel mit einem Drahtnetz zu. Wiege die Tiegel nach dem Erkalten wiederum.
Berechne jeweils das Massenverhältnis $m(Mg)$ zu $m(MgO)$. Vergleiche die Massenverhältnisse miteinander.
Entsorgung: Feste Stoffe in den Sammelbehälter für Hausmüll geben.

Berechnung der Massen von Reaktionspartnern Das Massenverhältnis reagierender Stoffe kann experimentell ermittelt werden. Bei der Verbrennung unterschiedlicher Massen von Magnesium zeigte sich, dass das Massenverhältnis immer nahezu gleich ist. ↑E.20 Damit könnte nun auch berechnet werden, welche Masse an Magnesium verbrannt werden müsste, um z. B. 50 g Magnesiumoxid zu erhalten.

Die Ermittlung des Massenverhältnisses durch Vorversuche ist meist sehr aufwendig und ungenau. Da die Massenverhältnisse der Stoffe bei einer chemischen Reaktion konstant sind, lassen sich aber bei bekannter Reaktionsgleichung die Massen der einzelnen Stoffe aus den bekannten Größengleichungen berechnen. Auf diese Weise kann auch berechnet werden, welche Masse an Eisenoxid (Fe_2O_3) eingesetzt werden muss, um die tägliche Masse von 8000 t Roheisen in einem Hochofen zu gewinnen. ↑S.140 Eine bewährte Schrittfolge zur Berechnung von Massen bei chemischen Reaktionen ist auf Seite 145 dargestellt.

2 Abstich eines Hochofens: Das flüssige Roheisen fließt aus dem Hochofen

---

Aufgabe: Berechne die erforderliche Masse an Eisenoxid (Fe_2O_3), um in einem Hochofen 8000 t Roheisen (Eisengehalt 95 %) herzustellen.

Gesucht: $m(Fe_2O_3)$

Gegeben: $m(Fe) = 7600$ t (= 95 % von 8000 t Roheisen)
$M(Fe)$ $M = 56$ g/mol; $M(Fe_2O_3) = 160$ g/mol (↑Tabellenwerk)

Reaktionsgleichung: $Fe_2O_3(s) + 3\,CO(g) \longrightarrow 2\,Fe(s) + 3\,CO_2(g)$

Daraus folgt: $n(Fe_2O_3) = 1$ mol; $n(Fe) = 2$ mol

Lösung:
$$\frac{m(Fe_2O_3)}{m(Fe)} = \frac{n(Fe_2O_3) \cdot M(Fe_2O_3)}{n(Fe) \cdot M(Fe)}$$

$$m(Fe_2O_3) = \frac{n(Fe_2O_3) \cdot M(Fe_2O_3) \cdot m(Fe)}{n(Fe) \cdot M(Fe)}$$

$$m(Fe_2O_3) = \frac{1\,mol \cdot 160\,g/mol \cdot 7600\,t}{2\,mol \cdot 56\,g/mol}$$

$$m(Fe_2O_3) = 10857\,t$$

Ergebnis: Für die Herstellung von 8000 t Roheisen (Eisengehalt 95 %) ist eine Masse von 10857 t Eisenoxid (Fe_2O_3) erforderlich.

Aufgaben

1 Entwickle die Reaktionsgleichungen für a) die Reaktion von Calcium mit Schwefel zu Calciumsulfid und b) die Reaktion von Schwefeldioxid mit Sauerstoff zu Schwefeltrioxid.
Leite aus den Reaktionsgleichungen alle möglichen quantitativen Aussagen ab.

2 Berechne die Massenverhältnisse der Elemente in Kohlenstoffmonooxid und Aluminiumoxid.

3 Ein Heizkraftwerk verbrennt schwefelhaltige Kohle. Dabei entstehen täglich 212 kg Schwefeldioxid. Berechne die Masse an Schwefel, die in der Kohle enthalten ist.

4 2 mol Calcium und 1 mol Sauerstoff reagieren zu 2 mol Calciumoxid. Ein Schüler folgert daraus, dass 20 g Calcium mit 10 g Sauerstoff zu 20 g Calciumoxid reagieren. Überprüfe, ob diese Folgerung richtig oder falsch ist, und begründe dein Ergebnis.

5 Ein Aluminiumdraht hat eine Masse von 2,5 g.

a Ermittle die Anzahl der Atome, aus der dieser Draht besteht.

b Berechne die Masse an Aluminiumoxid, wenn das Aluminium des Drahtes vollständig mit Sauerstoff zu Aluminiumoxid reagiert.

c Ermittle die erforderliche Masse an Sauerstoff.

Technische Stahlherstellung

Im Jahr 2006 wurden weltweit 1,24 Milliarden Tonnen Rohstahl erzeugt. Etwa die Hälfte davon kann durch Recycling von Stahlschrott gewonnen werden. Welche Verfahren werden bei der Stahlerzeugung genutzt?

1 Befüllen eines Konverters mit flüssigem Roheisen und Schrott

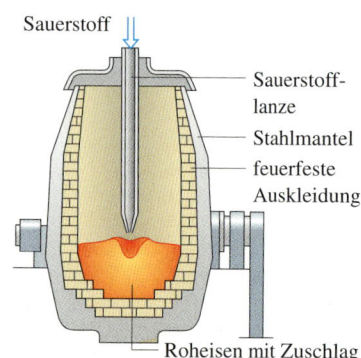

2 Schema eines LD-Konverters

Sauerstoff
Sauerstofflanze
Stahlmantel
feuerfeste Auskleidung
Roheisen mit Zuschlag

Herstellung von Stahl Das aus dem Hochofen gewonnene Roheisen hat einen Kohlenstoffanteil von 3 bis 4,5 % und ist deswegen zu spröde und hart, um geschmiedet, gewalzt oder gepresst zu werden. Daher müssen zunächst der Kohlenstoff und weitere Begleitelemente wie Schwefel und Phosphor weitgehend aus dem Roheisen entfernt werden. Der so gewonnene Stahl hat einen Massenanteil an Kohlenstoff von maximal 1,7 %. Zwei der heute üblichen Verfahren zur Stahlherstellung sind das LD-Verfahren und das Elektrostahlverfahren.

LD-Verfahren Das in den Österreichischen Stahlwerken in **L**inz und **D**onauwitz entwickelte Verfahren zählt zu den **Sauerstoffaufblasverfahren**. Das flüssige Roheisen wird zusammen mit Schrott in einen **Konverter** gefüllt. Über eine wassergekühlte Lanze wird bis zu 20 min Sauerstoff auf die Schmelze geblasen. Dabei werden die Begleitstoffe durch den Sauerstoff oxidiert. Der Schrott schmilzt durch die frei werdende Reaktionswärme.

Wenn das Roheisen besonders phosphorreich ist, wird gleichzeitig mit dem Sauerstoff auch feiner Kalk aufgeblasen. Dabei wird das entstandene Phosphoroxid im Calciumphosphat chemisch gebunden. Die im Konverter entstehende Schlacke findet als Düngemittel Verwendung.

In Deutschland werden etwa 80 % des Stahls durch Sauerstoffaufblasverfahren erzeugt, die weltweit der Standard sind.

Elektrostahlverfahren Beim Elektrostahlverfahren werden als Schmelzöfen sogenannte **Lichtbogenöfen** benutzt, in die Graphitelektroden eingeführt sind. Befüllt wird der Ofen mit Schrott. Beim Anlegen einer elektrischen Spannung entsteht zwischen Elektroden und Schrott ein Lichtbogen, der den Schrott zum Schmelzen bringt. Der zur Oxidation der Begleitstoffe benötigte Sauerstoff stammt aus dem Rost.

Da bei diesem Verfahren kein Sauerstoff als Oxidationsmittel zugeführt wird, können teure Legierungsmetalle zugesetzt werden, ohne große Verluste durch Oxidation dieser Metalle hinnehmen zu müssen. Daher wird das Elektrostahlverfahren hauptsächlich zur Herstellung von Qualitätsstählen genutzt, die etwa 20 % der in Deutschland gefertigten Stähle ausmachen. Ein großer Nachteil dieses Verfahrens ist der hohe Energiebedarf.

3 Lichtbogenofen

Stahl

1 Gottlieb-Daimler-Stadion in Stuttgart

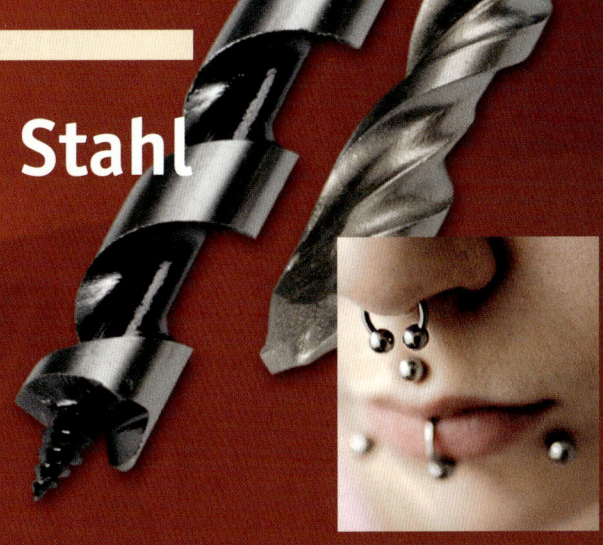

2 Bohrer aus HSS-Stahl

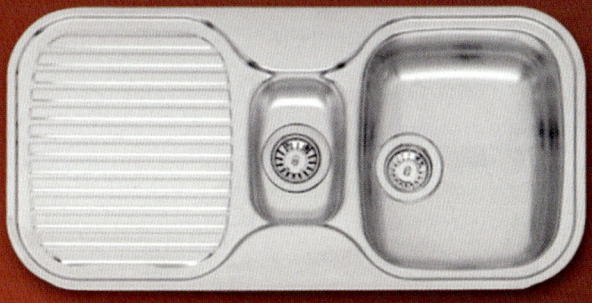

3 Piercingschmuck aus Chirurgiestahl

Ausgehend von Rohstahl können durch Zugabe von Legierungselementen Stähle mit ganz unterschiedlichen Eigenschaften hergestellt werden. Weltweit werden etwa 1000 verschiedene Stahlsorten produziert.

Werkzeug- und Baustähle Diese Stähle sind hart, aber dennoch elastisch. Sie müssen besonders hohen Anforderungen hinsichtlich Festigkeit, Zähigkeit und Bruchsicherheit genügen.

Moderne Stahlsorten ermöglichen leichtere und dennoch stabile Konstruktionen. So bilden nur 2700 Tonnen Stahl die Grundlage der Dachkonstruktion des Gottlieb-Daimler-Stadions in Stuttgart.

Hochleistungs-Schnellarbeitsstahl (HSS) Diese Stähle enthalten unter anderem Cobalt, Wolfram und Vanadium als Legierungsmetalle und zeichnen sich durch große Härte bis zur Rotglut aus.

HSS-Stähle werden z. B. zur Herstellung von Bohrern und Fräswerkzeugen verwendet.

Chromnickelstahl Diese Stahlsorte enthält etwa 25 % Chrom und 20 % Nickel als Legierungsmetalle. Chromnickelstahl ist hart, zäh, hitze-, rost- und chemikalienbeständig. Er wird zur Herstellung von Spülen, hochwertigem Besteck und Kochgeschirr verwendet.

Chirurgiestahl Dieser Stahl enthält bis zu 13 % Nickel, lässt sich gut verarbeiten, hat eine lange Lebensdauer und besitzt eine hohe Unempfindlichkeit gegenüber äußeren Einflüssen.

Ursprünglich wurde er in der Medizin verwendet. Aufgrund der guten Hautverträglichkeit hat der Chirurgiestahl mittlerweile Einzug in die Schmuckherstellung gefunden.

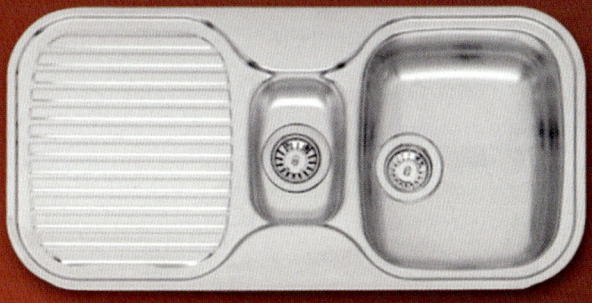

4 Küchenspüle aus Chromnickelstahl

weiter gedacht

1 Um Cobalt in die Redoxreihe der Metalle einzuordnen, werden einige Experimente durchgeführt. Dabei wird festgestellt, dass Cobaltoxid durch Aluminium reduziert werden kann. Cobaltoxid reagiert aber nicht mit Kupfer.
Ordne Cobalt in die Redoxreihe der Metalle ein.

2 Wenn beim Löschen von Metallbränden Wasser als Löschmittel verwendet wird, hat das verheerende Auswirkungen. Abgesehen von Stichflammen können sogar Explosionen stattfinden.
Erkläre, warum beim Löschen von brennendem Magnesium mit Wasser eine Stichflamme auftritt und warum Magnesiumfackeln unter Wasser brennen.

1 Löschversuch von brennendem Metall mit Wasser

3 In einem Schülerexperiment sollen zehn Schülergruppen jeweils 2 g Schwefel zu Schwefeldioxid verbrennen. Schwefeldioxid ist giftig und darf nur in ganz geringen Mengen in der Luft enthalten sein. Diese Menge wird in mg Schwefeldioxid je Kubikmeter Luft angegeben.
Informiere dich im Internet über die Größe dieses Wertes. Berechne, ob bei dem Experiment der Wert überschritten wird. Überlege, wie das Experiment durchgeführt werden könnte, ohne im Chemieraum diesen Wert zu überschreiten.

4 Viele Pigmentfarben bestehen aus Eisenoxiden. Ein rotes Eisenoxid hat die Formel Fe_2O_3. Dieses Pigment wird aus technischem Eisen, auch Roheisen genannt, durch Reaktion mit Sauerstoff hergestellt. Roheisen besteht zu 96 % aus Eisen.
Berechne die erforderliche Masse an Roheisen, wenn 100 kg dieses Pigments hergestellt werden sollen. Welche Masse an Sauerstoff wird für diese Reaktion benötigt?

2 Rotes Eisenoxid

5 Beim Verlegen von Eisenbahn- und Straßenbahnschienen werden die einzelnen Schienen miteinander verschweißt. Hierfür wird flüssiges Eisen benötigt, das die Spalten und Ritzen ausfüllen kann. Da das Schmelzen von Eisen vor Ort sehr schwierig ist, wird das Verschweißen mithilfe des aluminothermischen Verfahrens durchgeführt. Dabei wird eine Mischung aus Eisenoxid und Aluminiumgrieß in einem feuerfesten Gefäß gezündet.
Erläutere unter Nutzung chemischer Gleichungen und entsprechender Fachbegriffe die chemischen Grundlagen des aluminothermischen Verfahrens.

3 Aluminothermisches Verschweißen von Straßenbahnschienen

Reduktion	Chemische Reaktion, bei der einem Stoff Sauerstoff entzogen wird. Sie ist die Umkehrung der Oxidation.
Redoxreaktion	Chemische Reaktion, bei der Oxidation und Reduktion gleichzeitig ablaufen. Dabei wird das Reduktionsmittel oxidiert und das Oxidationsmittel reduziert. Redoxreaktionen haben große Bedeutung bei technischen Prozessen, z. B. bei der Eisenerzeugung im Hochofenprozess.

Redoxreihe der Metalle

Anordnung von Metallen nach ihrer Affinität zu Sauerstoff

Affinität der Metalle zu Sauerstoff nimmt zu

◄——————————————————————————————

Unedle Metalle	Edle Metalle
Natrium Magnesium Aluminium Zink Eisen	Kupfer Silber Gold

◄——————————————————————————————

Reduktionsvermögen der Metalle nimmt zu

Mithilfe der Redoxreihe der Metalle können mögliche Redoxreaktionen vorhergesagt werden.

Hochofenprozess

Verfahren zur Herstellung von Roheisen aus Eisenerzen durch Redoxreaktionen im Hochofen

Reduktion

$$Fe_2O_3 \text{ (s)} \quad + 3\ CO \text{ (g)} \quad \longrightarrow 2\ Fe \text{ (s)} + 3\ CO_2 \text{ (g)} \mid \text{exotherm}$$

Oxidationsmittel   Reduktionsmittel

Oxidation

Gesetz von der Erhaltung der Masse	Bei chemischen Reaktionen ist die Masse der Ausgangsstoffe gleich der Masse der Reaktionsprodukte. m(Ausgangsstoffe) = m(Reaktionsprodukte)
Stoffmenge	Die Stoffmenge $n = 1$ mol gibt an, dass diese Stoffportion aus etwa $6 \cdot 10^{23}$ gleichartigen Teilchen besteht.
Molare Masse	Quotient aus der Masse und der Stoffmenge einer Stoffportion mit der Einheit g/mol. Sie ist für jeden Stoff charakteristisch. Aus der molaren Masse eines Stoffes lässt sich die Masse eines Mols dieses Stoffes ableiten. $M = \dfrac{m}{n}$

Check up

1 Kohlenstoffdioxid und Magnesiumoxid sind wichtige Oxide.

a Beschreibe den Bau von Kohlenstoffdioxid und Magnesiumoxid unter Nutzung des Teilchenmodells.

b Gib die Formeln beider Oxide an und leite daraus mögliche Aussagen über das Oxid ab.

c Ordne folgende Begriffe sinnvoll in einer Übersicht: Magnesiumoxid, Reinstoff, Nichtmetalloxid, chemische Verbindung, Kohlenstoffdioxid, Metalloxid.

2 Erläutere anhand eines selbst gewählten Beispiels, wann eine Redoxreaktion vorliegt.

3 Formuliere für die folgenden Reaktionen die Reaktionsgleichungen. Kennzeichne Reduktion und Oxidation sowie Oxidations- und Reduktionsmittel.

a Silberoxid reagiert mit Magnesium.

b Zinkoxid reagiert mit Aluminium.

4 Ein Chemielaborant soll aus Aluminiumoxid Aluminium herstellen. Als Reaktionspartner stehen Eisen, Kupfer, Zink und Magnesium zur Auswahl. Empfiehl dem Laboranten einen geeigneten Reaktionspartner. Begründe deine Wahl. Stelle die Reaktionsgleichung auf und kennzeichne die Teilreaktionen.

5 Nenne die Schritte, die beim experimentellen naturwissenschaftlichen Problemlösen beachtet werden sollten.

6 Kennzeichne die Größen Stoffmenge und molare Masse.

7 Viele der weltweit erscheinenden Gedenkmünzen werden aus Gold oder Silber geprägt. Die Angabe der Masse erfolgt meistens, wie bei Edelmetallen üblich, in Unzen. Eine Unze entspricht rund 31,1 g. Berechne die Stoffmenge und die Anzahl der Atome in einer Goldmünze mit einer Masse von einer zehntel Unze.

8 Bei der Herstellung von Stahl wird neben Roheisen auch eine beachtliche Masse an Eisenschrott eingesetzt.

a Erkläre, warum dies notwendig und unter Umweltaspekten günstig ist.

b Erläutere die Herstellung von Roheisen.

c Zeichne und beschrifte eine vereinfachte Darstellung eines Hochofens.

9 Bei einem Waldbrand werden große Bestände an Pflanzen zerstört.
Verbrennt ein 100 kg schwerer Baum, bleibt nur noch ein kleines Häufchen Asche übrig. Begründe, dass bei dieser Verbrennung trotzdem das Gesetz von der Erhaltung der Masse gilt.

10 In einem Experiment wurden 2 g Kupfer oxidiert. Dabei wurde ermittelt, dass 2,5 g Kupfer(II)-oxid (CuO) entstanden sind.

a Berechne die Masse an Sauerstoff, die bei dieser Oxidation verbraucht wurde. Ermittle das Massenverhältnis, in dem Kupfer und Sauerstoff in dem Experiment miteinander reagiert haben.

b Bestimme das theoretisch zu erwartende Massenverhältnis, in dem Kupfer und Sauerstoff miteinander reagieren.

c Vergleiche das experimentell ermittelte Massenverhältnis und das theoretisch zu erwartende und interpretiere das Ergebnis deines Vergleichs.

Aufgabe	Hilfe findest du auf Seite ...	Verbindung der Aufgabe zu den Basiskonzepten ↑Anhang
1	128	T
2	134, 135	R
3	134, 135	R
4	136	T S R
5	137	R
6	142, 143	T
7	142, 143, 144	T
8	138, 139, 148	S R
9	130, 131	S R
10	145, 146, 147	R

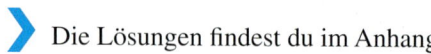 Stoff-Teilchen-Beziehungen, **S** Struktur-Eigenschafts-Beziehungen, **R** Chemische Reaktion

▶ Die Lösungen findest du im Anhang.

Molekülsubstanzen

Der Wiedereintritt in die Erdatmosphäre gehört zu den kritischen Momenten bei der Rückkehr eines Raumschiffs zur Erde. Ist der Eintrittswinkel zu steil, verglüht das Raumschiff durch die enorme Reibungshitze. Ist er zu flach, prallt das Raumschiff von der Erdatmosphäre ab wie ein flacher Stein auf der Wasseroberfläche.

➡ Welche Gemeinsamkeiten haben Stickstoff und Sauerstoff als Hauptbestandteile unserer Atmosphäre und Wasser auf der Ebene der Teilchen?

➡ Wie sind die Atome in den Molekülen von Stickstoff und Sauerstoff sowie anderer Nichtmetalle miteinander verknüpft?

➡ Wirkt sich der Zusammenhalt der Atome in den Molekülen auf die Eigenschaften der Stoffe aus?

Bau einiger Nichtmetalle

Wasserstoff, Sauerstoff, Stickstoff, Schwefel und die Halogene – alles Nichtmetalle. Einige sind gasförmig unter Normbedingungen, andere fest.
So verschieden sie auf den ersten Blick wirken, haben die Stoffe doch Ähnlichkeiten.
Gibt es einen Zusammenhang zwischen den Eigenschaften von Nichtmetallen und ihrem Bau?

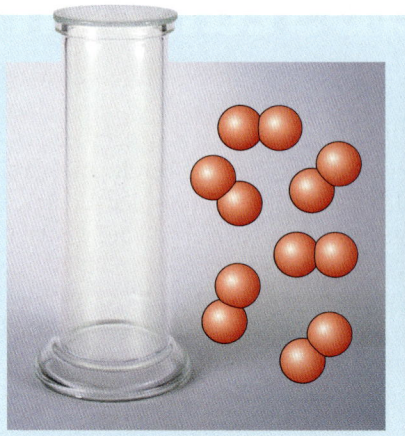
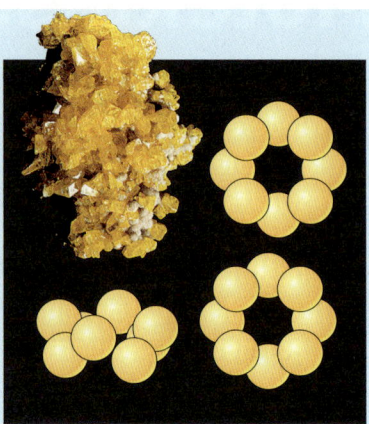

1 Stoffproben und Teilchenmodelle von Sauerstoff und Schwefel

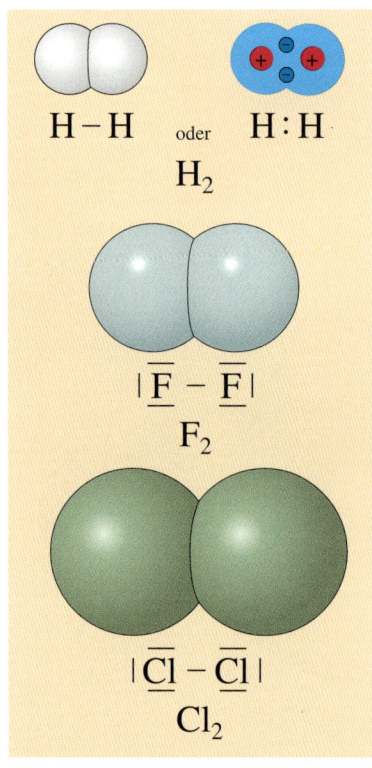

2 Molekülmodelle und Formeln einiger Molekülverbindungen

Sauerstoff und Schwefel – so verschieden und doch ähnlich Sauerstoff ist bei Zimmertemperatur ein gasförmiger, farbloser Stoff, Schwefel ist dagegen fest und gelb. Dennoch gibt es Gemeinsamkeiten zwischen diesen Stoffen. Von den Nichtmetallen Sauerstoff, Stickstoff und Wasserstoff wisst ihr, dass alle diese Stoffe aus Molekülen aufgebaut sind. Sie gehören zu den **Molekülsubstanzen**. Die Moleküle sind im Gaszustand der Stoffe frei beweglich. Die leichte Flüchtigkeit der Stoffe ist ein Hinweis auf die geringen Anziehungskräfte, die zwischen den Molekülen wirken. Aus den experimentellen Befunden zur Untersuchung der Flüchtigkeit der festen Nichtmetalle Schwefel und Iod ist zu vermuten, dass diese Stoffe ebenfalls zu den Molekülsubstanzen gehören. ↑E.1 S.156 Wie ist der Zusammenhalt der Atome in Molekülen zu erklären?

Atombindung in Wasserstoff und anderen Molekülen In den Molekülen von Wasserstoff, Sauerstoff und Stickstoff sind jeweils zwei Atome miteinander zu einem Molekül verbunden. Der Zusammenhalt von Teilchen in Stoffen wird allgemein als **chemische Bindung** bezeichnet. In den bisher betrachteten Stoffen kommt die chemische Bindung durch ein oder mehrere **gemeinsame Elektronenpaare** zustande. Diese Art der chemischen Bindung wird **Atombindung** oder **Elektronenpaarbindung** genannt.
Im Wasserstoffmolekül wird aus dem einzigen Elektron jedes der beiden Wasserstoffatome ein gemeinsames Elektronenpaar gebildet. Die Atomhüllen durchdringen sich dabei. Die Wasserstoffatome erreichen so eine Elektronenkonfiguration, die der von Heliumatomen gleicht.
Ähnlich sind die Verhältnisse bei Fluor und Chlor. Die beiden gasförmigen Nichtmetalle stehen in der VII. Hauptgruppe des Periodensystems. Aufgrund ihrer gemeinsamen Eigenschaften werden sie zur **Elementgruppe** der **Halogene** (griech. hals – Salz; gennan – bilden) zusammengefasst. Im Fluor- und im Chlormolekül steuert jedes Atom ein Elektron seiner sieben Außenelektronen zu einem gemeinsamen Elektronenpaar bei. Beide Atome haben dann mit jeweils acht Außenelektronen eine Elektronenkonfiguration wie die Atome der Elemente Neon und Argon.

Edelgaskonfiguration Helium, Neon und Argon stehen in der VIII. Hauptgruppe des Periodensystems der Elemente. Weil sie auffällig reaktionsträge sind, werden sie zur Elementgruppe der **Edelgase** zusammengefasst. Bei den Edelgasen ist mit Ausnahme von Helium die Außenschale mit acht Elektronen vollständig besetzt. Die Elektronenkonfiguration mit acht Außenelektronen ist besonders stabil und wird als **Elektronenoktett** bezeichnet. Bei den Atomen des Heliums wird dieser Zustand bereits mit zwei Elektronen erreicht. Die stabile Elektronenkonfiguration der Edelgase wird auch **Edelgaskonfiguration** genannt. Durch Ausbildung gemeinsamer Elektronenpaare erreichen die Atome anderer Nichtmetalle eine Elektronenkonfiguration, die der Edelgase gleicht.

Im Sauerstoffmolekül sind die Atome durch zwei, im Stickstoffmolekül sogar durch drei gemeinsame Elektronenpaare miteinander verbunden. Erst so wird die stabile Edelgaskonfiguration im Sauerstoff- bzw. Stickstoffmolekül erreicht.

Die Atombindung oder Elektronenpaarbindung ist eine Art der chemischen Bindung, die durch gemeinsame Elektronenpaare zwischen Atomen bewirkt wird.

Elektronenschreibweise Die Atombindung wird in der chemischen Zeichensprache durch einen oder mehrere Striche zwischen den Elementsymbolen angegeben. Dabei steht ein Strich für ein Elektronenpaar. Es symbolisiert gleichzeitig eine **Einfachbindung** zwischen Atomen. Zwei Elektronenpaare zwischen den Symbolen bedeuten eine **Doppelbindung**, drei eine **Dreifachbindung**. Die Elektronenschreibweise für chemische Formeln, auch **Valenzstrichformel** genannt, wurde von GILBERT N. LEWIS entwickelt. ↑S.117 Sie berücksichtigt **bindende** und freie bzw. **nicht bindende** Elektronenpaare. Mit Ausnahme des Wasserstoffatoms wird somit für jedes Atom im Molekül das Elektronenoktett dargestellt.

Atombindung – auch bei festen und flüssigen Nichtmetallen Feste Nichtmetalle sind zum Beispiel die schwarzviolett glänzenden Kristalle des Iods, die gelben Kristalle des Schwefels oder Kohlenstoff, der u.a. als Diamant vorkommt. Brom ist bei Zimmertemperatur flüssig. Auch in diesen Stoffen sind Atome durch Atombindungen aneinandergebunden. Die Halogene Brom und Iod bestehen aus zweiatomigen Molekülen.

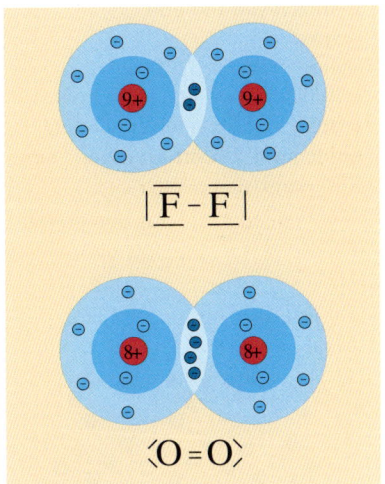

3 Modelle der Atombindung bei einem Fluormolekül und einem Sauerstoffmolekül sowie deren Formeln in Elektronenschreibweise

4 Iod – Stoffprobe und Modell vom Bau des Stoffes

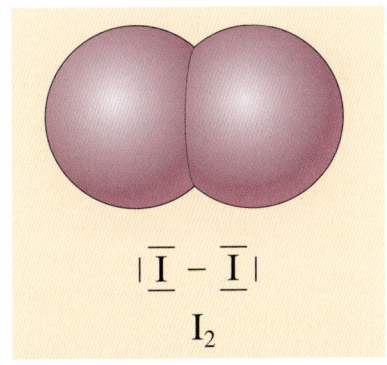

5 Iod – Modell, Formel in Elektronenschreibweise und Formel des Moleküls

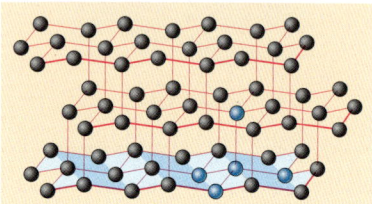

2 Anordnung der Kohlenstoffatome im Diamant (Modell)

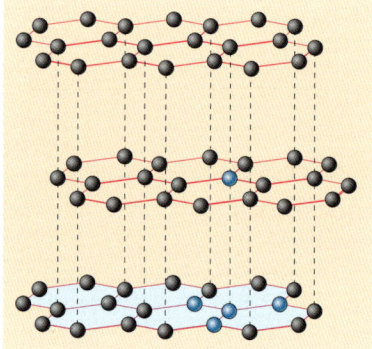

3 Anordnung der Kohlenstoffatome im Graphit (Modell)

Zwischen den Brom- und Iodmolekülen wirken zusätzliche schwache Anziehungskräfte, die **Van-der-Waals-Kräfte**. Diese Anziehungskräfte bewirken etwa, dass sich die Iodmoleküle in einem **Molekülgitter** regelmäßig anordnen. ↑4 S. 155 Bei größeren Molekülen mit einer größeren Masse sind diese Anziehungskräfte stärker, was die Abstufungen in den Schmelz- und Siedetemperaturen der Halogene erklärt. Dennoch sind die Van-der-Waals-Kräfte viel schwächer als die Atombindungen in den Molekülen. Aus Molekülen aufgebaute Stoffe lassen sich deshalb im Allgemeinen leicht verdampfen. ↑E.1 Zunächst werden dabei nur die schwachen Anziehungskräfte zwischen den Molekülen überwunden.

Schwefelmoleküle bestehen aus acht Atomen, die ringförmig in einer Kronenform angeordnet sind. Schwefel schmilzt bei Wärmezufuhr relativ leicht. Dabei werden nicht nur die zwischen den Molekülen wirkenden Kräfte überwunden, sondern außerdem die Schwefelmoleküle in kleinere Moleküle gespalten. ↑E.1

Bau von Kohlenstoff Das härteste bekannte Mineral, der **Diamant**, besteht aus reinem Kohlenstoff. Die Kohlenstoffatome sind im Diamant durch Atombindungen verbunden. Jedes Kohlenstoffatom bindet vier Nachbaratome. Das bedeutet, alle vier Außenelektronen eines Kohlenstoffatoms bilden gemeinsame Elektronenpaare mit anderen Kohlenstoffatomen. Die große Stabilität der Atombindungen führt zur Ausbildung eines **Atomgitters**. ↑2 Der Bau von Diamant bewirkt seine außerordentliche Härte. Unter Sauerstoffabschluss wandelt er sich ab etwa 1500 °C in **Graphit** um, ebenfalls eine Erscheinungsform (Modifikation) des reinen Kohlenstoffs.

Im Graphit bilden die Kohlenstoffatome Schichten, in denen sie in stabilen Sechsringstrukturen ähnlich Bienenwaben angeordnet sind. ↑3 In einer Ebene bilden die Kohlenstoffatome mit drei ihrer vier Außenelektronen Elektronenpaarbindungen zu den benachbarten Atomen. Das vierte Außenelektron ist frei beweglich. Aus diesem Grund ist Graphit elektrisch leitfähig. Zwischen den Schichten sind die Anziehungskräfte deutlich schwächer und der Abstand ist größer. Deshalb ist Graphit vergleichsweise weich.

Allein aus dem Vorhandensein von Atombindungen kann also nicht auf bestimmte Stoffeigenschaften geschlossen werden. Die sehr unterschiedlichen Eigenschaften der genannten Nichtmetalle finden aber ihre Erklärung in Unterschieden im Bau dieser Stoffe.

Aufgaben

1 Notiere die Siedetemperaturen von Wasserstoff, Stickstoff, Sauerstoff, Chlor, Brom und Iod in einer Tabelle. Vergleiche die Werte und stelle einen Zusammenhang zu ihren molaren Massen her.

2 Notiere die Formeln in Elektronenschreibweise (Valenzstrichformeln) für die in Aufgabe 1 genannten Stoffe.

3 Erkläre, warum die Edelgase nicht aus Molekülen aufgebaut sind.

4 Vergleiche die Elektronenkonfigurationen der durch folgende chemische Zeichen angegebenen Teilchen: Cl, Cl_2, Ar.

5 Vergleiche die Schmelz- und Siedetemperaturen der Halogene. Leite eine Aussage über die Molekülgröße und die Stärke der Van-der-Waals-Kräfte ab.

6 Begründe den Einsatz von Diamant in Bohrkronen und den Einsatz von Graphit in Bleistiftminen mit dem Bau dieser Stoffe.

Selbst untersucht Außergewöhnliche Eigenschaften des Wassers

2 **Untersuche das Verhalten von Eis.**

Schutzbrille! Bereite Eiswürfel, indem du einen Eiswürfel-Folienbeutel oder eine Eiswürfelschale mit Wasser füllst und den Behälter in das Gefrierfach eines Kühlschranks stellst. Gib einige der zubereiteten Eiswürfel in ein Glas Wasser. Beobachte. Fülle ein Plastikgefäß randvoll mit Wasser. Verschließe das Gefäß mit einem Deckel und stelle es in den Tiefkühlschrank.

Über welche Eigenschaft des Wassers kannst du eine Aussage machen?

Entsorgung: Falls Laborgefäße verwendet wurden, Reste in Sammelbehälter für Abwasser geben.

3 **Untersuche Wasser als Lösemittel für Salze.**

Schutzbrille! Fülle ein Becherglas mit etwa 30 ml destilliertem Wasser und stelle es auf einen Magnetrührer. Tauche einen Temperaturmessfühler am Rand des Becherglases in die Flüssigkeit. Gib nun etwa 3 g des zu lösenden Salzes zu. Prüfe mit dieser Anordnung Kochsalz, wasserfreies Kupfersulfat (GHS 07|09), Kaliumchlorid, wasserhaltiges Calciumchlorid (GHS 07) und Kaliumnitrat (GHS 03).

Betrachte jeweils den Bodenkörper und ermittle die Temperaturänderung.

Entsorgung: Kupfersulfatlösung am Lehrertisch sammeln; alle anderen Lösungen in den Sammelbehälter für Abwasser geben.

4 **Untersuche Wasser als Lösemittel für Gase.**

Schutzbrille! Öffne eine Mineralwasserflasche nach leichtem Schütteln. Gib in drei Reagenzgläser jeweils etwa 5 ml abgestandenes Mineralwasser. Erwärme eine Mineralwasserprobe mit der Brennerflamme leicht. Gib in die zweite Mineralwasserprobe eine Spatelspitze Natriumchlorid und in die dritte eine Spatelspitze Zucker.

Notiere deine Beobachtungen.

Entsorgung: Wässrige Lösungen in den Sammelbehälter für Abwasser geben.

5 **Weise gelöste Luft in Trinkwasser nach.**

Schutzbrille! Fülle ein Reagenzglas blasenfrei mit Trinkwasser. Verschließe es mit einem durchbohrten Stopfen, in dem ein etwa 4 cm langes Glasrohr steckt, das ebenfalls vollständig mit Wasser gefüllt ist.

Tauche das Reagenzglas in ein mit Wasser gefülltes Becherglas und erwärme das Wasser im Becherglas auf eine Temperatur von 75 °C.

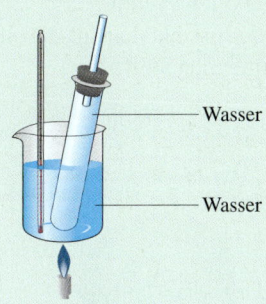
Wasser
Wasser

Notiere deine Beobachtungen.

Entsorgung: Lösung in den Sammelbehälter für Abwasser geben.

6 **Untersuche die Oberfläche des Wassers.**

Schutzbrille! Fülle eine Kristallisierschale randvoll mit Wasser. Lege eine Büroklammer oder eine Nähnadel vorsichtig auf die Wasseroberfläche.

Versuche deine Beobachtung zu deuten.

Entsorgung: Gegenstände wieder verwenden, Wasser in den Sammelbehälter für Abwasser geben.

7 **Erkunde das Verhalten von Wasser im elektrischen Feld.**

Schutzbrille! Fülle eine Bürette (mit geradem Auslauf) oder einen Tropftrichter mit Wasser. Reguliere einen möglichst feinen Wasserstrahl ein. Lass das Wasser in ein unter der Bürette stehendes Becherglas fließen. Reibe nun einen Kunststoffstab kräftig mit einem Wolltuch, um ihn elektrostatisch aufzuladen. Halte den Stab senkrecht dicht neben den Wasserstrahl. Notiere deine Beobachtungen.

Entsorgung: Stoffe wieder verwenden.

Bau weiterer Molekülsubstanzen

Die meisten der gasförmigen und flüssigen Verbindungen sind wie die bereits betrachteten Nichtmetalle aus Molekülen aufgebaut. Bei Wasser, Kohlenstoffdioxid, Schwefeldioxid und den Halogenwasserstoffen sind verschiedenartige Atome zu Molekülen verknüpft. Wie halten diese in den Molekülen zusammen? Welchen Einfluss hat das auf die Eigenschaften der Stoffe?

1　Stoffproben und Teilchenmodelle von Wasser und Chlorwasserstoff

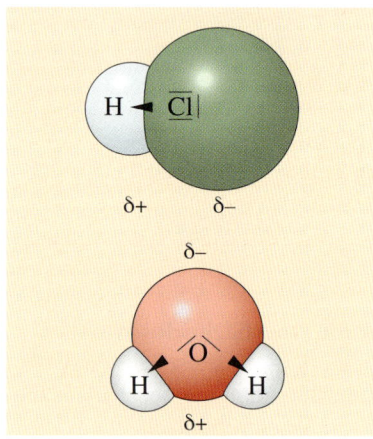

2　Polare Atombindung im Chlorwasserstoff- und Wassermolekül.

Das Zeichen ◄ deutet die Verschiebung der Elektronen an.

H							He
2,1							–
Li	Be	B	C	N	O	F	Ne
1,0	1,5	2,0	2,5	3,0	3,5	4,0	–
Na	Mg	Al	Si	P	S	Cl	Ar
0,9	1,2	1,5	1,8	2,1	2,5	3,0	–
K	Ca	Ga	Ge	As	Se	Br	Kr
0,8	1,0	1,6	1,8	2,0	2,4	2,8	–
Rb	Sr	In	Sn	Sb	Te	I	Xe
0,8	1,0	1,7	1,8	1,9	2,1	2,5	–
Cs	Ba	Tl	Pb	Bi	Po	At	Rn
0,7	0,9	1,8	1,8	1,9	2,0	2,2	–
Fr	Ra						
0,7	0,9						

3　Elektronegativitätswerte (EN) der Hauptgruppenelemente nach PAULING

Atombindung auch in Wasser- und Chlorwasserstoffmolekülen? Im Chlorwasserstoffmolekül sind jeweils ein Wasserstoffatom und ein Chloratom durch Atombindung gebunden. Durch ein gemeinsames Elektronenpaar erreichen das Wasserstoff- und das Chloratom jeweils die Edelgaskonfiguration. Im Wassermolekül sind zwei Wasserstoffatome an ein Sauerstoffatom durch Atombindung gebunden.

Verschiedenartige Atome können ebenfalls durch gemeinsame Elektronenpaare gebunden sein. Auf die bindenden Elektronenpaare wirken jedoch Anziehungskräfte unterschiedlicher Stärke. Im Chlorwasserstoffmolekül ist das gemeinsame Elektronenpaar stärker vom Chloratom angezogen und zu diesem hin verschoben. Wegen dieser Elektronenverschiebung hat das Chloratom eine negative elektrische Teilladung, im Modell gekennzeichnet durch δ– (sprich: Delta minus). Das Wasserstoffatom ist dagegen teilweise positiv elektrisch geladen, im Modell gekennzeichnet durch δ+ (sprich: Delta plus). Beide Atome tragen eine ungleichnamige elektrische Teilladung. Im Wassermolekül sind die Bindungselektronen stärker zum Sauerstoffatom hin verschoben. Die unsymmetrische Stellung der bindenden Elektronenpaare zwischen den Atomen führt zu einer **polaren Atombindung**.

In Molekülen aus unterschiedlichen Atomen liegt eine polare Atombindung vor.

Elektronegativitätswerte chemischer Elemente Als Vergleichsmaß für die Anziehungskräfte von Atomen unterschiedlicher chemischer Elemente auf bindende Elektronenpaare ordnete LINUS PAULING (1901 bis 1994) den Elementen **Elektronegativitätswerte (EN)** zu. Mit diesen Werten lässt sich vergleichen, wie stark Atome bindende Elektronenpaare im Molekül anziehen.

Der Vergleich der Elektronegativitätswerte der Elemente Chlor (EN = 3,0) und Wasserstoff (EN = 2,1) zeigt, dass das Chloratom in einem Chlorwasserstoffmolekül eine deutlich größere Anziehungskraft auf das bindende Elektronenpaar ausübt als das Wasserstoffatom.

Polarität der chemischen Bindung Je größer die Differenz der Elektronegativitätswerte zweier Elemente ist, umso stärker ist das gemeinsame Elektronenpaar hin zum Atom mit dem größeren Elektronegativitätswert verschoben. Die **Polarität der chemischen Bindung** ist folglich umso größer. Überschreitet die Differenz einen Wert von $\Delta EN = 1,7$, sind die Bindungselektronen in der Regel zu einem Atom hin verlagert. Es liegt dann keine Atombindung mehr vor.

Räumlicher Bau von Molekülen – Dipolmoleküle Warum sind die Siedetemperaturen von Wasser oder von Chlorwasserstoff im Vergleich zu anderen Verbindungen mit ähnlich kleinen Molekülen so hoch? Weshalb wird ein dünner Wasserstrahl im elektrischen Feld eines elektrisch geladenen Kunststoffstabs abgelenkt? ↑E.7 S.157, ↑4 Es ist zu vermuten, dass zwischen den Molekülen Anziehungskräfte wirken, die auf der Polarität der Bindung und dem räumlichen Bau der Moleküle beruhen.

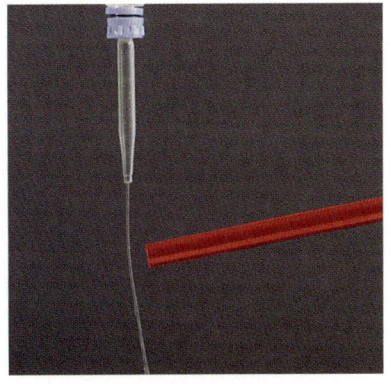

4 Ablenkung eines Wasserstrahls durch einen elektrisch geladenen Kunststoffstab

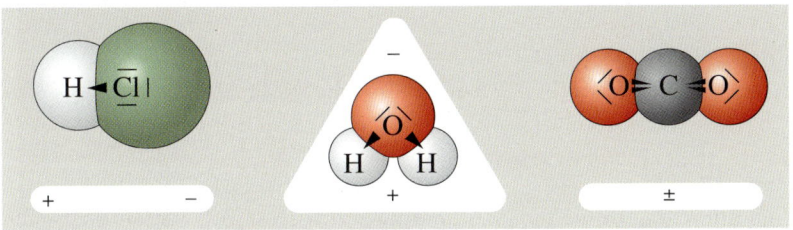

5 Schwerpunkte der Ladungen und Modelle verschiedener Moleküle

Chlorwasserstoff- und Wassermoleküle sind **Dipolmoleküle**. Ihre Moleküle haben „zwei Pole", auf der einen Seite den Schwerpunkt der negativen Teilladung und auf der anderen Seite den der positiven Teilladung. Der positive Pol eines Moleküls orientiert sich zum negativen Pol eines Nachbarmoleküls, dabei entstehen zusätzliche Anziehungskräfte zwischen den Molekülen.

Der räumliche Bau eines Moleküls kann mithilfe des **Elektronenpaarabstoßungsmodells** vorausgesagt werden. Dieses Modell betrachtet alle Außenelektronen des im Zentrum eines Moleküls stehenden Atoms und ordnet sie zu bindenden und nicht bindenden Elektronenpaaren. Dabei ordnen sich die Elektronenpaare so an, dass ihre gegenseitige Abstoßung aufgrund der negativen Ladung so gering wie möglich ist. Freie Elektronenpaare stoßen sich stärker ab als bindende. Deshalb sind die Dipolmoleküle des Wassers gewinkelt. Schwefeldioxidmoleküle sind ebenfalls Dipolmoleküle. Anders ist es bei den Molekülen des Kohlenstoffdioxids, die zwar polare Atombindungen aufweisen, in denen aber die Ladungsschwerpunkte zusammenfallen. Diese Moleküle sind keine Dipole.

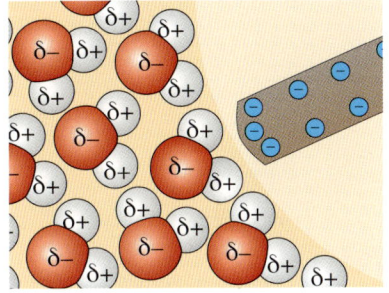

6 Modellvorstellung zur Ablenkung eines Wasserstrahls in einem elektrischen Feld

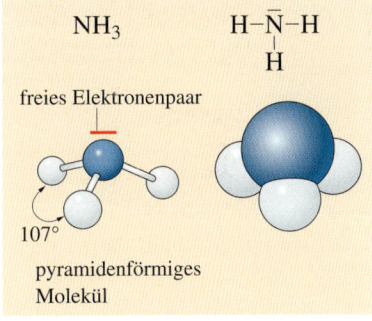

7 Formel, Valenzstrichformel, räumlicher Bau und Molekülmodell des Ammoniakmoleküls

Aufgaben

1 Stelle Valenzstrichformeln für folgende Moleküle auf: Wasser, Kohlenstoffdioxid, Schwefeldioxid.

2 Ordne die folgenden Bindungen nach steigender Polarität: H–F, H–Cl, H–Br, H–O.

3 Vergleiche die chemische Bindung in Molekülen von Brom und Bromwasserstoff.

4 Ermittle mithilfe des PSE einen Zusammenhang zwischen dem Elektronegativitätswert eines Elements und seinem Atombau (Ladung des Atomkerns, Anzahl der Elektronenschalen).

5 Begründe, weshalb ein Wasserstrahl im elektrischen Feld abgelenkt wird. ↑E.7 S.157, ↑4,6

Wasser – vertraut und ungewöhnlich

Als der „Blaue Planet" erscheint unsere Erde aus dem Weltraum, ist sie doch zu fast drei Vierteln von Ozeanen, Seen, Flüssen und Eis bedeckt. Wasser ist eine Voraussetzung für das Leben auf der Erde. Ob wir es trinken, uns mit ihm waschen – nichts scheint uns an Wasser ungewöhnlich. Welche Eigenschaften sind an dieser chemischen Verbindung ungewöhnlich und welche Bedeutung haben sie für das Leben?

1

2 Der Wasserläufer nutzt die Oberflächenspannung des Wassers.

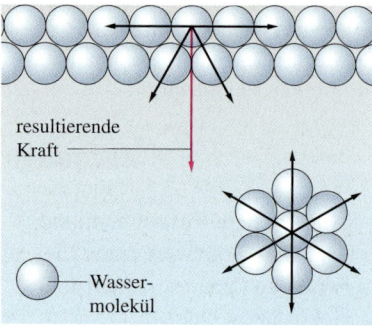

resultierende Kraft

Wassermolekül

3 Oberflächenspannung des Wassers, Modellvorstellung

Wasser ist ungewöhnlich Habt ihr schon einmal darüber nachgedacht, warum ein Mensch mehrere Tage ohne Nahrung überleben kann, ohne Wasser jedoch nicht? Mutet es nicht kurios an, dass ein Frosch ebenso wie das menschliche Gehirn zu 75 % aus Wasser besteht?

Das lebensnotwendige Wasser hat Eigenschaften, die es von anderen, ähnlich aufgebauten chemischen Verbindungen deutlich unterscheidet.

Für uns völlig selbstverständlich ist, dass Wasser bei einem Druck $p = 1013$ hPa, bei einer Temperatur $\vartheta = 0\,°C$ schmilzt und bei $\vartheta = 100\,°C$ siedet. Stoffe mit ähnlich kleinen Molekülen sind dagegen gasförmig. Ehe Wasser siedet, müssen Anziehungskräfte zwischen den Wassermolekülen unter hohem Energieaufwand überwunden werden. Das Vorhandensein stärkerer oder zusätzlicher Bindungskräfte zwischen den Molekülen des Wassers wäre eine Erklärung für dessen ungewöhnlich hohe Siedetemperatur.

Flüssiges Wasser hat bei 4 °C seine größte Dichte, beim Erstarren dehnt es sich aus. ↑E.2 S.157 Die Eisdecke auf einer Wasseroberfläche wirkt wie eine Isolierschicht. Sie verhindert das Zufrieren tiefer Gewässer bis zum Grund – eine Voraussetzung für das Überleben von Wasserlebewesen im Winter. Diese Eigenschaft bewirkt nicht nur, dass Eis auf Wasser schwimmt, sondern es kann Wasserrohre und Felsgestein beim Erstarren sprengen.

Die Oberfläche von Wasser scheint eine „Haut" zu haben. ↑E.6 S.157 Anziehungskräfte zwischen den Wassermolekülen bewirken, dass die Oberfläche eine elastische Spannung, d.h. eine im Vergleich zu anderen Flüssigkeiten relativ große Oberflächenspannung, aufweist.

Wasserstoffbrücken – Grund der ungewöhnlichen Eigenschaften Die Besonderheiten des Wassers, wie die relativ hohe Siedetemperatur, die Dichteanomalie und die relativ große Oberflächenspannung, können nicht allein mit Anziehungskräften zwischen Dipolmolekülen erklärt werden. Die Atombindung im Wassermolekül ist wegen des stark elektronegativen Sauerstoffatoms polar. An dem Sauerstoffatom befinden sich noch zwei nicht bindende Elektronenpaare. Zwischen benachbarten Wassermolekülen entsteht über das freie Elektronenpaar eine **Wasserstoffbrücke** zu einem Wasserstoffatom eines Nachbarmoleküls. ↑4 Es sind Wasserstoffbrücken, die beispielsweise den Zusammenhalt von bis zu 90 Wassermolekülen bewirken. Wasserstoffbrücken sind zusätzliche Anziehungskräfte zwischen Molekülen, im Gegensatz zu den Atombindungen in den Molekülen. Sie beruhen auf Wechselwirkungen zwischen Wasserstoffatomen und freien Elektronenpaaren an einem Atom eines stark elektronegativen Elements. Die Kennzeichnung von Wasserstoffbrücken erfolgt durch eine gestrichelte Linie.

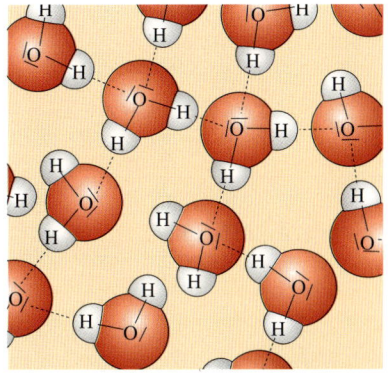

4 Modellvorstellung von Wasserstoffbrücken zwischen Wassermolekülen

Wasserstoffbrücken können als zusätzliche Anziehungskräfte zwischen bestimmten Dipolmolekülen wirken.

Beim Verdampfen des Wassers müssen erst diese Wasserstoffbrücken zwischen den Molekülen aufgebrochen werden. Beim Gefrieren verbinden sich Wassermoleküle über Wasserstoffbrücken zu einem weitmaschigen Molekülgitter mit Hohlräumen. Eis nimmt daher ein größeres Volumen als das flüssige Wasser ein. ↑E.2 S.157, ↑6

5 Eiskristall

Lösemittel Wasser Wasser ist ein gutes Lösemittel für viele gasförmige Stoffe. ↑E.4,5 S.157
In warmem Wasser löst sich ein geringerer Anteil der Gase als in kaltem. In einem heißen Sommer kann es deswegen in unseren Gewässern aufgrund des geringen Sauerstoffanteils zu Fischsterben kommen.
Als sehr gutes Lösemittel wirkt Wasser gegenüber Salzen. ↑E.3 S.157 Salzkristalle lösen sich langsam auf. Beim Lösevorgang wird Energie aus der Umgebung aufgenommen bzw. an sie abgegeben. In vielen anderen Lösemitteln, wie z.B. Benzin oder Heptan, liegen keine Dipolmoleküle vor. Sie lösen Salze deshalb kaum.
Wasser ist das wichtigste Lösemittel in menschlichen und tierischen Organismen. Als Löse- und Transportmittel für Nährstoffe und gelösten Sauerstoff sorgt das Wasser für die Aufrechterhaltung der Stoffwechselvorgänge in unserem Körper.

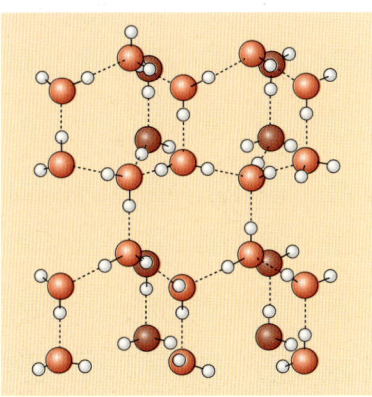

6 Modell vom Bau des Eises

Aufgaben

1 Erläutere, weshalb die Schmelz- und Siedetemperatur des Wassers als vergleichsweise hoch gelten.
2 Ermittle Schmelz- und Siedetemperaturen einiger Wasserstoffverbindungen: Methan (CH_4), Ammoniak (NH_3), Fluorwasserstoff (HF), Schwefelwasserstoff (H_2S). Vergleiche die Werte mit denen des Wassers.
3 Erläutere die Bedeutung von Wasser für die menschliche Gesundheit.
4 Forme aus farbiger Knete ein Modell je eines Wasser- und eines Kohlenstoffdioxidmoleküls. Berücksichtige den räumlichen Bau der Moleküle.
5 Erläutere, unter welchen Bedingungen Lebewesen in einem zugefrorenen Gewässer überleben können.

Auf einen Blick

Molekülsubstanzen	Häufig gasförmige, zum Teil auch flüssige und feste Stoffe mit relativ niedrigen Siedetemperaturen; aufgebaut aus Molekülen Beispiele: Wasserstoff, Sauerstoff, Chlor, Chlorwasserstoff, Wasser
Chemische Bindung	Zusammenhalt von Teilchen in Stoffen durch anziehende bzw. abstoßende Kräfte
Atombindung/ Elektronenpaarbindung	Art der chemischen Bindung, die durch gemeinsame Elektronenpaare zwischen den Atomen bewirkt wird

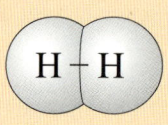

Wasserstoffmolekül

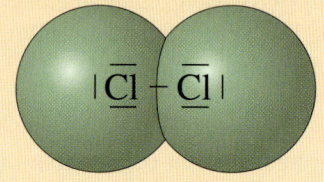

Chlormolekül

Edelgaskonfiguration	Besonders stabile Elektronenkonfiguration mit voll besetzter Außenschale (Elektronenoktett)

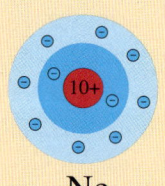

Ne

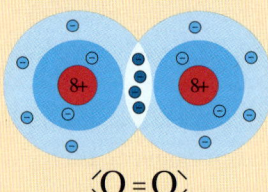

⟨O = O⟩

Polarität der chemischen Bindung	Elemente mit unterschiedlicher Elektronegativität ziehen in einer Atombindung gemeinsame Elektronenpaare unterschiedlich stark an. Die gebundenen Atome tragen elektrische Teilladungen.

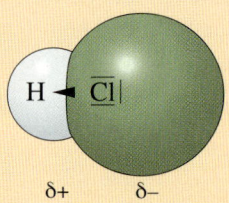

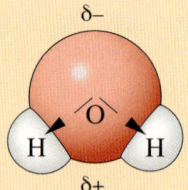

Elektronegativität	Vergleichswerte, die das Abschätzen der Polarität einer chemischen Bindung ermöglichen
Zwischenmolekulare Kräfte	Van-der-Waals-Kräfte und Wasserstoffbrücken haben Einfluss auf die Eigenschaften der Stoffe, die aus Molekülen aufgebaut sind.

Salze

Täglich begegnen wir im Alltag Salzen. Wir würzen unsere Speisen mit Kochsalz, bekämpfen Eisglätte mit Streusalz oder verwenden zum Waschen Fleckensalz. Aber nicht immer verraten bereits die Namen der Stoffe, dass es sich dabei um Salze handelt. So ist Kalk ein Salz, aus dem ganze Gebirge und Landschaften wie die Schwäbische Alb, aber auch Eierschalen oder die Ablagerungen am Wasserhahn bestehen. Alle Gewässer dieser Erde enthalten gelöste Salze, nicht nur das bekanntermaßen salzige Meerwasser.

→ Wie entstehen Salze in der Natur und wie lassen sich Salze herstellen?
→ Welche chemischen Reaktionen laufen dabei ab?
→ Was sind die typischen Eigenschaften von Salzen?
→ Wie sind Salzkristalle aufgebaut?
→ Welche Bedeutung haben Salze?

Kochsalz

Glasklare, lichtbrechende Kristalle von Steinsalz glitzern im Salzbergwerk unter Tage an den Wänden von Stollen und Kammern. Hauptbestandteil dieses „weißen Goldes" ist das Salz Natriumchlorid, das auch als Kochsalz verwendet wird. Worauf beruht die Wertschätzung für einen eher preiswerten Rohstoff aus der Tiefe der Erde oder aus dem Meerwasser?

1 Bergmännischer Salzabbau im Mittelalter

2 Bergmännischer Salzabbau heute

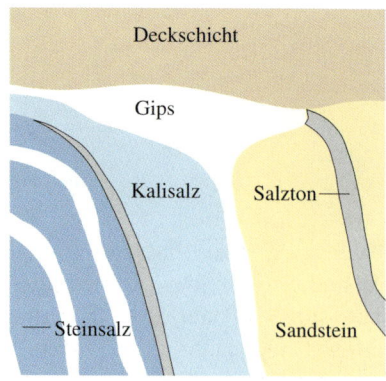

3 Aufbau einer Salzlagerstätte (schematische Darstellung)

Vorkommen In den Weltmeeren sind 50 Billiarden Tonnen Salz ein nahezu unerschöpflicher Vorrat. Über Jahrmillionen haben Flüsse und Bäche ihre Salzfracht, die sich durch Auswaschen des Bodens und des Gesteins anreicherte, in den Meeren abgelagert.

Unterirdische **Salzlagerstätten** entstanden aus Ablagerungen in einem Meer, das vor 200 bis 300 Millionen Jahren auch ganz Europa bedeckte. Durch Aufwölbungen des Meeresbodens entstanden flache Meeresbecken, in denen sich nach Verdunsten des Wassers Salz ablagerte. ↑3 Die später gänzlich abgetrennten Meeresbecken trockneten aus. Sand und Erdschichten bedeckten die Salzablagerungen. Salzschichten lagern deshalb heute in Europa in einer Tiefe zwischen 300 und 1500 m unter der Erde.

Über die größten Salzreserven verfügen die USA, aber auch Kanada und Mexiko besitzen riesige Salzvorkommen. Von England bis Sachsen reichen die sogenannten Zechsteinlager aus der Formation des Perm, die in Europa die größte Bedeutung haben. Etwas jünger sind die Salzlager Frankreichs, der Schweiz, Baden-Württembergs und der deutsch-österreichischen Alpen aus der Formation der Trias.

Gewinnung Mehr als 200 Milliarden Tonnen des „weißen Goldes" gehören zu Deutschlands ansonsten geringen Bodenschätzen. **Steinsalz**, relativ reines Natriumchlorid, wird bergmännisch ähnlich wie Steinkohle abgebaut. ↑2 Wo das Steinsalz weniger rein ist, wird es unterirdisch gelöst. Unter die Erde gepumptes Süßwasser löst das Salz aus dem Gestein. Salzhaltiges Wasser, die **Sole**, steigt nach oben und wird direkt in die **Saline** geleitet. Dort scheidet sich in riesigen Verdampfern aus der Sole reines **Siedesalz** ab. An Salzförderstätten befanden sich früher meist **Gradierwerke** zur Reinigung der Sole. ↑4 Diese rieselte über Dornenreisig, ihr Salzgehalt nahm dabei zu.

Deckschicht

Gips

Kalisalz

Salzton

Steinsalz

Sandstein

4 Gradierwerk in einem Soleheilbad

Die Sonne ermöglicht die Salzgewinnung aus dem Meerwasser beispielsweise im Süden Italiens, auf Mallorca, den Kanarischen Inseln oder in der Bretagne. In flach angelegten Meeresbecken verdunstet das Meerwasser durch die Sonneneinstrahlung. Das **Meersalz** wird dann in den „Salzgärten geerntet". ↑5

5 Salzgärten am Mittelmeer

Verwendung Der Mensch benötigt täglich 2 bis 3 g des lebenswichtigen Kochsalzes. Besonders für die Funktion der Nerven ist es unabdingbar. Eine zu hohe Salzkonzentration im Körper bewirkt dagegen Wasserentzug aus den Zellen. Anstieg der Blutmenge, Gefäßerweiterung und Bluthochdruck können die Folgen sein.

Als Speisesalz gehört Kochsalz zu den am häufigsten verwendeten Würzmitteln. Auch zum Konservieren von Lebensmitteln wird es seit alters eingesetzt, zum Beispiel für Schinken, Fisch und Sauerkraut.

Von den in Deutschland jährlich produzierten 14 Millionen Tonnen Salz werden nur etwa 3 % als Speisesalz verwendet. ↑6 Ein kleiner Teil wird für die Futtermittelherstellung als Viehsalz genutzt. Etwa 12 % werden zum Eisfreihalten von Straßen verwendet. Der weitaus größte Teil wird in der Industrie benötigt. Aus jährlich ungefähr 9 Millionen Tonnen des relativ preiswerten Rohstoffs werden Produkte wie Chlor, Natronlauge, Salzsäure und Soda hergestellt. Ohne diese Grundchemikalien gäbe es den Kunststoff PVC, das Glas, die Waschmittel und viele Medikamente nicht.

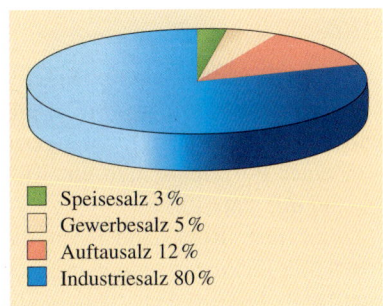

- Speisesalz 3 %
- Gewerbesalz 5 %
- Auftausalz 12 %
- Industriesalz 80 %

6 Verwendung von Salz in Deutschland (2004)

Aufgaben

1 Beschreibe die Gewinnung von Kochsalz aus Sole als Stofftrennung.
2 Stelle einen Steckbrief für Kochsalz auf. Beschreibe die Beschaffenheit des Stoffes. Entnimm einem Tabellenwerk Angaben zu diesem Stoff.
3 Schätze ab, wie viel Kochsalz du täglich zu dir nimmst. Wiege zum Vergleich 3 g Kochsalz ab.

4 Im Mittelalter blühten viele Städte durch Salzgewinnung oder Salzhandel auf. In ihren Namen deuten Silben wie -salz, -sulz, -sol oder auch -hal auf diese Quelle des Wohlstands hin. Suche im Atlas solche Orte im deutschsprachigen Raum.
5 Salz – wertvoll wie Gold. Ermittle Geschichtliches zum Salzhandel.

Selbst untersucht Eigenschaften von Salzen

1 Untersuche die Beschaffenheit verschiedener Salze.

Schutzbrille! Betrachte Proben von verschiedenen Küchensalzen sowie von Kaliumchlorid und Magnesiumchlorid auch mit der Lupe.
Notiere alle feststellbaren Eigenschaften.
Entsorgung: Salze in Wasser lösen, Lösung in Sammelbehälter für Abwasser geben.

2 Prüfe die Härte verschiedener Salze.

Schutzbrille! Untersuche, ob sich die Kristalle von Natriumchlorid und eines Kaliumsalzes durch Krafteinwirkung eines Schlages verformen lassen. Prüfe zum Vergleich ein Stück Zinn oder Blei. Beschreibe deine Beobachtungen.
Entsorgung: Metalle wieder einsammeln. Feste Salze in Wasser lösen, Lösungen in Sammelbehälter für Abwasser geben.

3 Gewinne Salz aus Sole.

Schutzbrille! Spritzgefahr! Stelle eine Kochsalzlösung her und dampfe eine geringe Menge davon in einer Porzellanschale ein. Betrachte den Rückstand mit einer Lupe.
Entsorgung: Rückstand lösen, Lösung in Sammelbehälter für Abwasser geben.

4 Gewinne Siedesalz aus Steinsalz.

Schutzbrille! Aus Brocken von Steinsalz oder Viehsalz, einem Gemisch aus Kochsalz, Sand und Verunreinigungen, soll Kochsalz herausgelöst werden. Plane ein Experiment, um das Stoffgemisch zu trennen und anschließend festes Kochsalz zu gewinnen.
Entsorgung: Feste Rückstände in Sammelbehälter für Hausmüll. Lösung in Sammelbehälter für Abwasser geben.

5 Erkunde die Löslichkeit verschiedener Salze in Wasser.

Schutzbrille! Gib in drei Reagenzgläser mit je 5 ml destilliertem Wasser jeweils eine Spatelspitze Natriumchlorid, Magnesiumchlorid und Calciumcarbonat. Verschließe die Reagenzgläser mit einem Stopfen und schüttle sie kräftig. Wiederhole die Zugabe der Salze so lange, bis ein Bodensatz zurückbleibt. Notiere die Anzahl der zugegebenen Stoffportionen.
Notiere deine Beobachtungen und vergleiche sie miteinander.
Erwärme die Lösungen mit dem Bodensatz in einem Wasserbad. Welchen Einfluss hat die Temperatur auf die Löslichkeit dieser Stoffe?
Entsorgung: Lösungen in Sammelbehälter für Abwasser geben.

6 Züchte Salzkristalle.

Schutzbrille! Stelle eine Lösung aus 40 g Kupfersulfat (GHS 07|09) und 100 ml Wasser her. Erwärme diese Lösung auf etwa 50 °C, filtriere diese und gieße sie zum Abkühlen in gut gereinigte Petrischalen. Diese müssen nun für mehrere Stunden erschütterungsfrei und kühl stehen. Nimm die schönsten der entstandenen Kristalle mit einer Pinzette aus der Petrischale.
Entsorgung: Kristalle in der Chemikaliensammlung aufbewahren. Lösung in Sammelbehälter II geben.

7 Dampfe Lösungen von Salzen ein.

Schutzbrille! Spritzgefahr! Erhitze je 2 ml einer gesättigten Natriumchloridlösung und Kaliumchloridlösung in jeweils einer Porzellanschale.
Betrachte den Rückstand mit einer Lupe.
Entwickle Reaktionsgleichungen.
Entsorgung: Rückstände in Wasser lösen, Lösungen in Sammelbehälter für Abwasser geben.

8 Prüfe destilliertes Wasser, festes Natriumchlorid und eine Natriumchloridlösung auf elektrische Leitfähigkeit.

Schutzbrille! Gib in ein Becherglas etwa 10 g trockenes, festes Natriumchlorid, in ein anderes Becherglas einen großen, trockenen Natriumchloridkristall und in ein drittes Becherglas 100 ml destilliertes Wasser. Prüfe mit einem Leitfähigkeitsprüfer die elektrische Leitfähigkeit des festen Natriumchlorids und des destillierten Wassers.
Gib die 10 g Natriumchlorid in das Becherglas mit dem destillierten Wasser. Rühre um, bis eine klare Natriumchloridlösung entstanden ist. Prüfe die Lösung ebenfalls auf elektrische Leitfähigkeit.
Vergleiche die Ergebnisse miteinander.

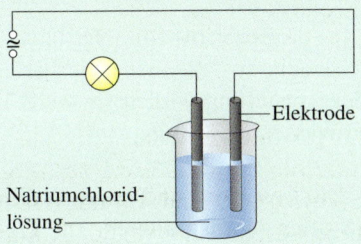

Elektrode

Natriumchlorid-lösung

Entsorgung: Lösungen in Sammelbehälter für Abwasser geben. Natriumchloridkristalle einsammeln und wieder verwenden.

9 Prüfe Salzlösungen, destilliertes Wasser und Zuckerlösung auf elektrische Leitfähigkeit.

Schutzbrille! Ermittle mithilfe eines Leitfähigkeitsprüfers, ob Kaliumchloridlösung, Magnesiumchloridlösung, Kupfer(II)-chloridlösung (GHS 07), destilliertes Wasser und Zuckerlösung den elektrischen Strom leiten.
Entsorgung: Kupfer(II)-chloridlösung in Sammelbehälter II, andere Lösungen in Sammelbehälter für Abwasser geben.

10 Bestimme die Schmelztemperatur eines Salzes.

Schutzbrille! Nur unter Aufsicht durchführen! Spritzgefahr!
Erhitze Zinkchlorid (GHS 05|07|09) in einem Porzellantiegel, bis es vollständig geschmolzen ist. Tauche in die Schmelze ein Digitalthermometer. Notiere die Temperatur nach Löschen des Brenners alle 30 Sekunden.
Zeichne ein Temperatur-Zeit-Diagramm und ermittle daraus die Erstarrungstemperatur des Salzes. Sie ist mit der Schmelztemperatur identisch. Schlage die Schmelztemperaturen anderer Salze im Tabellenwerk nach und vergleiche sie.
Entsorgung: Feste, erkaltete Salze in Wasser lösen, Lösungen in Sammelbehälter für Abwasser geben.

11 Prüfe eine Salzschmelze auf elektrische Leitfähigkeit.

Schutzbrille! Nur unter Aufsicht arbeiten! Spritzgefahr! Erhitze Zinkchlorid (GHS 05|07|09) in einem Porzellantiegel bis zum Schmelzen. Tauche in die Schmelze einen Leitfähigkeitsprüfer.
Prüfe die erstarrte Schmelze erneut auf elektrische Leitfähigkeit.
Erkläre deine Beobachtungen.

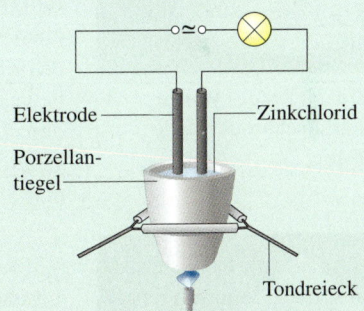

Elektrode — Zinkchlorid
Porzellantiegel
Tondreieck

Entsorgung: Feste Salze in Wasser lösen, Lösungen in Sammelbehälter für Abwasser geben.

Natriumchlorid – ein aus Ionen aufgebauter Stoff

D ie kleinen weißlichen Salzkristalle, mit denen wir unsere
Lebensmittel würzen, sind als die
chemische Verbindung Natriumchlorid bekannt.
Was haben die Gefahrstoffe
Natrium und Chlor mit dem Kochsalz zu tun? Was sind Ionen?
Wie ist Kochsalz aufgebaut?

1

Kristalline Beschaffenheit In Stoffproben von Natriumchlorid sind regelmäßige, würfelförmige Kristalle zu erkennen. Die harten, spröden Kristalle sind farblos, in großer Anhäufung wirken sie weiß. ↑E.1,2 S.166 Natriumchlorid löst sich gut in Wasser. ↑E.5 S.166

Teilchen im Natriumchlorid Die Festigkeit und die kristalline Beschaffenheit sind auf den Bau des Stoffes zurückzuführen. Die Eigenschaften ergeben sich aus der Art und der Anordnung der Teilchen, aus denen Natriumchlorid aufgebaut ist.
Natriumchloridlösung leitet den elektrischen Strom, Natriumchloridkristalle und destilliertes Wasser dagegen nicht. ↑E.8,9 S.167 Elektrische Leitfähigkeit setzt das Vorhandensein beweglicher, elektrisch geladener Teilchen voraus. Damit elektrischer Strom fließen kann, sind Ladungsträger erforderlich, die sich beim Einwirken eines elektrischen Feldes gerichtet bewegen können. In der Natriumchloridlösung sind sie offenbar vorhanden. Diese in der Lösung vorhandene Teilchenart sind **Ionen**. Sie unterscheiden sich von anderen Teilchen wie Atomen und Molekülen, aus denen Stoffe aufgebaut sind, grundsätzlich durch ihre elektrische Ladung.

2 Durch Verdampfen des Wassers erhaltene Natriumchloridkristalle aus einer Lösung

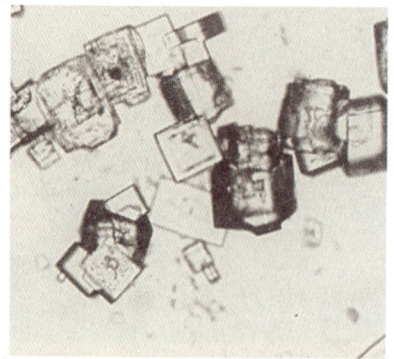
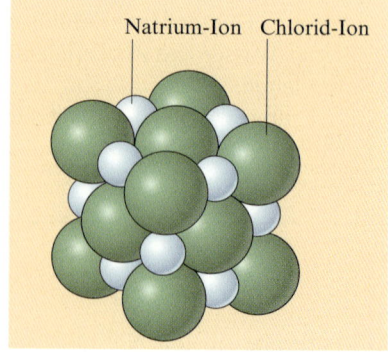

Natrium-Ion Chlorid-Ion

3 Natriumchloridkristalle und Modell vom Bau des Natriumchlorids

Ionen im Natriumchlorid Natriumchlorid ist aus ungleichnamig elektrisch geladenen Ionen aufgebaut. Die Natriumteilchen sind elektrisch positiv geladene Natrium-Ionen; die Chlorteilchen elektrisch negativ geladene Chlorid-Ionen.

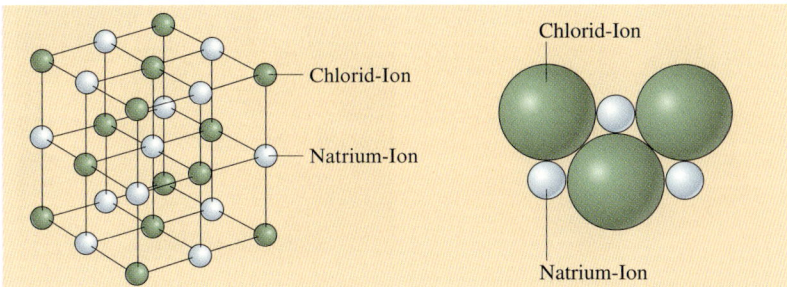

4 Modelle zum Bau von Natriumchlorid

Eine ungeheure Vielzahl dieser Ionen halten im Natriumchloridkristall zusammen. Sie bilden einen festen **Teilchenverband aus Ionen**. Die festgefügte Anordnung der Ionen im Kristall ist auch der Grund, weshalb festes Natriumchlorid den elektrischen Strom nicht leitet, obgleich es aus elektrisch geladenen Teilchen aufgebaut ist. ↑E.8 S.167 Jedes Natrium-Ion ist im Kristall von 6 Chlorid-Ionen und jedes Chlorid-Ion von 6 Natrium-Ionen umgeben. Die ungleichnamig elektrisch geladenen Natrium-Ionen und Chlorid-Ionen ziehen einander an. Starke Anziehungskräfte halten sie in dieser regelmäßigen Anordnung, dem sogenannten **Ionengitter**, zusammen. Die Ionen sitzen fest an ihren Plätzen im Ionengitter. Deshalb sind die Kristalle so hart und leiten den elektrischen Strom nicht.

Ionen sind elektrisch positiv oder negativ geladene Teilchen in der Größenordnung von Atomen.

Atome und Ionen im Vergleich Warum gibt es sowohl positiv als auch negativ geladene Ionen? Weshalb sind die Natrium-Ionen stets positiv geladene Teilchen, Chlorid-Ionen dagegen stets negativ geladen?

Teilchen	Natrium-atom	Natrium-Ion
Anzahl der Protonen	11	11
Anzahl der Elektronen	11	10
elektrische Ladung des Teilchens	keine	einfach positiv geladen

Teilchen	Chlor-atom	Chlorid-Ion
Anzahl der Protonen	17	17
Anzahl der Elektronen	17	18
elektrische Ladung des Teilchens	keine	einfach negativ geladen

Aufgaben

1 Vergleiche die Teilchen, aus denen Natriumchlorid, Natrium und Chlor aufgebaut sind.

2 Erläutere, weshalb Natrium-Ionen einfach positiv, Chlorid-Ionen dagegen einfach negativ geladen sind.

Salze sind Ionensubstanzen

Beim Betrachten der Kristalle von Kochsalz, Calciumfluorid und Kaliumchlorid fallen die Ähnlichkeiten dieser Stoffe auf. Haben diese Stoffe auch ähnliche Eigenschaften und einen ähnlichen Bau?

1 Kristalle von Calciumfluorid und Kaliumchlorid

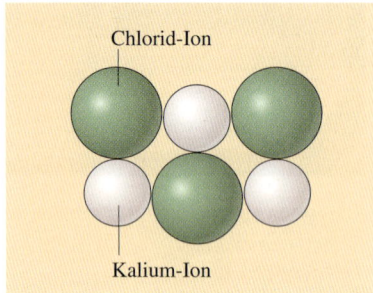

2 Ionen im Kaliumchlorid

Name, Symbol und elektrische Ladung einiger Ionen		
Name des Ions	Symbol	Elektrische Ladung
Natrium-Ion	Na^+	1+
Magnesium-Ion	Mg^{2+}	2+
Calcium-Ion	Ca^{2+}	2+
Aluminium-Ion	Al^{3+}	3+
Chlorid-Ion	Cl^-	1–
Bromid-Ion	Br^-	1–

Ionen und Ionenbindung bei anderen Salzen Neben dem Kochsalz gibt es viele weitere Salze, z.B. Kaliumchlorid (Sylvin) oder Calciumfluorid (Flussspat). Es sind Verbindungen aus Metallen und den Halogenen, sogenannte Metallhalogenide. Die Kristalle dieser Mineralien bestehen aus einer riesengroßen Anzahl von Ionen. Im Natriumchloridkristall ist stets die gleiche Anzahl von Natrium-Ionen und Chlorid-Ionen enthalten, sodass sich die elektrischen Ladungen der Ionen ausgleichen. Da es aber auch z.B. zweifach und dreifach positiv elektrisch geladene Metall-Ionen gibt, wird deren Ladung erst durch die zweifache bzw. dreifache Anzahl von einfach negativ elektrisch geladenen Ionen ausgeglichen. Der Zusammenhalt der Ionen im Kristall, ihre chemische Bindung, wird durch elektrostatische Anziehungskräfte zwischen den ungleichnamig geladenen Ionen bewirkt. Diese Art der chemischen Bindung wird als **Ionenbindung** bezeichnet. Sie bestimmt wesentlich den Bau von Salzen. Natriumchlorid und andere Salze gehören zu den **Ionensubstanzen**.

Die Ionenbindung beruht auf Anziehungskräften zwischen ungleichnamig geladenen Ionen.

Chemische Zeichen für Ionen – Formeln für Salze Die Art der elektrischen Ladung wird am Symbol des Elements hochgestellt angegeben. Hat das Ion mehr als eine elektrische Ladung, wird deren Anzahl als Ziffer vor dem Plus- bzw. Minuszeichen eingefügt. ↑Tabelle
Als chemische Zeichen für die angegebenen Salze werden Formeln benutzt. Da diese Stoffe große Teilchenverbände aus Ionen bilden, geben die Formeln jeweils nur das kleinstmögliche Zahlenverhältnis dieser Ionen an. Die Formeln kennzeichnen folglich nur eine sogenannte **Baueinheit** des Kristalls.

Aussagen aus Formeln von Salzen		
Formel	kennzeichnet den Stoff	kennzeichnet das Zahlenverhältnis der Ionen
KCl	Kaliumchlorid	$K^+ : Cl^- = 1 : 1$
$CaBr_2$	Calciumbromid	$Ca^{2+} : Br^- = 1 : 2$
$AlCl_3$	Aluminiumchlorid	$Al^{3+} : Cl^- = 1 : 3$

Einige Eigenschaften von Salzen Einige Eigenschaften von Salzen könnt ihr jetzt aus deren Bau erklären. Die kristalline Beschaffenheit ist meist mit bloßem Auge sichtbar. Die durch Ionenbindung zusammengehaltenen Ionen bilden Kristalle, die regelmäßige Formen zeigen. ↑E.1 S.166 Die harten Kristalle der Salze lassen sich nicht so leicht verformen wie beispielsweise die Metalle. ↑E.2 S.166 Beim Einwirken einer großen Kraft auf die Salzkristalle verschieben sich Ionenschichten gegeneinander. Die Ionenbindung wird überwunden, es stehen sich gleichnamig geladene Ionen gegenüber, die sich gegenseitig abstoßen. Der spröde Kristall zerspringt. ↑3

Feste, aus Ionen aufgebaute Stoffe haben im Allgemeinen hohe Schmelztemperaturen. ↑E.10 S.167 Beim Schmelzen salzartiger Stoffe muss die Ionenbindung überwunden werden. Bei Erwärmung schwingen die Ionen immer stärker im Ionengitter. Schließlich verlassen sie ihre Plätze, das Ionengitter wird zerstört. Die Ionen sind in der Schmelze frei beweglich. Diese Beweglichkeit der Ionen ist auf die Spaltung chemischer Bindungen zurückzuführen. Bewegliche Ionen in Salzschmelzen erklären auch deren elektrische Leitfähigkeit. ↑E.11 S.167

Ionensubstanzen sind kristallin, spröde und haben meist eine hohe Schmelztemperatur.

Bedeutung einiger Salze Nicht nur das Natriumchlorid ist Bestandteil des Speisesalzes oder wichtiger Arzneimittel. ↑4

Der Gebrauch von iodiertem Speisesalz mit Zusatz von 0,04 bis 0,06 % eines **Fluorids** verbessert die Versorgung des Menschen mit den Elementen Iod und Fluor. Zum Aufbau des Knochenskeletts benötigt der Mensch täglich 1 bis 2 mg Fluorid. Deshalb wird Natriumfluorid auch dem Trinkwasser zugesetzt. Zahncremes enthalten Fluoride, um der Erkrankung durch Karies vorzubeugen. **Iodid-Ionen**, ebenso unentbehrlich im menschlichen Körper, beugen Schilddrüsenerkrankungen vor. Störungen der Herz- und Kreislauftätigkeit sowie des Körperwachstums wären die schädlichen Folgen von Funktionsstörungen der Schilddrüse. **Kaliumchlorid** enthält mit den Kalium-Ionen einen der Hauptpflanzennährstoffe. Es ist deshalb Bestandteil von Mineraldüngern.

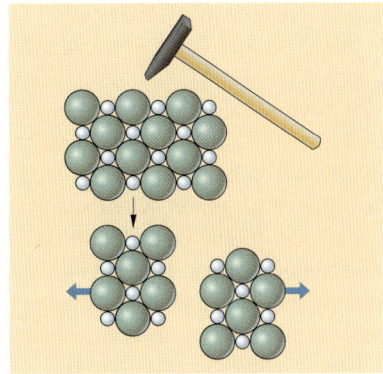

3 Ionenkristalle sind spröde.

Schmelztemperaturen einiger Ionenverbindungen	
Name der Ionenverbindung	Schmelztemperatur in °C
Bariumchlorid	963
Calciumbromid	730
Calciumfluorid	1403
Kaliumchlorid	770
Magnesiumchlorid	712
Natriumchlorid	800
Natriumfluorid	992

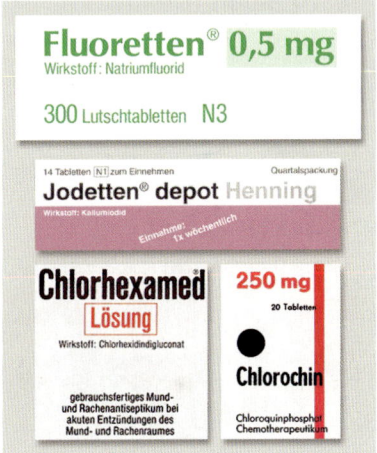

4 Verbindungen der Halogene in Medikamenten

Häufigkeit von Halogeniden in der Natur			
Halogenid	Erdkruste in g/kg	Flusswasser in mg/l	Meerwasser in mg/l
Fluorid	0,63	0,1	1,4
Chlorid	0,13	10	2000
Bromid	0,0025	0,02	70
Iodid	0,0005	0,005	0,06

Aufgaben

1 Erläutere, warum feste Salze den elektrischen Strom nicht leiten.

2 Vergleiche die Schmelz- und Siedetemperaturen von Kaliumchlorid und Chlor.

3 Beschreibe den Bau von Kaliumchlorid.

4 Gib Namen und Formeln von fünf Metallhalogeniden an. Ermittle die Verwendung dieser Stoffe.

Lösungen von Salzen

Das wohl salzigste Gewässer der Erde ist der Assalsee mit einem Salzgehalt von 34,8 %.
In einem entlegenen Wüstengebiet Ostafrikas 173 m unter dem Meeresspiegel gelegen, bedeckt er eine Fläche von 54 km².
Wie ist zu erklären, dass an seinen Ufern würflige Salzkristalle zu meterdicken Platten verkrusten?

1 Der Assalsee in Ostafrika

2 Lösen eines Salzes

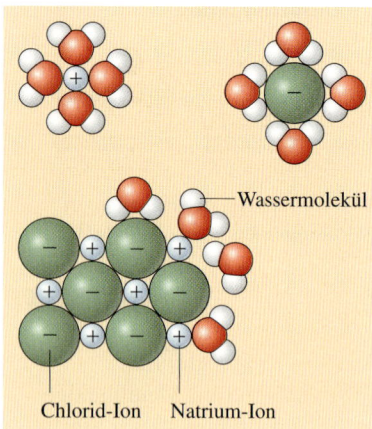

3 Modell zum Lösen eines Salzes

Was geschieht beim Lösen einer Ionensubstanz? In der Natur, vor allem im Boden, werden aus Ionen aufgebaute Verbindungen mehr oder weniger rasch in Wasser gelöst. Als Pflanzennährstoffe eingesetzte Mineraldünger können nur wirken, wenn sich die Düngesalze gelöst haben. Die Pflanzennährstoffe Kalium, Phosphor, Stickstoff, Calcium oder Magnesium werden für die Pflanzen erst verfügbar, wenn die Elemente als Ionen oder in Ionen gebunden vorliegen. Erst dann können die Wurzeln diese Pflanzennährstoffe aufnehmen.

Aus den kristallinen Ionensubstanzen wie Natriumchlorid und Magnesiumchlorid bilden sich mit Wasser Lösungen. ↑E.5 S.166 Beim Lösen eines Salzes lagern sich Wassermoleküle zunächst an der Oberfläche der Salzkristalle an und dringen zwischen die Ionen. Die Anziehungskräfte zwischen den Ionen werden überwunden und die Ionen gehen in Lösung. Der Vorgang wiederholt sich, bis die Salzkristalle vollständig gelöst sind. Das Ionengitter wird beim Lösen abgebaut. ↑3

Salzkristalle lösen sich sichtbar leicht in Wasser, dennoch muss zum Abbau des Ionengitters Energie aufgewendet werden. Die chemische Bindung zwischen den Ionen wird nur unter Energieaufwand gespalten. Der scheinbare Widerspruch kann damit erklärt werden, dass die elektrisch geladenen Ionen Wassermoleküle anziehen und sich jeweils mit einer Hülle aus Wassermolekülen umgeben. Bei diesem Vorgang, der **Hydratation**, wird Wärme an die Umgebung abgegeben. Diese Wärme reicht oft aus, um die Ionenbindung im Kristall zu überwinden.

Die von einer Hülle aus Wassermolekülen umgebenen Ionen werden **hydratisierte Ionen** genannt. Sie sind in der Lösung frei beweglich.

Die Ionen von Salzen werden beim Lösen des Salzes in Wasser von einer Hülle aus Wassermolekülen umgeben. Solche Ionen werden hydratisierte Ionen genannt.
Die hydratisierten Ionen sind in der Lösung frei beweglich.

Wassermolekül

Chlorid-Ion   Natrium-Ion

Ionen als Ladungsträger Elektrischer Strom fließt üblicherweise durch Metalldrähte. Dabei bewegen sich Elektronen gerichtet im elektrischen Feld. Salzlösungen leiten ebenfalls den elektrischen Strom ↑E.8 S.167, da in den Lösungen der Ionensubstanzen bewegliche Ionen vorhanden sind, nachdem Salzkristalle in Wasser gelöst wurden.

Zuckerlösung leitet hingegen elektrischen Strom nicht, in der Zuckerlösung liegen keine Ionen vor. Zuckerkristalle sind aus Molekülen, nicht aus Ionen aufgebaut. ↑E.9 S.167

Ionen „wandern" in Lösungen, in die Elektroden tauchen, zu der jeweils entgegengesetzt geladenen Elektrode. ↑4 Auf diese Bewegung der Ionen in der Lösung ist auch ihr Name (griech. ion – gehend, wandernd) zurückzuführen. Die Lösung einer Ionensubstanz hat andere Eigenschaften als das feste Salz. Beim Lösen finden Energieumwandlungen statt. Teilchen ordnen sich um.

Das Lösen von Ionensubstanzen, z.B. von Natriumchlorid, lässt sich durch Reaktionsgleichungen darstellen. Dabei bezeichnet „aq" Teilchen in wässriger Lösung (engl. aqueous).

$$NaCl \ (s) \longrightarrow Na^+ \ (aq) + Cl^- \ (aq)$$

Lösungen leiten elektrischen Strom nur, wenn sie bewegliche Ionen enthalten.

Von Siedepfannen und Salzgärten Festes Salz, in der Saline produziert, bleibt aus der Sole von Salzbergwerken zurück. Aus Meerwasser gewonnen, in Salzgärten geerntet, lagert kristallines Salz an Meeresküsten. ↑E.3,4 S.166

Festes Salz bleibt nach dem Eindampfen der Lösungen zurück. ↑E.7 S.166 Die Lösung wird durch den Entzug von Wasser eingeengt. Es sind nicht mehr alle Ionen von einer Hülle aus Wassermolekülen umgeben. Die Anziehungskräfte der ungleichnamig elektrisch geladenen Ionen wirken nun so stark, dass sich diese wieder regelmäßig zum Ionengitter anordnen und durch Ionenbindung zusammengehalten werden. Kristalle entstehen, die für das Natriumchlorid immer würfelförmig sind. Dieser Vorgang verläuft umgekehrt zum Lösen von Salzen.

Der Abbau von Ionengittern beim Lösen von Salzen und der Aufbau von Ionengittern beim Eindampfen ihrer Lösungen sind einander entgegengesetzt verlaufende Vorgänge.

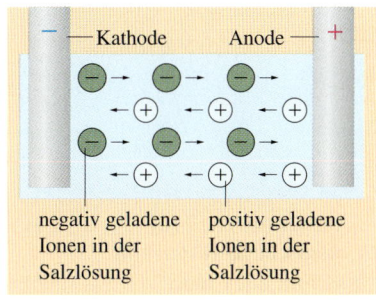

negativ geladene Ionen in der Salzlösung • positiv geladene Ionen in der Salzlösung

4 Modell vom Ladungstransport in einer Salzlösung

5 Salzgewinnung aus Meerwasser

Aufgaben

1 Gib die chemischen Zeichen für die Ionen der Elemente Aluminium, Brom, Calcium, Lithium und Chlor an.

2 Kommentiere die Aussagen von „Schon gewusst".

3 Ein Quellfluss der Weser, die Werra, war in den 1970er und 1980er Jahren stark „versalzt". Erkläre diese Erscheinung. Welche Folgen waren damit verbunden?

4 In Dampfbügeleisen soll entsalztes Wasser verwendet werden. Begründe.

Chemische Reaktionen von Metallen mit Halogenen

Es ist bekannt, dass die Halogene als Salzbildner bezeichnet werden. In der Tat gibt es neben dem Natriumchlorid viele Salze, in denen die Elemente Fluor, Chlor, Brom oder Iod enthalten sind. Wie bilden die Halogene Salze? Welche Reaktion liegt der Bildung von Salzen zugrunde?

1 Reaktion von Natrium und Chlor im Reaktionsrohr

EXPERIMENT 12 [L]
Chemische Reaktion von Natrium mit Chlor.
Vorsicht! Abzug! Ein kleines Stück erhitztes Natrium (GHS 02|05) wird in einem Standzylinder mit Chlor (GHS 06|09) zur Reaktion gebracht.

Perlonfaden

Chlor

Natrium

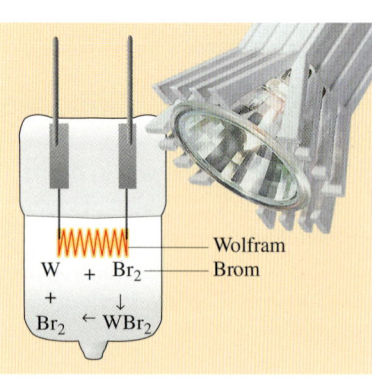

W + Br₂
+
Br₂ ← WBr₂

Wolfram
Brom

2 Mehr Licht durch Halogene

Stoff- und Energieumwandlung Das grünliche, gasförmige Chlor reagiert mit metallischen, silbrig glänzenden Natrium mit intensiver Lichterscheinung in exothermer Reaktion. ↑E.12 Der sich bildende weiße, kristalline Stoff ist Natriumchlorid. Es entsteht ein neuer Stoff mit neuen Eigenschaften. Bei dieser Reaktion wird Wärme abgegeben, eine Lichterscheinung ist sichtbar. Ein Teil der chemischen Energie der Ausgangsstoffe wird in thermische Energie umgewandelt. Daraus folgt, dass der Energieinhalt der Ausgangsstoffe größer ist als der Energieinhalt der Reaktionsprodukte.

$$2\ Na + Cl_2 \longrightarrow 2\ NaCl\ |\ exotherm$$

Aluminiumchlorid ist das Reaktionsprodukt der chemischen Reaktion von Aluminium mit Chlor.

$$2\ Al + 3\ Cl_2 \longrightarrow 2\ AlCl_3\ |\ exotherm$$

Die Bildung der Reaktionsprodukte Aluminiumbromid bzw. Aluminiumiodid aus Aluminium und Brom bzw. Iod erfolgt ähnlich heftig und ist mit Wärme- und Lichterscheinungen verbunden.
Wie Chlor reagieren Brom und Iod zum Beispiel auch direkt mit Eisen, Magnesium oder Zink unter Bildung der **Bromide** bzw. der **Iodide**. Die erhitzten Metalle glühen in den Halogenen auf. Ein weißer oder farbiger Rauch setzt sich dabei an der Gefäßwand ab. Die als Reaktionsprodukte gebildeten festen **Halogenide** sind Salze.
Halogenlampen enthalten wie normale Glühlampen eine Edelgasfüllung, aber zusätzlich etwas Brom oder Iod. In der Lampe verdampft Wolfram von der Wendel und reagiert zu Wolframhalogenid, das sich an der heißesten Stelle der Wendel wieder zersetzt und dünne Stellen „heilt". Dadurch erhöht sich die Lebensdauer der Halogenlampe.

Viele Metalle reagieren mit Chlor, Brom oder Iod direkt unter Bildung von Halogeniden. Diese Halogenide sind Salze, aus Ionen aufgebaute Stoffe.

Teilchenveränderungen und Umbau der chemischen Bindung Bei der Reaktion von Metallen mit Halogenen können Stoff- und Energieumwandlungen beobachtet werden. Die Ursache dafür liegt im submikroskopischen Bereich: Die Teilchen und die Bindungsverhältnisse in den Ausgangsstoffen verändern sich. In den Ausgangsstoffen liegen Metallatome, die in einem Metallgitter gebunden sind, und die Moleküle von Halogenen vor. Das Reaktionsprodukt ist aus Ionen aufgebaut, die im Kristall durch Ionenbindung zusammengehalten werden. Stoffe mit unterschiedlichem Bau sind an dieser chemischen Reaktion beteiligt. Beim Umbau der Teilchen werden Bindungen gespalten und neue Bindungen geknüpft.

Während der chemischen Reaktion von Natrium mit Chlor kommt es zur Ionenbildung. Jedes Natriumatom besitzt ein Elektron auf seiner Außenschale; dagegen besitzen Chloratome sieben Außenelektronen. Eine stabile Elektronenanordnung ist für jedes Teilchen eines Elements mit einem Elektronenoktett zu erreichen. ↑3 Aus Natriumatomen werden einfach positiv elektrisch geladene Natrium-Ionen durch Abgabe von jeweils einem Elektron. Von den Atomen der Chlormoleküle werden die Elektronen aufgenommen, die dadurch einfach negativ elektrisch geladene Chlorid-Ionen bilden. Durch Abgabe oder Aufnahme von Elektronen können aus Atomen Ionen gebildet werden. Diese Vorgänge lassen sich in der chemischen Zeichensprache zunächst durch Teilgleichungen darstellen.

Elektronenabgabe: $\qquad$ Na $\longrightarrow$ Na$^+$ + e$^-$
Elektronenaufnahme: $\qquad$ Cl + e$^-$ $\longrightarrow$ Cl$^-$

Bildung von Ionensubstanzen – Elektronenübergang Durch die gleichzeitige Abgabe und Aufnahme von Elektronen findet bei dieser chemischen Reaktion ein Elektronenübergang statt.

Elektronenabgabe

$$2\,Na + Cl_2 \longrightarrow 2\,NaCl$$

Elektronenaufnahme

Auch bei der Bildung anderer Ionensubstanzen geschieht ein solcher Elektronenübergang. Die Teilchen der Stoffe verändern sich, sie ordnen sich nicht nur um. Bei der Bildung der Salze aus den Elementen ändert sich sogar die Teilchenart. Mit dem Elektronenübergang sind Energieumwandlungen verbunden, die insgesamt zu einer stark exothermen Reaktion führen. ↑4

Bei der Reaktion eines Metalls mit einem Halogen findet zwischen den Teilchen der reagierenden Stoffe ein Elektronenübergang statt.

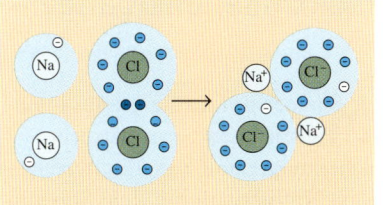

3 Bildung von Natriumchlorid aus Natrium und Chlor im Modell

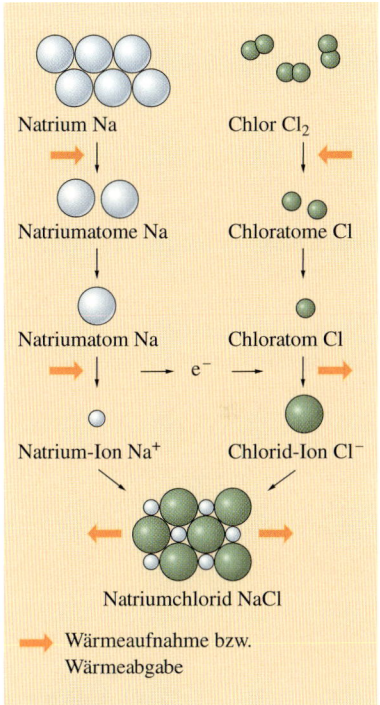

Natrium Na $\qquad$ Chlor Cl$_2$

Natriumatome Na $\qquad$ Chloratome Cl

Natriumatom Na $\qquad$ e$^-$ $\qquad$ Chloratom Cl

Natrium-Ion Na$^+$ $\qquad$ Chlorid-Ion Cl$^-$

Natriumchlorid NaCl

⟶ Wärmeaufnahme bzw. Wärmeabgabe

4 Energieumwandlung bei der Bildung von Natriumchlorid

Aufgaben

1 Schlage eine Möglichkeit vor, festes Zinkbromid aus Zinkpulver und Bromlösung darzustellen.

2 Erläutere die Veränderung der Teilchen bei der chemischen Reaktion von Magnesium und Iod.

3 Erläutere die Merkmale einer chemischen Reaktion an einem selbst gewählten Beispiel: Stoffumwandlung, Energieumwandlung, Teilchenveränderung und Umbau chemischer Bindungen.

Elektronenübergänge – Redoxreaktionen

Magnesium reagiert unter intensiven Licht- und Wärmeerscheinungen mit Sauerstoff. Ebenso heftig verläuft die Reaktion von Magnesium mit Chlor.
Welche weiteren Gemeinsamkeiten bestehen zwischen beiden Reaktionen?

1 Reaktion von Magnesium mit Sauerstoff und mit Chlor

EXPERIMENT 13 [L]
Reaktion von Magnesium mit Chlor.
Schutzbrille! Abzug!
Ein etwa 10 cm langes Stück Magnesiumband (GHS 02) wird in der Brennerflamme entzündet und in einen mit Chlor (GHS 06|09) gefüllten Standzylinder gegeben. Das Reaktionsprodukt wird in wenig Wasser gelöst. Die Lösung wird auf elektrische Leitfähigkeit überprüft.

2 Elektronenübergang bei der Bildung von Magnesiumchlorid

Salzbildung durch Reaktion von Metallen mit Nichtmetallen Wie bekannt reagiert das Metall Natrium mit dem Nichtmetall Chlor in einer exothermen Reaktion zu dem Salz Natriumchlorid.
Auch Magnesium reagiert mit Chlor zu einem weißen Feststoff, dessen wässrige Lösung elektrischen Strom leitet. ↑E.13 Das Reaktionsprodukt Magnesiumchlorid ist ein Salz.

$$Mg \ (s) + Cl_2 \ (g) \longrightarrow MgCl_2 \ (s) \ | \ \text{exotherm}$$

Allgemein reagieren Metalle mit Halogenen zu Metallhalogeniden, zu Salzen. ↑S.174 Vergleichbar mit den Reaktionen von Metallen mit Halogenen sind die Reaktionen einiger Metalle mit Sauerstoff oder Schwefel. Die bei diesen Reaktionen entstehenden Metalloxide bzw. Metallsulfide sind ebenfalls salzartige Stoffe, wie z.B. das bei der Verbrennung von Magnesium gebildete Magnesiumoxid.

Elektronenübergang bei chemischen Reaktionen Reagieren Metalle mit Nichtmetallen, entstehen Verbindungen, die aus Ionen aufgebaut sind. In den Ausgangsstoffen jedoch liegen Atome bzw. Moleküle vor. Es ist bekannt, dass Ionen aus Atomen durch Aufnahme oder Abgabe von Elektronen entstehen. ↑S.175 Bei der Reaktion von Magnesium mit Chlor geben die Magnesiumatome je zwei Elektronen ab. Die Magnesiumatome wirken als **Elektronendonatoren**. Es entstehen zweifach positiv geladene Magnesium-Ionen, die mit acht Außenelektronen eine Edelgaskonfiguration aufweisen. Die Chloratome nehmen je ein abgegebenes Elektron auf. Sie sind **Elektronenakzeptoren**. Es entstehen einfach negativ geladene Chlorid-Ionen, die ebenfalls eine Edelgaskonfiguration besitzen.

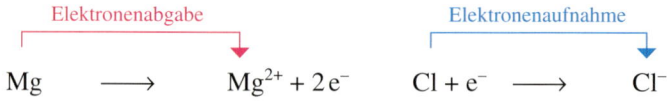

Elektronenabgabe und -abgabe laufen stets gleichzeitig ab. Zwischen den Teilchen der Ausgangsstoffe findet bei dieser Reaktion ein **Elektronenübergang** statt.

$$Mg \quad + \quad Cl_2 \longrightarrow MgCl_2$$

Bei der Reaktion von Kupfer mit Schwefel zu Kupfersulfid (Cu₂S) werden ebenfalls Ionen durch Elektronenübergang gebildet. Da die Anzahl der abgegebenen und aufgenommenen Elektronen stets gleich ist, reagiert ein Schwefelatom immer mit zwei Kupferatomen.

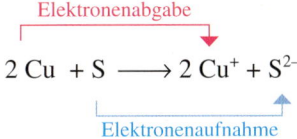

$$2\,Cu + S \longrightarrow 2\,Cu^+ + S^{2-}$$

Reagieren Metalle mit Nichtmetallen, werden stets Elektronen von den Metallatomen auf die Atome des Nichtmetalls unter Bildung von positiv geladenen Metall-Ionen und negativ geladenen Nichtmetall-Ionen übertragen.

Bei der Reaktion eines Metalls mit einem Nichtmetall findet zwischen den Teilchen der reagierenden Stoffe ein Elektronenübergang statt.

3 Kupfer, Schwefel und Kupfersulfid

Elektronenübergang – Redoxreaktionen Auch bei der Oxidation von Magnesium zu Magnesiumoxid findet zwischen den reagierenden Teilchen ein Elektronenübergang statt. Aus Magnesiumatomen entstehen durch Elektronenabgabe zweifach positiv geladene Magnesium-Ionen. Gleichzeitig nehmen Sauerstoffatome je zwei Elektronen auf und werden zu zweifach negativ geladenen Oxid-Ionen. Die Reaktionen von Magnesium mit Chlor und die mit Sauerstoff sind also auf der Ebene der Teilchen vergleichbar. Die Vergleichbarkeit solcher Reaktionen führte dazu, dass die Begriffe Oxidation und Reduktion erweitert wurden. Die Oxidation ist demnach eine Teilreaktion der Redoxreaktion, bei der eine Elektronenabgabe stattfindet. Die Reduktion ist eine Teilreaktion der Redoxreaktion, bei der eine Elektronenaufnahme stattfindet. Redoxreaktionen sind Reaktionen mit Elektronenübergängen.

Elektronenabgabe/Oxidation: $2\,Mg \longrightarrow 2\,Mg^{2+} + 4\,e^-$
Elektronenaufnahme/Reduktion: $O_2 + 4\,e^- \longrightarrow 2\,O^{2-}$

Elektronenübergang/Redoxreaktion: $2\,Mg + O_2 \longrightarrow 2\,MgO$

Redoxreaktionen sind Reaktionen mit Elektronenübergang. Bei der Oxidation werden Elektronen abgegeben, gleichzeitig werden bei der Reduktion Elektronen aufgenommen.

Redoxreaktion im Vergleich	
Oxidation ist die Aufnahme von Sauerstoff. $4\,Ag + O_2 \longrightarrow 2\,Ag_2O$	Oxidation ist die Abgabe von Elektronen. $2\,Ag \longrightarrow 2\,Ag^+ + 2\,e^-$
Reduktion ist die Abgabe von Sauerstoff. $2\,Ag_2O \longrightarrow 4\,Ag + O_2$	Reduktion ist die Aufnahme von Elektronen. $Cl_2 + 2\,e^- \longrightarrow 2\,Cl^-$
Redoxreaktionen sind Reaktionen mit Sauerstoffübertragung.	Redoxreaktionen sind Reaktionen mit Elektronenübergang.

Aufgaben

1 Aluminium reagiert mit Brom zu Aluminiumbromid. Formuliere die Ionengleichungen für die Elektronenabgabe und Elektronenaufnahme sowie die Reaktionsgleichung für den Elektronenübergang.

2 Erläutere die Begriffe Elektronendonator und Elektronenakzeptor an einem selbst gewählten Beispiel.

3 Erläutere die Stoffumwandlung und die Veränderung der Teilchen bei der Oxidation von Kupfer zu Kupferoxid.

4 Überlege, welche Teilchen bei der Reaktion von Magnesium mit Sauerstoff bzw. von Magnesium mit Chlor die Oxidationsmittel bzw. die Reduktionsmittel sind. Formuliere eine allgemeine Aussage.

Nachweis von Halogenid-Ionen

Chemische Reaktionen, die mit der Bildung eines schwer löslichen Salzes einhergehen, werden als **Fällungsreaktionen** bezeichnet. Halogenid-Ionen in wässrigen Lösungen können durch Fällungsreaktionen nachgewiesen werden.

Nachweis von Halogenid-Ionen Bei Zugabe von Silbernitratlösung zu einer Lösung von Natriumchlorid bilden die Chlorid-Ionen mit Silber-Ionen schwer lösliches Silberchlorid, das als weißer, käsiger Niederschlag ausfällt. ↑E.14 ↑1

$$Na^+(aq) + Cl^-(aq) + Ag^+(aq) + NO_3^-(aq) \longrightarrow AgCl(s) + Na^+(aq) + NO_3^-(aq)$$
$$Cl^-(aq) + Ag^+(aq) \longrightarrow AgCl(s)$$

Auch mit Lösungen von Bromiden und Iodiden erhält man durch Zugabe von Silbernitratlösung schwer lösliche Niederschläge. ↑E.14 ↑2,3
Aufgrund der unterschiedlichen Farben der Silberhalogenide ist Silbernitratlösung für den Nachweis und die Unterscheidung von Halogenid-Ionen geeignet.

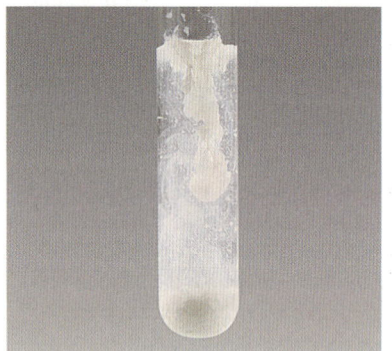

1 Niederschlag von Silberchlorid

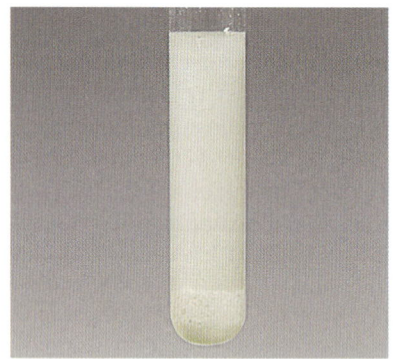

2 Niederschlag von Silberbromid

3 Niederschlag von Silberiodid

4 Nachweis von Sulfat-Ionen

Nachweis von Halogenid-Ionen mit Silbernitratlösung

Nachzuweisendes Ion	Niederschlag	Verkürzte Ionengleichung
Chlorid-Ion (Cl$^-$)	weißes Silberchlorid	$Ag^+(aq) + Cl^-(aq) \longrightarrow AgCl(s)$
Bromid-Ion (Br$^-$)	hellgelbes Silberbromid	$Ag^+(aq) + Br^-(aq) \longrightarrow AgBr(s)$
Iodid-Ion (I$^-$)	gelbes Silberiodid	$Ag^+(aq) + I^-(aq) \longrightarrow AgI(s)$

Nachweis von Sulfat-Ionen Bei Zugabe einer Bariumchloridlösung zu einer Natriumsulfatlösung fällt ein weißer Niederschlag aus. ↑S.179 Barium-Ionen bilden mit Sulfat-Ionen einen typischen weißen Niederschlag aus Bariumsulfat. ↑4 Die Bildung des schwer löslichen Bariumsulfats dient als Nachweis für Sulfat-Ionen.

$$2\,Na^+(aq) + SO_4^{2-}(aq) + Ba^{2+}(aq) + 2\,Cl^-(aq) \rightarrow BaSO_4(s) + 2\,Na^+(aq) + 2\,Cl^-(aq)$$
$$SO_4^{2-}(aq) + Ba^{2+}(aq) \rightarrow BaSO_4(s)$$

Nachweis von Ionen in unbekannten Lösungen

In Mineralwasser sind, abhängig von der Herkunft, verschiedene Salze in unterschiedlichen Massenanteilen gelöst. Durch chemische Reaktionen mit bestimmten Nachweismitteln können Ionen in Lösungen nachgewiesen werden.

Am Beispiel von Mineralwasser soll das Vorgehen gezeigt werden.

1 *Lege zunächst fest, auf welche Ionen die Lösung untersucht werden soll.*
Das Mineralwasser soll auf Chlorid-Ionen und Sulfat-Ionen untersucht werden.

2 *Stelle die erforderlichen Chemikalien und Materialien bereit.*
Chemikalien:
Mineralwasser, 2%ige Silbernitratlösung als Nachweismittel für Chlorid-Ionen, 2%ige Bariumchloridlösung als Nachweismittel für Sulfat-Ionen
Materialien:
Becherglas für das zu untersuchende Mineralwasser, Reagenzglasständer, ein Reagenzglas pro Anionennachweis, ein weiteres Reagenzglas für den Vergleich mit dem zu prüfenden Mineralwasser

3 *Beschrifte die Reagenzgläser mit wasserfesten Stiften.*
Die Reagenzgläser können zum Beispiel nummeriert werden.

4 *Führe die Nachweise durch und beobachte.*
Fülle die bereitgestellten Reagenzgläser jeweils etwa 1 cm hoch mit dem Mineralwasser. Ist das Volumen der zu untersuchenden Lösung nicht ausreichend, muss sie mit entmineralisiertem Wasser verdünnt werden. Gib einige Tropfen Silbernitratlösung und einige Tropfen Bariumchloridlösung in die für die jeweiligen Nachweise vorgesehenen Reagenzgläser. Beobachte.

5 *Notiere die Beobachtungsergebnisse.*
Bei Zugabe von Silbernitratlösung bildet sich ein weißer Niederschlag. Bei Zugabe von Bariumchloridlösung bildet sich ebenfalls ein weißer Niederschlag.

6 *Werte die Beobachtungsergebnisse aus.*
Der Chlorid-Ionen-Nachweis und der Sulfat-Ionen-Nachweis sind positiv. In dem untersuchten Mineralwasser sind sowohl Chlorid-Ionen als auch Sulfat-Ionen vorhanden.

1 Zu prüfendes Mineralwasser

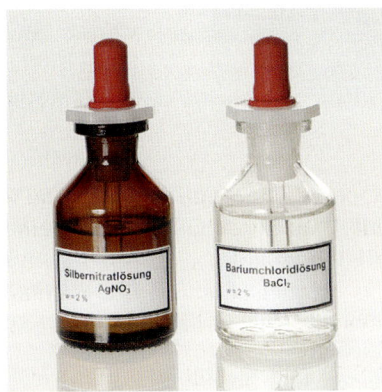

2 Nachweismittel

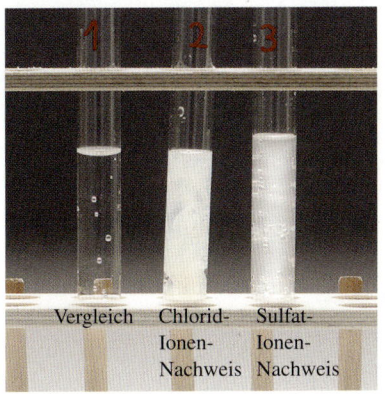

3 Nachweis von Anionen

1 Ein seltsamer Salzfelsen im Wadi el-Melah in Algerien gibt Geologen Rätsel auf. Er besteht nur aus Steinsalz und hat sich im Laufe der Zeit kaum verändert. Warum rätseln die Geologen darüber? Entwickle eine Hypothese zur Lösung des Rätsels.

1 Felsen im Wadi el-Melah

2 Finde kristalline, salzartige Stoffe in der Chemikaliensammlung der Schule. Betrachte einzelne Kristalle auch mit einer Lupe.
Notiere die Namen und Formeln dieser Stoffe. Ermittle mithilfe eines Tabellenwerkes weitere Eigenschaften der Stoffe.

2 Zinnober (HgS)

3 Aus unterschiedlich gefärbten Styroporkugeln kannst du das Modell eines Ionengitters, z. B. für Kaliumchlorid, bauen.
Beschreibe, wie du beim Konstruieren und Bauen vorgehen würdest. (Falls du etwas kleben willst, darfst du nur einen für Styropor® geeigneten Kleber verwenden.)

4 Das weiße, kristalline Caesiumchlorid ist eine chemische Verbindung, die u. a. bei der Reinigung von Nucleinsäuren, den Bausteinen der menschlichen Erbsubstanz, in medizinischen Forschungslabors eine Rolle spielt.

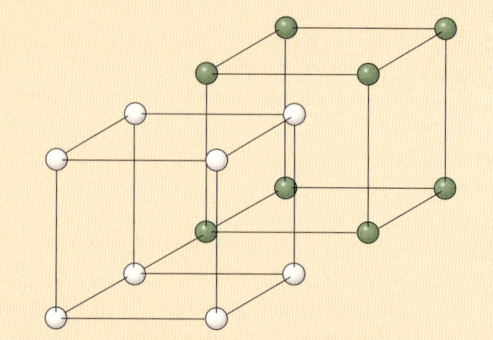

3 Modell vom Bau des Caesiumchlorids

Leite aus dem Modell Aussagen über den Bau dieses Stoffes ab. Gib dazu die Teilchen, deren chemische Bindung und ihre Anordnung an. Schließe aus dem Bau auf Eigenschaften des Stoffes. Überprüfe deine Vermutungen durch Recherche.

5 Bei starker körperlicher Anstrengung, extremer Hitze oder intensivem Sporttraining kann ein Mensch bis zu 10 Liter des auf der Haut salzig schmeckenden Schweißes absondern.
Ermittle die ungefähre Konzentration an Salzen im Schweiß. Erläutere, wie ein solcher Verlust für den Wasser- und Mineralienhaushalt unseres Körpers am besten auszugleichen ist.

6 **Stelle eine Kältemischung her.**
Schutzbrille! Löse 39 g Natriumbromid und/oder 30 g Calciumchlorid (GHS 07) jeweils unter Rühren in einem Becherglas mit 100 ml Eiswasser. (Stelle das Eiswasser her, indem du etwa 80 ml Eisstückchen mit Wasser auf 100 ml auffüllst. Warte bis eine Temperatur von 0 °C erreicht ist.)
Miss während des Lösens die Temperatur, bis der tiefste Wert erreicht ist.
Erläutere den Lösevorgang und die stattfindenden Energieumwandlungen.
Entsorgung: Lösungen in den Sammelbehälter für Abwasser geben.

Salze	Es sind harte, spröde, kristalline Stoffe, mit meist hohen Schmelztemperaturen. Im festen Zustand leiten sie den elektrischen Strom nicht, ihre Schmelzen und wässrigen Lösungen leiten dagegen den elektrischen Strom. Beispiele: Natriumchlorid, Kaliumiodid, Magnesiumoxid
Bau von Salzen	Salze sind Ionensubstanzen, die aus positiv elektrisch geladenen Metall-Ionen und negativ elektrisch geladenen Ionen aufgebaut sind. Zwischen den ungleichnamig geladenen Ionen liegt Ionenbindung vor. Die Ionen sind in einem Ionengitter angeordnet. 
Ionen	Elektrisch positiv oder negativ geladene Teilchen in der Größenordnung von Atomen. Sie können aus Atomen durch Abgabe bzw. Aufnahme von Elektronen entstehen. $Na \longrightarrow Na^+ + 1\,e^-$ $Cl + 1\,e^- \longrightarrow Cl^-$ Chemische Zeichen für Ionen enthalten die Art und die Anzahl der elektrischen Ladungen, z. B. Ca^{2+}, Cl^-.
Ionenbindung	Art der chemischen Bindung, die durch Anziehungskräfte zwischen ungleichnamig geladenen Ionen bewirkt wird 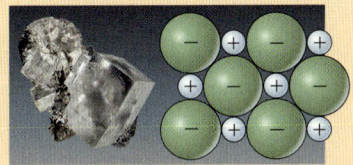
Ionengitter	Modellvorstellung zur regelmäßigen Anordnung von Ionen in Kristallen
Zerfall und Bildung von Ionengittern	Beim Lösen eines Salzes wird der Ionenkristall durch Eindringen von Wassermolekülen zerstört; beim Eindampfen oder Eindunsten einer Salzlösung lagern sich die beweglichen Ionen wieder zu einem Ionenkristall zusammen.
Chemische Reaktionen mit Elektronenübergang	Reaktionen, bei denen zwischen den Teilchen der reagierenden Stoffe Elektronen übertragen werden. Solche Reaktionen sind Redoxreaktionen. Elektronenabgabe (Oxidation) und Elektronenaufnahme (Reduktion) finden dabei stets gleichzeitig statt.

Elektronenabgabe (Oxidation): $Mg \longrightarrow Mg^{2+} + 2\,e^-$
Elektronenaufnahme (Reduktion): $Cl_2 + 2\,e^- \longrightarrow 2\,Cl^-$

Elektronenübergang (Redoxreaktion): $Mg + Cl_2 \longrightarrow MgCl_2$

1   Beschreibe den Bau von Wasser. Kennzeichne die chemische Bindung im Wassermolekül.

2   Gib für Molekülsubstanzen die Formeln in Elektronenschreibweise an und zeichne Modelle der Elektronenpaarbindung: Wasserstoff, Chlor und Chlorwasserstoff.

3   Erläutere den Begriff Edelgaskonfiguration.

4   Beschreibe den räumlichen Bau von Molekülen der Stoffe Kohlenstoffdioxid und Ammoniak. Entscheide, ob es sich um Dipolmoleküle handelt.

5   Schwefeldioxid (SO_2) ist unter den Bedingungen des Normzustands ein gasförmiger Stoff (Schmelztemperatur: $-76\,°C$, Siedetemperatur: $-10\,°C$).

a   Stelle aufgrund dieser Angaben eine Vermutung auf, wie dieser Stoff aufgebaut sein könnte.

b   Erläutere den Zusammenhalt von Schwefel- und Sauerstoffatomen in dieser Verbindung.

6   Gib die Namen und chemischen Zeichen der Ionen an, aus denen die folgenden Salze aufgebaut sind. Gib die Formeln dieser Salze an: Lithiumchlorid, Magnesiumiodid, Aluminiumbromid.

7   Vergleiche den Bau des festen Kaliumbromids, des festen Kaliums, des flüssigen Broms und des gasförmigen Bromwasserstoffs, indem du jeweils die Art der Teilchen, die chemische Bindung und die Anordnung der Teilchen tabellarisch zusammenstellst.

8   Begründe, weshalb Wasser ein sehr gutes Lösemittel für Salze ist. Beschreibe den Lösevorgang.

9   Vergleiche die Bildung von Natriumchlorid aus Natrium und Chlor mit der Gewinnung aus Sole.

10   Wird das gelbgrüne, giftige Gas Chlor über das silbern glänzende Metall Kalium geleitet, ist eine helle Lichterscheinung und eine große Wärmeentwicklung festzustellen.

a   Stelle die Reaktionsgleichung auf und benenne das Reaktionsprodukt.

b   Stelle die Veränderung der Teilchen in einer Zeichnung modellhaft dar.

c   Bestimme die Reaktionsart.

11   Zink reagiert mit Iod in einer exothermen Reaktion zu Zinkiodid.

a   Formuliere die Ionengleichungen für die Elektronenabgabe und -aufnahme sowie die Reaktionsgleichung für den Elektronenübergang.

b   Benenne den Elektronendonator und den Elektronenakzeptor.

c   Kennzeichne die Oxidation und die Reduktion und benenne das Oxidationsmittel und das Reduktionsmittel.

12   Erläutere anhand eines selbst gewählten Beispiels, was man unter einer Fällungsreaktion versteht.
Zu welchem Zweck werden im Labor Fällungsreaktionen durchgeführt?

Aufgabe	Hilfe findest du auf Seite …	Verbindung der Aufgabe zu den Basiskonzepten ↑Anhang
1	158, 159	T
2	155, 158	T
3	155	T
4	159	T
5	158, 159	T S
6	170	T
7	120, 155, 156, 158, 170	T S
8	161, 172	R T S E
9	164, 174, 175	R E
10	176, 177	R T
11	176, 177	R T
12	178	R

T Stoff-Teilchen-Beziehungen, **S** Struktur-Eigenschafts-Beziehungen, **R** Chemische Reaktion, **E** Energetische Betrachtungen bei Stoffumwandlungen

 Die Lösungen findest du im Anhang.

Saure und alkalische Lösungen – Säuren und Basen

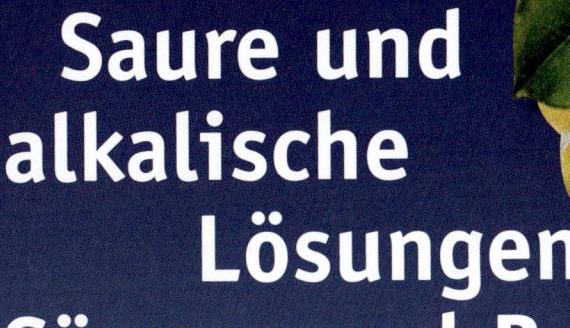

Der saure Geschmack vieler Früchte ist von alters her bekannt. Essig schmeckt ebenfalls sauer. Er ist nicht nur ein saures Würzmittel, sondern dient seit Jahrtausenden als wichtiger Konservierungsstoff für Lebensmittel.

Sowohl saure als auch alkalische Lösungen haben eine ätzende und antibakterielle Wirkung. Daher werden sie häufig in Reinigungsmitteln eingesetzt.

Oft sind saure und alkalische Lösungen Gefahrstoffe. Viele aber sind ungefährlich. Eine genaue Kenntnis ihrer Eigenschaften und ein sicherer Umgang mit diesen Stoffen helfen, gegenüber Mensch und Umwelt verantwortungsvoll zu handeln.

- → Welche Eigenschaften haben saure und alkalische Lösungen?
- → Welche Teilchen kennzeichnen sie?
- → Welche weitere Bedeutung kommt sauren und alkalischen Lösungen im Alltag und in der Technik zu?

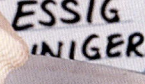

Selbst untersucht Saure Lösungen

1   Prüfe Lebensmittel mit Universalindikatorlösung und mit Lackmuslösung.

Schutzbrille! Gib in sechs Reagenzgläser jeweils 1 ml Wasser und dann einige Tropfen Tee, Zitronensaft, Milch, Honig, Essig, Seifenwasser und Joghurt. Versetze jede Probe mit vier Tropfen Universalindikatorlösung.
Notiere deine Beobachtungen.
Gib in ein Reagenzglas etwa 2 ml Wasser. Versetze es mit fünf Tropfen Lackmuslösung. Betrachte die Lösung, beschreibe die Farbe. Prüfe danach die oben genannten Stoffe mit Lackmuslösung.
Deute dein Ergebnis.
Entsorgung: Lösungen in den Sammelbehälter für Abwasser geben.

2   Stelle Rotkohlsaft her und prüfe seine Wirkung auf wässrige Lösungen.

Schutzbrille! Schneide ein Rotkohlblatt in kleine Stückchen. Gib in einem Becherglas zum Rotkohl so viel Wasser, dass die Blätter gerade bedeckt sind. Erhitze und lass etwa 3 min sieden. Dekantiere den entstandenen Saft nach dem Abkühlen ab.
Gib in vier Reagenzgläser jeweils 2 ml Essig, 2 ml Zitronensaft, 2 ml Seifenwasser und 2 ml 1%ige Natronlauge. Versetze die Lösungen mit einigen Tropfen Rotkohlsaft.
Notiere deine Beobachtungen.
Entsorgung: Natronlauge in den Sammelbehälter I, übrige Lösungen in den Sammelbehälter für Abwasser geben.

3   Versetze schwarzen Tee mit Zitronensaft und Seifenwasser.

Schutzbrille! Gib in zwei Reagenzgläser jeweils 5 ml schwarzen Tee. Gib in das erste Reagenzglas einige Tropfen Zitronensaft und in das zweite einige Tropfen Seifenwasser.
Notiere deine Beobachtungen.
Entsorgung: Lösungen in den Sammelbehälter für Abwasser geben.

4   Prüfe verschiedene Lösungen mit Indikatoren.

Schutzbrille! Gib in vier Reagenzgläser jeweils 2 ml folgender Lösungen: Mineralwasser, Vitamin-C-Brause, Essigessenz (GHS 05), Entkalker (GHS 05|07).
Versetze jede Probe mit vier Tropfen Bromthymolblaulösung (GHS 02).

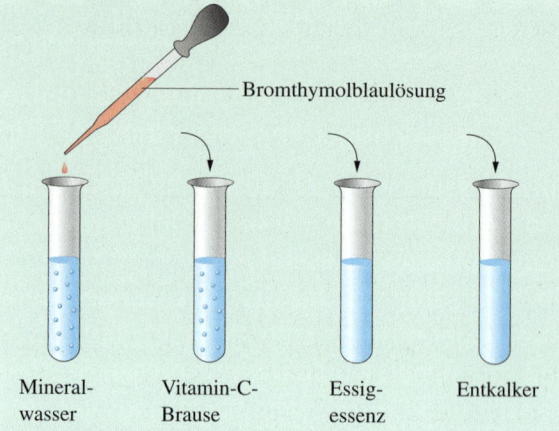

Bromthymolblaulösung

Mineralwasser | Vitamin-C-Brause | Essigessenz | Entkalker

Notiere deine Beobachtungen mit Farbstiften in einer Tabelle.
Wiederhole die Versuchsreihe mit Lackmuslösung und Universalindikatorlösung.
Welche Schlussfolgerung lässt sich aus den Färbungen der Universalindikatorlösung ziehen?
Entsorgung: Lösungen in den Sammelbehälter für Abwasser geben.

5   Prüfe die elektrische Leitfähigkeit von Fruchtsäuren.

Schutzbrille! Prüfe feste Citronensäure (GHS 07) und feste Ascorbinsäure auf elektrische Leitfähigkeit.
Löse anschließend in zwei Reagenzgläsern etwas Citronensäure und Ascorbinsäure in jeweils 5 ml Wasser. Prüfe nacheinander die elektrische Leitfähigkeit beider Lösungen.
Notiere deine Beobachtungen. Leite Schlussfolgerungen daraus ab.
Entsorgung: Lösungen in den Sammelbehälter für Abwasser geben. Feste Stoffe wieder verwenden.

6 **Untersuche verschiedene saure Lösungen mit dem Universalindikator und auf elektrische Leitfähigkeit.**

Schutzbrille! Gib in drei Reagenzgläser jeweils 5 ml 5%ige Salzsäure, 2%ige Schwefelsäure und 2%ige Phosphorsäure. Versetze jede Probe mit vier Tropfen Universalindikatorlösung.
Prüfe nacheinander die elektrische Leitfähigkeit der Lösungen wie in Experiment 5.
Notiere deine Beobachtungen und deute das Ergebnis.
Entsorgung: Lösungen in den Sammelbehälter I geben.

8 **Untersuche die Wirkung von sauren Lösungen auf Marmor.**

Schutzbrille! Gib auf ein glattes, ebenes Stück Marmor an verschiedenen Stellen jeweils einige Tropfen Essigessenz (GHS 05) und Entkalker (GHS 05|07). Beschrifte die Stellen mit einem Bleistift und beobachte mit einer Lupe.
Spüle nach einigen Minuten das Marmorstück mit Wasser ab und trockne es mit einem Tuch.
Schau dir die beschrifteten Stellen noch einmal an und streiche mit dem Finger darüber.
Notiere deine Beobachtungen.
Entsorgung: Marmorstücke einsammeln, werden wieder verwendet.

7 **Untersuche das Verhalten von Metallen gegenüber sauren Lösungen.**

Schutzbrille! Spritzgefahr! Gib je eine Spatelspitze Magnesiumpulver (GHS 02), Eisenpulver und Kupferpulver in ein Reagenzglas. Fülle in jedes Reagenzglas 5 ml 10%ige Salzsäure (GHS 07). Fange das entstehende Gas pneumatisch auf und führe die Knallgasprobe durch. Dampfe nach Beendigung der Gasentwicklung jeweils 2 ml der entstandenen Lösungen in Reagenzgläsern vorsichtig ein und betrachte die Rückstände unter der Lupe.

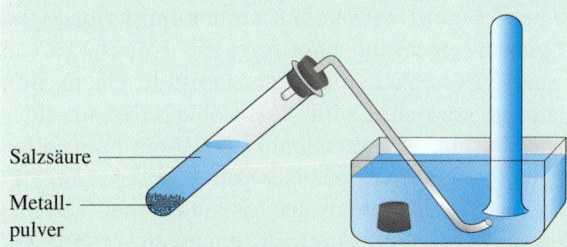

Salzsäure
Metallpulver

Notiere deine Beobachtungen.
Entsorgung: Feststoffe in den Sammelbehälter für Hausmüll, Lösungen in den Sammelbehälter für Abwasser geben.

9 **Versetze Rost mit einer sauren Lösung.**

Schutzbrille! Lass auf einige rostige Stellen eines Eisenblechs ca. 30 min lang 10%ige Phosphorsäure (GHS 07) einwirken. Spüle anschließend das Blech mit Wasser ab und trockne es.
Vergleiche das Eisenblech vor und nach der Behandlung. Notiere deine Beobachtungen und fertige eine Skizze des Blechs an.
Entsorgung: Bleche einsammeln, werden wieder verwendet.

10 **Untersuche eine Lösung von Kochsalz und Salzsäure mit Universalindikatorpapier.**

Schutzbrille! Gib in zwei Reagenzgläser jeweils 5 ml 5%ige Kochsalzlösung und 5%ige Salzsäure. Tauche in beide Gläser je einen 3 cm langen Streifen Universalindikatorpapier. Untersuche zum Vergleich destilliertes Wasser.
Notiere deine Beobachtungen und deute die Beobachtungsergebnisse.
Entsorgung: Lösungen in den Sammelbehälter für Abwasser geben.

Saure oder alkalische Lösung?

Blaukraut bleibt Blaukraut und Brautkleid bleibt Brautkleid. – Ist die Aussage über das Blaukraut in dem Zungenbrecher wirklich richtig?
Ein und dasselbe Gemüse wird im Süden Deutschlands als Blaukraut, im Norden hingegen als Rotkohl bezeichnet.
Warum sind beide Bezeichnungen berechtigt? Warum ist diese Kohlart mal rot und mal blau gefärbt? Gibt es Stoffe, bei deren Zugabe sich die Farbe des Kohls verändert?

1 Blaukraut oder Rotkohl?

2 Angenehm sauer schmeckender Fruchtsaft

3 Lackmuspapier und Universalindikatorpapier vor und nach Auftropfen einer sauren Lösung

Saure Lösungen Beim Verkosten verschiedener Fruchtsäfte ist dir sicher schon aufgefallen, dass sich deine Mundwinkel manchmal etwas zusammenziehen. Zitronensaft, Orangensaft, Sauerkirschsaft und auch Essig haben eine Gemeinsamkeit, sie schmecken sauer. Bei all diesen Flüssigkeiten handelt es sich um wässrige Lösungen, die als **saure Lösungen** bezeichnet werden.

Nachweis saurer Lösungen Schon im Altertum wussten die Menschen, dass manche Farbstoffe, die zum Färben von Textilien eingesetzt wurden, in sauren Lösungen ihre Farbe ändern. Solche Farbstoffe können zum Nachweis saurer Lösungen benutzt werden. Sie werden **Indikatoren** (lat. indicator – Anzeiger) genannt. Jeder Indikator zeigt eine typische Farbänderung. Bei Zugabe saurer Lösungen zu Lackmusfarbstoff, einem Stoff der aus einer Gebirgsflechte gewonnen wird, lässt sich ein Farbumschlag von Violett nach Rot beobachten. Universalindikator ist ein Farbstoffgemisch. Gelbe, orange und rote Farben zeigen hier saure Lösungen an. ↑E.1 S.184 Es gibt auch Papierstreifen, die mit der Indikatorlösung getränkt und getrocknet worden sind. Diese Indikatorpapiere müssen vor ihrer Verwendung angefeuchtet werden. ↑3 Auch Farbstoffe aus Rotkohl, roten Beten oder schwarzem Tee ändern bei Zugabe von sauren Lösungen die Farbe. Wird Rotkohl zusammen mit etwas Essig und einem sauren Apfel gekocht, färbt er sich rot. ↑E.2,3 S.184
Unbekannte Lösungen sind grundsätzlich mit einem Indikator zu prüfen. Viele saure Lösungen wirken stark ätzend. Eine Geschmacksprobe kann zu schweren gesundheitlichen Schäden führen.

Saure Lösungen sind wässrige Lösungen. Sie bewirken bei Indikatoren eine charakteristische Farbänderung und sind dadurch nachweisbar.

Alkalische Lösungen Die wässrigen Lösungen von Abflussreiniger, Backofenreiniger, aber auch Seifenwasser und Natronlauge bewirken im Vergleich zu sauren Lösungen eine andere Farbänderung der Indikatoren. Diese Lösungen färben Universalindikator und Lackmus blau und Phenolphthalein rotviolett. ↑4 Lösungen, die dieses Verhalten zeigen, werden als **alkalische (basische) Lösungen** bezeichnet.
Ebenso wie saure Lösungen wirken alkalische Lösungen ätzend und bakterientötend, weshalb sie in Reinigungsmitteln verwendet werden.

Der pH-Wert Bisher können wir von einer Lösung nur sagen, ob sie sauer oder alkalisch ist. Wir können jedoch keine Aussage darüber machen, wie sauer oder wie alkalisch sie ist.
Der **pH-Wert** ist eine Zahlenangabe zur genauen Kennzeichnung des sauren oder alkalischen Verhaltens einer Lösung. Er kann mit einem pH-Meter gemessen werden. Der angezeigte Zahlenwert drückt aus, wie stark oder schwach sauer oder alkalisch eine Lösung ist. Ein Universalindikator zeigt durch unterschiedliche Farbänderungen den pH-Wert an. Über den Vergleich mit einer Farbskala lässt sich der Zahlenwert zuordnen. Die pH-Skala umfasst den Bereich von pH = 0 bis pH = 14. Der pH-Wert einer sauren Lösung ist kleiner als 7. Lösungen mit einem pH-Wert größer als 7 sind alkalisch. Lösungen, die weder sauer noch alkalisch sind, werden als **neutrale Lösungen** (lat. neutrum – keins von beiden) bezeichnet. Ihr pH-Wert ist 7.

4 Saure, neutrale und alkalische Lösungen mit Universalindikator

5 Universalindikator-Vergleichsskala für den Bereich pH = 1 bis pH = 11

Der pH-Wert ist eine Zahlenangabe zur Kennzeichnung von sauren, alkalischen und neutralen Lösungen. Saure Lösungen weisen einen pH-Wert von kleiner als 7, alkalische einen von größer als 7 auf. Neutrale Lösungen besitzen einen pH-Wert von 7.

Schon gewusst?

Das Wasser aus ägyptischen Salzseen und die durch Auslaugen von Pflanzenasche entstandenen Lösungen wurden schon im Altertum zum Waschen und wegen ihrer ätzenden Wirkung zum Gerben von Tierhäuten genutzt. Solche Stoffe wurden mit dem arabischen Wort „al calia" bezeichnet. Daraus entwickelte sich die Bezeichnung alkalische Lösung.

Aufgaben

1 Warum darf im Chemieunterricht der mögliche saure Geschmack einer Lösung nicht geprüft werden?
2 Nenne weitere saure Lösungen, die dir im Alltag schon begegnet sind.
3 Auch bei unserer Verdauung sind saure Lösungen beteiligt. Informiere dich, wo diese zu finden sind und welche Funktion sie haben.
4 Erläutere, wozu Indikatoren dienen.
5 Erläutere die Wirkung von Rotkohlsaft als Indikator. Unter welchen Bedingungen ist die Farbe des Kohls rot und unter welchen blau?
6 Weise verschiedenen pH-Werten die Begriffe schwach sauer, sauer, alkalisch, stark alkalisch zu.

Saure Lösungen im Alltag

Wir schätzen den erfrischend säuerlichen Geschmack von Fruchtsäften und Limonaden. Sie enthalten Fruchtsäurelösungen. Auch in vielen anderen Getränken, in Konserven oder Haushaltsreinigern begegnen uns saure Lösungen. Was sind saure Lösungen? Welche Eigenschaften haben sie?

1 Viele Stoffe im Haushalt enthalten saure Lösungen.

2 Tauchsieder vor und nach dem Entkalken

Gehalt an Vitamin C in einigen Lebensmitteln	
Lebensmittel	Masse an Vitamin C in 100 g Lebensmittel
Apfelsinen	50 mg
Zitronen	53 mg
Brokkoli	90 mg
Paprikaschoten	139 mg
Schwarze Johannisbeeren	177 mg
Hagebutten	1250 mg
Tagesbedarf eines Jugendlichen:	75 mg

Essig und andere saure Lösungen Viele Salatsoßen enthalten Essig und Speiseöl. Der saure Geschmack des Essigs wirkt appetitanregend und trägt entscheidend zum Geschmack bei. In Sauerkonserven wie Gurken, Paprika oder Zwiebeln wirkt Essig zudem als Konservierungsmittel und sorgt für eine längere Haltbarkeit. Bei der Verwendung von Essig in Haushaltsreinigern und Entkalkern wird dessen kalklösende Eigenschaft genutzt. ↑2

Fruchtsäfte sind wegen ihres erfrischend säuerlichen Geschmacks sehr beliebt und in großer Auswahl erhältlich: Apfelsaft, Orangensaft, der Saft von Johannisbeeren, Kirschen, Weintrauben oder Ananas – alle diese Fruchtsäfte enthalten gelöste Fruchtsäuren. Zu den häufigsten Fruchtsäuren gehören Citronensäure, Äpfelsäure und Weinsäure. Viele Früchte und Gemüsesorten enthalten in rohem Zustand außerdem Ascorbinsäure, besser bekannt unter dem Namen Vitamin C. Es wird beim Erhitzen, z.B. beim Kochen, schnell zerstört. In Lebensmitteln oder Medikamenten dient Ascorbinsäure häufig als Vitaminzusatz. Citronensäure wird in großen Mengen auch industriell hergestellt. Sie dient als Säuerungsmittel in Süßigkeiten und Limonaden.

In Milchprodukten wie Joghurt, Crème fraîche, Quark oder Käse ist Milchsäure enthalten. ↑4 Sie entsteht, wenn Milchsäurebakterien den in der Milch vorhandenen Milchzucker umwandeln. Auch bei der Herstellung von Sauerkraut entsteht Milchsäure.

Neben Milchsäure dienen noch andere saure Lösungen in der Lebensmittelindustrie als Konservierungsstoffe. So bleibt z.B. Fleischsalat durch den Zusatz von Benzoesäure länger haltbar. Verpacktes Brot wiederum enthält Sorbinsäure als Konservierungsmittel. ↑5

Viele Mineralwässer und Limonaden enthalten Kohlensäure, genau genommen das in Wasser gelöste Gas Kohlenstoffdioxid. Dieses hinterlässt auf der Zunge ein angenehmes Prickeln und sorgt dafür, dass aus Wasser „saurer Sprudel" wird. Auch Regenwasser enthält durch den Kontakt mit dem Kohlenstoffdioxid aus der Luft geringe Mengen Kohlensäure.

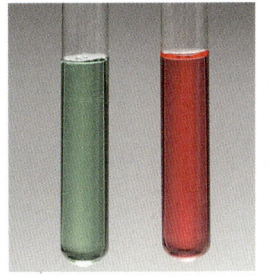 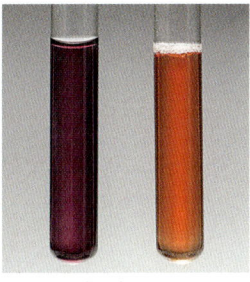 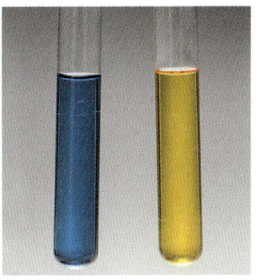

| Universalindikator | Lackmus | Bromthymolblau |

3 Verschiedene Indikatoren jeweils in neutraler und saurer Lösung

Eigenschaften von sauren Lösungen Neben dem sauren Geschmack zeigen saure Lösungen weitere gemeinsame Eigenschaften. Sie färben Indikatoren charakteristisch: Universalindikator- und Lackmuslösung rot, Bromthymolblaulösung gelb. ↑E.1,4 S.184, ↑3 Fruchtsäurelösungen und andere saure Lösungen leiten den elektrischen Strom, feste Fruchtsäuren dagegen nicht. ↑E.5 S.184, E.6 S.185 Saure Lösungen lösen Kalk und Rost. ↑E.8,9 S.185 Im Haushalt werden sie daher zum Entkalken und Rostlösen eingesetzt. Da saure Lösungen oft stark ätzend wirken und zum Beispiel auch unedle Metalle angreifen, ist im Umgang mit ihnen Vorsicht geboten. ↑E.7 S.185

Saure Lösung – Säure Saure Lösungen sind die wässrigen Lösungen bestimmter Stoffe. Solche Stoffe, die in Wasser gelöst saure Lösungen bilden, werden allgemein als **Säuren** bezeichnet. Während saure Lösungen bei Zimmertemperatur immer flüssig sind, können Säuren entweder als Feststoff wie Citronensäure oder als Flüssigkeit wie Essigsäure auftreten. Säuren bilden also unter Zugabe von Wasser saure Lösungen. Dafür können Wortgleichungen aufgestellt werden:

Essigsäure	+	Wasser	⟶	Essigsäurelösung
Citronensäure	+	Wasser	⟶	Citronensäurelösung
Milchsäure	+	Wasser	⟶	Milchsäurelösung

Säure + **Wasser** ⟶ **saure Lösung**

Säuren sind Stoffe, die in Wasser gelöst saure Lösungen ergeben.

Wird Kohlenstoffdioxid in Wasser gelöst, entsteht ebenfalls eine saure Lösung. Kohlenstoffdioxid reagiert dabei mit Wasser zu Kohlensäure. ↑S.196 Für die Bildung von Säuren aus Nichtmetalloxiden und Wasser kann eine allgemeine Wortgleichung aufgestellt werden.

Nichtmetalloxid + **Wasser** ⟶ **Säurelösung**

4 Viele Milchprodukte enthalten Milchsäure.

5 Benzoesäure und Sorbinsäure machen Lebensmittel länger haltbar.

Aufgaben

1 Formuliere die Wortgleichungen zur Bildung der sauren Lösungen von Sorbinsäure, Ascorbinsäure, Weinsäure und Benzoesäure.

2 Erkläre, weshalb saure Lösungen von Essigsäure oder Citronensäure im Alltag als Reiniger verwendet werden.

Kennzeichen saurer Lösungen

Chlorwasserstoffgas, Essigsäure und feste Ascorbinsäure – drei Stoffe mit unterschiedlichen Eigenschaften.
Gibt es zwischen ihnen auch Gemeinsamkeiten? Wie verhalten sich ihre wässrigen Lösungen?

1 Chlorwasserstoff, Essigsäure und Ascorbinsäure

EXPERIMENT 11 [L]
Elektrische Leitfähigkeit von Chlorwasserstoff und Eisessig.
Schutzbrille! Abzug! Trockener Chlorwasserstoff (GHS 06|05) und Eisessig (GHS 06|05) werden auf elektrische Leitfähigkeit geprüft.

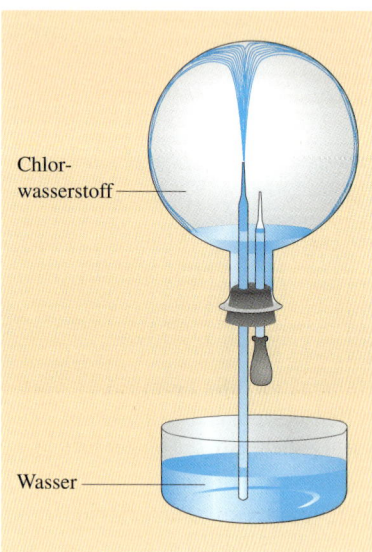

Chlor-wasserstoff

Wasser

2 „Springbrunnenversuch" – Chlorwasserstoff reagiert mit Wasser.

Teilchen in Säuren und sauren Lösungen Trockener Chlorwasserstoff, Eisessig (reine Essigsäure) ↑4 und feste Ascorbinsäure leiten den elektrischen Strom nicht. ↑E.5 S.184, E.11 Ihre wässrigen Lösungen dagegen reagieren sauer und sind elektrisch leitend. ↑E.6 S.185, E.12

Alle drei genannten Stoffe sind aus Molekülen aufgebaut. Sie leiten daher den elektrischen Strom nicht. Die elektrische Leitfähigkeit eines Stoffes setzt das Vorhandensein von frei beweglichen elektrisch geladenen Teilchen, z.B. Ionen, voraus. In den sauren Lösungen müssen also Ionen enthalten sein. Wie entstehen diese Ionen? Um welche Ionen handelt es sich? Es ist bekannt, dass Chlorwasserstoffmoleküle mit der Formel HCl aus einem Chloratom und einem Wasserstoffatom bestehen, die durch polare Atombindung miteinander verbunden sind.

Bei der Bildung der sauren Lösung Salzsäure reagieren Chlorwasserstoffmoleküle mit Wassermolekülen in einer chemischen Reaktion. Dabei dissoziieren (lat. dissociare – trennen, scheiden) die Chlorwasserstoffmoleküle in Ionen, die von einer Hydrathülle aus Wassermolekülen umgeben sind. ↑3

Durch einen Doppelpfeil ⇌ in der sogenannten **Dissoziationsgleichung** oder **Ionengleichung** wird angezeigt, dass die Reaktion umkehrbar ist. Bei der Rückreaktion der Dissoziation bilden sich wieder die entsprechenden Säuremoleküle. Das Wasser wird in solchen Reaktionsgleichungen oft zugunsten der Übersichtlichkeit weggelassen.

Chlorwasserstoffmolekül ⇌ Wasserstoff-Ion + Chlorid-Ion
$HCl\,(g)$ ⇌ $H^+\,(aq)$ + $Cl^-\,(aq)$

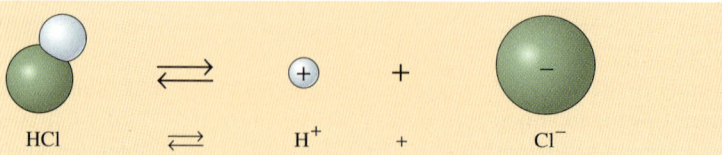

HCl ⇌ H^+ + Cl^-

3 Modell der Dissoziation und Dissoziationsgleichung

Wie ist das saure Verhalten einer Lösung zu erklären? In der sauren Lösung Salzsäure sind nur drei verschiedene Teilchenarten vorhanden. Dies sind Wassermoleküle, Chlorid-Ionen und Wasserstoff-Ionen. Auf welche dieser Teilchen ist das saure Verhalten zurückzuführen?

Sowohl die Natriumchloridlösung als auch die Salzsäure enthalten Chlorid-Ionen. Sollten die Chlorid-Ionen für die saure Eigenschaft verantwortlich sein, müsste auch eine Natriumchloridlösung sauer reagieren.

An der Farbe des Indikators ist erkennbar, dass weder Wasser noch eine Natriumchloridlösung sauer reagiert. ↑E.10 S.185 Folglich können nur die Wasserstoff-Ionen die Farbänderung des Indikators bewirken. Das erkannte schon 1884 der Schwede SVANTE A. ARRHENIUS (1859 bis 1927). Er definierte danach Säuren als Stoffe, deren wässrige Lösungen Wasserstoff-Ionen enthalten.

Nach ARRHENIUS sind Säuren Stoffe, deren wässrige Lösungen positiv elektrisch geladene Wasserstoff-Ionen enthalten.

Säurerest-Ionen In Wasser dissoziieren die elektrisch neutralen Säuremoleküle in Ionen. Es entstehen Wasserstoff-Ionen und negativ elektrisch geladene **Säurerest-Ionen**. Viele dieser Säurerest-Ionen sind zusammengesetzte Ionen, die aus Teilchen von zwei oder mehr Elementen aufgebaut sind. Dissoziiert ein Säuremolekül in mehrere Wasserstoff-Ionen, so trägt das entstehende Säurerest-Ion die gleiche Anzahl negativer elektrischer Ladungen.

$$1 \text{ Schwefelsäuremolekül} \rightleftharpoons 2 \text{ Wasserstoff-Ionen} + 1 \text{ Sulfat-Ion}$$
$$H_2SO_4 \text{ (l)} \rightleftharpoons 2 H^+ \text{ (aq)} + SO_4^{2-} \text{ (aq)}$$

Verhalten gegenüber unedlen Metallen Unedle Metalle wie Magnesium und Eisen reagieren relativ heftig mit sauren Lösungen. ↑E.7 S.185 Beim Einsatz eines edlen Metalls wie Kupfer ist dagegen keine Reaktion zu beobachten. Bei der chemischen Reaktion wird das unedle Metall von der sauren Lösung angegriffen. Als Reaktionsprodukt entsteht ein Gas, das als Wasserstoff identifiziert werden kann. Die nach dem Eindampfen einer Probe zurückbleibenden Kristalle deuten daraufhin, dass bei der Reaktion auch eine Salzlösung entstanden ist.

$$\text{Magnesium} + \text{Salzsäure} \longrightarrow \text{Magnesiumchloridlösung} + \text{Wasserstoff}$$

$$\text{Mg (s)} + 2 H^+ \text{ (aq)} + 2 Cl^- \text{ (aq)} \longrightarrow Mg^{2+} \text{ (aq)} + 2 Cl^- \text{ (aq)} + H_2 \text{ (g)}$$

EXPERIMENT 12 [L]
Einleiten von Chlorwasserstoff in Wasser.
Schutzbrille! Abzug! In ein Becherglas werden etwa 200 ml destilliertes Wasser und 10 Tropfen Universalindikatorlösung gegeben. Die Leitfähigkeitsmesszelle wird vorsichtig in die Lösung getaucht, die mithilfe eines Magnetrührers und Rührstäbchens gerührt wird. Über einen Trichter, dessen Rand sich etwa 5 mm über der Wasseroberfläche befindet, wird Chlorwasserstoff (GHS 06|05) auf die Lösung geleitet. Änderungen des pH-Wertes und der Leitfähigkeit werden gemessen.

Säure	Säurerest-Ionen
Salzsäure HCl	Chlorid-Ion Cl^-
Salpetersäure HNO_3	Nitrat-Ion NO_3^-
Schwefelsäure H_2SO_4	Hydrogensulfat-Ion HSO_4^- Sulfat-Ion SO_4^{2-}

Aufgaben

1 Die Leitfähigkeit einer Schwefelsäurelösung nimmt beim Verdünnen erst zu und dann wieder ab. Was lässt sich daraus schlussfolgern?

2 Wie müsste sich die Farbe von Universalindikator ändern, wenn eine Schwefelsäurelösung immer weiter verdünnt wird?

3 Trockenes Indikatorpapier zeigt in reinem Chlorwasserstoff keine Farbänderung. Erkläre dies.

4 Interpretiere die Dissoziationsgleichung der Salzsäure.

5 Beschreibe die Teilchenänderung beim Lösen von Chlorwasserstoff in Wasser.

6 Begründe, warum die Dissoziation einer Säure eine chemische Reaktion ist.

7 Notiere die Wortgleichungen und Dissoziationsgleichungen für die Dissoziation von Kohlensäure und von schwefliger Säure.

8 Erläutere den Begriff „zusammengesetzte Ionen".

9 Notiere die Reaktionsgleichung für die Reaktion einer Salzsäurelösung mit Zink.

Säuren in der Technik

In Industrie und Technik spielen Säuren, z. B. Salpetersäure, Phosphorsäure und Schwefelsäure, eine herausragende Rolle.
Warum sind diese Säuren bedeutungsvoll? Was ist im Umgang mit Säuren zu beachten?

1 Kesselwagen zum Transport von hoch konzentrierter Salpetersäure

---

EXPERIMENT 13 [L]
Einwirkung von konzentrierter Schwefelsäure auf Kristallzucker.
Schutzbrille! Schutzhandschuhe! Abzug! In einem Becherglas werden 20 g Kristallzucker mit wenigen Tropfen Wasser angefeuchtet. Aus einer Pipette werden ca. 15 ml konzentrierte Schwefelsäure (GHS 05) zugegeben.

Schon gewusst?

Magensäure besteht aus Salzsäure mit einem Massenanteil von $w(HCl) \approx 0,5\%$. Die Magenwand schützt sich vor der sauren Lösung durch die Magenschleimhaut. Dass die Magensäure ätzend wirkt, macht sich z. B. beim Sodbrennen bemerkbar. Das brennende Gefühl rührt von leichten Verletzungen der Speiseröhre und des Rachenraums her.

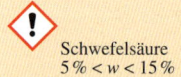

Schwefelsäure $5\% < w < 15\%$	Schwefelsäure $w > 15\%$
verursacht schwere Haut- und Augenreizungen	verursacht schwere Verätzungen der Haut und der Augen

2 Gefahrenpotenzial von Schwefelsäure

Im Alltag und in der Technik unterscheidet man sprachlich nicht zwischen Säuren und sauren Lösungen. Saure Lösungen werden nach den gelösten Stoffen verkürzt als Säuren bezeichnet.

Schwefelsäure (H_2SO_4) Konzentrierte Schwefelsäure ist eine ölige, farb- und geruchlose Flüssigkeit. Ihr Massenanteil beträgt maximal 98 %. Sie ist stark hygroskopisch, d. h., sie entzieht ihrer Umgebung Wasser. Konzentrierte Schwefelsäure wird aufgrund dieser Eigenschaft als Trockenmittel für feuchte Gase eingesetzt. Organische Stoffe wie Zucker oder Baumwolle werden unter Abspaltung von Wasser zersetzt.
Beim Verdünnen von konzentrierter Schwefelsäure tritt eine sehr starke Erwärmung ein. Dabei können Wasser und Säure aus dem Gefäß spritzen. *Beim Verdünnen darf niemals Wasser in konzentrierte Säure gegeben werden! Spritzgefahr! Verätzungsgefahr!*
Verdünnte Schwefelsäure zerstört tierisches und pflanzliches Gewebe, z. B. Baumwolle. Verätzungen der Haut sind äußerst schmerzhaft.
Schwefelsäure wird verwendet, um Düngemittel, Chemiefasern, Farbstoffe, Wasch- und Arzneimittel sowie Salzsäure herzustellen. In Bleiakkumulatoren von Kraftfahrzeugen dient sie als leitende Flüssigkeit zwischen Plus- und Minuspol.

Salzsäure (HCl) Früher wurde Salzsäure aus Steinsalz durch Auftropfen von Schwefelsäure und Einleiten des entweichenden „Salzgeistes" (Chlorwasserstoff) in Wasser gewonnen. Davon leitet sich ihr Name ab. Heute wird sie meist direkt aus Chlor und Wasserstoff hergestellt. Konzentrierte Salzsäure [$w(HCl) = 37\%$] wird auch als rauchende Salzsäure bezeichnet, weil sie mit der Luftfeuchtigkeit einen Nebel aus kleinen Salzsäuretröpfchen bildet. Werden Salzsäuredämpfe eingeatmet, kann Lungenentzündung durch Verätzung entstehen. Auf die Haut verschüttete Salzsäure führt zu schmerzhaften Hautreizungen.
In der Industrie wird Salzsäure zum Ätzen und zur Reinigung von Metalloberflächen verwendet, im Bauwesen zur Mörtelablösung und zur Kesselsteinentfernung.

Salpetersäure (HNO₃) Konzentrierte Salpetersäure [$w(HNO_3) = 65\,\%$] wird in braunen Glasflaschen aufbewahrt, da sich die farblose Flüssigkeit bei Tageslicht leicht zersetzt. 50%ige Salpetersäure löst Silber auf, nicht jedoch Gold und wird daher als „Scheidewasser" verwendet. Eine Mischung aus einem Teil konzentrierter Salpetersäure und drei Teilen konzentrierter Salzsäure löst sogar Gold und Platin auf und ist als Königswasser bekannt. Konzentrierte Salpetersäure wirkt oxidierend, verdünnt ist sie stark ätzend. Salpetersäure ist hauptsächlich Ausgangsstoff zur Herstellung von stickstoffhaltigen Düngemitteln. Auch Farbstoffe, Textilfasern und Sprengstoffe werden aus Salpetersäure produziert. Zur Herstellung von Lacken, Kunstleder und Medikamenten ist Salpetersäure eine wichtige Grundchemikalie.

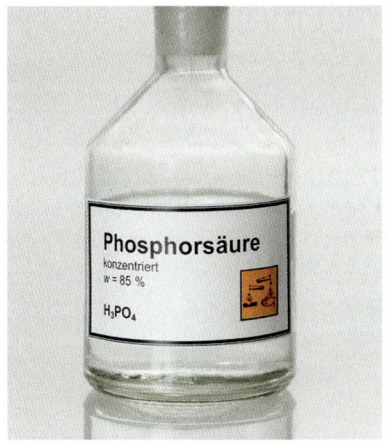

2 Konzentrierte Phosphorsäure

Phosphorsäure (H₃PO₄) Reine Phosphorsäure ist bei Raumtemperatur ein Feststoff. Gebräuchlicher ist die 80- bis 85%ige Säure, eine ölige, sirupartige Flüssigkeit. Phosphorsäure wird vor allem zur Herstellung von Phosphatdüngern, Arznei- und Pflanzenschutzmitteln genutzt. In der Autoindustrie wird Phosphorsäure zum Korrosionsschutz eingesetzt. Die Karosserie wird hierzu in ein Phosphatierbad getaucht. ↑3 Zuerst entfernt die Säure Rost und andere Verunreinigungen, anschließend erhält die Metalloberfläche eine schützende Phosphatschicht. Auf dieser Schicht haftet die nun folgende Lackierung besonders gut.

3 Eintauchen einer Autokarosserie in Phosphorsäure

Umgang mit Säuren Viele Säuren und Säurelösungen sind stark ätzend. Sie zersetzen nicht nur Metalle und Textilien, sondern zerstören auch Haut und Schleimhäute. Zu unserem eigenen Schutz gibt es gesetzliche Vorschriften zum Umgang mit Säuren: *Schutzbrille, Schutzhandschuhe und Laborkittel sind Pflicht beim Arbeiten mit Säuren.* Entstehen beim Experimentieren mit Säuren ätzende oder giftige Dämpfe, müssen die Versuche unter dem Abzug durchgeführt werden.

Beim Verdünnen konzentrierter Säuren mit Wasser erwärmen sich die Lösungen oft sehr stark. Wird Wasser in konzentrierte Säure gegossen, kann überhitzte Säure herausspritzen. Die Säure darf also immer nur unter Rühren zum Wasser gegeben werden, niemals umgekehrt. Daher gilt:

4 Beim Arbeiten mit konzentrierten Säuren muss Schutzkleidung getragen werden.

Erst das Wasser, dann die Säure, sonst geschieht das Ungeheure!

Gelangen Säurespritzer in die Augen, müssen sie sofort mit viel Wasser ausgespült werden. Dazu ist eine Augendusche zu verwenden. Außerdem sollte ein Augenarzt aufgesucht werden.

Auch bei der Entsorgung von Säuren ist Vorsicht geboten, sie müssen in den Sammelbehälter I (Säuren und Laugen) gegeben werden. Bevor der Behälter voll ist, sollte der Inhalt neutralisiert werden. ↑S.210ff. Erst dann darf er ins Abwasser gegeben werden.

Aufgaben

1 Begründe, warum du beim Verdünnen einer sauren Lösung besonders vorsichtig sein musst.

2 Tropft man konzentrierte Salpetersäure auf eine weiße Gänsefeder, so färbt sich diese nach kurzer Zeit gelb. Wie kommt die Gelbfärbung zustande?

3 In der Industrie fällt Schwefelsäure als „Dünnsäure" an. Recherchiere, in welchen Bereichen der Industrie dieser Stoff anfällt. Informiere dich, welche Probleme die Entsorgung des Stoffes früher hervorrief. Wie wird der Stoff heute entsorgt?

Vom Nichtmetall zur Säure

Fossile Brennstoffe enthalten Kohlenstoff und Schwefel. Täglich werden Kohle, Erdöl und Erdgas in Deutschland verbrannt. Welche Verbrennungsprodukte entstehen? Reagieren diese Stoffe weiter? Was haben diese Stoffe mit saurem Regen zu tun?

1 Schornsteine eines Kohlekraftwerks

2 Mineralwasser

Vom Kohlenstoff zur Kohlensäure Bei der Verbrennung von Kohle entsteht Kohlenstoffdioxid. Wird Kohlenstoffdioxid in Wasser eingeleitet, so bildet sich insbesondere unter höherem Druck eine saure Lösung. ↑E.14 Durch die Reaktion mit Wasser ist Kohlensäure entstanden.

$$C\,(s) + O_2\,(g) \longrightarrow CO_2\,(g)$$
$$CO_2\,(g) + H_2O\,(l) \longrightarrow H_2CO_3\,(aq)$$

Von den gelösten Kohlenstoffdioxidmolekülen reagieren nur 0,2 % mit Wasser zu Kohlensäure. In der wässrigen Lösung liegen Wasserstoff-Ionen sowie Carbonat-Ionen CO_3^{2-} vor. Die Kohlensäure ist eine schwache Säure, deren Lösungen einen pH-Wert zwischen 3 und 4 haben.

$$H_2CO_3\,(aq) \rightleftharpoons 2\,H^+\,(aq) + CO_3^{2-}\,(aq)$$

Mineralwässer können von der Natur aus Kohlensäure enthalten oder mit Kohlenstoffdioxid versetzt werden. ↑2 An Orten, an denen Kohlenstoffdioxid vulkanischen Ursprungs vorkommt, findet man viele Quellen, die kohlensäurereiches Wasser führen. Dieses Wasser hat einen erfrischenden und leicht säuerlichen Geschmack.

Selbst untersucht

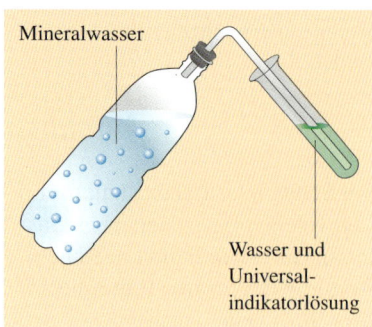

Mineralwasser

Wasser und Universalindikatorlösung

14   **Leite Kohlenstoffdioxid in Wasser ein.**
Schutzbrille! Verschließe eine halbgefüllte Flasche frisches Mineralwasser mit einem durchbohrten Stopfen mit kurzem Ableitungsrohr. Verbinde eine Glaspipette über ein Schlauchstück mit der Flasche. Tauche die Pipette in ein mit 10 ml Wasser und einigen Tropfen Universalindikatorlösung gefülltes Reagenzglas. Schüttle vorsichtig die Mineralwasserflasche, sodass Gasblasen in die Indikatorlösung geleitet werden. Verschließe das Reagenzglas mit einem Stopfen und schüttle, bevor du weiteres Gas einleitest. Beobachte und deute die Beobachtungsergebnisse.
Entsorgung: Lösungen in den Sammelbehälter für Abwasser geben.

Vom Schwefel zur schwefligen Säure Wird Schwefel verbrannt, so bildet sich Schwefeldioxid. Das entstehende Schwefeldioxid löst sich in Wasser. Dabei reagiert es teilweise mit Wasser zu schwefliger Säure (H_2SO_3). ↑E.15

$$S\,(s) + O_2\,(g) \longrightarrow SO_2\,(g)$$
$$SO_2\,(g) + H_2O\,(l) \longrightarrow H_2SO_3\,(aq)$$

Die schweflige Säure existiert nur als wässrige Lösung, in der Wasserstoff-Ionen und Sulfit-Ionen (SO_3^{2-}) vorliegen.

$$H_2SO_3 \rightleftarrows 2\,H^+ + SO_3^{2-}$$

Schwefeldioxid in Abgasen, das vor allem bei der Verbrennung von Braunkohle entsteht, reagiert in gleicher Weise mit Wassertropfen in der Luft. Dadurch ist schweflige Säure im sauren Regen enthalten. Sie kann mit Luftsauerstoff teilweise zu Schwefelsäure reagieren.

Bildung von Säurelösungen Bei der Verbrennung von Nichtmetallen wie Kohlenstoff, Schwefel und Stickstoff bilden sich entsprechende Nichtmetalloxide. Reagieren diese Nichtmetalloxide mit Wasser, so entstehen Säurelösungen.

Nichtmetall	Nichtmetalloxid	Säure	Säurerest-Ion
Kohlenstoff C	Kohlenstoffdioxid CO_2	Kohlensäure H_2CO_3	Carbonat-Ion CO_3^{2-}
Schwefel S	Schwefeldioxid SO_2 Schwefeltrioxid SO_3	schweflige Säure H_2SO_3 Schwefelsäure H_2SO_4	Sulfit-Ion SO_3^{2-} Sulfat-Ion SO_4^{2-}
Stickstoff N	Stickstoffmonooxid NO Stickstoffdioxid NO_2	salpetrige Säure HNO_2 Salpetersäure HNO_3	Nitrit-Ion NO_2^- Nitrat-Ion NO_3^-

Diese Prozesse werden im Labor zur Herstellung von Säurelösungen genutzt, laufen aber auch in der Umwelt ab. Für das Entstehen von Säurelösungen können zusammenfassend folgende Wortgleichungen formuliert werden:

Nichtmetall + Sauerstoff $\longrightarrow$ Nichtmetalloxid
Nichtmetalloxid + Wasser $\longrightarrow$ Säurelösung

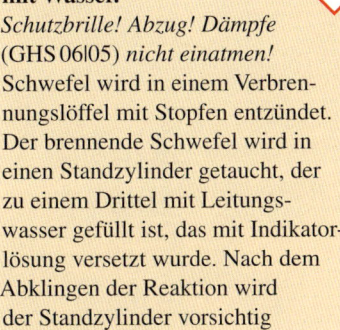

EXPERIMENT 15 [L]
Reaktion von Schwefeldioxid mit Wasser.
Schutzbrille! Abzug! Dämpfe (GHS 06|05) *nicht einatmen!* Schwefel wird in einem Verbrennungslöffel mit Stopfen entzündet. Der brennende Schwefel wird in einen Standzylinder getaucht, der zu einem Drittel mit Leitungswasser gefüllt ist, das mit Indikatorlösung versetzt wurde. Nach dem Abklingen der Reaktion wird der Standzylinder vorsichtig geschwenkt und der pH-Wert der Lösung ermittelt.

Schon gewusst?

Im Kanal eines Blitzes werden Temperaturen von bis zu 30 000 °C erreicht. Dort verbrennt der gewöhnlich so reaktionsträge Luftstickstoff zu Stickstoffoxiden. Mit Regenwasser bilden sie saure Lösungen von salpetriger Säure und Salpetersäure.

Aufgaben

1 Mineralwasser enthält meist gelöstes Kohlenstoffdioxid. Beurteile, ob dafür die Bezeichnung „Kohlensäure" gerechtfertigt ist.

2 Ist das Trinken einer kohlensäurehaltigen Lösung gefährlich? Begründe deine Aussage.

3 Phosphorsäure ist unter anderem in Cola enthalten. Beschreibe eine Möglichkeit zur Herstellung von Phosphorsäure.

4 Ein Schüler sagt, dass zum Herstellen von Schwefelsäure Schwefel mit Wasser gemischt wird. Bewerte diese Aussage.

Saurer Regen

1 Folgen des sauren Regens: Schäden am Wald

Der Anblick kranker oder abgestorbener Bäume führte in den 1970er Jahren schnell zum Begriff „Waldsterben". Die Restaurierung von Schäden an Gebäuden und Kunstwerken kostet bis heute alljährlich Millionen Euro. Ursache für diese Schädigungen ist die Luftverschmutzung durch Schwefeldioxid und Stickstoffoxide. Diese Schadstoffe können die Pflanzen direkt über die Blätter schädigen oder sie wirken, in Regenwasser gelöst, als saurer Regen ätzend auf Pflanzen, Boden und Gestein.

Info

Auch ohne den Einfluss menschlicher Aktivitäten ist Regenwasser niemals neutral. Da sich das Kohlenstoffdioxid der Luft in Wolken und Regenwasser löst, bildet sich die schwach saure Kohlensäure. Daher ergibt sich ein natürlicher pH-Wert des Regens von pH 5,6.
Als sauren Regen bezeichnet man Niederschläge mit einem pH-Wert unter 5,6. Er entsteht durch Luftverschmutzungen, die beim Verbrennen von Holz, Kohle oder Erdöl entstehen. Diese sogenannten fossilen Brennstoffe enthalten Schwefel, der beim Verbrennen den Luftschadstoff Schwefeldioxid bildet. Auch Stickstoffoxide tragen zum sauren Regen bei.

Info

Der Zustand des Waldes ist nach wie vor besorgniserregend. Die Waldschadensinventur im Jahr 2006 zeigte, dass nur 32 % der Bäume keine Kronenverlichtungen aufweisen. Erheblich verschlechtert hat sich der Zustand des Waldes im Saarland, in Rheinland-Pfalz, Brandenburg und Mecklenburg-Vorpommern. Ursache für die starke Schädigung der Bäume ist neben Luftschadstoffen die Häufung extrem trockener Sommer.

→ Wer sind die Verursacher der Luftverschmutzung? Wie gelangen Schwefeldioxid und Stickstoffoxide überhaupt in die Luft?

→ Wie hat sich die Belastung der Luft in Deutschland in den letzten zwanzig Jahren entwickelt und welche Maßnahmen wurden gegen die Luftverschmutzung ergriffen?

→ Wie haben sich die Maßnahmen auf unsere Wälder ausgewirkt?

Materialien zur Projektbearbeitung Nutzt die Materialien zur Beantwortung eurer Fragestellungen. Auch Experimente können Aufschluss über die chemischen Hintergründe von Luftverschmutzung und Schadstoffwirkung geben. Plant solche Experimente zusammen mit eurer Chemielehrerin oder eurem Chemielehrer.

1 Untersuche die Wirkung des sauren Regens auf Kressesamen.
Schutzbrille! Verteile jeweils etwa 40 Kressesamen auf Watte in sechs Petrischalen. Stelle diese Schalen nebeneinander auf, um gleiche Standortbedingungen herzustellen. Begieße eine Kressesaat mit Leitungswasser (pH ≈ 7). Verwende zum Begießen der anderen Aussaaten verdünnte Lösungen von schwefliger Säure mit pH-Werten von jeweils etwa 2, 3, 4, 5 und 6. Protokolliere zwei Wochen lang täglich, wann die Samen sprießen und wie groß die einzelnen Pflanzen sind.

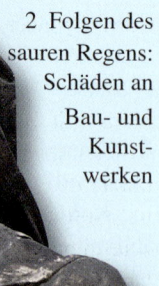

2 Folgen des sauren Regens: Schäden an Bau- und Kunstwerken

Abgasnormen und Abgasgrenzwerte für Pkws mit Ottomotoren in g/km			
Abgasnorm	Kohlenwasserstoffe	Kohlenstoffmonooxid	Stickstoffoxide
Euro 1	–	3,16	–
Euro 2	–	2,2	–
Euro 3	0,2	2,3	0,15
D3	0,17	1,5	0,14
Euro 4	0,1	1,0	0,08
D4	0,08	0,7	0,07

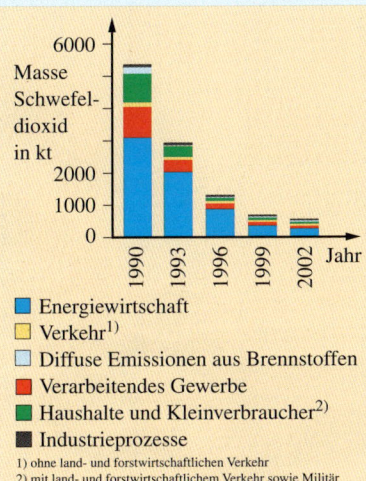

■ Energiewirtschaft
□ Verkehr[1]
□ Diffuse Emissionen aus Brennstoffen
■ Verarbeitendes Gewerbe
■ Haushalte und Kleinverbraucher[2]
■ Industrieprozesse

[1] ohne land- und forstwirtschaftlichen Verkehr
[2] mit land- und forstwirtschaftlichem Verkehr sowie Militär

2 Untersuche Kraftfahrzeugabgase auf Schwefeldioxid.
Schutzbrille! Abgase nicht einatmen! Teste mit einem Gastester und Teströhrchen für Schwefeldioxid Abgase von Kraftfahrzeugen (GHS 02|06|08), z. B. von einem Mofa. Ermittle die Massenkonzentration an Schwefeldioxid.

3 Schwefeldioxidemissionen nach Verursachern

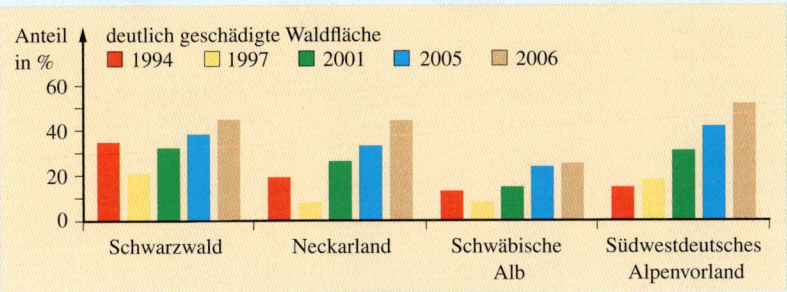

4 Zustand der Fichte in einigen Regionen Süddeutschlands

5 Vom sauren Regen geschädigte Fichte

Info

Zwei Verfahren zur Rauchgasentschwefelung sind heute hauptsächlich im Einsatz.
Beim Gipsverfahren wird Schwefeldioxid durch eingesprühte Kalkmilch absorbiert. Das dabei entstehende Calciumsulfit wird durch heißen Luftsauerstoff zu Calciumsulfat (Gips) oxidiert. Dieser Gips findet in der Baustoffindustrie und im Straßenbau Verwendung.
Im Wellmann-Lord-Verfahren wird Schwefeldioxid nach der Absorption als reines Gas zurückgewonnen und dient so als Ausgangsstoff zur Herstellung von Schwefelsäure oder elementarem Schwefel.

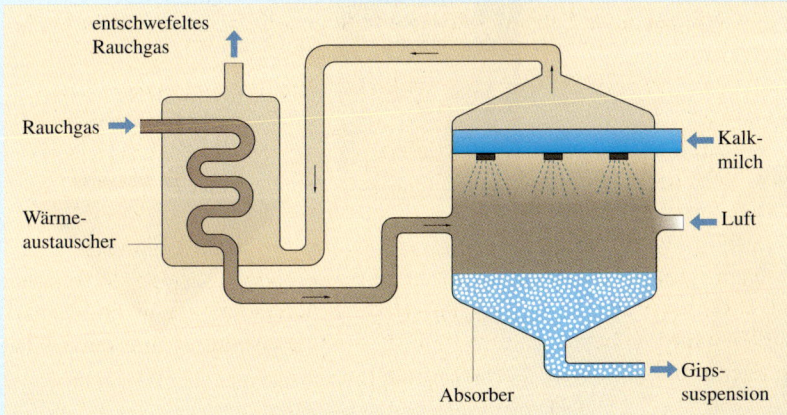

6 Prinzip einer Rauchgasentschwefelungsanlage nach dem Gipsverfahren

Hinweise für die Projektarbeit Ordnet weitere Fragen im Zusammenhang mit saurem Regen verschiedenen Themenkomplexen zu. Bildet Arbeitsgruppen, die jeweils ein Thema zur Projektarbeit wählen. Recherchiert in Fachbüchern, im Internet und bei Umweltorganisationen. Maßnahmen zur Luftreinhaltung erkundet ihr bei einer Exkursion zu einem Energieversorger oder einem Industriebetrieb mit Abgasreinigungsanlage. Über das Forstamt könnt ihr eine Waldbegehung organisieren, um euch vor Ort über den Zustand des Waldes in eurer Region zu informieren.

Brezellauge und Laugenbrezel

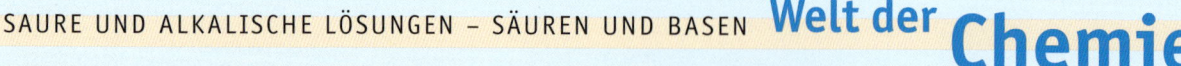

1 Die Teiglinge kommen aus dem Laugenbad.

2 Laugengebäck gibt es in vielen Ausformungen.

Laugenbrezeln und anderes Laugengebäck kennen wir als Frischware vom Bäcker oder als trockene Knabberei aus der Lebensmittelabteilung.

Bei der Herstellung von Laugengebäck werden die Teiglinge vor dem Backen in Brezellauge, eine stark verdünnte Natronlauge, getaucht. Eigentlich erstaunlich, denn selbst die stark verdünnte Lauge wirkt auf der Haut noch ätzend. Wie kann es sein, dass so etwas essbar ist?

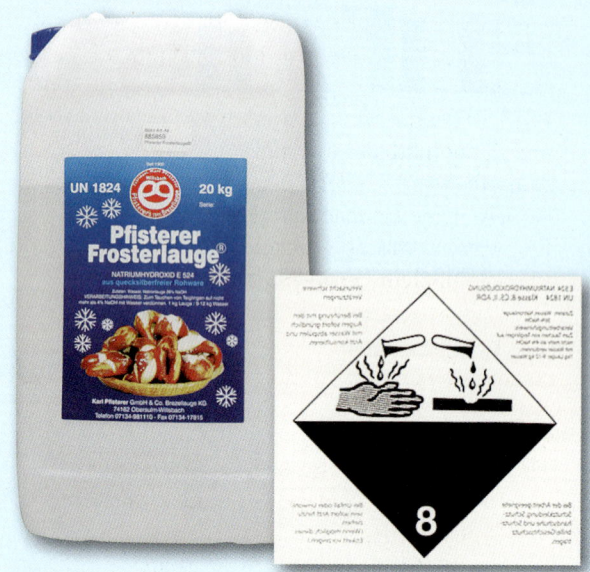

3 Beim Umgang mit Brezellauge muss der Bäcker die Sicherheitsvorschriften beachten.

Während des kurzen und sehr heißen Backvorgangs reagiert die Natronlauge mit Kohlenstoffdioxid aus dem Teig und wird zu ungefährlichem Natriumcarbonat (Soda) umgewandelt. Dieser Soda verdanken wir auch den typischen und charakteristischen Geschmack des Laugengebäcks.

4 Bereits seit 800 Jahren wird das charakteristisch schmeckende Laugengebäck hergestellt.

16 **Prüfe verschiedene Lösungen aus dem Haushalt mit Universalindikator.**

Schutzbrille! Löse in drei Reagenzgläsern folgende Stoffe in jeweils 5 ml Wasser: einige Späne Kernseife, eine Spatelspitze Waschpulver, drei Tropfen Geschirrspülmittel. Gib zu den Reagenzgläsern jeweils drei Tropfen Universalindikatorlösung. Notiere deine Beobachtungen.

Entsorgung: Lösungen in den Sammelbehälter für Abwasser geben.

17 **Prüfe verschiedene alkalische Lösungen mit Indikatoren.**

Schutzbrille! Spritzgefahr! Gib in fünf verschiedene Reagenzgläser jeweils 2 ml 2%ige Natronlauge (GHS 05), 2%ige Kalilauge (GHS 07), Kalkwasser, 5%ige Ammoniaklösung (GHS 07) sowie destilliertes Wasser. Prüfe alle fünf Flüssigkeiten mit Universalindikatorlösung.
Wiederhole die Versuchsreihe mit Lackmuslösung und Phenolphthaleinlösung.
Dampfe etwa 2 ml der Lösungen vorsichtig ein.
Notiere deine Beobachtungen.
Für welche Untersuchungen scheint der Indikator Phenolphthalein besonders geeignet zu sein?

Entsorgung: Lösungen in den Sammelbehälter I geben.

18 **Prüfe die elektrische Leitfähigkeit von Natriumhydroxid und Kaliumhydroxid.**

Schutzbrille! Spritzgefahr! Prüfe zuerst festes Natriumhydroxid (GHS 05) und festes Kaliumhydroxid (GHS 05|07) auf elektrische Leitfähigkeit.
Löse anschließend in zwei Reagenzgläsern etwas Natriumhydroxid und Kaliumhydroxid in jeweils 5 ml Wasser. Vergleiche dabei die Temperatur der Flüssigkeiten vor und nach dem Lösevorgang, indem du kurz an den Glasboden fasst.
Prüfe nacheinander die elektrische Leitfähigkeit beider Lösungen. Deute die Beobachtungsergebnisse.

Entsorgung: Lösungen in den Sammelbehälter I geben. Feststoffe wieder verwenden.

19 **Untersuche die Wirkung von „Rohrfrei" auf organische Stoffe.**

Schutzbrille! Spritzgefahr! Löse in fünf Reagenzgläsern jeweils 5 g „Rohrfrei" (GHS 02|05) in 5 ml kaltem Wasser. Prüfe anschließend die Temperatur, indem du kurz an den Glasboden fasst.
Gib in je eines der Reagenzgläser ein Büschel Haare, einige Gewebefasern und einige Fingernägel.
Vergleiche deine Beobachtungen, die du nach 5 und 30 min und nach drei Tagen feststellen kannst.

Entsorgung: Lösungen in den Sammelbehälter für Abwasser geben.

20 **Untersuche das Verhalten von Calcium in Wasser.**

Schutzbrille! Spritzgefahr! Baue die Versuchsanordnung auf. Gib in das Reagenzglas mit Wasser einige Stückchen Calcium (GHS 02). Verschließe es mit dem Stopfen mit Gasableitungsrohr. Fange das entstehende Gas (GHS 02) pneumatisch auf. Führe damit die Knallgasprobe durch. Versetze die Lösung im Reagenzglas mit fünf Tropfen Phenolphthaleinlösung.

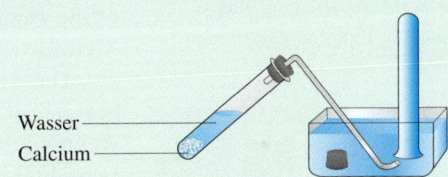

Wasser
Calcium

Notiere deine Beobachtungen.
Entsorgung: Lösung in Sammelbehälter II geben.

21 **Untersuche das Verhalten von Metalloxiden in Wasser.**

Schutzbrille! Gib in vier Reagenzgläser jeweils 5 ml Wasser. Füge jeweils drei Tropfen Phenolphthaleinlösung hinzu. Gib in die Reagenzgläser je eine Spatelspitze Calciumoxid (GHS 05), Magnesiumoxid, schwarzes Kupferoxid (GHS 07) und rotes Eisenoxid. Schüttle kurz und lass die Feststoffe absetzen. Notiere deine Beobachtungen.

Entsorgung: Lösungen in Sammelbehälter I geben.

Laugen und alkalische Lösungen

Im Alltag begegnet uns der Begriff „Lauge" auf vielfältige Weise: Beim Ab*laugen* oder Abbeizen alter Möbel werden alte Lackschichten aufgeweicht und abgelöst. Es gibt die Wasch*lauge* und die *Laugen*brezel.
Gibt es Gemeinsamkeiten zwischen Abbeizlauge, Waschlauge und Laugenbrezeln? Welcher Zusammenhang besteht zwischen den Begriffen „Lauge" und „Base" bzw. „alkalische Lösung"?

1 Abbeizmittel zum Entfernen alter Farbanstriche enthalten Natriumhydroxid.

EXPERIMENT 22 [L]
Einwirken von Natronlauge auf Keratin.
Schutzbrille! Abzug! In einem Reagenzglas wird eine Feder oder eine Haarsträhne mit etwa 2 ml 32%iger Natronlauge (GHS 05) versetzt. Das Gemisch wird vorsichtig mit einer Brennerflamme erwärmt. Sobald die Flüssigkeit zu sieden beginnt, wird das Reagenzglas sofort aus der Flamme genommen.

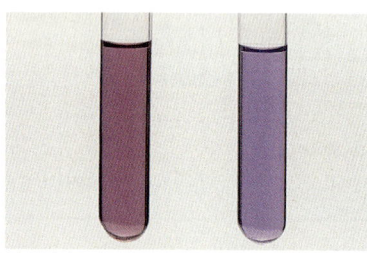

2 Lackmus in destilliertem Wasser (li.) und in alkalischer Lösung (re.)

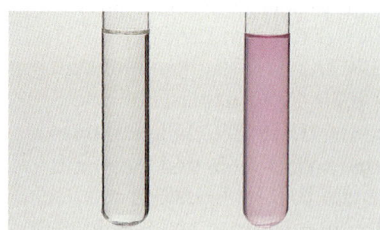

3 Phenolphthalein in destilliertem Wasser (li.) und in alkalischer Lösung (re.)

Eigenschaften alkalischer Lösungen Die wässrigen Lösungen von Kernseife, Waschpulver und Geschirrspülmittel färben Universalindikator blau. ↑E.16 S.199 Es sind **basische** bzw. **alkalische Lösungen**. Auch Natronlauge, Kalilauge und Kalkwasser bewirken bei den Indikatoren eine für alkalische Lösungen typische Farbänderung: Universalindikator und Lackmuslösung werden blau, Phenolphthaleinlösung wird rotviolett. ↑E.17 S.199 Lösungen von Kernseife, Waschpulver und Geschirrspülmittel fühlen sich seifig an. Ähnlich wie saure Lösungen zeigen alkalische Lösungen ätzende Wirkung.

Beim Eindampfen von Natronlauge, Kalilauge und Kalkwasser bleiben weiße Feststoffe zurück. Bei diesen Feststoffen handelt es sich um die **Metallhydroxide** Natriumhydroxid, Kaliumhydroxid und Calciumhydroxid. Die wässrigen Lösungen von Metallhydroxiden werden als **Laugen** bezeichnet.

Während die wässrigen Lösungen von Metallhydroxiden gute elektrische Leitfähigkeit zeigen, leiten die festen Metallhydroxide den elektrischen Strom nicht. ↑E.18 S.199

Alkalische Lösungen – Basen Beim Lösen von Metallhydroxiden in Wasser entstehen alkalische Lösungen. Stoffe, die in Wasser gelöst alkalische Lösungen bilden, werden allgemein als **Basen** bezeichnet. Für das Lösen von Metallhydroxiden in Wasser können Wortgleichungen aufgestellt werden.

Natriumhydroxid	+ Wasser	⟶	Natriumhydroxidlösung
Kaliumhydroxid	+ Wasser	⟶	Kaliumhydroxidlösung
Calciumhydroxid	+ Wasser	⟶	Calciumhydroxidlösung

Metallhydroxid	**+ Wasser**	⟶	**alkalische Lösung**

Basen sind Stoffe, die in Wasser gelöst alkalische Lösungen ergeben.

Natriumhydroxid und Natronlauge Natriumhydroxid (NaOH) ist ein weißer Feststoff, der stark hygroskopisch ist. Festes Natriumhydroxid wirkt stark ätzend und wurde daher früher Ätznatron genannt. Es kann sogar Glasoberflächen angreifen und wird am besten in Kunststoffflaschen aufbewahrt. Natriumhydroxid kann organische Stoffe wie Keratin, das Eiweißgerüst unserer Haare, Finger- und Zehennägel, zersetzen. ↑E.22 Aufgrund dieser Eigenschaft ist Natriumhydroxid häufig Bestandteil von Rohrreinigern. ↑E.19 S.199 Natriumhydroxid ist gut wasserlöslich, beim Lösen wird viel Wärme frei. Die wässrige Lösung von Natriumhydroxid heißt Natronlauge. Sehr stark verdünnte Natronlauge fühlt sich seifig an, da die obersten Hautschichten von der Lauge zersetzt werden. Verdünnte Natronlauge mit einem Massenanteil von $w(NaOH) = 3\,\%$ dient als Brezellauge zur Herstellung von Laugengebäck, z. B. Laugenbrezeln. Natronlauge zählt zu den wichtigsten Grundstoffen der chemischen Industrie. Seifen und Waschmittel sowie alkalische Reinigungsmittel werden daraus hergestellt. Natronlauge wird zur Herstellung von Zellstoff und Papier, Glas und Aluminium benötigt.

4 Laugengebäck

Kaliumhydroxid und Kalilauge Kaliumhydroxid (KOH) zeigt ähnliche Eigenschaften wie Natriumhydroxid. Entsprechend wurde früher der weiße Feststoff Ätzkali genannt. Die wässrige Lösung heißt Kalilauge, die ebenfalls Verwendung in Reinigungsmitteln und bei der Herstellung von Schmierseife findet. Auch als Leiterflüssigkeit in Akkumulatoren und Batterien wird Kalilauge eingesetzt.

5 Reinigungsmittel, die Basen bzw. alkalische Lösungen enthalten

Calciumhydroxid und Kalkwasser Der weiße, pulverförmige Stoff Calciumhydroxid [Ca(OH)₂] wird durch „Löschen" von „gebranntem Kalk", also durch die Reaktion von Wasser mit Calciumoxid, gewonnen. Daher wird Calciumhydroxid oft als „Löschkalk" bezeichnet. Calciumhydroxid wird im Bauhandwerk zur Herstellung von Kalkmörtel verwendet. Die klare wässrige Lösung des Calciumhydroxids heißt Kalkwasser. Es bildet mit Kohlenstoffdioxid einen Niederschlag und wird deshalb im Labor zum Nachweis von Kohlenstoffdioxid genutzt.

Umgang mit Laugen Die festen Metallhydroxide und ihre wässrigen Lösungen wirken stark ätzend. Selbst kleine Spritzer können zu schweren Verätzungen der Haut führen. Besonders die empfindlichen Augen sind gefährdet. Beim Arbeiten mit diesen Stoffen sind unbedingt Schutzbrille, Schutzhandschuhe und Labormantel zu tragen. Verspritzte oder verschüttete Lauge ist sofort mit reichlich Wasser abzuspülen. Gelangen Laugenspritzer in die Augen, sind die gleichen Maßnahmen zu ergreifen, die für den Umgang mit Säuren gelten. ↑S.193

6 Verwendung von Rohrreiniger

Aufgaben

1 Wie könntest du experimentell zeigen, dass das Lösen von Natriumhydroxid in Wasser ein exothermer Vorgang ist?

2 Aluminiumpulver wird in Wasser erhitzt. Die entstandene Lösung färbt Lackmuslösung blau. Deute diese Beobachtung.

3 In Großküchen werden Kartoffelschalen mit verdünnter Natronlauge aufgeweicht und dann mit einem scharfen Wasserstrahl weggespritzt. Stelle eine Vermutung an, warum das funktioniert.

Kennzeichen alkalischer Lösungen

Natriumhydroxid und Natron-
lauge haben unterschiedliche
Eigenschaften.
Worauf ist das zurückzuführen?
Wie sind diese Stoffe aufgebaut?

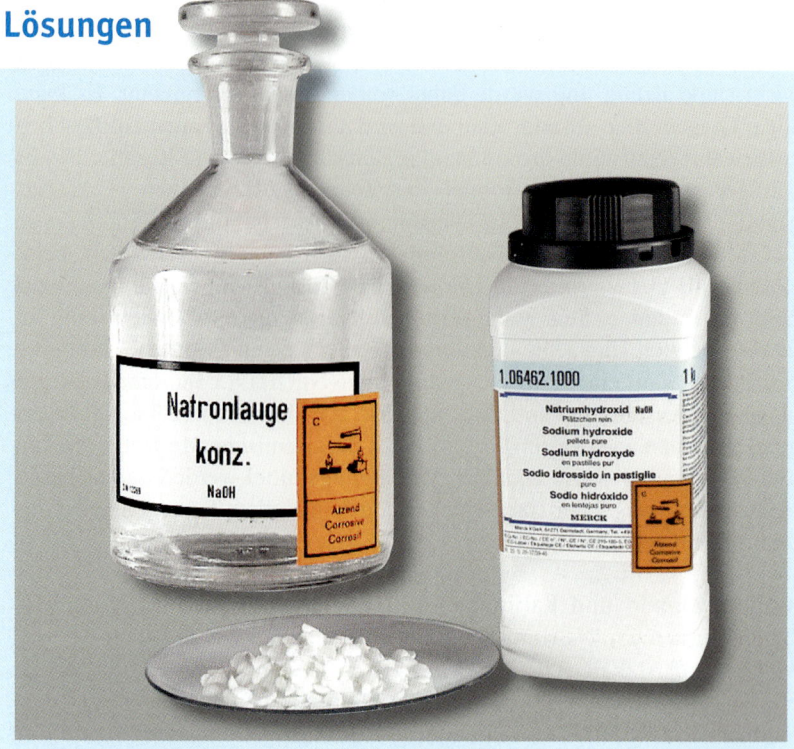

1 Zwei Stoffe – eine Formel?

EXPERIMENT 23 [L]
Elektrische Leitfähigkeit von
Natriumhydroxid.
Schutzbrille! Abzug! Die elektrische
Leitfähigkeit von festem Natrium-
hydroxid (GHS 05) ist zu prüfen.
Natriumhydroxid wird in einem
Porzellantiegel im Abzug erhitzt,
bis es schmilzt. Die elektrische
Leitfähigkeit der Schmelze ist mit-
hilfe zweier Kohleelektroden zu
prüfen (Wechselspannung von 6 bis
10 V).

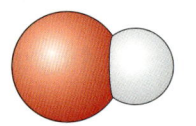   OH⁻

2 Modell und Formel des Hydroxid-
Ions

Bau von Natriumhydroxid Während festes Natriumhydroxid keine elektrische Leitfähigkeit zeigt, leiten geschmolzenes Natriumhydroxid und
Natronlauge den elektrischen Strom sehr gut. ↑E.18 S.199, E.23 Folglich
müssen sowohl im geschmolzenen als auch im gelösten Natriumhydroxid
frei bewegliche Ionen enthalten sein.
Festes Natriumhydroxid ist aus Ionen aufgebaut. Die Ionen sind in einem
Ionengitter regelmäßig fest angeordnet. Natriumhydroxid ist ebenso wie
Natriumchlorid eine Ionensubstanz. Bei den Ionen handelt es sich um einfach positiv elektrisch geladene Natrium-Ionen und einfach negativ elektrisch geladene **Hydroxid-Ionen**. In einem Hydroxid-Ion ist ein Sauerstoffatom mit einem Wasserstoffatom über eine Elektronenpaarbindung
verbunden. Das chemische Zeichen für das Hydroxid-Ion lautet **OH⁻**. ↑2
Im Natriumhydroxid liegen Natrium-Ionen und Hydroxid-Ionen im Verhältnis 1 : 1 vor. ↑3 Die Formel für Natriumhydroxid ist daher NaOH.
In der Schmelze liegen die Ionen dagegen frei beweglich vor. Die regelmäßige Anordnung der Ionen wird beim Schmelzen zerstört.

Auch beim Lösen von Natriumhydroxid in Wasser wird das Ionengitter
zerstört. Diese Reaktion ist eine Dissoziation, bei der hydratisierte Natrium-Ionen und hydratisierte Hydroxid-Ionen entstehen. ↑4
Beim Lösen von Natriumhydroxid ist eine Wärmeentwicklung festzustellen. Es handelt sich um eine chemische Reaktion.

$$NaOH\ (s) \rightleftharpoons Na^+\ (aq) + OH^-\ (aq)\ \ |\ exotherm$$

Wie ist das alkalische Verhalten einer Lösung zu erklären? Kaliumhydroxid und Calciumhydroxid sind wie Natriumhydroxid aus Ionen aufgebaut. Beim Lösen von Kaliumhydroxid und Calciumhydroxid in Wasser werden die Ionengitter zerstört. In den wässrigen Lösungen liegen die Ionen frei beweglich vor.

$$KOH\ (s) \rightleftharpoons K^+\ (aq) + OH^-\ (aq) \quad |\ \text{exotherm}$$
$$Ca(OH)_2\ (aq) \rightleftharpoons Ca^{2+}\ (aq) + 2\ OH^-\ (aq) \quad |\ \text{exotherm}$$

Ein Vergleich der Teilchen in den wässrigen Lösungen der Hydroxide zeigt, dass nur Wassermoleküle und Hydroxid-Ionen gemeinsame Teilchen all dieser Lösungen sind. Da ein Indikator mit reinem Wasser keine alkalische Reaktion anzeigt, ist das alkalische Verhalten einer wässrigen Lösung offensichtlich auf das Vorhandensein von Hydroxid-Ionen zurückzuführen.

Alkalische Lösungen sind wässrige Lösungen, die Hydroxid-Ionen enthalten. Die charakteristische Farbänderung bei Indikatoren wird durch Hydroxid-Ionen in der Lösung bewirkt.

Metallhydroxide können auch so entstehen Wie im Experiment 20 auf S.199 erkannt wurde, reagiert das unedle Metall Calcium mit Wasser. Es entsteht Calciumhydroxidlösung, eine alkalische Lösung, die mit einem Indikator nachgewiesen werden kann. Außerdem lässt sich ein brennbares Gas nachweisen, der Wasserstoff. ↑E.20 S.199

$$Ca\ (s) + 2\ H_2O\ (l) \longrightarrow Ca^{2+}\ (aq) + 2\ OH^-\ (aq) + H_2\ (g)\ |\ \text{exotherm}$$

Auch andere unedle Metalle wie Natrium, Lithium und Magnesium reagieren mit Wasser zum Teil heftig zu Metallhydroxidlösungen und Wasserstoff.

$$2\ Na\ (s) + 2\ H_2O\ (l) \longrightarrow 2\ Na^+\ (aq) + 2\ OH^-\ (aq) + H_2\ (aq)\ |\ \text{exotherm}$$

Ähnlich reagieren die Oxide unedler Metalle wie Calciumoxid und Magnesiumoxid in einer exothermen Reaktion mit Wasser. Indikatoren zeigen die Bildung einer alkalischen Lösung an. ↑E.21 S.199 Bei der Reaktion gibt ein Wassermolekül ein Wasserstoff-Ion ab, das mit dem Oxid-Ion des Metalloxids reagiert. Es entstehen Hydroxid-Ionen.

$$CaO\ (s) + H_2O\ (l) \longrightarrow Ca^{2+}\ (aq) + 2\ OH^-\ (aq)\ |\ \text{exotherm}$$

Unedle Metalle, wie Natrium und Calcium, sowie einige Metalloxide bilden bei der Reaktion mit Wasser Metallhydroxidlösungen.

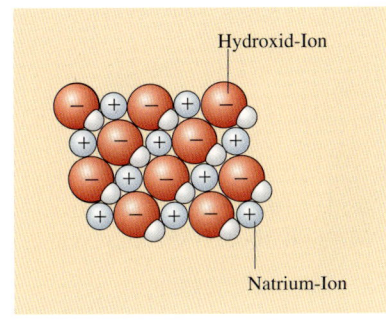

3 Modell des Ionengitters im Natriumhydroxid

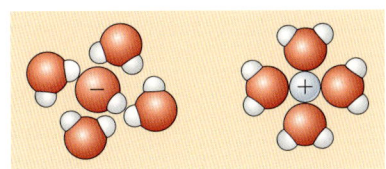

4 Modell eines hydratisierten Hydroxid-Ions und eines hydratisierten Natrium-Ions

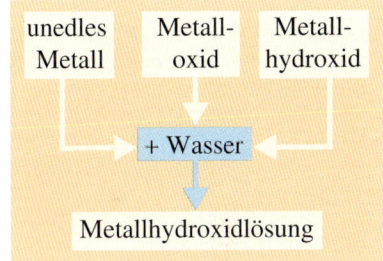

Aufgaben

1 Lithiumhydroxid und Magnesiumhydroxid werden in Wasser gelöst. Stelle die Wort- und Reaktionsgleichung auf.

2 Feste Metallhydroxide leiten den elektrischen Strom nicht, wohl aber die Metallhydroxidlösungen. Erkläre.

3 Erstelle die Reaktionsgleichungen für folgende Reaktionen:

a Natrium mit Wasser

b Magnesium mit Wasser

c Magnesiumoxid mit Wasser

  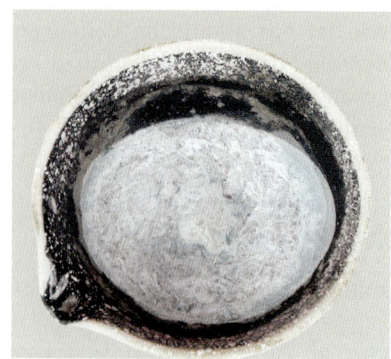

1 Vom Alkalimetall Natrium zur Ionensubstanz Natriumhydroxid.
Links: Natrium wird unter Paraffinöl aufbewahrt.
Mitte: Natrium reagiert mit Wasser zu Natriumhydroxidlösung.
Rechts: Durch Verdampfen des Wassers erhaltene Natriumhydroxidkristalle einer Lösung.

Metallhydroxide im Überblick   Einzelne Vertreter der Stoffgruppe der Metallhydroxide habt ihr im Zusammenhang mit ihren alkalischen Lösungen schon kennengelernt, selbst experimentell untersucht und im Alltag verwendet.

Eigenschaften, Bau und Verwendung einiger Metallhydroxide

Name und Formel des Metallhydroxids	Natriumhydroxid NaOH	Kaliumhydroxid KOH	Calciumhydroxid $Ca(OH)_2$
Eigenschaften			
Aussehen	weißer, fester Stoff	weißer, fester Stoff	weißer, fester Stoff
Eigenschaft als Gefahrstoff und daraus folgende andere Bezeichnung	ätzend (GHS 05) Ätznatron	ätzend (GHS 05) Ätzkali	reizend (GHS 05) Ätzkalk
Wasserlöslichkeit	gut löslich – Bildung von Natronlauge	gut löslich – Bildung von Kalilauge	weniger gut löslich – Bildung von Kalkwasser bzw. Kalkmilch
Elektrische Leitfähigkeit	keine; in Lösung gut	keine; in Lösung gut	keine; in Lösung gut
Bau			
Art der Teilchen	positiv elektrisch geladene Natrium-Ionen und negativ elektrisch geladene Hydroxid-Ionen	positiv elektrisch geladene Kalium-Ionen und negativ elektrisch geladene Hydroxid-Ionen	positiv elektrisch geladene Calcium-Ionen und negativ elektrisch geladene Hydroxid-Ionen
Chemische Bindung	Ionenbindung	Ionenbindung	Ionenbindung
Verwendung	Bestandteil von Abflussreinigern und Industriereinigern; Herstellung von Seife; Konservierung alter Schriftstücke; Herstellung von Laugengebäck (sehr verdünnt)	Bestandteil von Industriereinigern, Herstellung von Schmierseife; Bestandteil von Nickel-Cadmium-Akkumulatoren	Herstellung von Kalkmörtel und von Düngemitteln; Einsatz in Abwasseraufbereitungsanlagen und in Rauchgasentschwefelungsanlagen; Hilfsmittel bei der Zuckerherstellung

Säuren **(Definition nach ARRHENIUS)**	Stoffe, deren wässrige Lösungen positiv elektrisch geladene Wasserstoff-Ionen enthalten $H_2SO_4 \text{ (l)} \Longleftrightarrow 2\,H^+ \text{ (aq)} + SO_4^{2-} \text{ (aq)}$

Wichtige Säuren und Säurerest-Ionen

Säure/Saure Lösungen		Säurerest-Ion	
Name	Formel	Formel	Name
Schwefelsäure	H_2SO_4	SO_4^{2-}	Sulfat-Ion
schweflige Säure	H_2SO_3	SO_3^{2-}	Sulfit-Ion
Salzsäure	HCl	Cl^-	Chlorid-Ion
Kohlensäure	H_2CO_3	CO_3^{2-}	Carbonat-Ion
Salpetersäure	HNO_3	NO_3^-	Nitrat-Ion

Saure Lösungen	entstehen bei der Reaktion der Oxide einiger Nichtmetalle mit Wasser. Nichtmetalloxid + Wasser $\longrightarrow$ saure Lösung Saure Lösungen leiten den elektrischen Strom. Für die saure Reaktion sind Wasserstoff-Ionen verantwortlich. Wasserstoff-Ionen bewirken bei Indikatoren eine typische Farbänderung. Saure Lösungen reagieren mit unedlen Metallen unter Bildung von Salzlösungen und Wasserstoff. Saure Lösung + unedles Metall $\longrightarrow$ Salzlösung + Wasserstoff
Basen **(Definition nach ARRHENIUS)**	Stoffe, deren wässrige Lösungen einfach negativ elektrisch geladene Hydroxid-Ionen enthalten $NaOH \text{ (s)} \rightleftarrows Na^+ \text{ (aq)} + OH \text{ (aq)}$

Alkalische Lösungen	Wässrige Lösungen, die Hydroxid-Ionen (OH^-) enthalten. Die Hydroxid-Ionen bewirken bei Indikatoren eine typische Farbänderung.
	
	Alkalische Lösungen entstehen z. B. durch:
	1. das Lösen von einigen Metallhydroxiden in Wasser
	  Metallhydroxid + Wasser $\longrightarrow$ alkalische Lösung
	
	2. die Reaktion der Oxide einiger Metalle mit Wasser
	  Metalloxid + Wasser $\longrightarrow$ alkalische Lösung
	
	3. die Reaktion einiger Metalle mit Wasser
	  Metall + Wasser $\longrightarrow$ alkalische Lösung + Wasserstoff

1   Säuren und saure Lösungen haben in der Chemie eine große Bedeutung.

a   Nenne drei charakteristische Eigenschaften einer Säure.

b   Nenne die typischen Teilchen einer sauren Lösung und erläutere deren Bildung.

c   Gib jeweils zwei Beispiele für eine Säure und eine saure Lösung an.

d   Beschreibe das Verhalten saurer Lösungen gegenüber von Metallen.

2   Chlorwasserstoff wird in Wasser eingeleitet.

a   Gib Namen und Formeln der Teilchen an, die in der entstandenen wässrigen Lösung vorliegen.

b   Formuliere eine begründete Aussage über das Verhalten dieser Lösung gegenüber Universalindikator.

3   Reine Schwefelsäure leitet nicht den elektrischen Strom und reagiert nicht sauer.

a   Begründe den in der Aufgabe formulierten Sachverhalt.

b   Formuliere für die Dissoziation von Schwefelsäure in Wasser die Dissoziationsgleichung.

c   Vergleiche die elektrische Leitfähigkeit zwischen reiner Schwefelsäure und der verdünnten Schwefelsäure. Begründe die Ergebnisse des Vergleichs.

d   Erkläre, warum verdünnte Schwefelsäure sauer reagiert.

4   Durch natürliche und vom Menschen hervorgerufene Prozesse befinden sich in der Atmosphäre verschiedene Nichtmetalloxide, z. B. Kohlenstoffdioxid, Schwefeldioxid und Stickstoffoxide. Außerdem befindet sich in der Atmosphäre Wasserdampf.

a   Erläutere mögliche Reaktionen, die zwischen diesen Oxiden und Wasser ablaufen können.

b   Formuliere für die Reaktionen von Kohlenstoffdioxid und Schwefeldioxid die jeweilige Wortgleichung.

c   Wie könntest du mithilfe eines einfachen Experiments nachweisen, dass in der Atmosphäre Reaktionen unter Bildung saurer Lösungen ablaufen?

5   Alkalische Lösungen werden in vielen Bereichen benötigt.

a   Nenne zwei Beispiele für alkalische Lösungen.

b   Nenne die typischen Teilchen einer alkalischen Lösung und erläutere zwei Möglichkeiten für ihre Bildung.

6   Festes Natriumhydroxid leitet im Unterschied zu Natronlauge nicht den elektrischen Strom. Erkläre mithilfe der Modellvorstellungen vom Bau des Natriumhydroxids diesen festgestellten Unterschied.

7   Magnesiumoxid wird unter ständigem Umrühren in warmes Wasser gegeben.

a   Beschreibe die ablaufende chemische Reaktion und formuliere eine Reaktionsgleichung in Ionenschreibweise.

b   Zu der Lösung wird Universalindikator getropft. Formuliere eine Voraussage über die zu erwartende Farbänderung des Indikators und begründe sie.

8   Beschreibe den Lösevorgang von Bariumhydroxid in Wasser mithilfe des Teilchenmodells. Formuliere die Ionengleichung für diesen Lösevorgang.

9   Auf den Etiketten vieler Reinigungsmittel steht der Hinweis „Vorsicht, nicht in die Augen bringen!". Begründe diesen Hinweis.

Aufgabe	Hilfe findest du auf Seite …	Verbindung der Aufgabe zu den Basiskonzepten ↑PSE im Anhang
1	189, 190, 191	T R
2	190, 191	T R
3	189, 190, 191	T R
4	194, 195	R
5	200, 201, 203	T R
6	203, 204	T S
7	200, 203	R
8	203	S R
9	201	T

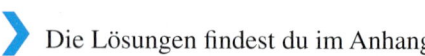 T Stoff-Teilchen-Beziehungen, S Struktur-Eigenschafts-Beziehungen, R Chemische Reaktion

> Die Lösungen findest du im Anhang.

Neutralisation

Zum Laichen verlassen die Lachse das Salzwasser der Meere und ziehen die Flüsse aufwärts. Die empfindlichen Tiere brauchen sauberes, sauerstoffreiches Wasser. Doch häufig sind die Flüsse verschmutzt und die Laichplätze der Lachse zu sauer oder auch zu alkalisch.

→ Was kann getan werden, damit das Wasser in den Flüssen nicht zu sauer oder zu alkalisch ist?

→ Wie kann die Wasserqualität bestimmt werden?

→ Was bedeutet die Aussage „Der pH-Wert stimmt nicht"?

→ Was geschieht bei einer Neutralisation und welche Bedeutung haben Neutralisationsreaktionen?

$$HCl + NaOH \rightarrow NaCl + H_2O$$

Welt der Chemie

pH-Werte im menschlichen Körper

Alle Vorgänge des menschlichen Stoffwechsels sind abhängig vom pH-Wert in den Zellen und Organen. Häufig können die verschiedenen chemischen Reaktionen in unserem Körper nur bei ganz bestimmten pH-Werten stattfinden.

JAHRGANG '96
pH = 7,37!

BLUT

Mund
Mundspeichel: pH = 6,8 bis 7,2
Bei diesen pH-Werten arbeitet das Speichelenzym Amylase optimal. Es zerlegt Stärke in den Zucker Maltose.

Haut
Frauen: pH = 5,6
Männer: pH = 4,9
Der Säureschutzmantel der Haut wehrt Bakterien und andere Krankheitserreger ab.

Lymphe
pH = 7,4
Die Lymphe bildet das flüssige Bindeglied zwischen Blut und Gewebe.

Magen
pH ≤ 2 (Magenwand)
bis 6,8 (Mageninneres)
Magensaft enthält Salzsäure mit einem Massenanteil von 0,5 % (pH = 1,0–1,5).
Die Salzsäure lässt Eiweiße gerinnen und aufquellen, sodass sie leichter verdaut werden können. Bakterien und andere Krankheitserreger, die mit der Nahrung in den Magen gelangen, werden abgetötet.

Blut
pH = 7,37 (venös), pH = 7,40 (arteriell)
Durch verschiedene Regulationssysteme wird der pH-Wert im Blut sehr konstant gehalten. Schon Abweichungen um 0,05 können zum Tod führen.

Harn
pH = 4,8 bis 7,7
Abweichungen lassen auf ernsthafte Erkrankungen schließen.

Dünndarm
pH = 5,6 nimmt bis 8,3 zu.
Wenn der saure Nahrungsbrei den Magen verlässt, wird er leicht alkalisch gemacht. In diesem Bereich wirken die Enzyme der Bauchspeicheldrüse und des Dünndarms am besten.

Dickdarm
pH-Wert zwischen 6,5 und 7,8
Im Dickdarm findet die Aufspaltung unverdauter Nahrungsreste durch Gärungs- und Fäulnisprozesse statt.

Selbst untersucht Reaktionen von sauren mit alkalischen Lösungen

1 Prüfe verschiedene Lösungen mit Indikatoren.

Schutzbrille! Spritzgefahr! Gib in vier Reagenzgläser je 2 ml destilliertes Wasser. Gib in das zweite außerdem fünf Tropfen 5%ige Salzsäure, in das dritte fünf Tropfen 5%ige Natronlauge (GHS 05) und in das vierte eine Spatelspitze Natriumchlorid. Versetze alle Proben mit fünf Tropfen Lackmuslösung. Wiederhole das Experiment mit Universalindikator- und Bromthymolblaulösung.
Überlege dir vorher, was du jeweils an Beobachtungen erwartest. Notiere deine Erwartungen und die Beobachtungen.
Entsorgung: Reste der Lösungen in den Sammelbehälter I geben.

2 Stelle eine Natronlauge mit einem bestimmten Gehalt her.

Schutzbrille! Stelle eine Natronlauge her, die in einem Liter Wasser 0,1 mol Natriumhydroxid enthält. Plane dazu die Vorgehensweise. Berechne die Masse Natriumhydroxid (GHS 05), die du in einem bestimmten Volumen destilliertem Wasser lösen musst.
Entsorgung: Reste der Lösungen in den Sammelbehälter I geben.

3 Untersuche das Verhalten einer sauren Lösung bei Zugabe einer alkalischen Lösung.

Schutzbrille! Spritzgefahr! Vermische in einem kleinen Becherglas 5 ml Wasser mit fünf Tropfen 5%iger Salzsäure. Gib vier Tropfen Universalindikatorlösung zu. Tropfe mit einer Tropfpipette 1%ige Natronlauge (GHS 07) zu.
Mische die Lösungen nach jedem Tropfen durch vorsichtiges Umschwenken des Becherglases.
Beschreibe das Verhalten des Indikators. Gib an, welche Teilchen bei den verschiedenen Färbungen des Indikators in der Lösung vorliegen müssen.
Entsorgung: Reste der Lösungen in den Sammelbehälter I geben.

4 Untersuche das Verhalten einer alkalischen Lösung bei Zugabe einer sauren Lösung.

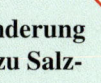

Schutzbrille! Wiederhole Experiment 3 unter Verwendung von Calciumhydroxidlösung und 2%iger Salpetersäure. Gib als Indikator vier Tropfen Phenolphthaleinlösung zu.
Beschreibe das Verhalten des Indikators. Welche Teilchen liegen bei den verschiedenen Färbungen des Indikators in der Lösung vor?
Entsorgung: Reste der Lösungen in den Sammelbehälter I geben.

5 Untersuche die Temperaturänderung bei Zugabe von Natronlauge zu Salzsäure.

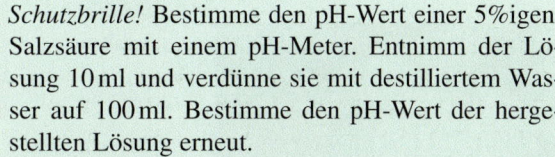

Schutzbrille! Spritzgefahr! Stelle ein Becherglas mit 30 ml 5%iger Salzsäure und eines mit 30 ml 5%iger Natronlauge (GHS 05) bereit. Ermittle die Temperatur beider Lösungen. Gib beide Lösungen zusammen und bestimme die Temperatur erneut.
Dampfe die entstandene Lösung vorsichtig ein. Betrachte den Rückstand mit einer Lupe.
Notiere deine Beobachtungen und deute die Veränderungen.
Entsorgung: Reste der Lösungen in den Sammelbehälter für Abwasser geben.

6 Bestimme den pH-Wert nach dem Verdünnen einer sauren und einer Lösung.

Schutzbrille! Bestimme den pH-Wert einer 5%igen Salzsäure mit einem pH-Meter. Entnimm der Lösung 10 ml und verdünne sie mit destilliertem Wasser auf 100 ml. Bestimme den pH-Wert der hergestellten Lösung erneut.
Wiederhole nun den Versuch mit 5%iger Natronlauge (GHS 05).
Notiere deine Beobachtungen.
Entsorgung: Reste der Lösungen in den Sammelbehälter I geben.

Saure, alkalische und neutrale Lösungen

In einem Aquarium müssen bestimmte Bedingungen vorliegen, damit sich die Fische wohlfühlen. Das Wasser darf weder zu sauer noch zu alkalisch (basisch) sein. Was ist zu tun, damit dieses Ziel erreicht werden kann?

1 Süßwasseraquarium

Schon gewusst?

Im 18. Jahrhundert brachten Fürsten die blau blühende Hortensie aus Japan für ihre Gärten in Europa mit. Dabei machten sie eine eigenartige Entdeckung: Die ursprünglich blau blühende Pflanze zeigte auf bestimmten Böden eine rote Blüte. Später fand man heraus, dass die Blütenfarbe davon abhängt, ob der Boden sauer oder alkalisch (basisch) ist.

Unterschiedliches Verhalten von Lösungen Wer ein Aquarium besitzt, sollte in bestimmten Zeitabständen den pH-Wert des Wassers kontrollieren. Auch in der Landwirtschaft sowie bei Seen und Flüssen wird untersucht, ob der Boden oder das Wasser sauer oder alkalisch ist. Häufig werden zur Untersuchung Indikatoren verwendet.

Wie bereits bekannt, zeigen bestimmte Farben der Indikatoren an, ob eine wässrige Lösung sauer oder alkalisch reagiert. In neutralen Lösungen, die weder sauer noch alkalisch sind, zeigt die Farbe des Indikators die Übergangsfarbe zwischen sauren und alkalischen Lösungen an. ↑E.1 S.209

Indikator	Farbe in saurer Lösung	Farbe in neutraler Lösung	Farbe in alkalischer Lösung
Universal-indikator	rot – orange – gelb	grün	blau
Lackmus	rot	violett	blau
Bromthymol-blau	gelb	grün	blau

Wie stark oder schwach sauer oder alkalisch eine Lösung ist, kann mithilfe des pH-Werts genau angegeben werden.

Die Aussagen über wässrige Lösungen lassen sich aber noch weiter präzisieren. Dazu muss die Konzentration einer Lösung genauer betrachtet werden.

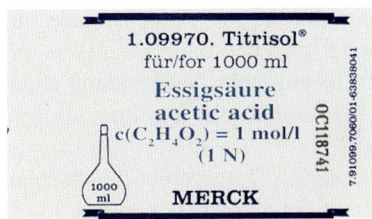

2 Etikett einer Chemikalienflasche

Konzentration von Lösungen Im Labor findet man auf Chemikalienflaschen mit Lösungen neben dem Namen der Lösung auch Angaben darüber, wie viel des gelösten Stoffes gelöst ist. Auch auf den Etiketten von Lösungen, die im Haushalt verwendet werden, wie Essigessenz und Speiseessig, gibt es Angaben über den Gehalt an Essigsäure in der Lösung.
Zwei Größen zur Gehaltsangabe einer Lösung, den Massen- und Volumenanteil, hast du bereits kennengelernt. ↑ S.60
Eine weitere Größe zur Gehaltsangabe, die sich aus der Stoffmenge des gelösten Stoffes ergibt, ist die **Stoffmengenkonzentration c**. Die Stoffmengenkonzentration des gelösten Stoffes in einer Lösung ist der Quotient aus der Stoffmenge des gelösten Stoffes und dem Volumen der Lösung. Die Einheit wird meist in mol/l angegeben.

$$c(\text{gelöster Stoff}) = \frac{n(\text{gelöster Stoff})}{V(\text{Lösung})} \qquad [c] = 1\ \frac{\text{mol}}{\text{l}}$$

Die Berechnung der Stoffmengenkonzentration soll am Beispiel der Natronlauge näher erläutert werden. Löst man 40 g Natriumhydroxid, also eine Stoffmenge von 1 mol, in 1 Liter Wasser, erhält man eine Natronlauge mit der Stoffmengenkonzentration $c(NaOH) = 1$ mol/l. Werden dagegen 20 g Natriumhydroxid, also eine Stoffmenge von einem halben Mol, in einem Liter Wasser gelöst, so ist die Stoffmengenkonzentration der Natronlauge nur $c(NaOH) = 0{,}5$ mol/l. ↑ E.2 S.209
Entsprechend besitzt eine Salzsäure mit 2 mol gelöstem Chlorwasserstoff in 1 Liter Salzsäure eine Stoffmengenkonzentration $c(HCl) = 2$ mol/l. Die **Massenkonzentration β** ist der Quotient aus der Masse des gelösten Stoffes und dem Volumen der Lösung. Mithilfe der molaren Masse kann die Stoffmengenkonzentration in die Massenkonzentration β umgerechnet werden. ↑ Tabelle Für die genannte Salzsäure ergibt sich eine Massenkonzentration $\beta(HCl) = 73$ g/l.

Die Stoffmengenkonzentration c ist der Quotient aus der Stoffmenge eines gelösten Stoffes und dem Volumen der Lösung.

3 Etiketten von Essigessenzflaschen

Stoffmengenkonzentration c – Stoffmenge n – Volumen V

$$c(\text{gelöster Stoff}) = \frac{n(\text{gelöster Stoff})}{V(\text{Lösung})}$$

$$n(\text{gelöster Stoff}) = c(\text{gelöster Stoff}) \cdot V(\text{Lösung})$$

$$V(\text{Lösung}) = \frac{n(\text{gelöster Stoff})}{c(\text{gelöster Stoff})}$$

Massenkonzentration β – molare Masse M – Stoffmengenkonzentration c

$$\beta(\text{gelöster Stoff}) = \frac{m(\text{gelöster Stoff})}{V(\text{Lösung})}$$

$$M(\text{Stoff}) = \frac{m(\text{Stoffportion})}{n(\text{Stoffportion})}$$

$$\beta(\text{gelöster Stoff}) = c(\text{gelöster Stoff}) \cdot M(\text{Stoff})$$

Aufgaben

1 Einer farblosen, mit Phenolphthalein versetzten Lösung wird nach und nach Natronlauge hinzugefügt. Was ist zu beobachten?

2 Welche Masse an Natriumhydroxid muss man jeweils in 5 Litern Wasser lösen, um Natronlauge mit der Stoffmengenkonzentration 0,5 mol/l, 1 mol/l bzw. 2 mol/l zu erhalten?

3 Citronensäure hat eine molare Masse von 192 g/mol. Berechne die Masse, die benötigt wird, um 3 Liter Citronensäurelösung mit der Stoffmengenkonzentration $c = 0{,}5$ mol/l herzustellen.

4 In einem halben Liter Kalilauge sind 28 g Kaliumhydroxid enthalten. Berechne die Massenkonzentration der Kalilauge.

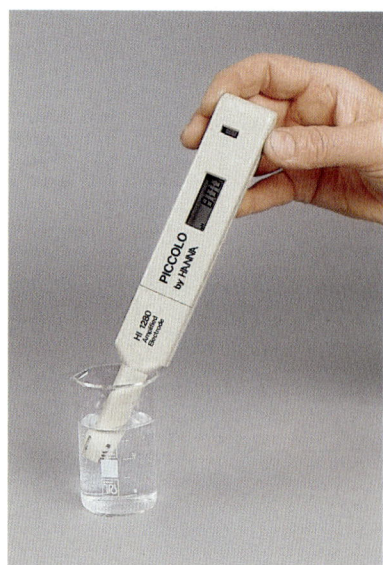

1 pH-Meter

Der pH-Wert Wie bereits bekannt, ist der pH-Wert eine Zahlenangabe zur genauen Kennzeichnung saurer, alkalischer und neutraler Lösungen. Er kann z. B. mithilfe von Universalindikatorlösung unter Verwendung einer Vergleichsskala bestimmt werden. ↑5, S.187 Eine exakte Bestimmung des pH-Wertes ermöglicht ein pH-Meter. ↑1

Der pH-Wert einer sauren Lösung ist kleiner als 7, der einer alkalischen Lösung größer als 7. Eine neutrale Lösung weist einen pH-Wert von 7 auf. Die pH-Wert-Skala umfasst Werte von 0 bis 14.

Wird eine Salzsäure auf das zehnfache Volumen verdünnt, so steigt der pH-Wert um 1 an. Verdünnt man eine Natronlauge auf das zehnfache Volumen, so sinkt der pH-Wert um 1. ↑E.6 S.209 Wie lässt sich das erklären?

Der pH-Wert beschreibt die Stoffmengenkonzentration der Wasserstoff-Ionen. In reinem Wasser gilt: $c(H^+) = 10^{-7}$ mol/l.

Daraus leitet sich der pH-Wert 7 ab. In einer Säurelösung mit pH = 1 beträgt die Stoffmengenkonzentration der Wasserstoff-Ionen 10^{-1} mol/l. Die Konzentration an Wasserstoff-Ionen ist um den Faktor 10^6, d. h. um das 1 000 000-Fache größer als in einer neutralen Lösung.

In neutralen Lösungen sind die Stoffmengenkonzentrationen der Wasserstoff-Ionen und der Hydroxid-Ionen gleich. Es gilt: $c(H^+) = c(OH^-)$.

Auch in alkalischen Lösungen gibt es immer eine wenn auch sehr geringe Konzentration an Wasserstoff-Ionen. Deswegen kann auch für diese Lösungen trotz des deutlichen Überschusses an Hydroxid-Ionen ein pH-Wert angegeben werden. Beispielsweise beträgt bei einer Lösung mit $c(OH^-) = 10^{-5}$ mol/l die Konzentration der Wasserstoff-Ionen $c(H^+) = 10^{-9}$ mol/l. Daraus ergibt sich für die Lösung ein pH-Wert von 9.

Die Stoffmengenkonzentration an Wasserstoff-Ionen bestimmt den pH-Wert einer wässrigen Lösung.

Zusammenhang der Stoffmengenkonzentrationen der Wasserstoff-Ionen und Hydroxid-Ionen in mol/l und dem pH-Wert		
$c(H^+)$	pH-Wert	$c(OH^-)$
10^{-1}	1	10^{-13}
10^{-3}	3	10^{-11}
10^{-5}	5	10^{-9}
10^{-7}	7	10^{-7}
10^{-9}	9	10^{-5}
10^{-11}	11	10^{-3}
10^{-13}	13	10^{-1}

pH-Wert	0 2 3 4 5 6 7 8 9 10 11 12 13 14				
Eigenschaft der Lösung	stark sauer	schwach sauer	neutral	schwach alkalisch	stark alkalisch
Ionen im Überschuss	Wasserstoff-Ionen (H⁺)			Hydroxid-Ionen (OH⁻)	

2 Kartoffeln gedeihen auf leicht saurem Boden.

3 Raps benötigt leicht alkalischen Boden.

Optimale pH-Werte des Bodens für Kulturpflanzen	
Kulturpflanze	pH-Wert
Roggen	4,8–6,5
Kartoffeln	5,0–6,0
Tomaten	5,5–7,0
Mais	5,8–7,0
Zuckerrüben	6,5–7,5
Weizen	6,5–7,5
Bohnen	6,5–7,8
Spargel	6,5–7,8
Gerste	6,5–8,0
Raps	7,0–8,0

Bedeutung des pH-Werts Die meisten Pflanzen gedeihen nur auf einem Boden mit einem bestimmten pH-Wert. Deshalb hat der pH-Wert des Bodens für die Landwirtschaft eine besonders große praktische Bedeutung. Kulturpflanzen gedeihen nur auf Böden mit einem für sie optimalen Bereich des pH-Werts. So wächst z. B. Weizen nur auf beinahe neutralem Boden, während Kartoffeln sauren Boden vertragen. ↑2

An einigen wild wachsenden Pflanzen, den Zeigerpflanzen, kann der pH-Wert des Bodens erkannt werden. So wachsen Heidelbeeren oder Sauerampfer nur auf sauren Böden, während die Ackerkratzdistel auf schwach alkalischen Böden gedeiht.

Vom pH-Wert ist u. a. die Verfügbarkeit von Nährsalzen für die Pflanze abhängig. So lösen sich z. B. Nährsalze, die Eisen-Ionen enthalten, schlecht in alkalischen Böden und können von der Pflanze nicht aufgenommen werden. Ein zu saurer Boden, wie er beispielsweise durch den sauren Regen verursacht wird, schädigt häufig die Wurzeln der Pflanzen.

Auch die Lebewesen im Wasser benötigen einen für sie optimalen pH-Wert. Beim Einrichten eines Aquariums ist es daher wichtig, Fische auszuwählen, die die gleichen Ansprüche an das Wasser stellen. Das Wasser im Süßwasseraquarium sollte einen pH-Wert von 5,5 bis 7,5 besitzen, im Meerwasseraquarium sollte ein pH-Wert von 8,0 bis 8,5 eingestellt sein.

4 Das Wasser im Meerwasseraquarium sollte einen pH-Wert von 8 bis 8,5 haben.

Aufgaben

1 Erläutere den Zusammenhang zwischen dem pH-Wert und der Stoffmengenkonzentration an Wasserstoff-Ionen in einer wässrigen Lösung.
2 Auf dem Etikett einer Seifenlotion steht: pH-hautneutral. Erkunde, was unter dieser Angabe zu verstehen ist.
3 Begründe, warum es erforderlich ist, den pH-Wert in einem Aquarium ständig zu kontrollieren.

4 Der Rasen eines gepflegten Gartens ist total mit Moos überwuchert.
a Erläutere mögliche Ursachen für den Moosbefall.
b Gib Möglichkeiten an, diesen Zustand zu verändern.
5 Erkundige dich über die Beschaffenheit des Waldbodens deiner Umgebung. Handelt es sich um einen sauren oder alkalischen Boden. Welche Bäume wachsen in dem Wald?

Neutrale Lösungen – Neutralisation

Saurer Regen kann zur Übersäuerung der Äcker führen. Um der Übersäuerung entgegenzuwirken, werden die Böden gekalkt. Warum kann Kalken bei der Übersäuerung des Bodens helfen? Was passiert dabei?

1 Kalken eines sauren Bodens

2 Zugabe von Natronlauge zu Salzsäure – vorher (oben) und nachher (unten); Lösungen enthalten Universalindikator.

Reaktion einer sauren mit einer alkalischen Lösung Wird zu verdünnter Salzsäure, die mit Universalindikator versetzt ist, tropfenweise verdünnte Natronlauge gegeben, so ändert sich die Farbe des Indikators nach Zugabe eines bestimmten Volumens Natronlauge nach Grün. ↑E.3 S.209 Es ist eine neutrale Lösung entstanden. Auch bei Zugabe eines bestimmten Volumens verdünnter Salpetersäure zu Calciumhydroxidlösung entsteht eine neutrale Lösung. ↑E.4 S.209 Chemische Reaktionen, bei denen saure Lösungen mit alkalischen Lösungen zu neutralen Lösungen reagieren, werden als Neutralisationen bezeichnet.

Die Neutralisation – eine chemische Reaktion Bei Zugabe von Salzsäure zu Natronlauge ist ein starker Temperaturanstieg festzustellen. ↑E.5 S.209 Das zeigt, dass die Neutralisation exotherm verläuft. Bei der Neutralisation von Natronlauge mit Salzsäure reagieren positiv elektrisch geladene Wasserstoff-Ionen der Salzsäure mit negativ elektrisch geladenen Hydroxid-Ionen der Natronlauge zu Wassermolekülen. Bei dieser Neutralisation ist also eine wässrige Natriumchloridlösung entstanden. Beim Eindampfen der entstandenen wässrigen Lösung bleiben farblose Kristalle von Natriumchlorid zurück. ↑E.5 S.209
Die Reaktionsgleichung für die Reaktion von Natronlauge mit Salzsäure wird als **ausführliche Ionengleichung** bezeichnet, wenn alle an der Reaktion beteiligten Ionen angegeben werden.

$$H^+ (aq) + Cl^- (aq) \ + \ Na^+ (aq) + OH^- (aq) \longrightarrow$$
$$Na^+ (aq) + Cl^- (aq) + H_2O \ (l) \,|\,exotherm$$

Salzsäure   Natronlauge Natriumchloridlösung

Werden nur die reagierenden Ionen berücksichtigt, wird dies als **verkürzte Ionengleichung** bezeichnet.

$$H^+ (aq) + OH^- (aq) \longrightarrow H_2O \ (l) \ | \ exotherm$$

Diese Gleichung gilt für alle Neutralisationsreaktionen.

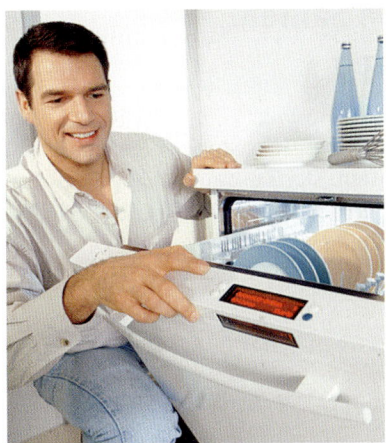

3 Spülmaschine: alkalisches Spülmittel, saurer Klarspüler

4 Bestimmung der Stoffmengenkonzentration saurer oder alkalischer Lösungen durch Titration

Bedeutung der Neutralisation Neutralisationen sind im Alltag, in der Natur und in der Technik von großer Bedeutung. Um saure oder alkalische (basische) Abwässer gefahrlos entsorgen zu können, werden sie in Abwasseraufbereitungsanlagen mit Salzsäure, Schwefelsäure, Natronlauge oder Calciumhydroxid neutralisiert.

In der Spülmaschine wird das alkalische Spülmittel im Klarspülgang mit der sauren Lösung eines Klarspülers versetzt. Durch den sauren Regen oder durch Stoffwechselvorgänge in den Pflanzen kann der Boden sauer werden. Die Aufnahme von wichtigen Mineralstoffen durch die Pflanze wird dadurch eingeschränkt oder sogar verhindert. Kalkdünger schaffen einen für die Pflanzen günstigen pH-Wert. Bei der Verbrennung fossiler Brennstoffe wie Kohle entstehen schwefeldioxidhaltige Rauchgase. Diese verursachen u. a. den sauren Regen. In den Rauchgasentschwefelungsanlagen der Kraftwerke wird das Schwefeldioxid in Wasser gelöst. Die entstehende saure Lösung wird mit einer Calciumhydroxid-Aufschlämmung neutralisiert.

Im Labor lassen sich mithilfe der Neutralisation Stoffmengenkonzentrationen von sauren und alkalischen Lösungen bestimmen. Die Bestimmung der Stoffmengenkonzentration kann durch sogenannte Titrationen ↑4 oder Untersuchungen der elektrischen Leitfähigkeit erfolgen.

Die Neutralisation ist eine chemische Reaktion, bei der Wasserstoff-Ionen mit Hydroxid-Ionen zu Wassermolekülen reagieren.
$$H^+ (aq) + OH^- (aq) \longrightarrow H_2O (l)$$

Schon gewusst?

Auch beim Färben von Haaren laufen Neutralisationen ab. Um das Haar für die Farbstoffe aufzuschließen, werden alkalische Lösungen eingesetzt. Nach dem Färbeprozess werden diese mit sauren Spülungen neutralisiert.

Aufgaben

1 Woran ist zu erkennen, dass eine Neutralisation stattgefunden hat?

2 Formuliere die ausführlichen Ionengleichungen für die Reaktionen von Phosphorsäure mit Kalilauge und Schwefelsäure mit Calciumhydroxidlösung.

3 Beim Kalken von Böden wird häufig Branntkalk (Calciumoxid) verwendet. Weise nach, dass es sich dabei um eine Neutralisation handelt.

4 Begründe, warum es bei einer Neutralisationsreaktion ausreichend ist, die Reaktionsgleichung in verkürzter Ionenschreibweise anzugeben.

Bau und Eigenschaften von Säuren, Metallhydroxiden und Salzen

Säuren, Metallhydroxide und Salze im Vergleich Stoffe zeigen aufgrund ihres Baus charakteristische Eigenschaften. Der Zusammenhang zwischen dem Bau und den Eigenschaften lässt sich bei den Stoffklassen der Säuren, Metallhydroxide und Salze deutlich erkennen. ↑Tabelle

Vergleich von Stoffen aus verschiedenen Stoffklassen			
Stoffklasse	Metallhydroxide	Säuren	Salze
Beispiel	Kaliumhydroxid	Chlorwasserstoffsäure	Kaliumchlorid
Bau der Stoffe Art der Teilchen	positiv elektrisch geladene Kalium-Ionen und negativ elektrisch geladene Hydroxid-Ionen	Chlorwasserstoffmoleküle; in Lösung: positiv elektrisch geladene Wasserstoff-Ionen und negativ elektrisch geladene Chlorid-Ionen	positiv elektrisch geladene Kalium-Ionen und negativ elektrisch geladene Chlorid-Ionen
Chemische Bindung	Ionenbindung	polare Atombindung	Ionenbindung
Eigenschaften der Stoffe Wasserlöslichkeit	gut löslich – Bildung von Kalilauge	gut löslich – Bildung von Salzsäure	gut löslich
Elektrische Leitfähigkeit	keine; in Lösung gut	keine; in Lösung gut	keine; in Lösung gut
Färbung von Universalindikator	alkalische Lösung färbt diesen blau	saure Lösung färbt diesen gelb bis rot	Salzlösung färbt diesen grün
weitere Eigenschaften	alkalische Lösung fühlt sich seifig an	saure Lösung reagiert mit unedlen Metallen unter Wasserstoffbildung; saure Lösung reagiert mit Kalkstein unter Kohlenstoffdioxidbildung	

Bildung von Säuren, Metallhydroxiden und Salzen Möglichkeiten für die Bildung von Säuren, Metallhydroxiden und Salzen lassen sich so übersichtlich darstellen:

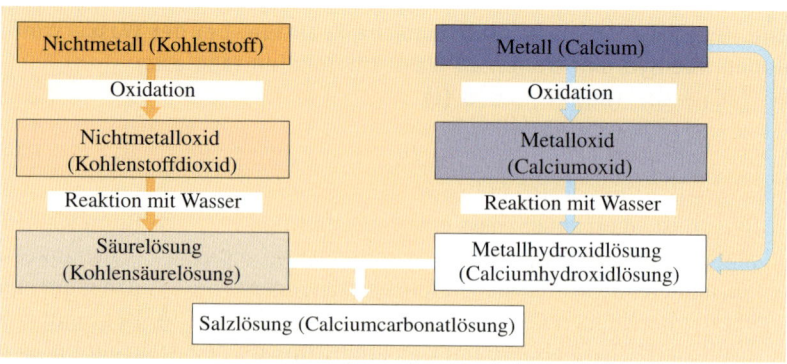

1 Bildungsreaktionen im Überblick

| Neutrale Lösung | Eine neutrale Lösung enthält genauso viele Wasserstoff-Ionen wie Hydroxid-Ionen. Sie ist weder sauer noch alkalisch. Ihr pH-Wert beträgt 7. |

Neutrale Lösung — Eine neutrale Lösung enthält genauso viele Wasserstoff-Ionen wie Hydroxid-Ionen. Sie ist weder sauer noch alkalisch. Ihr pH-Wert beträgt 7.

pH-Wert — Der pH-Wert ist ein Maß für den Gehalt einer Lösung an Wasserstoff-Ionen. Er wird aus der Stoffmengenkonzentration der Wasserstoff-Ionen berechnet.

Stoffmengenkonzentration — Quotient aus der Stoffmenge des gelösten Stoffes und dem Volumen der Lösung. Die Einheit ist mol/l.

$$c(\text{gelöster Stoff}) = \frac{n(\text{gelöster Stoff})}{V(\text{Lösung})} \qquad [c] = \frac{\text{mol}}{\text{l}}$$

pH-Wert von Lösungen

Lösung	Saure Lösung	Neutrale Lösung	Alkalische Lösung
Charakteristische Teilchen	Wasserstoff-Ionen H^+	Wassermoleküle H_2O	Hydroxid-Ionen OH^-
pH-Wert	pH < 7	pH = 7	pH > 7
Stoffmengenkonzentration	$c(H^+) > c(OH^-)$	$c(H^+) = c(OH^-)$	$c(OH^-) > c(H^+)$
Nachweis mit Lackmus	rot	violett	blau
Nachweis mit Universalindikator	rot – orange – gelb	grün	blau

Neutralisation — Chemische Reaktion, bei der Wasserstoff-Ionen einer sauren Lösung mit den Hydroxid-Ionen einer alkalischen Lösung zu Wassermolekülen reagieren. Neutralisationen verlaufen exotherm.

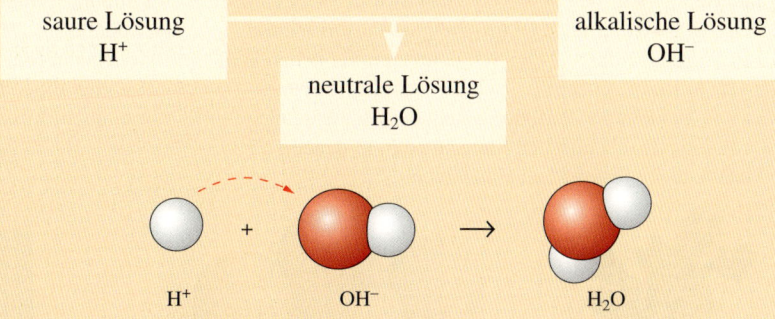

saure Lösung H^+ — neutrale Lösung H_2O — alkalische Lösung OH^-

H^+ + OH^- → H_2O

Bedeutung der Neutralisation
– Gefahrlose Entsorgung saurer oder alkalischer Abwässer
– Optimale Einstellung des pH-Werts bei Gewässern sowie Kultur- und Ackerböden
– Quantitative Analyse von sauren oder alkalischen Lösungen

Basiskonzepte für das Fachwissen in Chemie

Die Chemie ist aus unserem Leben nicht wegzudenken, sie stellt an uns ständig neue Fragen. Damit du mit der Vielfalt an fachlichem Wissen besser umgehen kannst, werden dir vier Basiskonzepte vorgestellt, um die es im Chemieunterricht immer wieder geht.

Basiskonzepte helfen dir, Gemeinsamkeiten und Zusammenhänge zwischen den einzelnen Themen zu erkennen und sie leichter in ein großes Wissensnetz der Chemie einzuordnen – so kannst du auch das Wesentliche aus den einzelnen Kapiteln leichter verstehen.

Basiskonzept Stoffe und ihre Teilchen

Betrachte Schneeflocken unter der Lupe – sie bestehen aus vielen wunderschönen Kristallen. Doch sie sind vergänglich: Im Warmen schmilzt der Kristall und wird zu einem Wassertropfen, der schließlich verdampft. Diese Vorgänge sind erklärbar, wenn man weiß, aus welchen Teilchen der Stoff Wasser aufgebaut ist. Modelle vom Aufbau des festen Wassers, des flüssigen und gasförmigen Wassers erklären die sichtbaren Erscheinungsformen dieses Stoffes, z. B. den Schneekristall.

Wichtige Inhalte des Basiskonzepts:
– Eigenschaften und Besonderheiten von Stoffen
– Modelle vom Bau der Teilchen
– Modelle vom Aufbau der Stoffe
– Zusammenhalt in Stoffen
– Vielfalt und Nachweis der Stoffe
– Chemische Zeichensprache

Eiskristalle – festes Wasser

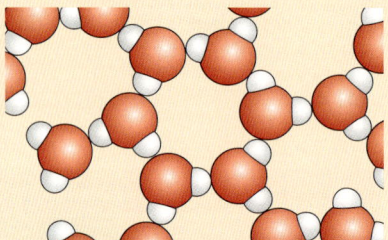

Teilchenmodell vom Bau des Wassers

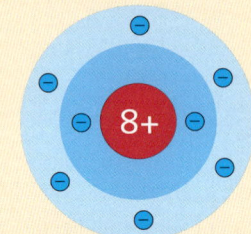

Atommodell des Sauerstoffatoms

Basiskonzept Struktur der Stoffe und ihre Eigenschaften

Viele Stoffe ähneln sich in ihren Eigenschaften: So leiten alle Metalle Wärme und elektrischen Strom. Sie zeichnen sich durch metallischen Glanz und gute Verformbarkeit aus. Warum ist das so? Der Schlüssel zum Verstehen liegt in der Struktur der Stoffe, nach der sich Stoffe ordnen lassen. So stellt das Periodensystem der Elemente eine Ordnung aller chemischen Elemente dar, in denen z. B. Metalle einen festen Platz einnehmen.

Wichtige Inhalte des Basiskonzepts:
– Ordnungsprinzipien für Stoffe
– Modelle zur Deutung von Stoffeigenschaften auf Teilchenebene
– Aus den Eigenschaften der Stoffe auf ihre Verwendung schließen; Auswirkungen auf die Umwelt erkennen

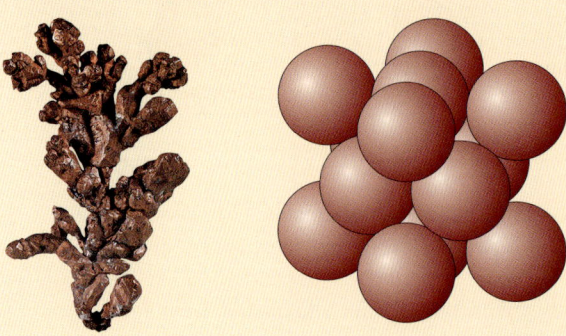

Kupfer

Teilchenmodell vom Bau des Kupfers

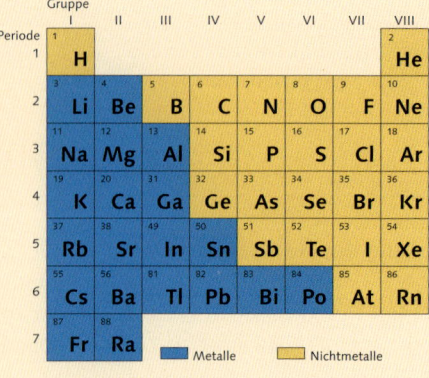

Periodensystem der Elemente

Basiskonzept Chemische Reaktionen

Sie sind das Spannendste im Chemieunterricht: Wenn mit hellem Licht, Zischen und Knallen neue Stoffe entstehen und Farben aufleuchten, dann finden chemische Reaktionen statt. Um zu verstehen, wie neue Stoffe gebildet werden und unter welchen Bedingungen dies geschehen kann – dazu musst du dich mit diesem Basiskonzept auskennen. Chemische Reaktionen lassen sich unter Verwendung der Zeichensprache kurz und international verständlich aufschreiben – ein Geheimcode, den man lernen kann.

Wichtige Inhalte des Basiskonzepts:
– Umwandeln von Stoffen in andere
– Chemische Zeichensprache
– Veränderung von Teilchen bei chemischen Reaktionen
– Reaktionsarten
– Stoffkreisläufe in Natur und Technik

Chemische Reaktion – Umwandlung von Stoffen

Wärmeabgabe

Aktivierung, z.B. Entzünden

Aktivierung als Reaktionsbedingung

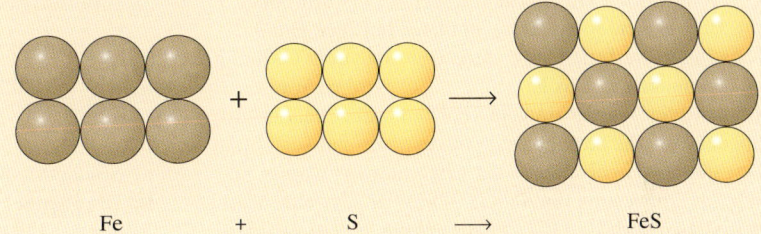

Fe + S ⟶ FeS

Veränderung von Teilchen bei einer chemischen Reaktion

Basiskonzept Energie

Ohne Benzin läuft im Auto kein Motor. Im Benzin ist chemische Energie gespeichert und die wird durch Verbrennung in andere Energieformen umgewandelt. Das Auto setzt sich in Bewegung.
Bei vielen chemischen Reaktionen wird Wärme freigesetzt, bei anderen Reaktionen muss ständig Wärme zugeführt werden. Auch Lichterscheinungen kannst du häufig beobachten. Chemikerinnen und Chemiker müssen sich damit auskennen, wenn ihre Experimente gelingen sollen.

Wichtige Inhalte des Basiskonzepts:
– Energetische Erscheinungen bei chemischen Reaktionen
– Energieumwandlung bei chemischen Reaktionen
– Beeinflussbarkeit chemischer Reaktionen durch den Einsatz von Katalysatoren

Energetische Erscheinungen bei einer chemischen Reaktion

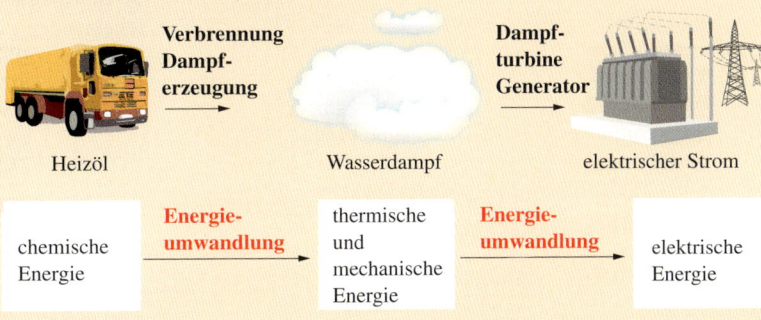

Heizöl

Verbrennung Dampferzeugung ⟶

Wasserdampf

Dampfturbine Generator ⟶

elektrischer Strom

chemische Energie	Energieumwandlung ⟶	thermische und mechanische Energie	Energieumwandlung ⟶	elektrische Energie

Energieumwandlungen bei einer chemischen Reaktion

Lösungen zu den Check-up-Aufgaben

Stoffgemische (Seite 36)

1 Eigenschaften, die einen Stoff charakterisieren, sind z. B. Farbe, Geruch, elektrische Leitfähigkeit, Löslichkeit, Dichte, Siedetemperatur und Schmelztemperatur.

2 Die Eigenschaftskombination trifft auf den Stoff Zink zu.

3 Die Siede- und Kondensationstemperatur eines Stoffes stimmen überein, sodass die Angabe der Siedetemperatur ausreicht.

4 Im Eis sind die Wasserteilchen regelmäßig angeordnet. Die Teilchen schwingen um ihre Plätze. Erwärmt man das Eis, so werden die Schwingungen heftiger. Bei 0 °C schwingen die Teilchen so stark, dass die starre Ordnung zusammenbricht. Das Eis schmilzt, es wird zu Wasser. Im flüssigen Wasser sind die Teilchen unregelmäßig fest angeordnet. Sie bewegen sich hin und her und verschieben sich dabei gegeneinander. Erwärmt man Wasser, so wird die Bewegung der Teilchen heftiger. Einzelne Wasserteilchen verlassen die Wasseroberfläche. Das Wasser verdunstet. Wenn die Siedetemperatur von 100 °C erreicht ist, bewegen sich die Wasserteilchen so stark und die Abstände zwischen ihnen werden so groß, dass sich die Teilchen voneinander trennen. Das Wasser verdampft, es entsteht Wasserdampf.

5 Der Essiggeruch in der Küche ist auf die selbstständige Durchmischung von Essigteilchen mit den Teilchen der Luft zurückzuführen. Dieser Vorgang wird als Diffusion bezeichnet. Die Ursache dafür ist die ständige regellose Bewegung der Essigteilchen und der Teilchen der Luft.

6 Ein Reinstoff besteht nur aus einer Stoffart, hat einheitlich gleichbleibende Eigenschaften und kann nicht weiter getrennt werden.
Ein Stoffgemisch besteht aus mindestens zwei Reinstoffen. Es hat keine einheitlich gleichbleibenden Eigenschaften und es kann wieder in Reinstoffe getrennt werden.

7 a)

Reinstoffe	Stoffgemische
Kupferblech	Ackerboden
Eisenschraube	Luft
Schwefelpulver	Kochsalzlösung
destilliertes Wasser	Apfelsaft (klar)
	Orangennektar
	Schmuckgold
	Mayonnaise

b)

Homogene Stoffgemische	
Stoffgemisch	Art des Stoffgemisches
Luft	Gasgemisch
Kochsalzlösung	Lösung
Apfelsaft (klar)	Lösung
Schmuckgold	Legierung

Heterogene Stoffgemische	
Stoffgemisch	Art des Stoffgemisches
Ackerboden	Gemenge (Feststoffgemisch)
Orangennektar	Aufschlämmung (Suspension)
Mayonnaise	Emulsion

8 a) Solche Medikamente sind Suspensionen.
b) Die Partikel des Feststoffes setzen sich wieder am Boden der Flasche ab. Die Suspension entmischt sich wieder.

9 a) Folgende Tätigkeiten sind durchzuführen:
1. Schutzbrille aufsetzen.
2. Luft- und Gaszufuhr am Brenner schließen.
3. Gasschlauch prüfen. Er muss fest mit dem Brenner und der Gasentnahmestelle verbunden sein.
4. Gashahn erst am Tisch und dann am Brenner öffnen.
5. Ausströmendes Gas sofort an der Brennermündung entzünden.
6. Flammengröße regulieren.
7. Luftzufuhr nach Bedarf öffnen.
b) Beim Erhitzen von Flüssigkeiten im Reagenzglas muss das Reagenzglas ständig über der Brennerflamme bewegt werden, damit es nicht zum plötzlichen Herausspritzen von Flüssigkeit kommt. Die Reagenzglasöffnung darf dabei nie auf andere Mitschüler gerichtet sein.
c) Im Chemieunterricht wird vor allem mit der nicht leuchtenden Flamme gearbeitet.

10 Gesucht: ϱ(Olivenöl)
Gegeben: m(Olivenöl) = 27,6 g
V(Olivenöl) = 30 ml = 30 cm^3
Lösung: $\varrho(\text{Olivenöl}) = \dfrac{m(\text{Olivenöl})}{V(\text{Olivenöl})}$

$\varrho(\text{Olivenöl}) = \dfrac{27,6\,\text{g/mol}}{30\,\text{cm}^3} = 0,92\,\text{g/cm}^3$

Ergebnis: Die Dichte des Olivenöls beträgt 0,92 g/cm^3.

11 Viele Chemikalien sind Gefahrstoffe. Die Vorratsgefäße sind deshalb so zu beschriften, dass der Inhalt genau gekennzeichnet ist.

Gefahren müssen eindeutig erkennbar sein, sodass gesundheitliche Schäden vermieden werden können. Behälter für Lebensmittel dürfen für die Aufbewahrung von Chemikalien nicht verwendet werden, da es dadurch leicht zu Verwechslungen und damit zu schweren Gesundheitsschäden kommen kann.

12 Eine Stoffumwandlung ist beispielsweise das Herstellen von Karamellbonbons. Beim Erhitzen von Zucker in der Pfanne entsteht eine hellbraune, zähflüssige Masse, aus der sich Bonbons formen lassen. Dabei ist eine bleibende Veränderung der Stoffe eingetreten. Neue Stoffe sind entstanden. Wenn hingegen Eis erhitzt wird, kommt es zu keiner Stoffumwandlung. Das Eis wird flüssig. Demnach verändert der Stoff Wasser lediglich seinen Aggregatzustand. Die Veränderung der Eigenschaften ist nicht bleibend. Beim erneuten Abkühlen gefriert das Wasser wieder zu Eis.

13 a) Das Brennen einer Kerze ist eine Stoffumwandlung. Das Kerzenwachs wird dabei zu gasförmigen Stoffen umgesetzt. Ruß setzt sich z. B. an einer Porzellanschale, die über die Flamme gehalten wird, ab.

b) Das Herstellen einer Essiglösung ist keine Stoffumwandlung, sondern lediglich ein Lösevorgang. Die Stoffe durchmischen sich, ihre Eigenschaften bleiben erhalten.

c) Beim Bleigießen wird das flüssige Blei in kaltes Wasser gegossen und erstarrt. Dabei ändert sich lediglich der Aggregatzustand von Blei.

d) Beim Braten von Eiern kommt es zu einer Stoffumwandlung. Das Eiweiß gerinnt, das Ei wird fest und verändert seinen Geschmack.

e) Beim Erhitzen eines Glasstabs erweicht er und verformt sich. Es findet keine Stoffumwandlung statt.

Chemische Reaktionen (Seite 50)

1 Keine Stoffumwandlung ist das Schmelzen von Butter oder das Erstarren von Wasser zu Eis. Keine Stoffumwandlung ist auch das Herstellen eines Stoffgemischs, etwa beim Lösen von Salz in Wasser.

2 a) Beim Entzünden eines Streichholzes findet eine chemische Reaktion statt, erkennbar am Durchglühen des Streichholzkopfes. Auch nach Entfernen der Flamme brennt das Streichholz unter starker Wärme- und Lichtabgabe weiter.

b) Beim Herstellen einer Zuckerlösung entsteht ein Stoffgemisch. Die Eigenschaften der beiden Reinstoffe Zucker und Wasser bleiben im Stoffgemisch erhalten. Keine chemische Reaktion.

c) Beim Rosten von Eisen findet eine chemische Reaktion statt. Durch Einwirkung von Luft und Feuchtigkeit wird Eisen in den rotbraunen, porösen Rost umgewandelt.

d) Beim Auflösen einer Brausetablette findet eine chemische Reaktion statt. Es bildet sich ein neuer gasförmiger Stoff.

e) Beim Erhitzen in der Pfanne wandelt sich der Zucker in einen neuen Stoff mit anderen Eigenschaften um: Die Karamellmasse ist braun, zähflüssig und hat ein herbes Aroma. Eine chemische Reaktion findet statt.

f) Beim Schmelzen von Eis verändert sich lediglich der Aggregatzustand von Wasser. Keine chemische Reaktion.

3 Schwefel und Kupfer reagieren miteinander zu Kupfersulfid. Schwefel und Kupfer sind die Ausgangsstoffe, Kupfersulfid das Reaktionsprodukt. Aus rotbraunem Kupferpulver und gelbem Schwefelpulver ist ein neuer Stoff, das schwarze, feste Kupfersulfid, entstanden. Eine Stoffumwandlung fand statt. An dem Durchglühen des Stoffgemisches ist die Energieumwandlung zu erkennen. Die chemische Reaktion ist exotherm.

4
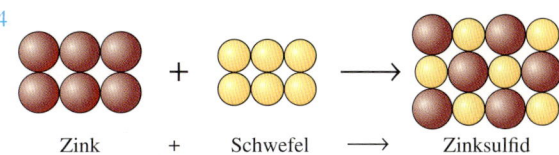

Zink + Schwefel ⟶ Zinksulfid

5 Kupfer reagiert mit Sauerstoff zu Kupferoxid. Merkmale der chemischen Reaktion:

1. Chemische Reaktionen sind Stoffumwandlungen, bei denen neue Stoffe mit anderen Eigenschaften entstehen. Aus den Ausgangsstoffen Kupfer (rotbraun, fest) und Sauerstoff (farb- und geruchlos, gasförmig) entsteht Kupferoxid (schwarz, fest).

2. Chemische Reaktionen sind immer mit Energieumwandlungen verbunden. Ein Teil der chemischen Energie der Ausgangsstoffe wird in thermische Energie und Strahlungsenergie umgewandelt. Kupfer reagiert mit Sauerstoff unter Aufglühen und Wärmeentwicklung.

3. Bei einer chemischen Reaktion werden die Teilchen umgruppiert und verändert. Die Teilchen der Ausgangsstoffe Kupfer und Sauerstoff verändern sich und gruppieren sich zu den Teilchen des Reaktionsprodukts Kupferoxid um.

Kupfer (s) + Sauerstoff (g) ⟶ Kupferoxid (s)

6 Der Reaktionspfeil zeigt die Richtung der chemischen Reaktion an und wird als „reagieren zu" gelesen.

7 a) Zink und Schwefel reagieren zu Zinksulfid in einer exothermen Reaktion. Die Energie der Ausgangsstoffe Zink und Schwefel ist größer als die des Reaktionsprodukts Zinksulfid. Ein Teil der chemischen Energie der Ausgangsstoffe wird in thermische Energie umgewandelt und als Wärme abgegeben.

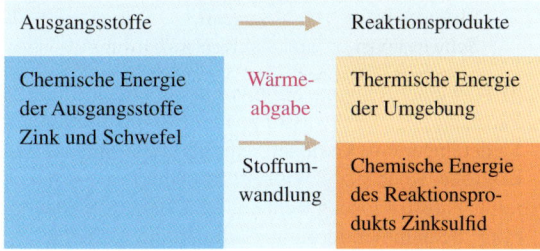

Ausgangsstoffe	⟶	Reaktionsprodukte
Chemische Energie der Ausgangsstoffe Zink und Schwefel	Wärmeabgabe	Thermische Energie der Umgebung
	Stoffumwandlung	Chemische Energie des Reaktionsprodukts Zinksulfid

b) Beim Erhitzen von Kalkstein entstehen Branntkalk und Kohlenstoffdioxid. Der Ausgangsstoff muss ständig hoch erhitzt werden, damit die Reaktionsprodukte entstehen. Es findet eine endotherme Reaktion statt. Die chemische Energie der Reaktionsprodukte Branntkalk und Kohlenstoffdioxid ist größer als die des Ausgangsstoffs Kalkstein.

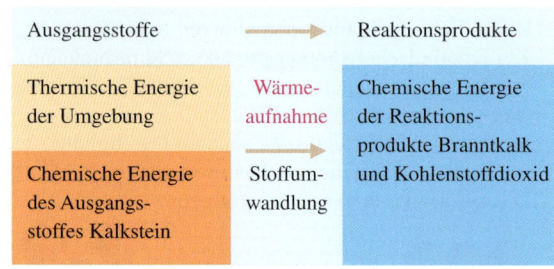

Ausgangsstoffe		Reaktionsprodukte
Thermische Energie der Umgebung	Wärmeaufnahme	Chemische Energie der Reaktionsprodukte Branntkalk und Kohlenstoffdioxid
Chemische Energie des Ausgangsstoffes Kalkstein	Stoffumwandlung	

8 Blaues Kupfersulfat geht beim Erhitzen in weißes Kupfersulfat über. Dabei wird zusätzlich Wasser gebildet. Wird nach dem Abkühlen dem weißen Kupfersulfat Wasser zugesetzt, bildet sich blaues Kupfersulfat unter Wärmeabgabe zurück.

9 Bei der Zubereitung von Nahrungsmitteln, beim Kochen, Braten oder Backen finden Stoffumwandlungen statt. Die neuen Stoffe haben andere Eigenschaften als vor der Zubereitung, sie werden durch die chemischen Reaktionen häufig schmackhafter und bekömmlicher. Fleisch verändert beim Braten seine Farbe, Form und Struktur. Die entstehenden Stoffe sind verantwortlich für den typischen Geschmack von Gebratenem.

Wasser (Seite 68)

1 Leitungswasser ist frei von Schadstoffen und eignet sich deshalb hervorragend für den menschlichen Genuss. Es ist ein gutes Lösemittel für viele gasförmige, flüssige und feste Stoffe. Der Mensch sollte mindestens 1 bis 1,5 Liter davon täglich zu sich nehmen, um etwa Abbauprodukte des Stoffwechsels mit dem Urin aus dem Körper ausschwemmen zu können.
Wasser siedet bei 100 °C. Dies ermöglicht die Zubereitung von Speisen beim Kochen.

2 a)

Trennverfahren		
Sieben, Filtrieren, Sedimentieren	Dekantieren, Schwimm- und Sinkverfahren	Eindampfen, Destillieren, Adsorbieren

b) Abwasser reinigen: Sedimentieren, Dichte/Filtration, Partikelgröße; Trinkwasser gewinnen: Destillation, Siedetemperatur; Gartenerde aufbereiten: Sieben, Partikelgröße; Kochsalz gewinnen: Eindampfen, Siedetemperatur; Farbstofflösung trennen: Destillation, Siedetemperatur; Schlammentfernung: Sedimentieren, Dichte

3 Wasser in Badeseen enthält viele gelöste Salze. Diese führen dazu, dass das Gewässer den elektrischen Strom leitet, sodass ein Blitzeinschlag im Wasser zu einem tödlichen Stromstoß führen könnte.

4 In der Werbung bedeutet reines Wasser sauberes, von Schadstoffen freies Quellwasser, in dem verschiedene, lebenswichtige Mineralsalze gelöst sind. Es handelt sich dabei nicht um den Reinstoff Wasser.

5 Die Einleitung von Lebensmittelresten oder Farbresten in das häusliche Abwasser führt zu einer zusätzlichen Belastung der Kläranlagen. Noch immer gelangt ein geringer Anteil der Abwässer in Deutschland ungeklärt in die Flüsse und Seen. Hier können Lebensmittelreste zur Vermehrung des Algenwachstums führen; Farbreste können Wasserlebewesen und Pflanzen schädigen.

6 Wasser ist weder ein Element noch kommt es auf der Erde überwiegend flüssig vor. Wasser ist der einzige Stoff, der bei den üblichen Drücken und Temperaturen in seinen drei Aggregatzuständen – fest, flüssig und gasförmig – nebeneinander vorkommt.

7 Weißgraues Kupfersulfat reagiert mit Wasser unter Blaufärbung. Diese Reaktion dient zum Nachweis von Wasser und kann zur Unterscheidung der Flüssigkeiten genutzt werden.

8 Die Löslichkeit von Sauerstoff nimmt mit steigenden Temperaturen ab. Im Sommer kann es dadurch zu Sauerstoffmangel in stehenden Gewässern kommen. Fische und andere Wasserlebewesen können ersticken.

9 a)

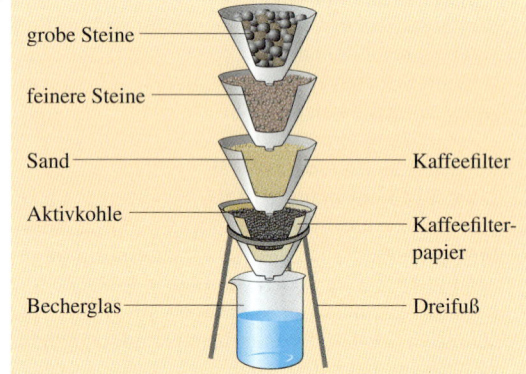

grobe Steine
feinere Steine
Sand — Kaffeefilter
Aktivkohle — Kaffeefilterpapier
Becherglas — Dreifuß

Minikläranlage

b)

Trennverfahren	Zum Trennen genutzte Eigenschaft
Filtrieren	Partikelgröße
Adsorbieren	Anlagern von Stoffen an die Oberfläche eines anderen Stoffes

10 Die Angabe 11,5 % Vol. bedeutet, dass der Volumenanteil des Alkohols im Weißwein 11,5 % beträgt. In 100 mL Weißwein sind 11,5 mL Alkohol gelöst.

11 a) Durch Dekantieren können die Bestandteile eines Stoffgemisches aufgrund unterschiedlicher Dichten

voneinander getrennt werden. Bei der Trinkwassergewinnung können grobe Verunreinigungen wie Schlamm sedimentiert werden. Das klare Wasser, das über dem Bodensatz steht, wird dann vorsichtig abgeleitet. Durch Filtrieren können die Bestandteile eines Stoffgemisches aufgrund unterschiedlicher Partikelgrößen voneinander getrennt werden. Bei der Trinkwassergewinnung trennt ein Filterbecken aus Sand oder Kies grobe Verunreinigungen wie Blätter oder Wurzeln aus dem Wasser ab.

b) Herkunft des Trinkwassers in Deutschland

Genutzte Wässer	Massenanteil
Grund- und Quellwasser	71 %
angereichertes Grundwasser	12 %
Talsperrenwasser	7 %
Uferfiltrat	6 %
Seewasser	3 %
Flusswasser	1 %

Luft | Verbrennung – eine chemische Reaktion
(Seite 104)

1 Wichtige Bestandteile der Lufthülle sind:
Stickstoff ($\varphi \approx 78\,\%$), Sauerstoff ($\varphi \approx 21\,\%$), Edelgase ($\varphi \approx 1\,\%$), Wasserdampf ($\varphi \approx 1\,\%$) und Kohlenstoffdioxid ($\varphi \approx 0{,}03\,\%$).

2 Die Aussage des Mitschülers ist falsch, weil saubere Luft ein Stoffgemisch aus vielen Stoffen ist.

3 a) Ein Sauerstoffmolekül besteht aus zwei fest miteinander verbundenen Sauerstoffatomen, die Formel ist O_2. Ein Stickstoffmolekül besteht aus zwei fest miteinander verbundenen Stickstoffatomen, die Formel ist N_2. (Molekülmodelle siehe Lehrbuch S. 78 Abb. 2,3)
b) Moleküle sind Teilchen aus zwei oder mehreren fest miteinander verbundenen Atomen.

4 In jedes Glas wird ein brennender Holzspan gehalten. In Luft brennt der Span weiter, in Sauerstoff brennt er deutlich heller. In Stickstoff erlischt er.

5 Ein Gas wird in ein Auffanggefäß geleitet, das mit einer Sperrflüssigkeit gefüllt ist. Dabei verdrängt das Gas die Flüssigkeit.

6 Verbrennungen sind chemische Reaktionen (Oxidationen). Stoffe reagieren mit Sauerstoff. Entfernen des brennbaren Stoffs bzw. das Behindern des Zutritts von Sauerstoff bedeuten das Entfernen jeweils eines Ausgangsstoffs für die chemische Reaktion, die dann nicht ablaufen kann. Ein Stoff brennt erst, wenn er seine Entzündungstemperatur erreicht. Unter der Entzündungstemperatur sind die Teilchen des Stoffes nicht in reaktionsbereitem Zustand. Die Reaktion findet nicht statt.

7 a) Kohlenstoff (s) + Sauerstoff (g)
$\longrightarrow$ Kohlenstoffdioxid (g) | exotherm
Schwefel (s) + Sauerstoff (g)
$\longrightarrow$ Schwefeldioxid (g) | exotherm

b) Bei einem Waldbrand werden Erholungsgebiete zerstört. Es treten materielle Verluste wegen der Vernichtung von Holz auf. Es entstehen große Massen an dem Treibhausgas Kohlenstoffdioxid.
Brandschutzmaßnahmen im Wald: Kein offenes Feuer entzünden, nicht rauchen oder brennende bzw. glimmende Gegenstände wegwerfen; Schneisen anlegen; in heißen Sommern Waldbrandwarnstufen erlassen und notfalls den Wald für den Zutritt von Personen sperren; durch Brandschutztürme oder Beobachtung aus der Luft rechtzeitig Löschmaßnahmen einleiten.

8 Merkmale der chemischen Reaktion am Beispiel der Verbrennung:
1. Chemische Reaktionen sind Stoffumwandlungen, bei denen neue Stoffe mit anderen Eigenschaften entstehen. Bei Verbrennungen entstehen aus den Ausgangsstoffen durch Reaktion mit dem Luftsauerstoff Oxide.
2. Chemische Reaktionen sind immer mit Energieumwandlungen verbunden. Brennbare Stoffe reagieren mit Sauerstoff in einer exothermen Reaktion unter starker Wärmeentwicklung.
3. Bei einer chemischen Reaktion werden die Teilchen umgruppiert und verändert. Die Teilchen der Ausgangsstoffe reagieren mit Sauerstoff, verändern sich und gruppieren sich zu den Teilchen der Reaktionsprodukte um.
Magnesium (s) + Sauerstoff (g)
$\longrightarrow$ Magnesiumoxid (s) | exotherm
$2\,Mg\,(s) + O_2\,(g) \longrightarrow 2\,MgO\,(s)$

9 Wasserstoff ist aus Molekülen aufgebaut, in denen jeweils zwei Wasserstoffatome verbunden sind. Wasserstoff ist ein geruchloses, ungiftiges Gas, das mit Luft explosive Gemische bildet.

10 a) Bei der Verbrennung von Wasserstoff entsteht als Reaktionsprodukt Wasser.
$2\,H_2\,(g) + O_2\,(g) \longrightarrow 2\,H_2O\,(l)$
b) Wasserstoff kommt in gebundener Form praktisch unbegrenzt auf der Erde vor. Er setzt bei seiner Verbrennung sehr viel Wärme frei. Ein Teil seiner chemischen Energie kann in Brennstoffzellen in elektrische Energie umgewandelt werden.
Wasserstoff hat eine sehr geringe Dichte und ist daher gut zu transportieren. Wasserstoff reagiert zu Wasserdampf, einem nicht umweltschädlichen Produkt.

11 Dieses Vorgehen ist sehr gefährlich. Begründung: Es ist nicht sicher, dass die gesamte Luft aus dem Gasentwickler verdrängt wurde. Deshalb kann ein Wasserstoff-Luft-Gemisch ausströmen, das beim Entzünden explodiert. Richtiges Vorgehen: Das ausströmende Gas in einem Reagenzglas auffangen und die Knallgasprobe ausführen. Vorgang so lange wiederholen, bis die Knallgasprobe negativ ausfällt. Erst dann kann das ausströmende Gas entzündet werden.

12 a)

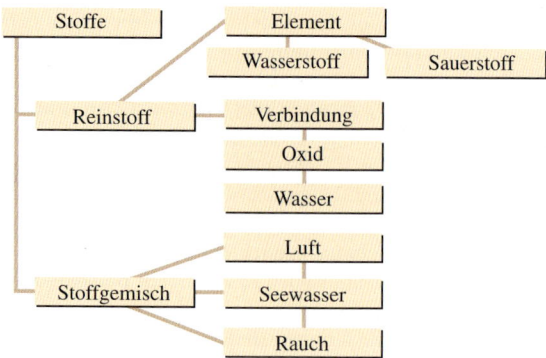

b) Elemente: Stickstoff, Eisen, Magnesium
Verbindungen: Eisenoxid, Magnesiumoxid
Stoffgemische: Essig, Müll

Metalle und Periodensystem der Elemente (Seite 124)

1 a) Metalle sind gute elektrische Leiter und Wärmeleiter. Ihre Oberflächen glänzen und sie sind gut verformbar.
b) Kupfer: Verwendung für elektrische Kontakte aufgrund der guten elektrischen Leitfähigkeit; Verwendung in Heiz- und Kühlanlagen aufgrund der guten Wärmeleitfähigkeit
Silber: Verwendung als Schmuckmetall aufgrund der glänzenden Oberfläche und der guten Verformbarkeit.
Gold: Verwendung als Schmuckmetall aufgrund der glänzenden Oberfläche und der guten Verformbarkeit.
Aluminium: Verwendung als Folienmaterial aufgrund der guten Verformbarkeit.

2 Das Element mit der Ordnungszahl 29 ist Kupfer. Steckbrief: festes Metall, rötlich glänzend, sehr weich und gut verformbar, gute elektrische Leitfähigkeit und Wärmeleitfähigkeit, Dichte $\varrho = 8,96\,\text{g/cm}^3$, Schmelztemperatur: 1083 °C, Siedetemperatur: 2600 °C.

3 Einzelne Atome haben nicht die Eigenschaften der Stoffe. Erst in sichtbaren Stoffportionen sind Eigenschaften wie Farbe und Festigkeit zu erkennen. Die Atome aller Elemente sind nicht gleich, sie unterscheiden sich in ihrer Masse und Größe. Sie enthalten jeweils eine unterschiedliche Anzahl von Protonen und Elektronen. Die Atome sehen nicht wie Kugeln aus. Man stellt sie sich im Modell jedoch als Kugeln vor. Zwischen den Atomen ist leerer Raum. Luft kann sich nicht zwischen den Atomen befinden, da Luft als Gasgemisch ebenfalls aus kleinsten Teilchen aufgebaut ist.

4 Die Metallbindung beruht auf Anziehungskräften zwischen positiv geladenen Atomrümpfen und frei beweglichen Elektronen (Modell siehe Lehrbuch S. 120 Abb. 3).

5 A: Aluminium Al, B: Lithium Li, C: Kalium K, D: Bor B, E: Sauerstoff O.

6 L. MEYER und D. I. MENDELEJEW entwickelten unabhängig voneinander das Periodensystem der Elemente.

Sie ordneten Elemente mit Gemeinsamkeiten im Atombau aufgrund ähnlicher Eigenschaften in Gruppen ein.

7 Kalium: K, Calcium: Ca
Das Element Kalium hat die Ordnungszahl 19, steht in der 4. Periode und I. Gruppe. Kaliumatome haben demnach jeweils 19 Protonen im Atomkern und 19 Elektronen in der Atomhülle. Diese Elektronen verteilen sich auf vier Elektronenschalen, von denen die äußerste mit einem Elektron besetzt ist. Das Element Calcium hat die Ordnungszahl 20, steht in der 4. Periode und II. Gruppe. Calciumatome haben demnach jeweils 20 Protonen und 20 Elektronen, die auf vier Elektronenschalen verteilt sind. Die Außenschale ist mit zwei Elektronen besetzt.

8 a) Das Element mit der Ordnungszahl 13 ist das Element Aluminium. Aluminiumatome haben 13 Protonen im Atomkern und 13 Elektronen in der Atomhülle. Die Elektronen verteilen sich auf drei Elektronenschalen (3. Periode). Drei der Elektronen sind Außenelektronen (III. Gruppe).
b) Als Element der III. Gruppe steht Aluminium links im PSE und ist demnach ein Metall mit charakteristischen Eigenschaften wie der hohen elektrischen Leitfähigkeit.
c) Aluminium, Gallium und Indium stehen in der III. Gruppe des PSE. Ihre Atome haben die gleiche Anzahl an Außenelektronen, die wesentlich die gemeinsamen Eigenschaften der Elemente dieser Gruppe prägen.

9 Metalle leiten den elektrischen Strom aufgrund frei beweglicher Elektronen im Metallgitter, die sich im elektrischen Feld gerichtet bewegen.

Metallherstellung (Seite 152)

1 a)

Modell von Kohlenstoffdioxid

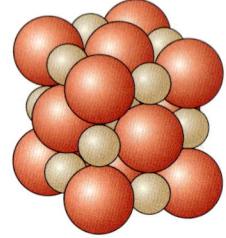

Modell von Magnesiumoxid

Kohlenstoffdioxid ist ein Nichtmetalloxid und besteht aus vielen Kohlenstoffdioxidmolekülen. Ein Molekül besteht aus einem Kohlenstoffatom, das mit zwei Sauerstoffatomen verbunden ist. Magnesiumoxid ist ein Metalloxid. Es besteht aus vielen Magnesium- und Sauerstoffteilchen, die einen großen Teilchenverband bilden. Im Magnesiumoxid liegen Magnesiumteilchen und Sauerstoffteilchen im Verhältnis 1 : 1 vor.
b) Formel für Kohlenstoffdioxid: CO_2. Die Formel kennzeichnet den Stoff Kohlenstoffdioxid, sie kennzeichnet außerdem ein Molekül Kohlenstoffdioxid sowie den Bau des Moleküls aus einem Kohlenstoffatom und zwei Sauerstoffatomen.

Formel für Magnesiumoxid: MgO. Die Formel kennzeichnet den Stoff Magnesiumoxid, sie kennzeichnet außerdem eine Baueinheit des Stoffes und gibt an, in welchem Verhältnis Magnesiumteilchen und Sauerstoffteilchen vorliegen (1 : 1).

c)

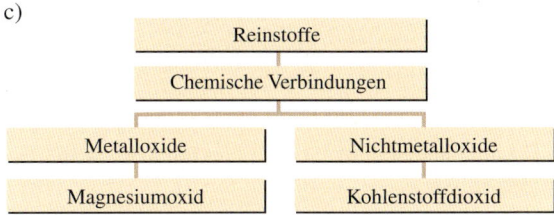

Reinstoffe
Chemische Verbindungen
Metalloxide — Nichtmetalloxide
Magnesiumoxid — Kohlenstoffdioxid

2 Eine Redoxreaktion liegt vor, wenn eine Oxidation und eine Reduktion gleichzeitig ablaufen. Dabei gibt das Oxidationsmittel Sauerstoff ab und wird reduziert, das Reduktionsmittel nimmt den Sauerstoff auf und wird oxidiert. Bei der chemischen Reaktion von Kohlenstoffdioxid und Magnesium zu Magnesiumoxid und Kohlenstoff ist Kohlenstoffdioxid das Oxidationsmittel. Es gibt den Sauerstoff an das Magnesium ab und wird reduziert. Magnesium ist das Reduktionsmittel. Es nimmt den Sauerstoff auf und wird oxidiert.

3 a)

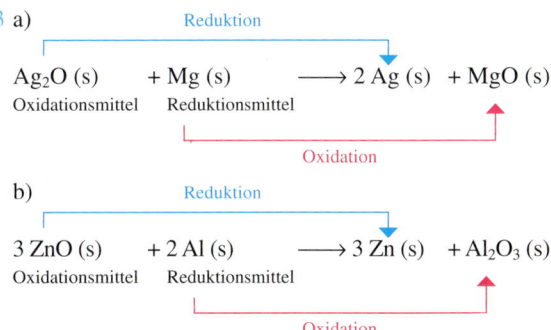

Reduktion
Ag_2O (s) + Mg (s) $\longrightarrow$ 2 Ag (s) + MgO (s)
Oxidationsmittel   Reduktionsmittel
Oxidation

b)

Reduktion
3 ZnO (s) + 2 Al (s) $\longrightarrow$ 3 Zn (s) + Al_2O_3 (s)
Oxidationsmittel   Reduktionsmittel
Oxidation

4 Erfassen des Problems – Ableiten einer Vermutung zur Lösung des Problems – Ableiten von experimentell überprüfbaren Folgerungen aus der Vermutung – Planen, Durchführen und Beobachten des Experiments – Vergleichen der Beobachtungsergebnisse mit den experimentell überprüfbaren Folgerungen – Formulieren einer Aussage über die Richtigkeit der Vermutung.

5 Als Reaktionspartner kommt nur Magnesium infrage, da es unedler als Aluminium ist.

Reduktion
Al_2O_3 (s) + 3 Mg (s) $\longrightarrow$ 2 Al (s) + 3 MgO (s)
Oxidation

6 Die Stoffmenge ist ein Maß für die Anzahl der Teilchen in einer Stoffportion. Sie wird in der Einheit mol angegeben. In 1 mol eines Stoffes sind etwa $6 \cdot 10^{23}$ Teilchen enthalten. Die molare Masse eines Stoffes ist der Quotient aus Masse und Stoffmenge einer Stoffportion. Ihre Einheit ist g/mol. Sie ist für jeden Stoff charakteristisch.

7 Gesucht: $n(Au)$; $N(Au)$
Gegeben: $M(Au) = 197\,g/mol$ ($\uparrow$ Tabellenwerk);
$m(Au) = 1/10$ Unze $= 3{,}11\,g$
Lösung: $n = \dfrac{m}{M}$

$$n(Au) = \frac{m(Au)}{M(Au)} = \frac{3{,}11\,g}{197\,g/mol}$$

$n(Au) = 0{,}0158\,mol$
$N = n \cdot N_A$
$N(Au) = 0{,}0158\,mol \cdot 6 \cdot 10^{23}\,mol^{-1}$
$N(Au) = 9{,}5 \cdot 10^{21}$

Ergebnis: In einer Goldmünze mit einer Masse von einer zehntel Unze sind 0,0158 mol Gold enthalten, das sind $9{,}5 \cdot 10^{21}$ Goldatome.

8 a) Der Eisenschrott enthält chemisch gebundenen Sauerstoff, der mit dem im Roheisen enthaltenen Kohlenstoff zu Kohlenstoffdioxid reagiert. Dadurch wird der Kohlenstoffanteil des Roheisens verringert. Gleichzeitig kann der Schrott stofflich verwertet werden.
b) Roheisen wird im Hochofen durch Redoxreaktionen aus Eisenerzen gewonnen. Als Reduktionsmittel wird Kohlenstoffmonooxid eingesetzt, das bei der Reaktion von Koks mit Luftsauerstoff entsteht. Flüssiges Eisen sammelt sich am Boden. Gichtgas tritt oben aus.
c)

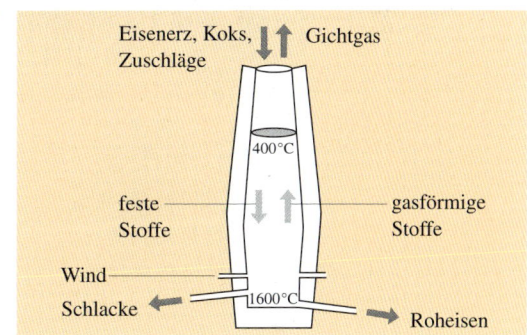

Eisenerz, Koks, Zuschläge — Gichtgas
400 °C
feste Stoffe — gasförmige Stoffe
Wind
Schlacke — 1600 °C — Roheisen

9 Es gilt das Gesetz von der Erhaltung der Masse. Neben den festen Reaktionsprodukten (Asche) entstehen auch gasförmige Stoffe, z. B. Kohlenstoffdioxid, die in die Atmosphäre entweichen.

10 a) Kupfer (s) + Sauerstoff (g) $\longrightarrow$ Kupferoxid (s)
Es gilt: $m(Kupfer) + m(Sauerstoff) = m(Kupferoxid)$
Daraus folgt: $m(Sauerstoff)$
$= m(Kupferoxid) - m(Kupfer)$
$m(Sauerstoff) = 2{,}5\,g - 2\,g = 0{,}5\,g$
Für das Massenverhältnis, in dem Kupfer und Sauerstoff miteinander reagieren, gilt:
$m(Kupfer) : m(Sauerstoff) = 2\,g : 0{,}5\,g = 4\,g : 1\,g$
Ergebnis: In dem Experiment wurden bei der Oxidation von 2 g Kupfer 0,5 g Sauerstoff verbraucht. Kupfer und Sauerstoff reagierten im Massenverhältnis 4 g : 1 g.
b) Gesucht: $m(Kupfer) : m(Sauerstoff)$
Gegeben: $M(Kupfer) = 63{,}5\,g/mol$,
$M(Sauerstoff) = 32\,g/mol$ ($\uparrow$ Tabellenwerk)
Reaktionsgleichung:
2 Cu (s) + O_2 (g) $\longrightarrow$ 2 CuO (s)

Daraus folgt: $n(\text{Cu}) = 2\,\text{mol}$; $n(\text{O}_2) = 1\,\text{mol}$
Es gilt: $m = M \cdot n$
Für das Massenverhältnis, in dem Kupfer und Sauerstoff miteinander reagieren, gilt:

$$m(\text{Cu}) : m(\text{O}_2)$$
$$= [M(\text{Cu}) \cdot n(\text{Cu})] : [M(\text{O}_2) \cdot n(\text{O}_2)]$$
$$= [63{,}5\,\text{g/mol} \cdot 2\,\text{mol}] : [32\,\text{g/mol} \cdot 1\,\text{mol}]$$
$$= 3{,}97\,\text{g} : 1\,\text{g}$$

Ergebnis: Kupfer und Sauerstoff müssten im Massenverhältnis von $3{,}97\,\text{g} : 1\,\text{g}$ miteinander reagieren.

c) Das experimentell ermittelte und das theoretisch zu erwartende Massenverhältnis stimmen in etwa überein. Das Ermitteln von Massen im Experiment ist oft mit Messungenauigkeiten behaftet.

Molekülsubstanzen | Salze (Seite 182)

1 Wasser ist ein aus Molekülen aufgebauter Stoff. In Wassermolekülen ist jeweils ein Sauerstoffatom an zwei Wasserstoffatome gebunden. Die chemische Bindung im Molekül ist eine polare Atombindung.

2

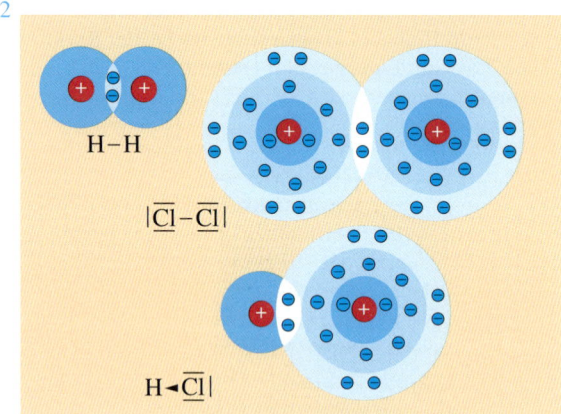

H–H

$|\overline{\text{Cl}} - \overline{\text{Cl}}|$

H–$\overline{\text{Cl}}|$

3 Edelgaskonfiguration: besonders stabile Elektronenkonfiguration mit voll besetzter Außenschale

4 Das Kohlenstoffdioxidmolekül ist linear aufgebaut. Am Kohlenstoffatom gibt es nur bindende Elektronenpaare jeweils zu einem der Sauerstoffatome, die symmetrisch zum Kohlenstoffatom im Winkel von 180° angeordnet sind. Der positive und der negative Ladungsschwerpunkt fallen zusammen. Deshalb ist das Kohlenstoffdioxidmolekül kein Dipolmolekül.
Im Ammoniakmolekül sind drei Wasserstoffatome durch Einfachbindungen an ein Stickstoffatom gebunden. Am Stickstoffatom liegt noch ein freies Elektronenpaar vor, das die bindenden Elektronenpaare abstößt. Das Molekül ist pyramidenförmig. Das Ammoniakmolekül ist ein Dipolmolekül mit zwei Ladungsschwerpunkten.

5 a) Schwefeldioxid ist als gasförmiger Stoff mit geringer Schmelz- und Siedetemperatur vermutlich aus Molekülen aufgebaut.
b) Die zwei Sauerstoffatome sind über Atombindungen an ein Schwefelatom gebunden.

6

Salz	Name und chemische Zeichen der Ionen	Verhältnisformel des Salzes
Lithiumchlorid	Lithium-Ion Li$^+$ Chlorid-Ion Cl$^-$	LiCl
Magnesiumiodid	Magnesium-Ion Mg^{2+} Iodid-Ion I$^-$	MgI$_2$
Aluminiumbromid	Aluminium-Ion Al^{3+} Bromid-Ion Br$^-$	AlBr$_3$

7

Stoff	Art der Teilchen	Chemische Bindung	Anordnung der Teilchen
Kaliumbromid	elektrisch positiv geladene Kalium-Ionen und elektrisch negativ geladene Bromid-Ionen	Ionenbindung	Ionen im Ionengitter
Kalium	elektrisch positiv geladene Kalium-Ionen und bewegliche elektrisch negativ geladene Elektronen (Elektronengas)	Metallbindung	Metallatome im Metallgitter
Brom	Brommoleküle aus je zwei Bromatomen	Atombindung im Molekül	bewegliche Moleküle, zwischen denen zusätzliche Anziehungskräfte wirken
Bromwasserstoff	Bromwasserstoffmoleküle aus je einem Wasserstoff- und einem Bromatom	(polare) Atombindung im Molekül	bewegliche Moleküle, Dipole

8 Wassermoleküle sind Dipolmoleküle. Sie können die Ionen aus dem Ionengitter eines Salzes herauslösen. Die Ionenbindung im Ionenkristall wird gespalten und die hydratisierten Ionen werden in der Lösung frei beweglich.

9 Bei der Bildung von Natriumchlorid aus Natrium und Chlor findet eine Redoxreaktion statt. Bei der Gewin-

nung aus Sole wird das Salz aus dem Stoffgemisch durch Eindampfen abgetrennt. Es findet keine chemische Reaktion statt.

10 a) Bildung von Kaliumchlorid:
$$2\,K\,(s) + Cl_2\,(g) \longrightarrow 2\,KCl\,(s)$$
b)

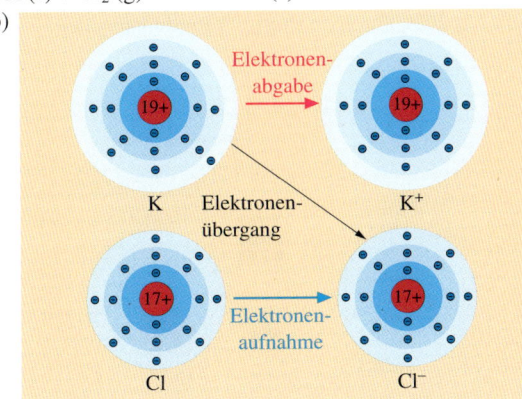

K   Elektronen-
     abgabe K^+
Elektronen-
übergang
$17+$
Elektronen-
aufnahme
Cl Cl^-

c) Bei der Reaktion findet ein Elektronenübergang statt. Es handelt sich also um eine Redoxreaktion.

11 a) Elektronenabgabe: $Zn \longrightarrow Zn^{2+} + 2\,e^-$
Elektronenaufnahme: $I_2 + 2\,e^- \longrightarrow 2\,I^-$
Elektronenübergang: $Zn\,(s) + I_2\,(s) \longrightarrow ZnI_2\,(s)$
b) Elektronendonator: Zinkatome, Elektronenakzeptor: Iodatome
c)

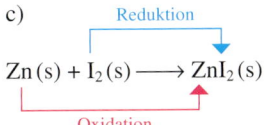

$$Zn\,(s) + I_2\,(s) \longrightarrow ZnI_2\,(s)$$

Reduktionsmittel: Zinkatome
Oxidationsmittel: Iodatome

12 Eine Fällungsreaktion liegt vor, wenn nach Zugabe eines Reagenzes zu einer Lösung ein Stoff aufgrund seiner Schwerlöslichkeit als Niederschlag ausfällt. Gibt man z. B. Silbernitratlösung zu Natriumchloridlösung, so fällt schwer lösliches Silberchlorid aus.
Im Labor werden Fällungsreaktionen dazu verwendet, bestimmte Ionen in Lösungen nachzuweisen.

Saure und alkalische Lösungen – Säuren und Basen (Seite 206)

1 a) Säuren wirken ätzend. Die wässrige Lösung einer Säure färbt Indikatoren charakteristisch, leitet den elektrischen Strom und reagiert mit Kalkstein.
b) Typische Teilchen sind die Wasserstoff-Ionen H^+. Sie bilden sich bei der Dissoziation einer Säure in Wasser und werden von Wassermolekülen hydratisiert.
c) Säuren sind z. B. Chlorwasserstoff oder Schwefelsäure, saure Lösungen sind Salzsäurelösung oder Schwefelsäurelösung.
d) Unedle Metalle reagieren mit sauren Lösungen unter Bildung von Wasserstoff und einer Salzlösung. Edle Metalle reagieren dagegen nicht mit sauren Lösungen.

2 a) hydratisierte Chlorid-Ionen Cl^-, hydratisierte Wasserstoff-Ionen H^+, Wassermoleküle H_2O
b) Chlorwasserstofflösung (Salzsäure) färbt Universalindikatorlösung rot, weil in ihr Wasserstoff-Ionen enthalten sind.

3 a) Damit der elektrische Strom geleitet werden kann, müssen freie Ladungsträger (Ionen oder Elektronen) vorhanden sein. In reiner Schwefelsäure sind Schwefelsäuremoleküle vorhanden, die keine elektrischen Ladungsträger sind. Deshalb leitet reine Schwefelsäure nicht den elektrischen Strom.
Eine Lösung reagiert sauer, wenn sie Wasserstoff-Ionen enthält. Das ist bei reiner Schwefelsäure nicht der Fall.
b) $H_2SO_4\,(l) \rightleftarrows H^+\,(aq) + SO_4^{2-}\,(aq)$
c) In verdünnter Schwefelsäure befinden sich frei bewegliche Wasserstoff-und Sulfat-Ionen). Die Ionen sind elektrische Ladungsträger.
d) In verdünnter Schwefelsäure sind Wasserstoff-Ionen enthalten, deshalb reagiert sie sauer.

4 a) Diese Nichtmetalloxide bilden mit Wasser Säurelösungen.
b) Kohlenstoffdioxid + Wasser $\longrightarrow$ Kohlensäurelösung
Schwefeldioxid + Wasser $\longrightarrow$ schweflige Säurelösung
c) Wenn es regnet, sollte etwas Regenwasser aufgefangen werden. Bei Prüfung mit einem Farbindikator müsste ein pH-Wert kleiner als 7 festgestellt werden.

5 a) Ammoniaklösung, Natronlauge
b) Typische Teilchen einer alkalischen Lösung sind die Hydroxid-Ionen (OH^-). Sie bilden sich bei der Reaktion eines Metalloxids oder eines unedlen Metalls mit Wasser. sowie beim Lösen eines Metallhydroxids.

6 Voraussetzung für die elektrische Leitfähigkeit eines Stoffs sind frei bewegliche Ionen als elektrische Ladungsträger. Festes Natriumhydroxid ist aus Ionen aufgebaut, die in einem Ionengitter fest angeordnet sind. Deshalb leitet festes Natriumhydroxid den elektrischen Strom nicht. Wird Natriumhydroxid in Wasser gelöst, so wird das Ionengitter zerstört. In der Natronlauge sind Natrium- und Hydroxid-Ionen frei beweglich vor. Natronlauge leitet deshalb den elektrischen Strom.

7 a) Einige Metalloxide, reagieren mit Wasser unter Bildung einer Metallhydroxidlösung.
$MgO\,(s) + H_2O\,(l) \longrightarrow Mg^{2+}\,(aq) + 2\,OH^-\,(aq)$
b) Die Farbänderung müsste von Grün nach Blau erfolgen. Magnesiumhydroxidlösung reagiert aufgrund der enthaltenen Hydroxid-Ionen alkalisch.

8 Wassermoleküle lagern sich mit ihrem negativen Pol an die Barium-Ionen an und bilden hydratisierte Barium-Ionen. Die positiven Pole der Wassermoleküle zeigen zu den Hydroxid-Ionen und bilden hydratisierte Hydroxid-Ionen.
$BaOH_2\,(s) \rightleftarrows Ba^{2+}\,(aq) + 2\,OH^-\,(aq)$

9 Viele Reinigungsmittel sind saure oder alkalische Lösungen bzw. bilden mit Wasser saure oder alkalische Lösungen. Ein Kontakt dieser Reinigungsmittel mit den Augen kann deshalb zu Verätzungen führen.

Einstufung von Gefahrstoffen nach der GHS-Verordnung

Mit dem neuen GHS (*Globally Harmonised System of Classification and Labelling of Chemicals*) werden die Kriterien für die Einstufung der Gefahrstoffe neu festgelegt und mit international einheitlichen Piktogrammen versehen. Neu ist auch die Verwendung der Signalworte „**Gefahr**" und „**Achtung**" für das Ausmaß der Gefahr: „Gefahr" bei hoher Gefährdung oder „Achtung" bei geringerer Gefährdung. Das GHS gilt seit 2009; für die bisherige Verordnung gelten Übergangsfristen.

Gefahrenpiktogramm und Piktogrammcode	Mit dem Gefahrenpiktogramm gekennzeichnete Stoffe und Gemische	Signalwort	Kennzeichnung nach bisheriger Gefahrstoffverordnung	
			Gefahrensymbol	Gefahrenhinweise
GHS01	explosive und sehr gefährliche selbstzersetzliche Stoffe und Gemische sowie sehr gefährliche organische Peroxide	Gefahr oder Achtung	E	R2, R3
GHS02	entzündbare, selbsterhitzungsfähige und gefährliche selbstzersetzliche Stoffe und Gemische, pyrophore Stoffe sowie Stoffe und Gemische, die bei Berührung mit Wasser entzündbare Gase entwickeln	Gefahr oder Achtung	F oder F oder –	R12, R11 oder R10; R17; R15
GHS02	gefährliche organische Peroxide	Gefahr oder Achtung	O	R7
GHS03	Stoffe und Gemische mit oxidierender Wirkung	Gefahr oder Achtung	O	R8, R9
GHS04*	Gase unter Druck	Achtung	–	
GHS05	Stoffe und Gemische, die korrosiv auf Metalle wirken	Achtung	–	
GHS05	Stoffe und Gemische, die schwere Verätzungen der Haut und/oder schwere Augenschäden verursachen	Gefahr	C oder Xi	R34, R35, R41
GHS06	lebensgefährliche und giftige Stoffe und Gemische	Gefahr	T+ oder T	R26, R27, R28 oder R23, R24, R25
GHS07	gesundheitsschädliche Stoffe und Gemische	Achtung	Xn	R20, R21, R22
GHS07	Stoffe und Gemische, die Haut- und/oder Augenreizungen verursachen und/oder allergische Hautreaktionen, Reizungen der Atemwege und/oder Schläfrigkeit und Benommenheit verursachen können	Achtung	Xi	R36, R37, R38; R43; R67
GHS08	Stoffe und Gemische, die bei Verschlucken und Eindringen in die Atemwege tödlich sein können und/oder eine Gefahr für die Gesundheit darstellen. Diese Stoffe und Gemische schädigen bestimmte Organe und/oder können Krebs erzeugen, die Fruchtbarkeit beeinträchtigen, das Kind im Mutterleib schädigen und/oder genetische Defekte und/oder beim Einatmen Allergien, asthmaartige Symptome oder Atembeschwerden verursachen.	Gefahr oder Achtung	T+ T oder Xn	R45, R49, R40; R60; R62; R61; R63; R46; R39/...; R68/...; R48/...; R42; R33; R65
GHS09	Stoffe und Gemische, die sehr giftig oder giftig für Wasserorganismen sind	Achtung oder –	N	R50, R50/53 R51/53

* Die in den Experimenten verwendeten Gase stehen meist nicht unter Druck, daher wird dort in der Regel auf diese Kennzeichnung verzichtet. In der Gefahrstoffliste auf S. 232 f. sind alle Gase auch mit GHS04 gekennzeichnet.

Gefahrenhinweise, ergänzende Gefahrenmerkmale und ergänzende Kennzeichnungselemente

Gefahrenhinweise (H-Sätze)

Gefahrenhinweise für physikalische Gefahren

H200	Instabil, explosiv
H201	Explosiv, Gefahr der Massenexplosion.
H202	Explosiv; große Gefahr durch Splitter, Spreng- und Wurfstücke.
H203	Explosiv; Gefahr durch Feuer, Luftdruck oder Splitter, Spreng- und Wurfstücke.
H204	Gefahr durch Feuer oder Splitter, Spreng- und Wurfstücke.
H205	Gefahr der Massenexplosion bei Feuer.
H220	Extrem entzündbares Gas.
H221	Entzündbares Gas.
H222	Extrem entzündbares Aerosol.
H223	Entzündbares Aerosol.
H224	Flüssigkeit und Dampf extrem entzündbar.
H225	Flüssigkeit und Dampf leicht entzündbar.
H226	Flüssigkeit und Dampf entzündbar.
H228	Entzündbarer Feststoff.
H240	Erwärmung kann Explosion verursachen.
H241	Erwärmung kann Brand oder Explosion verursachen.
H242	Erwärmung kann Brand verursachen.
H250	Entzündet sich in Berührung mit Luft von selbst.
H251	Selbsterhitzungsfähig; kann in Brand geraten.
H252	In großen Mengen selbsterhitzungsfähig; kann in Brand geraten.
H260	In Berührung mit Wasser entstehen entzündbare Gase, die sich spontan entzünden können.
H261	In Berührung mit Wasser entstehen entzündbare Gase.
H270	Kann Brand verursachen oder verstärken; Oxidationsmittel.
H271	Kann Brand oder Explosion verursachen; starkes Oxidationsmittel.
H272	Kann Brand verstärken; Oxidationsmittel.
H280	Enthält Gas unter Druck; kann bei Erwärmung explodieren.
H281	Enthält tiefkaltes Gas; kann Kälteverbrennungen oder -verletzungen verursachen.
H290	Kann gegenüber Metallen korrosiv sein.

Gefahrenhinweise für Gesundheitsgefahren

H300	Lebensgefahr bei Verschlucken.
H301	Giftig bei Verschlucken.
H302	Gesundheitsschädlich bei Verschlucken.
H304	Kann bei Verschlucken und Eindringen in die Atemwege tödlich sein.
H310	Lebensgefahr bei Hautkontakt.
H311	Giftig bei Hautkontakt.
H312	Gesundheitsschädlich bei Hautkontakt.
H314	Verursacht schwere Verätzungen der Haut und schwere Augenschäden.
H315	Verursacht Hautreizungen.
H317	Kann allergische Hautreaktionen verursachen.
H318	Verursacht schwere Augenschäden.
H319	Verursacht schwere Augenreizung.
H330	Lebensgefahr bei Einatmen.
H331	Giftig bei Einatmen.
H332	Gesundheitsschädlich bei Einatmen.
H334	Kann bei Einatmen Allergie, asthmaartige Symptome oder Atembeschwerden verursachen.
H335	Kann die Atemwege reizen.
H336	Kann Schläfrigkeit und Benommenheit verursachen.
H340	Kann genetische Defekte verursachen <Expositionsweg angeben, sofern schlüssig belegt ist, dass diese Gefahr bei keinem anderen Expositionsweg besteht>.
H341	Kann vermutlich genetische Defekte verursachen <Expositionsweg angeben, sofern schlüssig belegt ist, dass diese Gefahr bei keinem anderen Expositionsweg besteht>.
H350	Kann Krebs erzeugen <Expositionsweg angeben, sofern schlüssig belegt ist, dass diese Gefahr bei keinem anderen Expositionsweg besteht>.
H350i	Kann beim Einatmen Krebs erzeugen.
H351	Kann vermutlich Krebs erzeugen <Expositionsweg angeben, sofern schlüssig belegt ist, dass diese Gefahr bei keinem anderen Expositionsweg besteht>.
H360	Kann die Fruchtbarkeit beeinträchtigen oder das Kind im Mutterleib schädigen <konkrete Wirkung angeben, sofern bekannt> <Expositionsweg angeben, sofern schlüssig belegt ist, dass die Gefahr bei keinem anderen Expositionsweg besteht>.
H360F	Kann die Fruchtbarkeit beeinträchtigen.
H360D	Kann das Kind im Mutterleib schädigen.
H360FD	Kann die Fruchtbarkeit beeinträchtigen. Kann das Kind im Mutterleib schädigen.
H360Fd	Kann die Fruchtbarkeit beeinträchtigen. Kann vermutlich das Kind im Mutterleib schädigen.
H360Df	Kann das Kind im Mutterleib schädigen. Kann vermutlich die Fruchtbarkeit beeinträchtigen.
H361	Kann vermutlich die Fruchtbarkeit beeinträchtigen oder das Kind im Mutterleib schädigen <konkrete Wirkung angeben, sofern bekannt> <Expositionsweg angeben, sofern schlüssig belegt ist, dass die Gefahr bei keinem anderen Expositionsweg besteht>.
H361f	Kann vermutlich die Fruchtbarkeit beeinträchtigen.
H361d	Kann vermutlich das Kind im Mutterleib schädigen.
H361fd	Kann vermutlich die Fruchtbarkeit beeinträchtigen. Kann vermutlich das Kind im Mutterleib schädigen.
H362	Kann Säuglinge über die Muttermilch schädigen.
H370	Schädigt die Organe <oder alle betroffenen Organe nennen, sofern bekannt> <Expositionsweg angeben, sofern schlüssig belegt ist, dass diese Gefahr bei keinem anderen Expositionsweg besteht>.
H371	Kann die Organe schädigen <oder alle betroffenen Organe nennen, sofern bekannt> <Expositionsweg angeben, sofern schlüssig belegt ist, dass diese Gefahr bei keinem anderen Expositionsweg besteht>.
H372	Schädigt die Organe <alle betroffenen Organe nennen> bei längerer oder wiederholter Exposition <Expositionsweg angeben, wenn schlüssig belegt ist, dass diese Gefahr bei keinem anderen Expositionsweg besteht>.
H373	Kann die Organe schädigen <alle betroffenen Organe nennen, sofern bekannt> bei längerer oder wiederholter Exposition <Expositionsweg angeben, wenn schlüssig belegt ist, dass diese Gefahr bei keinem anderen Expositionsweg besteht>.

Gefahrenhinweise für Umweltgefahren

H400	Sehr giftig für Wasserorganismen.
H410	Sehr giftig für Wasserorganismen mit langfristiger Wirkung.
H411	Giftig für Wasserorganismen, mit langfristiger Wirkung.
H412	Schädlich für Wasserorganismen, mit langfristiger Wirkung.
H413	Kann für Wasserorganismen schädlich sein, mit langfristiger Wirkung.

Ergänzende Gefahrenmerkmale

Physikalische Eigenschaften

EUH001	In trockenem Zustand explosionsgefährlich.
EUH006	Mit und ohne Luft explosionsfähig.
EUH014	Reagiert heftig mit Wasser.
EUH018	Kann bei Verwendung explosionsfähige/entzündbare Dampf/Luft-Gemische bilden.
EUH019	Kann explosionsfähige Peroxide bilden.
EUH044	Explosionsgefahr bei Erhitzen unter Einschluss.

Gesundheitsgefährliche Eigenschaften

EUH029	Entwickelt bei Berührung mit Wasser giftige Gase.
EUH031	Entwickelt bei Berührung mit Säure giftige Gase.
EUH032	Entwickelt bei Berührung mit Säure sehr giftige Gase.
EUH066	Wiederholter Kontakt kann zu spröder oder rissiger Haut führen.
EUH070	Giftig bei Berührung mit den Augen.
EUH071	Wirkt ätzend auf die Atemwege.

Umweltgefährliche Eigenschaften

EUH059	Die Ozonschicht schädigend.

Ergänzende Kennzeichnungselemente/Informationen über bestimmte Stoffe und Gemische

EUH201	Enthält Blei. Nicht für den Anstrich von Gegenständen verwenden, die von Kindern gekaut oder gelutscht werden könnten.
EUH201A	Achtung! Enthält Blei.
EUH202	Cyanacrylat. Gefahr. Klebt innerhalb von Sekunden Haut und Augenlider zusammen. Darf nicht in die Hände von Kindern gelangen.
EUH203	Enthält Chrom (VI). Kann allergische Reaktionen hervorrufen.
EUH204	Enthält Isocyanate. Kann allergische Reaktionen hervorrufen.
EUH205	Enthält epoxidhaltige Verbindungen. Kann allergische Reaktionen hervorrufen.
EUH206	Achtung! Nicht zusammen mit anderen Produkten verwenden, da gefährliche Gase (Chlor) freigesetzt werden können.
EUH207	Achtung! Enthält Cadmium. Bei der Verwendung entstehen gefährliche Dämpfe. Hinweise des Herstellers beachten. Sicherheitsanweisungen einhalten.
EUH208	Enthält <Name des sensibilisierenden Stoffes>. Kann allergische Reaktionen hervorrufen.
EUH209	Kann bei Verwendung leicht entzündbar werden.
EUH209A	Kann bei Verwendung entzündbar werden.
EUH210	Sicherheitsdatenblatt auf Anfrage erhältlich.
EUH401	Zur Vermeidung von Risiken für Mensch und Umwelt die Gebrauchsanleitung einhalten.

Sicherheitshinweise (P-Sätze)

Sicherheitshinweise – Allgemeines

P101 Ist ärztlicher Rat erforderlich, Verpackung oder Kennzeichnungsetikett bereithalten.
P102 Darf nicht in die Hände von Kindern gelangen.
P103 Vor Gebrauch Kennzeichnungsetikett lesen.

Sicherheitshinweise – Prävention

P201 Vor Gebrauch besondere Anweisungen einholen.
P202 Vor Gebrauch alle Sicherheitshinweise lesen und verstehen.
P210 Von Hitze/Funken/offener Flamme/heißen Oberflächen fernhalten. Nicht rauchen.
P211 Nicht gegen offene Flamme oder andere Zündquelle sprühen.
P220 Von Kleidung/…/brennbaren Materialien fernhalten/entfernt aufbewahren.
P221 Mischen mit brennbaren Stoffen/… unbedingt verhindern.
P222 Kontakt mit Luft nicht zulassen.
P223 Kontakt mit Wasser wegen heftiger Reaktion und möglichem Aufflammen unbedingt verhindern.
P230 Feucht halten mit …
P231 Unter inertem Gas handhaben.
P232 Vor Feuchtigkeit schützen.
P233 Behälter dicht verschlossen halten.
P234 Nur im Originalbehälter aufbewahren.
P235 Kühl halten.
P240 Behälter und zu befüllende Anlage erden.
P241 Explosionsgeschützte elektrische Betriebsmittel/Lüftungsanlagen/Beleuchtung/… verwenden.
P242 Nur funkenfreies Werkzeug verwenden.
P243 Maßnahmen gegen elektrostatische Aufladungen treffen.
P244 Druckminderer frei von Fett und Öl halten.
P250 Nicht schleifen/stoßen/…/reiben.
P251 Behälter steht unter Druck: Nicht durchstechen oder verbrennen, auch nicht nach der Verwendung.
P260 Staub/Rauch/Gas/Nebel/Dampf/Aerosol nicht einatmen.
P261 Einatmen von Staub/Rauch/Gas/Nebel/Dampf/Aerosol vermeiden.
P262 Nicht in die Augen, auf die Haut oder auf die Kleidung gelangen lassen.
P263 Kontakt während der Schwangerschaft und der Stillzeit vermeiden.
P264 Nach Gebrauch … gründlich waschen.
P270 Bei Gebrauch nicht essen, trinken oder rauchen.
P271 Nur im Freien oder in gut belüfteten Räumen verwenden.
P272 Kontaminierte Arbeitskleidung nicht außerhalb des Arbeitsplatzes tragen.
P273 Freisetzung in die Umwelt vermeiden.
P280 Schutzhandschuhe/Schutzkleidung/Augenschutz/Gesichtsschutz tragen.
P281 Vorgeschriebene persönliche Schutzausrüstung verwenden.
P282 Schutzhandschuhe/Gesichtsschild/Augenschutz mit Kälteisolierung tragen.
P283 Schwer entflammbare/flammhemmende Kleidung tragen.
P284 Atemschutz tragen.
P285 Bei unzureichender Belüftung Atemschutz tragen.
P231 + P232 Unter inertem Gas handhaben. Vor Feuchtigkeit schützen.
P235 + P410 Kühl halten. Vor Sonnenbestrahlung schützen.

Sicherheitshinweise – Reaktion

P301 BEI VERSCHLUCKEN:
P302 BEI BERÜHRUNG MIT DER HAUT:
P303 BEI BERÜHRUNG MIT DER HAUT (oder dem Haar):
P304 BEI EINATMEN:
P305 BEI KONTAKT MIT DEN AUGEN:
P306 BEI KONTAMINIERTER KLEIDUNG:
P307 BEI Exposition:
P308 BEI Exposition oder falls betroffen:
P309 BEI Exposition oder Unwohlsein:
P310 Sofort GIFTINFORMATIONSZENTRUM oder Arzt anrufen.
P311 GIFTINFORMATIONSZENTRUM oder Arzt anrufen.
P312 Bei Unwohlsein GIFTINFORMATIONSZENTRUM oder Arzt anrufen.
P313 Ärztlichen Rat einholen/ärztliche Hilfe hinzuziehen.
P314 Bei Unwohlsein ärztlichen Rat einholen/ärztliche Hilfe hinzuziehen.
P315 Sofort ärztlichen Rat einholen/ärztliche Hilfe hinzuziehen.
P320 Besondere Behandlung dringend erforderlich (siehe … auf diesem Kennzeichnungsetikett).
P321 Besondere Behandlung (siehe … auf diesem Kennzeichnungsetikett).
P322 Gezielte Maßnahmen (siehe … auf diesem Kennzeichnungsetikett).

P330 Mund ausspülen.
P331 KEIN Erbrechen herbeiführen.
P332 Bei Hautreizung:
P333 Bei Hautreizung oder -ausschlag:
P334 In kaltes Wasser tauchen/nassen Verband anlegen.
P335 Lose Partikel von der Haut abbürsten.
P336 Vereiste Bereiche mit lauwarmem Wasser auftauen. Betroffenen Bereich nicht reiben.
P337 Bei anhaltender Augenreizung:
P338 Eventuell Vorhandene Kontaktlinsen nach Möglichkeit entfernen. Weiter ausspülen.
P340 Die betroffene Person an die frische Luft bringen und in einer Position ruhig stellen, die das Atmen erleichtert.
P341 Bei Atembeschwerden an die frische Luft bringen und in einer Position ruhig stellen, die das Atmen erleichtert.
P342 Bei Symptomen der Atemwege:
P350 Behutsam mit viel Wasser und Seife waschen.
P351 Einige Minuten lang behutsam mit Wasser ausspülen.
P352 Mit viel Wasser und Seife waschen.
P353 Haut mit Wasser abwaschen/duschen.
P360 Kontaminierte Kleidung und Haut sofort mit viel Wasser abwaschen und danach Kleidung ausziehen.
P361 Alle kontaminierten Kleidungsstücke sofort ausziehen.
P362 Kontaminierte Kleidung ausziehen und vor erneutem Tragen waschen.
P363 Kontaminierte Kleidung vor erneutem Tragen waschen.
P370 Bei Brand:
P371 Bei Großbrand und großen Mengen:
P372 Explosionsgefahr bei Brand.
P373 KEINE Brandbekämpfung, wenn das Feuer explosive Stoffe/Gemische/Erzeugnisse erreicht.
P374 Brandbekämpfung mit üblichen Vorsichtsmaßnahmen aus angemessener Entfernung.
P375 Wegen Explosionsgefahr Brand aus der Entfernung bekämpfen.
P376 Undichtigkeit beseitigen, wenn gefahrlos möglich.
P377 Brand von ausströmendem Gas: Nicht löschen, bis Undichtigkeit gefahrlos beseitigt werden kann.
P378 … zum Löschen verwenden.
P380 Umgebung räumen.
P381 Alle Zündquellen entfernen, wenn gefahrlos möglich.
P390 Verschüttete Mengen aufnehmen, um Materialschäden zu vermeiden.
P391 Verschüttete Mengen aufnehmen.
P301 + P310 BEI VERSCHLUCKEN: Sofort GIFTINFORMATIONSZENTRUM oder Arzt anrufen.
P301 + P312 BEI VERSCHLUCKEN: Bei Unwohlsein GIFTINFORMATIONSZENTRUM oder Arzt anrufen.
P301 + P330 + P331 BEI VERSCHLUCKEN: Mund ausspülen. KEIN Erbrechen herbeiführen.
P302 + P334 BEI KONTAKT MIT DER HAUT: In kaltes Wasser tauchen/nassen Verband anlegen.
P302 + P350 BEI KONTAKT MIT DER HAUT: Behutsam mit viel Wasser und Seife waschen.
P302 + P352 BEI KONTAKT MIT DER HAUT: Mit viel Wasser und Seife waschen.
P303 + P361 + P353 BEI KONTAKT MIT DER HAUT (oder dem Haar): Alle kontaminierten Kleidungsstücke sofort ausziehen. Haut mit Wasser abwaschen/duschen.
P304 + P340 BEI EINATMEN: An die frische Luft bringen und in einer Position ruhig stellen, die das Atmen erleichtert.
P304 + P341 BEI EINATMEN: Bei Atembeschwerden an die frische Luft bringen und in einer Position ruhig stellen, die das Atmen erleichtert.
P305 + P351 + P338 BEI KONTAKT MIT DEN AUGEN: Einige Minuten lang behutsam mit Wasser spülen. Vorhandene Kontaktlinsen nach Möglichkeit entfernen. Weiter spülen.
P306 + P360 BEI KONTAKT MIT DER KLEIDUNG: Kontaminierte Kleidung und Haut sofort mit viel Wasser abwaschen und danach Kleidung ausziehen.
P307 + P311 BEI Exposition: GIFTINFORMATIONSZENTRUM oder Arzt anrufen.
P308 + P313 BEI Exposition oder falls betroffen: Ärztlichen Rat einholen/ärztliche Hilfe hinzuziehen.
P309 + P311 BEI Exposition oder Unwohlsein: GIFTINFORMATIONSZENTRUM oder Arzt anrufen.
P332 + P313 Bei Hautreizung: Ärztlichen Rat einholen/ärztliche Hilfe hinzuziehen.
P333 + P313 Bei Hautreizung oder -ausschlag: Ärztlichen Rat einholen/ärztliche Hilfe hinzuziehen.
P335 + P334 Lose Partikel von der Haut abbürsten. In kaltes Wasser tauchen/nassen Verband anlegen.
P337 + P313 Bei anhaltender Augenreizung: Ärztlichen Rat einholen/ärztliche Hilfe hinzuziehen.

P342 + P311	Bei Symptomen der Atemwege: GIFTINFORMATIONS-ZENTRUM oder Arzt anrufen.
P370 + P376	Bei Brand: Undichtigkeit beseitigen, wenn gefahrlos möglich.
P370 + P378	Bei Brand: … zum Löschen verwenden.
P370 + P380	Bei Brand: Umgebung räumen.
P370 + P380 + P375	Bei Brand: Umgebung räumen. Wegen Explosionsgefahr Brand aus der Entfernung bekämpfen.
P371 + P380 + P375	Bei Großbrand und großen Mengen: Umgebung räumen. Wegen Explosionsgefahr Brand aus der Entfernung bekämpfen.

Sicherheitshinweise – Aufbewahrung

P401	… aufbewahren.
P402	An einem trockenen Ort aufbewahren.
P403	An einem gut belüfteten Ort aufbewahren.
P404	In einem geschlossenen Behälter aufbewahren.
P405	Unter Verschluss aufbewahren.
P406	In korrosionsbeständigem/… Behälter mit korrosionsbeständiger Auskleidung aufbewahren.
P407	Luftspalt zwischen Stapeln/Paletten lassen.

P410	Vor Sonnenbestrahlung schützen.
P411	Bei Temperaturen von nicht mehr als … °C aufbewahren.
P412	Nicht Temperaturen von mehr als 50 °C aussetzen.
P413	Schüttgut in Mengen von mehr als … kg bei Temperaturen von nicht mehr als … °C aufbewahren.
P420	Von anderen Materialien entfernt aufbewahren.
P422	Inhalt in/unter … aufbewahren.
P402 + P404	In einem geschlossenen Behälter an einem trockenen Ort aufbewahren.
P403 + P233	Behälter dicht verschlossen an einem gut belüfteten Ort aufbewahren.
P403 + P235	Kühl an einem gut belüfteten Ort aufbewahren.
P410 + P403	Vor Sonnenbestrahlung geschützt an einem gut belüfteten Ort aufbewahren.
P410 + P412	Vor Sonnenbestrahlung schützen und nicht Temperaturen von mehr als 50 °C aussetzen.
P411 + P235	Kühl und bei Temperatur von nicht mehr als … °C aufbewahren.

Sicherheitshinweise – Entsorgung

P501	Inhalt/Behälter … zuführen.

Entsorgungsratschläge (E-Sätze)

E 1	Verdünnen, in den Ausguss geben (WGK 0 bzw. 1)
E 2	Neutralisieren, in den Ausguss geben
E 3	In den Hausmüll geben, gegebenenfalls im Polyethylenbeutel (Stäube)
E 4	Als Sulfid fällen
E 5	Mit Calcium-Ionen fällen, dann E 1 oder E 3
E 6	Nicht in den Hausmüll geben
E 7	Im Abzug entsorgen
E 8	Der Sondermüllbeseitigung zuführen (Adresse zu erfragen bei der Kreis- oder Stadtverwaltung), Abfallschlüssel beachten
E 9	Unter größter Vorsicht in kleinsten Portionen reagieren lassen (z. B. offen im Freien verbrennen)

E 10	In gekennzeichneten Behältern sammeln: 1. „Organische Abfälle – halogenhaltig" 2. „Organische Abfälle – halogenfrei" dann E 8
E 11	Als Hydroxid fällen (pH = 8), den Niederschlag zu E 8
E 12	Nicht in die Kanalisation gelangen lassen
E 13	Aus der Lösung mit unedlem Metall (z. B. Eisen) als Metall abscheiden (E 14, E 3)
E 14	Recycling-geeignet (Redestillation oder einem Recyclingunternehmen zuführen)
E 15	Mit Wasser vorsichtig umsetzen, frei werdende Gase absorbieren oder ins Freie ableiten
E 16	Entsprechend den speziellen Ratschlägen für die Beseitigungsgruppen beseitigen

Entsorgung von Chemikalienabfällen

Nach dem Experimentieren werden die Reste in die dafür vorgesehenen Sammelbehälter gegeben:

nicht gefährliche und wasserlösliche Chemikalien	nicht gefährliche und feste Chemikalien	Säuren und Laugen	giftige anorganische Chemikalien	halogenfreie organische Chemikalien	halogenhaltige organische Chemikalien
z. B. Natriumchlorid, Natriumcarbonat, Wasserstoffperoxidlösung	z. B. Eisen, Indikatorpapier	z. B. Salzsäure, Natronlauge	z. B. Kupfersulfat	z. B. Petroleumbenzin, Methanol	z. B. Trichlormethan

Abwasser nicht gefährliche, wasserlösliche Abfälle	Hausmüll nicht gefährliche, feste Abfälle	**I** Saure und alkalische Abfälle	**II** Giftige anorganische Abfälle	**III** Halogenfreie organische Abfälle	**IV** Halogenhaltige organische Abfälle

Die weitere Behandlung und Entsorgung bzw. Übergabe der Abfälle zur Sondermüllentsorgung erfolgt durch die Lehrerin bzw. den Lehrer.

Liste der Gefahrstoffe nach der GHS-Verordnung

Gefahrstoff	Signal-wort	Piktogramm-code	H-Sätze und EUH-Sätze	E-Sätze
Aceton (Propanon)	Gefahr	GHS02 GHS07	H225 H319 H336 EUH066	1-10-14
Aluminium, Grieß	Gefahr	GHS02	H261	6-9
Aluminium, Pulver (stabilisiert)	Gefahr	GHS02	H261 H228	6-9
Aluminiumbromid, wasserfrei	Gefahr	GHS05 GHS07	H302 H314	2
Aluminiumchlorid, wasserfrei	Gefahr	GHS05	H314	2
Aluminiumiodid	Gefahr	GHS05	H314	2
Ameisensäure (Methansäure)				
$w \geq 90\%$	Gefahr	GHS05	H314	1-10
$10\% \leq w < 90\%$	Gefahr	GHS05	H314	1-10
$2\% \leq w < 10\%$	Achtung	GHS07	H315 H319	1-10
Ammoniak, wasserfrei	Gefahr	GHS04 GHS06 GHS05 GHS09	H221 H331 H314 H400	2-7
Ammoniaklösung				
$10\% \leq w < 25\%$	Gefahr	GHS05	H314	2
$5\% \leq w < 10\%$	Achtung	GHS07	H315 H319 H335	2
Ammoniumchlorid	Achtung	GHS07	H302 H319	2
Bariumchlorid	Gefahr	GHS06	H301 H332	1-3
Bariumchlorid-lösung $3\% \leq w < 25\%$	Achtung	GHS07	H302	1
Bariumhydroxid	Gefahr	GHS05 GHS07	H302 H314 H332	1-3
Bariumhydroxid-8-Wasser	Gefahr	GHS05 GHS07	H302 H314 H332	1-3
Bariumoxid	Achtung	GHS07	H302 H315 H319 H332	1-3
Benzoesäure	Achtung	GHS07	H302 H319	10-12
Benzol	Gefahr	GHS02 GHS08 GHS07	H225 H350 H340 H372 H304 H319 H315	10-12
Blei (bioverfügbar)	Gefahr	GHS07 GHS08	H302 H332 H360D H373	8

Gefahrstoff	Signal-wort	Piktogramm-code	H-Sätze und EUH-Sätze	E-Sätze
Blei(II)-acetat	Gefahr	GHS08 GHS09	H360Df H373 H410	8-14
Brennspiritus (Ethanol)	Gefahr	GHS02	H225	1-10
Brom	Gefahr	GHS06 GHS05 GHS09	H330 H314 H400	16
Bromthymolblau-lösung (ethanolisch, $w=0{,}1\%$)	Gefahr	GHS02	H225	10
Bromwasser $1\% \leq w < 5\%$	Gefahr	GHS06	H311 H330	16
Bromwasserstoff	Gefahr	GHS04 GHS05 GHS07	H314 H335	2
n-Butan	Gefahr	GHS02 GHS04	H220	2
Butan-1-ol	Gefahr	GHS02 GHS05 GHS07	H226 H302 H335 H315 H318 H336	7
Butansäure (Butter-säure)	Gefahr	GHS05	H314	10
Calcium	Gefahr	GHS02	H261	15
Calciumcarbid	Gefahr	GHS02	H260	15-16
Calciumchlorid	Achtung	GHS07	H319	1
Calciumhydroxid	Gefahr	GHS05	H318	2
Calciumoxid	Gefahr	GHS05	H318	2
Chlor	Gefahr	GHS06 GHS09	H331 H319 H335 H315 H400	16
Chlorethan (Ethylchlorid)	Gefahr	GHS02 GHS04 GHS08	H220 H351 H412	16
Chlormethan (Methylchlorid)	Gefahr	GHS02 GHS04 GHS08	H220 H351 H373	7-12
Chlorwasser, gesättigt $w \approx 0{,}7\%$	Achtung	GHS07	H332	16
Chlorwasserstoff	Gefahr	GHS04 GHS06 GHS05	H331 H314	2
Citronensäure	Achtung	GHS07	H319	3
Cyclohexan	Gefahr	GHS02 GHS08 GHS07 GHS09	H225 H304 H315 H336 H410	10-12

Gefahrstoff	Signal-wort	Pikto-gramm-code	H-Sätze und EUH-Sätze	E-Sätze
Dibenzoylperoxid	Gefahr	GHS01 GHS02 GHS07	H241 H319 H317	10-12
Diethylether (Ether)	Gefahr	GHS02 GHS07	H224 H302 H336 EUH019 EUH066	9-10-12
Eisen(III)-chlorid	Gefahr	GHS05 GHS07	H302 H315 H318	2
Eisen(II)-sulfat	Achtung	GHS07	H302 H319 H315	2
Eisen(II)-sulfat-lösung $w \geq 25\%$	Achtung	GHS07	H302 H319 H315	2
Essigessenz	Gefahr	GHS05	H314	2-10
Essigsäure (Ethansäure)				
$w \geq 90\%$	Gefahr	GHS02 GHS05	H226 H314	2-10
$25\% \leq w < 90\%$	Gefahr	GHS05	H314	2-10
$10\% \leq w < 25\%$	Achtung	GHS07	H319 H315	2-10
Essigsäureethylester (Ethylacetat)	Gefahr	GHS02 GHS07	H225 H319 H336 EUH066	10-12
Ethan	Gefahr	GHS02 GHS04	H220	7
Ethanal (Acet-aldehyd)	Gefahr	GHS02 GHS08 GHS07	H224 H351 H319 H335	9-10-12-16
Ethanallösung (Acetaldehyd-lösung) $w \geq 10\%$	Achtung	GHS08 GHS07	H351 H319 H335	9-10-12-16
Ethanol (Brenn-spiritus)	Gefahr	GHS02	H225	1-10
Ethen (Ethylen)	Gefahr	GHS02 GHS04 GHS07	H220 H336	7
Ethin (Acetylen)	Gefahr	GHS02 GHS04	H220 EUH006	7
Fehling'sche Lösung II	Gefahr	GHS05	H314	2
Formaldehydlösung s. Methanallösung				
n-Heptan	Gefahr	GHS02 GHS08 GHS07 GHS09	H225 H304 H315 H336 H410	10-12

Gefahrstoff	Signal-wort	Pikto-gramm-code	H-Sätze und EUH-Sätze	E-Sätze
n-Hexan	Gefahr	GHS02 GHS08 GHS07 GHS09	H225 H361f H304 H373 H315 H336 H411	10-12
Hexan-1-ol	Achtung	GHS07	H302	10
Hex-1-en	Achtung	GHS04	H280	10-12
Hex-1-in	Achtung	GHS04	H280	10-12
Iod	Achtung	GHS07 GHS09	H332 H312 H400	1-16
Iodwasserstoff	Gefahr	GHS04 GHS05	H314	1
Isobutanol (2-Methyl-propan-1-ol)	Gefahr	GHS02 GHS05 GHS07	H226 H315 H318 H335	10
Kalium	Gefahr	GHS02 GHS05	H260 H314 EUH014	6-12-16
Kaliumcarbonat	Achtung	GHS07	H302 H319 H315 H335	1
Kaliumhydroxid (Ätzkali)	Gefahr	GHS05 GHS07	H302 H314	2
Kaliumhydroxid-lösung (Kalilauge)				
$w \geq 5\%$	Gefahr	GHS05 GHS07	H302 H314	2
$2\% \leq w < 5\%$	Gefahr	GHS05	H314	2
$0,5\% \leq w < 2\%$	Achtung	GHS07	H319 H315	2
Kaliumnitrat	Gefahr	GHS03	H271	1
Kaliumnitrit	Gefahr	GHS03 GHS06 GHS09	H272 H301 H400	1-16
Kaliumpermanganat	Gefahr	GHS03 GHS07 GHS09	H272 H302 H410	1-6
Kaliumpermanga-natlösung $w \geq 25\%$	Gefahr	GHS07 GHS09	H302 H410	1-6
Kohlenstoffmono-oxid	Gefahr	GHS02 GHS04 GHS06 GHS08	H220 H360D H331 H372	7
Kupferacetat	Achtung	GHS07	H302	11
Kupfer(II)-chlorid	Gefahr	GHS06	H301 H319 H315 H335	11
Kupfer(II)-chlorid-lösung $3\% \leq w < 25\%$	Achtung	GHS07	H302	11
Kupfer(I)-oxid	Achtung	GHS07 GHS09	H302 H410	8-16

Gefahrstoff	Signal-wort	Pikto-gramm-code	H-Sätze und EUH-Sätze	E-Sätze
Kupfer(II)-oxid	Achtung	GHS07	H302	8-16
Kupfer(II)-sulfat, wasserfrei	Achtung	GHS07 GHS09	H302 H319 H315 H410	11
Kupfer(II)-sulfat-5-Wasser	Achtung	GHS07 GHS09	H302 H319 H315 H410	11
Kupfer(II)-sulfat-lösung $w \geq 25\%$	Achtung	GHS07 GHS09	H302 H319 H315 H410	11
Lithium	Gefahr	GHS02 GHS05	H260 H314 EUH014	15-1
Lithiumchlorid	Achtung	GHS07	H302 H319 H315	1
Magnesium, Pulver (phlegmatisiert)	Gefahr	GHS02	H228 H261 H252	3
Magnesium, Späne	Gefahr	GHS02	H228 H261 H252	3
Mangan(IV)-oxid (Braunstein)	Achtung	GHS07	H332 H302	3
Methan	Gefahr	GHS02 GHS04	H220	7
Methanallösung (Formaldehyd-lösung) $w \geq 25\%$	Gefahr	GHS06 GHS08 GHS05	H351 H331 H311 H301 H314 H317 H335	10-12-16
$5\% \leq w < 25\%$	Gefahr	GHS06 GHS08	H351 H331 H311 H301 H319 H315 H317 H335	1-10
$0,2\% \leq w < 5\%$	Gefahr	GHS06 GHS08	H351 H331 H311 H301 H317	1-10
Methanol	Gefahr	GHS02 GHS06 GHS08	H225 H331 H311 H301 H370	1-10
Methansäure s. Ameisensäure				

Gefahrstoff	Signal-wort	Pikto-gramm-code	H-Sätze und EUH-Sätze	E-Sätze
Methansäure-methylester (Methylformiat)	Gefahr	GHS02 GHS07	H224 H332 H302 H319 H335	10-12
Natrium	Gefahr	GHS02 GHS05	H260 H314 EUH014	6-12-16
Natriumcarbonat	Achtung	GHS07	H319	1
Natriumhydroxid (Ätznatron)	Gefahr	GHS05	H314	2
Natriumhydroxid-lösung (Natron-lauge)				
$w \geq 5\%$	Gefahr	GHS05	H314	2
$2\% \leq w < 5\%$	Gefahr	GHS05	H314	2
$0,5\% \leq w < 2\%$	Achtung	GHS07	H315	1
Natriumnitrat	Gefahr	GHS03	H271	1
Nicotin	Gefahr	GHS06 GHS09	H310 H301 H411	10-16
n-Octan	Gefahr	GHS02 GHS08 GHS07 GHS09	H225 H304 H315 H336 H410	10-12
Oxalsäure	Achtung	GHS07	H312 H302	5
Oxalsäurelösung $w \geq 5\%$	Achtung	GHS07	H312 H302	5
Ozon	Gefahr	GHS04 GHS05 GHS07	H280 H314 H319 H335	7
n-Pentan	Gefahr	GHS02 GHS08 GHS07 GHS09	H225 H304 H336 H411 EUH066	10-12
Pentan-1-ol	Achtung	GHS02 GHS07	H226 H332	10-14
Petrolether	Gefahr	GHS02 GHS08	H225 H304 H412	10-12
Petroleum	Gefahr	GHS02 GHS08	H226 H304	10-12
Petroleumbenzin	Gefahr	GHS02	H225	10-12
Phenolphthalein-lösung (ethanolisch, $w > 1\%$)	Gefahr	GHS02	H225	1-10
Phosphor, rot	Gefahr	GHS02	H228 H412	6-9
Phosphor(V)-oxid	Gefahr	GHS05	H314	2
Phosphorsäure				
$w \geq 25\%$	Gefahr	GHS05	H314	2
$10\% \leq w < 25\%$	Achtung	GHS07	H319 H315	1
Propan	Gefahr	GHS02 GHS04	H220	7

Gefahrstoff	Signal-wort	Pikto-gramm-code	H-Sätze und EUH-Sätze	E-Sätze
Propanal	Gefahr	GHS02 GHS07	H225 H319 H335 H315	9-10-12-16
Propan-1-ol	Gefahr	GHS02 GHS05 GHS07	H225 H318 H336	10
Propan-2-ol	Gefahr	GHS02 GHS07	H225 H319 H336	10
Propanon s. Aceton				
Propansäure (Propionsäure) $10\% \le w < 25\%$	Achtung	GHS07	H319 H315 H335	2
Resorcin (1,2-Di-hydroxybenzol)	Achtung	GHS07 GHS09	H302 H319 H315 H400	10
Rohöl (synthetisch)	Gefahr	GHS02 GHS08 GHS07 GHS09	H224 H304 H315 H336 H351 H411	10-12
Salpetersäure $w \ge 65\%$	Gefahr	GHS03 GHS05	H272 H314	2
$20\% \le w < 65\%$	Gefahr	GHS05	H314	2
$5\% \le w < 20\%$	Gefahr	GHS05	H314	2
Salzsäure $w \ge 25\%$	Gefahr	GHS05 GHS07	H314 H335	2
$10\% \le w < 25\%$	Achtung	GHS07	H315 H319 H335	2
Sauerstoff	Gefahr	GHS03 GHS04	H270	
Schiffs Reagenz	Achtung	GHS07	H319 H335	2
Schwefel	Achtung	GHS07	H315	3
Schwefeldioxid	Gefahr	GHS04 GHS06 GHS05	H331 H314	7
Schwefelsäure $w \ge 15\%$	Gefahr	GHS05	H314	2
$5\% \le w < 15\%$	Achtung	GHS07	H319 H315	2
Schwefelwasserstoff	Gefahr	GHS02 GHS04 GHS06 GHS09	H220 H330 H400	2-7
Schwefelwasser-stofflösung $0,1\% \le w \le 1\%$	Achtung	GHS07	H332	2
Schweflige Säure $5\% \le w \le 10\%$	Achtung	GHS07	H319 H3159 H335	2
Silbernitrat	Gefahr	GHS03 GHS05 GHS09	H272 H314 H410	12-13-14

Gefahrstoff	Signal-wort	Pikto-gramm-code	H-Sätze und EUH-Sätze	E-Sätze
Silbernitratlösung $5\% \le w \le 10\%$	Achtung	GHS07	H319 H315	12-13-14
Silberoxid	Gefahr	GHS03 GHS05	H271 H318 EUH044	12-13-14
Stickstoffdioxid	Gefahr	GHS04 GHS03 GHS06 GHS05	H270 H330 H314	7
Stickstoffmonooxid	Gefahr	GHS04 GHS06	H280 H310 H330	7
Strontiumchlorid	Achtung	GHS07	H302	1-11
Styrol	Achtung	GHS02 GHS07	H226 H332 H319 H315	10-12
Wasserstoff	Gefahr	GHS02 GHS04	H220	7
Wasserstoff-peroxidlösung $w \ge 70\%$	Gefahr	GHS03 GHS05 GHS07	H271 H332 H302 H314 H335	1-16
$50\% \le w < 70\%$	Gefahr	GHS03 GHS05 GHS07	H272 H332 H302 H314 H335	1-16
$35\% \le w < 50\%$	Gefahr	GHS05 GHS07	H332 H302 H315 H318 H335	1
$8\% \le w < 35\%$	Gefahr	GHS05 GHS07	H332 H302 H318	1
$5\% \le w < 8\%$	Achtung	GHS07	H332 H302 H319	1
Zink, Pulver, Staub (stabilisiert)	Achtung	GHS09	H410	3
Zinkbromid	Gefahr	GHS05 GHS09	H314 H400 H410	1-11
Zinkchlorid	Gefahr	GHS05 GHS07 GHS09	H302 H314 H410	1-11
Zinkchloridlösung $5\% \le w < 10\%$	Achtung	GHS07	H319 H315	1-11
Zinkoxid	Achtung	GHS09	H410	3
Zinksulfat, wasser-frei	Gefahr	GHS05 GHS07 GHS09	H302 H318 H410	1-11
Zinn(II)-chlorid	Achtung	GHS07	H302 H315 H319 H335	1-11

Register

f. nach der Seitenzahl bedeutet „und folgende Seite",
ff. „und folgende Seiten".

Bildnachweis